Todos los libros de Linkgua Ediciones cuentan con modelos de Inteligencia Artificial entrenados por hispanistas. Pregúntale al chat de tu libro lo que desees acerca de la obra o su autor/a.

Para ebooks: Accede a nuestro modelo de IA a través de este enlace.

Para libros impresos: Escanea el código QR de la portada con tu dispositivo móvil.

Obtén análisis detallados de nuestros libros, resúmenes, respuestas a tus preguntas y accede a nuestras ediciones críticas generativas para una experiencia de lectura más enriquecedora.
La transparencia y el respeto hacia la autoría de las fuentes utilizadas son distintivos básicos de nuestro proyecto. Por ello, las respuestas ofrecen, mediante un sistema de citas, las fuentes con las que han sido elaboradas.

Gonzalo Jiménez de Quesada

Antijovio

Texto en castellano antiguo

Barcelona **2024**
Linkgua-ediciones.com

Créditos

Título original: Antijovio.

e-mail: info@linkgua.com

Diseño de cubierta: Michel Mallard.

ISBN tapa dura: 978-84-1126-577-5.
ISBN rústica tipográfica: 978-84-9816-594-4.
ISBN ebook: 978-84-9897-117-0.

Sumario

Brevísima presentación

La vida

Gonzalo Jiménez de Quesada y Rivera o Giménez de Quesada (España 1509-Colombia, 16 de febrero de 1579 fue un explorador y conquistador español del territorio colombiano entre 1536 y 1572. Comandó la expedición de la conquista de la Nueva Granada (actual Colombia) y fundó entre otras la ciudad de Santafé de Bogotá, la actual capital de Colombia, en 1539. La última expedición la realizo entre 1569 y 1572 en busca de El Dorado, la cual culminó en forma desastrosa.

Capítulo Primero

De cómo en este tiempo presente los españoles son odiados de todas las naçiones de la tierra por aber sujetado a casi toda la rredondez d'ella, y de todas las más de las naçiones que en ella ay pobladas, y de las demás causas que ay para esto.

¿Por dónde caminará ya el día de oy el español que pueda contar senzilla y verdaderamente sus hazañas? ¿Qué gente ni qué naçón le querrá oyr sinmezclalle mil fábulas en los quentos berdaderos, y mill cosas que no pasaron con las que pasaron?; de manera que a esta quenta no se hallará la çerta casi en ninguno de los estraños escritores.

¡O rromanos!, que en este paso os quiero llamar con ynvocación de vuestro nonbre, ¡quánto os deue el mundo, no porque lo conquistastes sino porqu'en él dexastes escritas berdades, avnque fuesen contra vosotros quando se ofreçía el contallas! Lo qual tanpoco negaré a mucha parte de los griegos y alguna parte de los bárbaros de otras naciónes. Solo a este ynfeliçe tiempo d'este postrer terço del mundo se le a ydo la berdad d'entre las manos, prinçpalmente en esto de la ystoria, de suerte qu'el tienpo benidero deverá poco al presente y los españoles tanvién a casi todos los escritores modernos. Pero dije vien a casi todos, porque algunos no faltan, ni primitirá Dios que falten en cosa tan ynportante, para que escriban verdades, las quales oyllas en fauor d'España es la cosa más azeda para las otras naçiones de las quatro partes del mundo, que se puede ymaginar. Pero saquemos bien en linpio esta proposiçión y vos, español, para esto salí de vuestra España y començad a caminar. En topando uégo con nuestra vezina Françia, en todas las bitorias que de aquella naçión gloriosamente / hemos avido las enbuelben luégo los d'ella con vnas frialdades, ya que por guardar la onestidad común no les llamemos otro nonbre, que si vbiese otra terçer gente sin pasión que nos oyese, pararían aquellas cavilaçiones çn vna muy desbaratada rrisa. Pero ya esta naçión pareçe que, para escaparse de ser bençidos tantas vezes, tienen vna çierta disculpa en el quererse escabullir, avnque sea a costa de la uerdad para dar color y desculparse de los bençimientos que d'ellos se an tenido, y en fin, así como la muger se pone colorada, y avn el honbre, quando le dan en cara con algún yerro, que busca disculpas avnque fengidas para no ponerse la culpa y façilitar asímesmo el pecado, haziéndolo menor de lo que fue, así el françés se ba por el mesmo camino para el mesmo hefecto. Pero vos, flamenco, y el de los otros estados comarcanos a éste, ¿qué os a hecho España para que en ninguna mesa borgoñona, como aya español en ella, no se trate luégo de otra cosa sino d'estas diferençias y preçedençias? ¿España por ventura n'os a enbiado la gente con que sustentáis vuestras tierras, su dinero con que mantengáis vuestras guerras, sus granjerías con que multipliquéis vuestro: s comerçios v hazienda? Pero pasemos adelante a los alemanes, aquien confesamos por con pañeros de nuestras bitorias, si ellos secontentasen con sola esta conpañía; pero, con ser en lo demás vna gente tenpladísima en sus alabanças, para con solos los españoles piden la banagloria enprestada a otras naçiones, haziéndose ellos solos los prinçipales avtores de los bençimientos ya los españoles no más de aconpañados d'ellos; como quiera qu'está sauido en el vnyberso jugar / en esto al trocado con nosotros, y avn todabía lo porfiaran si en sus casas mesmas, y probinçias no vbiera determinado la bençura, o Dios por mejor dezir, lo contrario. Los vngaros, bengamos a ellos, no les negaré en esto más tenplança, y lo mesmo a los polacos, ya los de la probinçia de Dinamarca y las otras rregiones setentrionales; pero todavía tienen vna aspereza en esta cosa de que tratamos, que con dificultad pueden oyr mansamente t: anta buena dicha de los españoles.

Pero entrando por y talia, probinçia prinçipalísima entre todas las d'Europa, se allará que no ay cosa que con más ynpaçiençia sea oyda de sus oydos que contar feliçidades bélicas y militares de los españoles, y ninguna cosa ay de mayor ynfortunio para los v nos que contar la buena fortuna de los otros, y pasa adelante tanto este negoçio, que no solamente se litiga esto hartas vezes con rrazones, sino con las manos, queriendo en fin atribuirse así la gloria de las vitorias que en nuestro tienpo a ellos les costaron poca sangre. E ya que en la yntrudiçión d'esta obra emos començado por este yntento, pásese la se hallará que no ay cosa en la voca de vn turco más abominable que la de vn español, quiriendo la bentaja con los d'este nonbre como la quieren con las otras naçiones del mundo, eçeto que con el español va por otra bía, quiriendo deshazer la gloria española y con los del rrestante del mundo les pareçe que basta sin rrazones ningunas tenellos en poco. Los persas y sus Sophi, bien se huelgan con qualesquier alabanças que oygan de nosotros, pero sienp(e las entienden sin perjuiçio de su derecho y de ser ellos los primeros del mundo en este caso, y cosa más d'espantar, que caminando por Lebante adelante y bolbiendo a la yndia oriental, / por ella está tanvién derramado vn menospreçio que más berdaderamente se llama miedo, senbrado de algunas gentes que poseen aquella costa, con que tienen por vna parte espantados aquellas estrañas naçiones y por otra odiados con nosoçros hasta las yslas de los Malucos, qu'es lo prostero del mundo, si en cosa rredonda vbiese postrero ni primero. Allá tanbién se an senbrado estas diçensiones, haziéndoles entender a los naturales de allí que nosotros no somos de tener en nada, y lo que más d'espantar es que en nuestras Yndias Hoçidentales pasa lo mesmo, y que los bárbaros de ellas quieren diminuyr la grandeza de aquellos que los conquistaron poniendo escusas su subgeçión, y si desde ellas damos vn salto hasta África, hallaremos lo mesmo entre los moros, queriendo avaxar nuestra estimaçión y alegando rrazones por donde no son mucho d'est: imar nuestras bitorias.

Hasta nuestros vezinos y connaturales los portugueses, tanbién ellos, sin querer nosotros pendençia con ellos, luégo tratan quán de poco es de preçiar el ánimo de vn castellano, porque les llamemos como ellos nos laman, y quánto más es el bigor, coraje y ánimo de vn portugués, que de muchos castellanos juntos. Y para esto traen luégo por memoria no sé qué vatalla de Aljubarrotra, que no lo está agora sino tan sana en su memoria d'ellos, como quando más lo estubo, y avn por más rrecordaçión çelebran aquella cosa con fiesta particular cada año; avnque en esto yo les desculpo, porque en la verdad tienen rrazón y qu'es bien que sienpre se quente aquel milagro, que así le llaman ellos, y avn no v no sino muchos según los que cuentan que allí pasaron, de que haze mençión su predicador, quando festejan aquella festibidad, y no ay cosa que más enfade a vn portugués que oyr / las bitorias de los españoles castellanos; que no solo quando con ellos fuese la conpetençia les daría pesadunbre, qu'esto pase en buen ora, pero dásela muy grande tanbién las bitorias que he dicho, de qualquiera naçión qú'el español las aya. Ya todas las del mundo tenemos los españoles este poco cargo, ablo en general y no en particular, de muchos de cada naçión de los que he contado; y si se mira en ello, se hallará que en lo ya dicho se conpreende la mayor parte de todo el mundo, pues solas las y ndias oçidentales de España y subjetadas por ella es más tierra que la que contienen las otras tres partes del mesmo mundo, Asia, África y Evropa, dexado aparte todos los otros rreynos y probinçias que en estas tres divisiones de la tierra los españoles an sujetado o vençido a los d'ellas.

Pero beamos si esta enbidia, llamémosle su nonbre propio por no andar por rrodeos ningunos, que las otras naçiones tienen de los españoles, si es por culpa o defecto de los mesmos españoles. No por çierto, sino que como se lo dize el pandero vien claro, todos o los más d'ellos an sido muchas y dibersas vezes sujetados de la mesma España y de su prínçipe, avnque v nos más vezes que los otros, y dádoles leyes en que biban algunas naçiones de ellos, y así por fuerça está luégo el desgusto y desamor en la mano contra los bençedores, porque aviendo bisto sus banderas en sus probinçias tan lejos d'España canpear por todas o por muchas d'ellas bençedoramente, no ayque dudar sino que se sigue luego de ello el azedia mesma que qualquiera tiene contra quien le bençió, y avnque este negçio de la guerra sea de tal calidad, que vnas bezes va bien en ella a los que la tratan y otras mal, como en todos los otros negoçios humanos; pero como, en fin, se bee que se alcançó la pretensión que se deseaba y la sujebçión de lo que se pretendía, / en algunas naçiones de las dichas está muy notorio que de aquello se sigue la congoja que los estrangeros tienen de ber puesta el día de oy la grandeça d' España donde la ben puesta.

Capítulo Segundo

De cómo entre las otras naçiones que aborreçen y están mal con el ynperio de los españoles es la naçión ytaliana, y la causa dello, y de algunos presupuestos qu'es menester para entender al Jobio, y de otros que son menester para entender esta obra.

Sobre todas las naçiones contadas y sobre todas las demás que ay derramadas por el mundo, tienen este odio particular que emos dicho contra España los ytalianos, cuya probinçia y gente de ella en otras cosas muchas es feliçísima, y en esto de la guerra lo es harto, y sería harta alta de entendimiento negar esto a gente que por tantas maneras mereçen ser alabados, Pero çiertamente este particular defecto de pesalles de nuestras feliçidades y contentos y vitorias y atribuirse a sí parte de la sujeçión de su probinçia, en Jo en ella a sujetado, no se puede negar si no fuere por quien estubiere tan apasionado en esto ellos, de los quales ya e sacado los particulares por no metellos con la generalidad de que tratamos. Así que Ytalia, ' qu'es provincia dichosísima, es la que más desdichadamente quiere tratar de nuestrascosas; de la qual, comose sabe y es notorio, y en particular de Novo Como, hablando enlatín (y en bulgar Como solamente), tierra del esmdo de Milán, en Lonbardía, Paulo Jobio, obispo de Nochera, hystoriador moderno, hera natural.

El qual no solo hystoria, pero otras muchas partes alcançba en dibersas çiençias dignas de grande alabança, y çiertamente no le faltó parte ninguna de bueno y escoxido coronista, si estas partes que él tenía las juntara con el todo de la mesma / historia, qu'es la berdad d'ella y ánimasuya. Tubo este prinçipal barón de nuestro tienpo çelente discurso; fue admirable geógrafo quando le conbino sello en su corónica; fue grande ynqueridor de sitios antiguos; dispuso las materias que se le ofreçieron con mucha claridad y hizo en su ystoria todas las otras cosas que conbenía hazer. Pero fue todo esto en vn barón tan escogido, como quando en algunos se hallan algunas birtudes muyperfectas con vn biçio muy abominable, con que quedan, las otras buenas partes destruydas y nos queda sienpre de las semejantes personas vna manzilla, en quien alcançaua tanta grandeza de buenas cosas. Así nuestro Jobio alcançando muchas y muy eçelentes, quiso caher en vn biçio con que mucha parte de su Historia queda por el suelo, en los buenos entendimientos y en lo que bimos por nuestros ojos y en lo que trataron nuestras manos, estándolo mirando el rrestante del vniberso. De manera que avnque para este negoçio que he tomado entre las manos me e hecho autor d'él, pero el Antijobio berdadero el general estado de todos los honbres modernos lo es, si el mesmo mundo vbiera de hazer lo que yo hago. Pero bisto qu'el Jobio dexó su corónica escrita para los tienpos benideros y que entonçes los de aquella hedad no pueden saber lo que pasó en ésta, como lo saben los de agora, si no es por corónicas, fueme neçesario, avnque otros muchos lo açertaran mucho mejor a hazer, de dar la quenta que doy en esta obra. Y çiertamente es digno de grande culpa, por que nos tornemos a ello, vna persona de tanta doctrina que aya querido dexar en escrito perpetuo, gran cargo de conçiençial, tantas cosas como contra rrazón y onestidad dexó escritas contra españoles, al rrebés de lo aconteçido. Y avn no bastó contar los aconteçimientos al contrario ya los bençedores muchas vezes hazelles bençidos, ya los acometedores acometidos, ya los heridos sanos, ya los muertos bibos, y en fin, bolbiendo / de abajo para arriua todo el hedefiçio de lo suçedido, pero poniendo tanbién epítetos y nonbres a los españoles, feos e ynjuriosos las más vezes, de las que se le ofreçió ablar d'ellos. Y no solamente todo lo qu'está dicho, pero avn a la mesma naçión española en general, llamándola bárbara, cruel, ynica y sin piedad, y otras muchas cosas d'esta traça que, teniendo yo la que tengo, quizá de honbre de bien, esfaua obligado a bolber por mi patria, cosa que ya que no lo supiese hazer, a lo menos no se me puede negar el buen deseo d'ello, y sobre todo, como ya está dicho, llamándose ystoriador, mudar en los quentos la sustança de cómo pasaron, si no se disculpa con que an hecho y harán lo mesmo casi todos los escritores de su naçión en lo que tocare a España. Pero otra mayor daría yo por él si me la admitiese, y bien sé que cara a cara no me la puede él negar. Esta es que quiso esta su ystoria ponella en los cantones del mundo para que ganase públicamente. Y como Jos prínçipes, son los que avían de encontrar con ella, porqu'ellos son los que se enbuelben con las semejantes bestidas y adornadas de adulaçiones, por fuerça avía de conponella de lisonjas y de halagos, con que çebar a los rreyes ya los otros potentados para salir con su yntento, y siendo esta historia merçenaria, tráese la disculpa escrita en la frente; y así, si se mira en toda ella, no se hallará que de prínçipe poderoso ni de persona semejante diga el menor mal del mundo. A lo menos si dize alguno, no por lo grueso y caudaloso, antes contentando a todos, avnque sean v nos enemigos de otros, los alla a todos llenos de bertudes y quando mucho vn mal tan tenplado que en él se muestra la destenplança del autor. Solo a los soldados ynpone los viçios y los malos hechos y las cosas abbminables, sacando con todo heso sienpre a los ytalianos, de quien habla con la moderaçión que por la mesma Historia se puede ber, I quando se ofreçió tratar de algunas iniquidades suyas, como aconteçe entre gente de guerra, quando ya no pudo dexar de tocar en ellas, y ojalá parara aquí el negoçio, pero el mesmo tronco de la berdad lo chapoda y lo desgaja de tal manera, que queriendo escrebirvnas Décadas de Tito Libio, bino a escreuir vn Ovidio de Aletamorfoseos.

Y agora que somos benidos en canpo con personá tan prinçipal en erudiçión y doctrina, será neçesario que para qu'él y yo seamos mejor entendidos, se presupllnga, sin lo que dixe primero en los prólogos, que yo no trato ni contiendo con él sino dende mi tienpo, porqu'él comenzó su ystoria antes del mío, y se adbiertan asímesmo otras algunas cosas que son neçesarias, y lo primero es que, como en los Añales del quinto Carlos lo tratamos, si Dios fuete seruido que se vean acauados para salir a luz, las guerras qu'el gloriosísirno don Carlos, Enperador de Rroma y de Alemania y d'España, trujo en nuestros tienpos, fue con dos maneras degentes: con fieles e yhfieles, y quanto a la primera manera se torna a dibidir, que la trujo o con rreyes estraños sus vezinos, o con basallos suyos rreuelados; y lo mesmo en lo que toca a laynfiedelidad, porque la t: rujocon turcos y la trujo con moros, que avnque biben anbas maneras de gente debajo de vna mesma suprestiçión, ban por diuersos caminos, avque bayan anbos a parar a vn su Mahoma. Tanbién se a de prosuponer que quando el mesmo Rrey y Emperador tomó a cargo los rreynos d'España, avía años que se abía guerreado con Françia, con Luis, duodéçimo rrey de allí, que avía litigado por el rreyno de Nápoles con el Católico; de lo qual andando los tienpos se avía deribado otras guerras qu'el mesmo Rrey Católico en defensión de la Yglesia Católica y del papa Julio segundo que la tenía a cargo, se avían hecho, las quales se avían acauado con las muertes de los mesmos rreyes Luis y Hernando. / Y ase de prosuponer asímesmo muy prençipalmente nandole tomó al Carlos en sus estados de Flandes donde naçio y se crío hasta los diez y siete años de su hedad que pasó a rreynar a España, fuele neçesario antes que pasase a ella tener por amigos a sus vezinos, espeçialmente al 'rrey de Françia Françisco, primero d'este nonbre que nuevamente avía heredado aquel rreyno como pariente más propinco, porqu'el duodézimo Ludibico no tubo hijo barón, sino dos henbras, y éstas no heredan aquel rreyno. Claudia, que hera la mayor de las hijas, hera casadacon el mesmo rrey Françisco, y Rrenata, que hera la segunda, casó después andando el tienpo con Ercules d'Este, hijo del duque de Ferrara, y para concordarse anvosrreyes, Carlos y Françisco, sinenbargo que primero, por el año de quinze, en heredandoel Françisco yno vn el Carlos, se abían concordado y hecho la capitulaçión que llamande París, se hizo agora quando digo vn largocontrato entre ellos por sus procuradores en Novon, lugar de Picardía, en Que se le dieron grandes bentajas al françés, por no esmr adbertidos los comisarios del nuevo rrey Carlos de las cosas d'España. Y después se hizo, sin ésta, otra capitulaçión que llaman de Londres, en que estos dos prínçipes tomaron al de YngaLaterra por terçero para que ayudase al que la quebrantase, y tanbién, yendo adelante con estos prosupuestos, ha de haver otro muy neçesario es que a la sazón qu'el

Carlos estaba en Flandes, antes de benir a tomar la posesión de sus rreynos, estauaen España su hermano el y nfante don Hernando. Porque quando vino su padre el glorioso don Felipe consu muger la prinçesa doña Juana la primera vez a ser jurados por prínçipes herederos de los rreynos d'España (que muerto el prínçipe don Juan y la prinçesa doña Ysauel y su hijo / el niño don Miguel vino a parar la suçesión d'España en doña Juana, segunda hija, madre de nuestro Carlos, casada en Flandes (qu'esesto vn pedaço del fundamento y basa de la corónica carlesca), y fue esta benida de los ya prínçipes el año de quinientos y dos), parió la prinça acá aquel niño Hernando, por março del año siguiente ydespués de buelto el Felipe a sus estados y la muger vn poco después d'él, quedo el mochacho en Castilla, criándose con sus hagiielos los Rreyes Católicos, de los quales, siendo muerto el v no el año de quatro que ftle la rreyna doña Ysauel y buelto otra bez el rrey Felipe a España con su consorte a tomar la posesión de su rreyno y tomádola, gozó poco de la herençia de su muger, porqué murió aquel benditísitno prínçipe, que, tal lo fue él; en Burgos el año de seis, como ya se saue, aviendo dexa a su hijo mayor nuestro Carlos, quando él vino a rreynar; allá en sus estados de Flandes con otras hijas enbras que tanbién allá quedaron. Y muerto el bendito rrey don Felipe, y quedando la muger y rreyna nuestra señorapreñada de vna hija que de allí a poco tienpo parió, fuele neçesario enbiar por su padre el Rrey Católico a Nápoles, la qual probinçia avía y do a visitar por abella ganado poco antes por persona de sus capitanes, para que gouernase los rreynos d'España por estar ella ynpedida de graue y perpetua enfermedad y de las que ynabilitan para reinar y así el Católico bino y los gouernó hasta el prinçipio del año de diez y seis que murió, quedándosele la rreyna doña Juana su hija, nuestra señora, con la mesma enfermedad yncurable que antes padesçía. Por lo qual, muerto ya el agiielo, y después de hauer nuestro Carlos capitulado en Noyon como está dicho, le conbino pasar a España a tomar a cargo los rreynos d'ella el año adelante de diez y siete, abiendo él otros tantos de hedad y abiendo su hermano el ynfante Hernando que en España rresedía, al qual su hermano en allegando en España le mando pasar a Flandes a tener cargo de aquellos estados / y ásí fue hecho, y otras cosas hartas hera menester prosuponerse, pero por no yr ençarç çando y encadenando prosupuestos v nos de otros, dexallos hemos y encaxarse an a su tienpo, quando fuere neçesario y ya lo esque bengamos a començar nuestro yntento.

Capítulo Terçero

De [1] las Comunidades y rrebeliones [2] que vbo en los rreynos d'España poco después que el rrey don Carlos bino a rreynar en ella y de las causas de las dichas Comunidades [3] y de cómo en aquellos tienpos las hubo en toda la rredondez de la tierra [4].

En la primera parte de su corónica, en el libro beinte de ella, en el capítulo primero que trata de la benida del nuestro [5] Carlos a rreynar en España, que es el lugar y tiempo de donde yo puedo barajar, si me es líçito hazello [6], con el dotísimo Jobio, y dende más atrás baraje quien pudiere, dize este doctísimo barón [7] en sustançla qu'el Emperador don Carlos pasó a rreynar a España y tomó la posesión de sus rreynos y qué, como se bolbiése a Flandes, los pueblos d'España se rreuelaron por causa de que los flamencos que venían cabe su magestad y espeçialmente musiur de Gebres su ayo e camarero mayor y sumo [8] priuado, ise avían mostrado muy codiçiosos durante el tiempo que abían estado en España y que las Comunidades (que así fue llamada comúnmente esta rrebelión), tomando por capitanes a Juan de Padilla y a Juan Brauo y Maldonado, abían proseguido su yntento, de lo qual se siguió que quedó quemada por Antonio de Fonseca la villa de Medina del Canpo, y qu'el Condestable don Yñigo de Belasco y Almirante don Fradrique Enrríquez rrompieron el exérçito de los comuneros cabe [9] Villalar, y que de Juan de Padilla. y de sus conpañeros que quedaron presos se hizo públicamente justiçia, y que después no les faltó ánimo a los comuneros para que doña María Pacheco, muger del muerto Juan de Padilla, lebantase vandera para qu'ellos se mantubiesen en su rrebelión, y que a la fama d'estar alterada España [10] al rrey Françisco de Françia le paresçió [11] buena ocasión para rrestituir en su rreyno de Nauarra a Enrrique de Labrid qu'estaua d'él despojado, y que así enbió exérçito que entrase por aquella probinçia y entró [12], y avnque tubo al prinçipio próspero suçeso la enpresa, al fin los françeses fueron vençidos por los dichos Condesable y Almirante y su capitán Asparros preso, y [13] con esto se apaçiguó España y tomó a su antigua tranquilidad ipor la singular prudençia del cardenal Adriano Florençio (que por otro nonbre llaman el cardenal de Tortosa), que después fue Papa, a quien el Emperador avía dexado por gouemador de sus rreynos d'España. Esta es la sustançia d'este capítulo, en la qual ay muchas cosas que dezir para declaraçión de la berdad y de lo que pasó, lo qual él quenta de otra manera de como ello aconteçio.

Y presupongo primero [14] que no le pongo culpa enque no tubiese notiçia de las Comunidades d'España de la forma que pasaron, por ser él estraño d'esta naçión y porque de las particularidades d'esta guerra no temía entera rrelaçión. En lo que se la pongo es en querer escreuir poco ni mucho d'ello, no teniendo el aviso que conbenía de lo que avía pasado [15], y si todabía cunplía a su y storia no dexar guerra por escrebir de las que pasasen en el mundo en su tienpo (avnque todabía dexó hartas más de las qu'él piensa, como se berá en los Añales del quinto Carlos), pudiera dezir que en aauel tienpoavía habido vna alteraçión en España y se abí: il apaçiguado y esto bastaua, sin degender a particularidades, que passaron de otra manera que as puso en su corónica [16]. Y para confutaçión d'ellas diré en este paso lo que pasa, avnque primero digo que yerra notablemente el Jobio en dezir en el prinçipio de su capítulo qu'el Emperador don Carlos vino a tomar la posesión de los rreynos d'España elegido y hecho ya Enperador, porque pasa lo contrario. Y es así, que la magestad de nuestro [17] Carlos bino con solo título de rrey, que tan solamente hera [18] a rreynar en España, a diez y nueve de otubre del año de nuestra rredemçión de mill y quinientos y diez y siete y estubo de aquella vez en sus rreynos hasta mayo del año de beinte. Y el de diez e nueve años, murió el ynbitísimo [19] Emperador Maximiliano su aguelo y por jullio d'él fue eleto su nieto al mesmo ynperio. De manera que después de rresidir dos años en España fue la eleçión del Emperador, y no bino hecho Emperador a rreynar enella, como el Jobio dize, lo qual pensara que lo avía querido dezir por rrecapitulaçión, si no me desengañara d'ello el capítulo treynta de su libro diez y ocho y el capítulo segundo del libro diez e nueve de la mesma parte primera donde trata de la muerte del Emperador Maximiliano, sin hauer tratado de la benida de su nieto a rreynar a España, y donde trata de la capirulaçión de Noyon y de otras cosas que allí pone como presupuestos para la benida del rrey don 'Carlos a rreynar.

Pero biniendo a tratar de las Comunidades digo qu'el docto [20] Jobio se engañó en asignar por causa de las alteraçiones españolas la cobdiçia de los flamencos. Porque como se berá en los Añales ya alegados (si Dios da ugar a qu'el mundo los bea), avnque vbo algo d'esta codiçia en algunos, otros bibieron muy moderadamentey como personas que mereçían tener el lugar que tenían cabe [21] su prínçipe. y está claro que aquella no hera bastante ocasión para vna general rrebelión, porque la codiçia de ningunos particulares puede mober a [22] los ánimos de todos y al ánimo general de todo el rreyno (llamémosleasí) a rrebelarse. Las causas d'estas comunidades fueron muchas y avnque ninguna bastante (porque ninguna puede hauer que lo sea para levantarse los pueblos contra el theniente que Dios tiene puesto en aquella probinçia, qu'es el que allí rrçyna y rreside) pero a lo menos a los ojos y coraçones çegados [23] de pasión como los comuneros lo estaban, paresçíales a ellos ya otros çiegos [24] de la mesma enfermedad que heran sufiçientes, las quales abemos de hurtar [25] agora a los Añalcs pero no de rraíz, y así le conberná bien el nonbre de hurto porque apañaremos de allí sin que nadie lo sienta, a hurtadas, no todo lo que fuera menester, pero lo que así de priesa, para pon ello aquí y lo de propósito quedarse a allá en su lugar [26].

Fueron pues las causas en suma y en sustançia que mobieron a los comuneros, tres las prinçipales: la primera el querer su rrey, ya nuevo Emperador, salir de sus rreynos para yr a tomar las primeras ynsignias de su dignidad en Alemania, fporque ésta hera vna purga de tan mal sabor para los estómagos españoles (avnque hera como después se bio para sanar todo el cuerpo de la christiandad, que si aquel bendito prínçipe esta y otras salidas no hiziera [27], ella estubiera casi acabada), que no podían llevar a la boca [28] esta salida. y en la berdad paresçía, mirándolo humanamente y sin consideraçión de lo que después Dios quiso descubrir a España, que tenían rrazón de congojarse (avnque no de rrebelarse porque para esto no puede hauer rrazón ninguna) de ber salir a su prínçipe de su tierra y rreyno, cosa a qu'estavan muy desabezados [29] desde el rrey don Pelayo, primer rrey d'España después de los godos, si no fue v no que con solo querello hazer pasó por la mesma [30] calamidad, siendo elegido para la mesma dignidad [31] por el rrey don Alonso el Sabio, digo, al qual [32] su hijo don Sancho persiguió, entre otras causas por ésta prinçipal, teniendo los pueblos d'España diferentes opiniones, v nos teniendo la del padre, que fueron los menos, y otros la del hijo. y aquellas fueron [33] berdaderas Comunidades de temer [34] porque todas las demás [35] donde no ay voz de dos rreyes, son de tener en ç poco, como tanbién fueron tenidas d'este arte [36] las nuestras españolas de que tratamos, digo de los sabios y discretos juizios d'España [37]. y çierto, tornando a nuestro propósito, era cosa estraña ber vn rrey estrangero (digo [38] naçido en estraña tierra, avnqu' el natural rrey d'España) [39] benir a rreynar a ella sin avella visto jamás, y junto con esto gobernarse por aquellos sus connaturales estrangeros, y belle bolber luégo fuera d'ella [40] y pasar por España como de corrida, o como caminante si así se pudiera deçir, y paresçía cosa harto bien rreçia [41] a los oydos ya los ojos ya los ánimos de todas las gentes. La segunda comunera [42] causa, que tanbién la pornemos abrebiada [43], fue el darse ofiçios y benefiçios a estrangeros que, como la magestad del Carlos [44] los traya cabe [45] sí, y se abía criado con ellos, y estaua obligado a gratificalles sus seruiçios. I paresçíale que se les podrían pagar a costa d'España; y sí podían, avnque bien questa arriba, la qual no querían subir los españoles con el entendimiento, sino [46] andarse por aquel espaçioso llano de los rreyes pasados de gloriosa; memoria. y pesábales en lo yntimo de sus corazones ber aquellas merçedes tan, largas en los pechos y haçiendas y personasde aquellos que no conoçían ni avn entendían y que sus pasados d'ellos [47] las abían tenido y poseydo. Y, por que abrebiemos esta materia, fue la terçera causa (qu'estas tres y no más pornemos en este yntento) [48], ber sacarse [49] el dinero del rreyno en grandes cantidades, qu'es cosa que qualquier rrey y rreino debe mirar mucho para [50] que no se haga, como vna de las cosas [51] más sustançiales que puede hauer para su consistençia. Y hera grande azedia en los ojos españoles ber desfrutada a España para que Flandes se hiçiese jardín de Evropa y se contase por vna de las feliçes tierras del mundo.

Y d'estas causas que he contado se deribaban otras muchas, que se an de buscar con las rrespuestas d'ellas en los Añales que tengo alegados, y muy mejor en las corónicas del mesmo [52] Carlos. Pues juntas estas causas todas

[53], acordó Toledo (çiudad prinçipalísima de nuestra probinçia), de armar la fragua para esms disensiones, acudiendo tanbién a dar sus çiertas martilladas algunos pueblos, y no todos, como el Jobio quiere sentir, harto contra la honrra d'España. y de la manera que pasó la capitanía de Juan de Padilla, de qu'él haze minçión, es cosa que no se puede contar en la priesa que yo llebo; baste saber qu'es diferente de la manera [54] qu'el Jobio la [55] quença. y que la quema de Medina fue antes que fuesen estotros capitanes de la Comunidad, como él quiere dar a entender y [56] pasaron asímesmo otras muchas cosas hasta qu'el Almirante y Condestable, que tanbién heran gouernadores d'España como el cardenal de Tortosa a quien él haze vnico gouernador, los desbarataron y vençieron. y lo que quenta, que después de bençidos y degollado Juan de Padilla, su muger doña María Pacheco lebantó bandera para fauorsçer a las Comunidades, es al contrario, porque aquella señora, muger de bien recia condiçión más que de letras, como el Jobio la haze, sinenbargo de que todos sus hermanos y deudos (que fueron como después el mundo a visto eçelentísimas y señaladas personas) andaban sirbiendo a su rrey, ella con corazón enpedernido quería estarse en su dureça, no para ayudar a los rrebeldes, porque ya no los avía, porque después de algún tiempo que fueron vençidos tanbién aquella çiudad se abía allanado, pero quería ella en aquel pueblo tener y [57] quedarse con el avtoridad y lugar qu'ella y su marido allí [58] abían tenido [59] y como esto no se podía hazer sin gran rriesgo de la rreduçión de Toledo, fue neçesario qu'el mesmo Toledo nuevamente rreduçido y otras gentes que abía metido consigo don Grauiel Merino obispo de Jaem, gouernador de aquella tierra, forçasen a la dicha doña María a más allanarse, la qual se quiso poner en alguna defensa, pero al fin fueron des baratados los que la ayudaban ya ella le fue forçado dexar el pueblo y salirse del rreyno donde fuera d'él murió. y este alboroto particular que duró dos oras en la çiudad de Toledo y pasó a tres de hebrero del año de beinte y dos, pasadas y acabadas ya las Comunidades en Castilla y acabada la guerra de los françeses en Nauarra de que en este capítulo el Jobio haze minçión [60], le llama él [61] nuevo alboroto y ayuda de las Comunidades, harto sin propósito, pues nunca doña María Pacheco ni dio ni pudo dar ayuda a las Comunidades d'España; pues [62] a las particulares de Toledo tanpoco pudo [63], después de ya allanado y entregado en poder de don Antonio de çúñiga, prior de San Juan, que dexó

allí por gouernador al ovispo ya dicho. Dignos este cauallero y perlado y los demás que sirbieron a su rrey en estas alteraçiones de ynmortal gloria. Las quales no son tanto d'espançar, abido rrespeto a que no se hallará rreyno en el mundo que dure çinquenta años sin algún alboroto, y ansí se berá por todas las corónicas antiguas del mundo [64], si no es la mesma España, de quien agora bamos tratando [65], que después de pasadas estas rrebuluçiones, a perseberado en su quietud y sosiego por benefiçio particular del mesmo don Carlos su señor [66], que de tal manera fue después temido y amado y conoçido, que nunca más hubo ni abrá semejante desgraçia.

Y en fin, por que diga lo que siento, yo creo que permitió Dios las Comunidades españolas para vna grandeza del Emperador don Carlos nunca bista ni oyda jamás desde qu'este nonbre de prínçipe se yntroduxo entre los honbres: y es que con ser señor de gran parte de la tierra y tener anpliada su potençia en todas las quatro partes del mundo, en las quales tenía tanta diuersidad de rreynos y probinçias y estados prinçipalísimos, ninguno de los dichos estados ni rreynos se le dexó de rrebelar durante el discurso de su bida o hauer rrebeliones en ellos; porque las vbo en España, como hemos visto; húbolos andando él tiempo más adelante [67] en algunas çiudades de Flandes; húbolos ansímesmo [68] en su ynperio de Alemania; húbolos [69] corriendo más el tienpo en Ytalia y espeçialmente en su rreyno de Nápoles, y rreçién muerto el rrey don Fernando Católico y él heredado [70], hubo tanbién otros pocos de alborotos en la ysla de çiçilia, y en las otras yslas que posee España en el mar Mediterráneo; húbólos tanbién [71] en África por algunos rreyes de aquellos bárbaros tributarios d'España que no acudían a las fortalezas que Su Magestad allí tenía con el debido tributo; y hubo tanbién alborotos y Comunidades, prosiguiéndose el tiempo muy más adelante en las Y ndias Ilçidentales del mesmo Emperador. Y en fin, no quedó señorío suyo sin que alcançase en él esta plaga, para que se pudiese contar esta vnica feliçidad del carlos [72], que por su persona sola, con su capa y espada no más, sin deber nada a sus predeçesores que le dejaron el derecho para ello (avnque les deue otras muchas y sustançiales cosas), alcan - / çase [73] (dexándole la fortuna hecho cauallero sençillo que así se puede dezir), a hazerse [74] a pesar d'eLla señor de la mayor parte de la tierra criada [75], sujetando a aquellos que de justiçia y rrazón heran sus basallos. Pues ningún estado tubo que en todo o en parleno lo ganase de nuevo, como si no se lo hubieran dexado herençia sus pasados. y por que concluyamos con las Comunidades d'España, digo que para que las hubiese en ella lo debió de causar tanbién algún ynflujo çeleste que por aquellos años aconteçió de rreynar sobre el huniberso orbe de acá abajo [76], porque se allará y se berá en los Añales bien largamente que no hubo probinçia, ni rreyno de christianos ni de ynfieles, ni ningún género de gente de los que abitan en la rredondez de la tierra [77]; en los quales desde el año de beinte que començaron las Comunidades en España hasta el año de treinta, no hubiese rrebeliones y Comunidades contra sus señores y rreyes y rrepúblicas en cada prouinçia, sin faltar ninguna, ni hauer eçesión la menor del mundo en esto, contando a [78] España para esto por sola vna probinçia, por no sacar a Portugal donde no las hubo, y en todos los otros rreynos y probinçias del mundo sí las hubo, como ya tengo dicho [79], de adonde se siguió en muchas partes grande mudança d'estados y señoríos, las quales rrebeliones particularmente se berán contadas donde tengo ya alegado.

Abreviaturas empleadas

Mut. = mutavit. Add. = addidit. Del. = delevit. Transp. = transposuit.

1 En la margen izquierda, de letra del corrector: «No se ponga, sino el emendado»; el texto de todo este capítulo está anulado por el mismo con rayas trasversales, pero tiene además las correcciones interlineales que se dan en notas.

2 Del.: y rrebeliones.

3 Mut.: de las dichas comunidades: que para ellas uvo.

4 Mut.: las hubo en toda...: hubo semejantes rebeliones en las más partes del mundo y en qué cosas yerra el Jovio y se deve corregir.

5 Mut.: Rey Don.

6 Del.: si me es líçito haz ello.

7 Mut.: y dende más atrás...: porque lo de más atrás dexo para que otros lo averigiien, dize.

8 Mut.: su gran.

9 Mut.: cabo.

10 Add.: pareció.

11 Del.: le paresçió.

12 Del.: y entró.

13 Add.: que.

14 Del.: primero.

15 Del.: de lo que avía pasado.

16 Del.: en su corónica.

17 Mut.: de nuestro: del Rey Don.

18 Del.: que tan solamente hera.

19 Del.: ynbitísimo.

20 Del.: docto.

21 Mut.: cabo.

22 Del.: a.

23 Mut.: ciegos.

24 Del.: çiegos.

25 Mut.: abemos de hurtar: hurtaremos...

26 Del.: y así le conberná bien...

27 Transp.: no hiciera esta y otras salidas.

28 Mut.: llevar a la boca: tragar.

29 Mut.: desvezados.

30 Mut.: por la mesma: gran.

31 Mut.: Este fue.

32 Mut.: digo al qual: a quien.

33 Mut.: y nos teniendo la del padre...: Aquellas fueron de temer como.

34 Del.: de temer.

35 Del.: todas las demás.

36 Mut.: tanbién fueron...: lo fueron.

37 Del.: digo de los sabios...

38 Del.: estrangero (digo).

39 Del.: avnqu'el natural rrey d'España.

40 Del.: fuera d'ella.

41 Mut.: y paresçía cosa...: esto pareçió harto rezio.

42 Del.: comunera.

43 Del.: que tanbién ...

44 Mut.: Rey.

45 Mut.: cabo.

46 Mut.: a costa d'España...: de esta manera, lo qual se hazía muy cuesta arriba a los españoles que procuravan.

47 Del.: d'ellos.
48 Del.: (qu'estas tres...).
49 Mut.: sacar.
50 Del.: para.
51 Del.: cosas...
52 Add.: Emperador
53 Transp.: todas estas causas.
54 Del.: manera.
55 Del.: la.
56 Add.: que.
57 Del.: ella en aquel...
58 Del.: allí.
59 Add.: en aquel pueblo
60 Mut.: mençión
61 Add.: Jovio.
62 Mut.: ni.
63 Del.: pudo.
64 Del.: del mundo.
65 Mut.: bamos tratando: tratamos.
66 Mut.: mesmo Don Carlos su señor: Emperador Don Carlos.
67 Mut.: húbolos andando...: y poco después.
68 Mut.: húbolos ansímesmo: y.
69 Mut.: y.
70 Del.: y él heredado.
71 Mut.: húbolos tanbién: y.
72 Mut.: está vnica...: por vnica feliçidad suya.
73 Del.: no más sin deber nada...
74 Mut.: a hazerse: se hiziesse.
75 Del.: criada.
76 Mut.: acá abajo: la tierra.
77 Del.: ni ningún género...
78 Mut.: ecesión la menor...: ecepción contando a toda.
79 Del.: y en todos los otros rreynos...

Capítulo Quarto

De las vistas que tubieron los rreyes Françisco de Françia y Enrrique de Yngalaterra en la probinçia de Picardía, y de las rriquezas y aparato con que se bieron, y de la junta de Galés hecha a pedimiento de todos tres prínçipes, y de la causa d'ella, y del mote que traya el rrey de Yngalaterra [1].

En el capítulo segundo luégo siguiente del mesmo libro y parte, dize el eçelente ystoriador Paulo Jobio que aquel estlo mesmo los rreyes de Françia e y ngalaterra, Enrrique y Françisco, conçertaron vistas en los confines de Teruana y que hubieron efeto, y se bieron aquellos prínçipes con grandes aparatos y ostentaçión de fiestas y rriquezas; y espeçialmente encareçe el autor vna casa mudable de madera que llebaba el ynglés, con grandes salas, aposentos y adereços y architetura [2], a la puerta de la qual dize qu'estaua vn sagitario con arco y frecha (arma peculiar y particular de los yngleses que avn esto él no dize y tenía alguna neçesidad d'ello), con vna letra que dezía |cuy adhereo prest [3], que quiere dezir: aquel a quien me llegare, lleuar, [4] lo mejor, y qu'esto lo deçía el rrey de astuçia y propósito, porque como ya el nuevo Enperador y el françés avían echado los fundamentos de la guerra y había naçido la simiente d'ella, quiso Enrrique en aquel letrero mostrar que a quien él ayudase de los dos, preualeçería contra el otro, porque cada v no delos dos nuevos henemigos trauajaba de traer al ynglés en su opinión. Todo esto pasó de otra manera de como él lo quenta, porque las vistas de que en este capítulo él haze minçión [5] pasaron el año de beinte (avnque él no quenta el año en esto ni en casi otra ninguna parte sino rrarísimamente, cosa de grande manquedad para la Ystoria). No fueron al Emperador de tanta haçedia como él las haze, avnque fueron de alguna, porque aviéndolas conçertado los que las hiçieron para jullio, las antiçiparon con priesa y las hefetuaron por mayo, que causó alguna sospecha, y dezir que heran ya naçidas las simientes de la guerra, no lo heran, porque todavía estauan debajo de la tierra, pues de tierra hera el coraçón del rrey Françisco donde podían entonçes estar senbradas, sin haver tratado cosa qu'el mundo biese ni el nuevo Emperador entendiese [6], / avnque se entendía auerle pesado al Françisco de la eleçión hecha en la persona del Carlos de la dignidad ynperial; y ser éstos los primeros çelos que entr'ellos pasaron, que tan caro costaron después a la mayor parte del mundo. Solamente [7] al tiempo o poco antes [8] quel Emperador partó d'España, entonçes que es el tiempo de que trata [9] esre capítulo del Jobio, avía el rrey de Françia salido con vna nouedad, y hera que avía enbiado [10] su enbaxador particular, sin el hordinario, a España, a pedir al Carlos [11] que le diese rrehenes y seguridades bast'antes para el casamiento de Ludibica, hija de vn, año quando lo de Noyon [12], y si ella muriese, como luégo muró, para la que naçiese hija del rrey de Françia, con quien el Carlos [13], por la capitulaçión ya dicha [14], estaua conçertado de se casar quando fuese de hedad, y pedía los mesmos rrehenes [15] para que satisfarea a Enrrique de Labrid del derecho que pretendía al rreyno de Nauarra. Las quales cosas, pero no los rrehenes [16], estauan prometidas en la [17] capitulaónión noyonense [18], en çierta manera que no es de nuestro propósito el contallo. Pero avnque andaua Europa con estos dolores de parto no avía parido nada, ni avn las gentes pensaban que avía preñez d'ello, más de hauer poco que le avía al franónés faltado su costunbre. Antes [19] bisto el pedimiento nuevo de los rrehenes y otras cosas d'esta traza que entre anbas partes pasaban sobre si se cunplía o no la capitulaçion de Noyon, se acordó estando el nuevo eleto Emperador en Barónelona y el rrey de Franónia en Anbuesa, que se hiziese otro conbento para declaraónión de las dificultades de la conbenónión de Noyon y qu'éste fuese en Monpeller de Franónia, y acordado esto por anbos prínçipes [20] nonbraron comisarios para ello, y fueron de parte del Emperador Mercurino de Gartinara, su gran Chanóniller, y Franónisco de los Cobos, su secrerario, que ya comenónaba a tener mano / en los negoónios; pero sobre todos y va como presidente de aquella congregaónión musiur de Gebres, Camerero Mayor yayo de nuestro Carlos, y de la parte rreal [21] y van tanbién otros delegados para este propósiro, como heran Guillermo Budeo, dótísimo honbre de nuestros tienpos, y Chrisófaro Ponchiero, ovispo de París, que después fue arçobispo senonense; pero sobre todos por prinónipal musiur de Buysi que tenía los mesmos ofiónios con su prínónipe de Camarero yayo, qu'el Gebres con el suyo [22], y comenónados ya allegar los conbentuales, son los juizios de Dios tan ynconprehensibles, que muró en el camino, biniendo a Monpeller aquel Buysi que emos dicho, con lo qual, Como muerçe del [23] prinónipal comisario y que traya el prinçipal poder [24], se des'hizo aquella comenónada [25] congregaçión que [26] se cree que si se hefetuara, según los presidentes d'ella Gebres y Boysi heran amigos de paz (que lo heran rrealmente y que sus moços amos se gouemaban por ellos y los avían criado) [27], dieran conclusión y rremate a todas las dificultades que entre estos prínçipes podía hauer, y que ya se olían, avnque no abían naçido, como nuestro Jobio dize [28]. De manera que con solos pocos meses de vida más del Buysi, la daban él y Gebres a casi ynfinito número de honbres que después murieron en la desbentura de las guerras.

Pero tornándonos al Jobio, digo que en lo que toca al mote del sagitario el ynglés se arreó en aquella jornada y en aquella casa de aquel blasón para otro hefecto del que el autor dize, avnque no dio muy lejos del blanco, y el propósito hera que tomada la capitulaçión entre el françés y el español en Noyon de allí a çierto tiempo, como en el capítulo segundo diximos, se confirmó la dicha capitulaçión con otra nueva que se hizo [29] que llamaron de Londres, donde estos dos poderosos prínçipes tomaron al terçero, qu'es el [30] ynglés, a manera de padrino de las pazes, para qu'el que las quebrantase rrompiendo el contrato / de Noyon, el mesmo ynglés ayudase al cohçrario y enemigo contra el quebrantador de la capitulaçión y de la paz christiana, y el mesmo Enrrique dio su palabra y fee, entrando por terçero contrayente, qu'él así lo haría y que ayudaría al biolador de aquella conbençión de Noyon, como a la letra después subçedió, porque [31] començadas ya las guerras entre Françia y España, cada prínçipe de los dos acudió luégo al terçero, que hera el Enrrique [32] que se declarase por enemigo del otro, hechando cada qual la culpa del comienço de las guerras a su contrario, y el rrey de y ngalaterra [33] quiso sacar bien en linpio esta berdad para ber por quál de los dos se abía de declarar, y así [34] entre todos tres, mediante sus enbajadores hordinarios, se conçertó [35] que en Calés, vltimos fines entonçes de yngalaterra [36] viniesen llegados y enbajadores d'estos dos prínçipes y qu'el ynglés ynbiaría asímesmo [37] quien presidiese en aquella congregaçión, porqu'él hera el que avía de presidir rrespeto de qu'él mesmo hera el que se havía de deolarar por enemigo ya quien se pedía el ayuda [38], y así enbó para este hefecto allí a Calés [39] a Tomás, arçobispo de Diort, que comúnmente llamaban el cardenal de y ngalaterra [40], con algunos otros de su casa, para que asistiese en aquel conbento [41], y por parte de Françia, dexados otros delegados [42], fue por prinçipal d'ellos [43] Antonio de Prats, Chançiller de aquel rreyno, persona eminencisima, y por parte del

Emperador fue también [44] su Chançiller Mercurino de Gartinara, eçelencisimo honbre de [45] todas çiençias y en sus derechos harto espeçial persona, el qual fue también aconpañado de otros comisarios ynperiales [46], y avn el Papa León décrimo, que entonzes rresidía [47] en la vicaría de Jesuchristo, enb ó tanbién a Gerónimo Genuçio, obispo de Asculi, su nuçio, a çierto propósito que en las corónicas del que Dios tiene en su gloria (o tenga por su misericordia divina) [48] será recontado, / y tanbién en los |Anales se quenta el pedaço que d'ello am me cabe; en el qual conbentó [49] se traó largamente, por rrazones muy en forma traydas, así por la parte rreal como por la ynperial [50], quál de los dos prínçipes avía sido el ynvasor de la guerra [51] y perturbador de la paz, donde a cabo de algunos días que am estuvieron trataron largamente la materia [52], y después de despedidos, rrecogiendo el cardenal las rrazones de anbas partes, las significó a su rrey, el qual de am [53] algunos meses, que fue el año de beinte y dos (porqu'el año antes de beinte y v no por setienbre avía sido la junta de Calés) declaró ser el acometedor de la guerra [54] y prinçipiador d'ella [55] quebrantando la capirolaçión de Noyon, el rrey Françisco de Françia, declarándose ansímesmo por su enemigo como honbre que avía abierto la guerra entre los christianos, y así ayudó en ella al Enperador muchos años, hasta que subçedieron otros tienpos que en esta obra, o en otras de más propósito y que vinieren mas a él [56], serán contados. Pues tornando añudar el hylo que llebamos, digo que la causa de preçiarse el ynglés de [57] aquel sínbolo del sagitario y su letra, dando a entender que al qu'él se llegase llebaría lo mejor, hera por [58] que él estaba tomado por padrino [59], como ya está dicho, contra el quebrantador de las pazes de Noyon, y quería deçir que nadie de los dos las quebrantase (porque quando las bistas de que en este capítulo se haze minçión avn no estaban quebradas) [60] porqu'el que las quebrase [61] llébaría lo peor, ayudando él a su contrario, conforme a lo que tenía prometido en la capitulaçión de Londres.

1 Add.: y en qué cosas de éstas va muy errada la Historia del Jovio.

2 Mut.: y architetura: conforme a buena architetura.

3 Mut.: cuy adhereo prest: cuí adhereo preest.

4 Mut.: llegare, lleuará: llego, lleva.

5 Mut.: él haze mençión: haze mençión.

6 Todo este folio tiene correcciones de letra distinta de la habitual, con tachaduras eintercalaciones parciales que dan por resultado una redacción diferente, la cual alcanza a afectarlas primeras líneas del folio siguiente y que, reoonstruída en lo posible, dice así: «En el capítulo segundo del mesmo libro y parte dice nuestro Jobio que los reyes de Françia e Ynglaterra, Enrrique y Françisco, conçertaron vistas en los confines de Teruana para los meses del estío, en el aual se vieron aquellos prinçipes con grandes aparatos y ostentaçión de fiestas y riquezas, y espeçialmente encarece qu'el inglés traya vna casa de madera, portátil, fabricada con bien dispuestas salas y aposçntos, conforme a buena architetura, y que en la puerta d'ella estaua vn sagitario con su arco y frecha (arma particular de los yngleses) con vna letra que dezía: cui adhereo preest, que quiere decir: aquel a quien me arrimo, venze; lo qual dezía no sin grande fundamento y propósito porque como entre Emperador y el françés estaua ya declarada la guerra y naçida la simiente d'ella, quiso Enrrique en aquel letrero mostrar que a quien él ayudase de los dos preualeçerla contra el otro, por que cada v no d'ellos trauajase traer a su deboçión; en lo qual aduierto que nuestro Jobio omitó el poner el año de veynte en que fueron estas reales vistas, que es la ordinaria falta de su Historia, las quales causaron alguna azedia en el pecho del Emperador, aunque no tanta como Jobio pondera, porque auiéndolas publicado para el mes de julio, las efetuaron en el de mayo. Tanpoco al tiempo d'estas vistas era naçida la simiente de la guerra, que todavía estaua soterrada en el corazón de Françisco sin que el Emperador la entendiese, aunque algunos deçían auerle pesado al rey de, Francia de la eleçión del de España ala dignidad imperial, y que envidia auía de ser la que inquietase tan poderosos prinçipes».

7 Mut.: solamente: También es de saber que.

8 Del.: o poco antes.

9 Mut.: entonçes qué es el...: del qual se trata en.

10 Mut.: y hera que a, la enbjado: y es que embó.

11 Mut.: Emperador.

12 Del.: quando lo de Noyon.

13 Mut.: rrey de Françia ...: Emperador.

14 Mut.: ya dicha: de Noyon.

15 Transp.: los mesmos rrehenes pedía.

16 Del.: pero no los rrehenes.

17 Add.: dicha.

18 Del.: noyonens.

19 Mut.: pero avnque andaua ...: baste decir que por ella no estava el Emperador obligado a dar las rehenes que el françés pedía, así que solo esto... nacido... dondese rendía a la voluntad del françés y.

20 Del.: y acordado esto...

21 Mut.: de nuestro Carlos...: del Emperador; por la parte del rey Françisco.

22 Mut.: Emperador.

23 Mut.: que emos dicho...: por cuya muerte, como era.

24 Del.: y que traya el prinçipa' poder.

25 Del.: començada.

26 Mut.: y.

27 Del.: (que lo heran rrealmente...).

28 Del.: y que ya se...

29 Del.: que se hizo.

30 Mut.: al terçero qu'es el: por terçero al.

31 Mut.: qu'el que las quebran. tase... (fol. ant.) : para que fuesse enemigo del que las quebrantasse, y ayudasse al que estuviese por lo capitulado en Noyon, de lo qual dieron fe y palabra. / Por esto.

32 Del.: que hera el Enrrique.

33 Mut.: Ynglaterra.

34 Mut.: y así: Conçertóse.

35 Del.: se conçeró.

36 Mut.: Ynglaterra.

37 Mut.: ynbiaria asímesmo: embiaria.

38 Del.: Dorau'él hera el que...

39 Del.: allí a Calés.

40 Mut.: Ynglaterra...

41 Del.: para que asistiese...

42 Del.: dexados otros delegados.

43 Mu.: d'ellos: entre otros.

44 Add.: por principal.

45 Mut.: en.

46 Del.: el qual fue tanbién ...

47 Mut.: presidía.

48 Mut.: que Dios tiene...: Emperador.

49 Mut.: y tanbién en los Anales...: pues en aquel.
50 Mut.: rrea! como por la ynperial: ynperial como por la del rey.
51 Del.: de la guerra.
52 Del.: donde a cabo...
53 Add.: a.
54 Del.: de la guerra.
55 Mut.: d'ella: de la guerra.
56 Del.: y que vinieren más a él.
57 Mut.: añudar el hylo...: a la materia, digo que.
58 Mut.: dando a entender...: significava.
59 Mut.: terçero.
60 Del.: (porque quando ...).
61 Mut.: las quebrase: tal hiziesse.

Capítulo Quinto

De las cortes primeras qu'el Enperador Carlos tubo en Alemania, y del rremedio que en ella se puso a los comienços del heresiarca Lutero, y de los prinçipios de las guerras d'entre el Emperador y el rrey / de Françia, y cómo se aliaron el Emperador y el Papa, y cómo la guerra se pasó a Ytalia, y de algunas cosas que en esta guerra ytaliana pasaron, y de la muerte del Papa León dézimo y eleçión de Adriano sesto [1].

Pasando por nuestra conçertaçión más adelante [2], en el capítulo siguiente qu' es el terçero del libro ya tratado [3], trata Paulo Jovio dibersas materias; y de las que se ha de hazer minçión [4] para la berdad de la ystoria son que, después de hauer contado la toma de ia çiudad de Belgrado por el turco Solimán, quenta luégo las cortes (o Dieta como los alemanes la llaman), que Su Magestad tuvo en la çiudad de Vormes de A: lemaña, que fue la primera vez que se juntó con los prinçipes de aquella naçión después de hauer sido eleto en [5] Emperador. Y, avnqu'él no lo dize, las cortes alemanas se hizieron en aquel pueblo, abiéndose de hazer en Nurunverga, porque, conforme a la bula que los alemanes llaman Avrea, las primeras cortes qu'el nuevo Emperador tuviese an de ser donde está dicho. Pero la pestilençia que andava entonçes muy terrible por la mayor part: e de aquella probinçia, causó que no se hiziesen donde por preuillegio y costunbre se avian de hazer, sino en Vormes, qu' estava más fibre entonçes de aquel mal contagioso. Dize pues nuestro autor que en aquella Dieta se le dio liçençia al heresiarca Martín Lutero, que nuevamente avía salido con |sus herrores en Alemaña, para que ablase y diese rrazón de lo que le avía mobido a semejante maldad, y que dio las causas fríbolas que le pareçió, y qu'el pareçer del Emperador fue que se buscase algún sancto medio para rremediar la rrepública. y antes que pa / sernos a las demás cosas contenidas en este capítulo, será vien en vna palabra dezir quán corto quedó el Jobio en lo que hera neçesario que más se alargase, en fauor de aquel a quien no le costó menos que la vida, y primero poco a poco su sangre y su salud [6], buscar el rremedio quando convino por mandatos, y después por rruegos y persuasiones, y después [7] por las armas, para qu'esta plaga naçida en este postrer terçio del mundo entre los christianos se rremediase [8].

Pero tratemos agora del punto que solamente trata el Jobio, y quédese lo demás para las ystorias ynperiales, y así digo que en dezir él [9] qu'el Enperador en aquellas primeras cortes, rreçién naçida la desbentura del [10] Lutero y dada audiençia al mesmo herege, el Emperador buscó algún medio para rremediar aquella pestilençia, si toma medio por concordia o por alguna manera de asiento, es engaño notorio; porque lo qu'el Emperador hizo después de oydo al [11] Lutero (al qual avía dado saluocondutopara que viniese alli a Bormes para [12] ber si por buenas rrazones pudiera ser apartado de su herrado camino), y no aviendo podido conseguir este hefeto, le mandó [13] que luégo se saliese de la corte y que dentro de beinte días se pusiese en lugar que a él le pareçiese estar seguro, porque desde luego se le declarava que no durava más la fuerça del saluoconduto, y hecho esto, el sancto Emperador mandó [14] por vn hedito rrigurosísimo, que se mandó publicar [15] por toda Alemaña, que ninguno sintiese ni consintieseen aquellos herrores y heregías ni en ninguna d'ellas, que ya la Yglesia 'Católica y el Papa, caveça d'ella a esta sazón, avía declarado por tales, so pena de muerte y priuaçión de todos sus bienes, y demás d'esto se mandó que todos sus libros fuesen quemados, y así / lo fueron en aquella plaça de Vormes, mandando asímismo [16] a todos los ynpresores y libreros que no los ynprimiesen ni vendiesen de allí adelante so la mesma pena, todo lo qual seguardó así algún tiempo, ya gunos uteranos fueron [17] quemados en Alemaña por el ynfantç don Hernando, que de Flandes avía ya pasado en Alemaña, y se avía casado con María, hermana de Luis, rrey de V ngría, este mesmo año que fue el de veinte y v no. Al qual ynfante, que los alemanes llamavan el Archiduque de Austria, dexó el Carlos [18] su hermano por su lugarteniente en el imperio, porqu'el Emperador, llamado de [19] la guerra de Flandes que ya el françés por aquella parte a este tiempo le avía movido, le convino bolver [20] aquellos estados, y de allí a poco tienpo a España. Pero como después aquella luterana plaga, por pecados de la christiandad [21], se ampliase por toda aquella prouinçia de Alemaña, y avn brotase otras heregías diversas y de diuersa manera [22] (cosa muy natural y propia de los hereges porque no ay cosa, según se a visto desde la primitiva Yglesia que más polule ni heche [23] dibersidad de rramos [24] que las mesmas [25] heregías, que [26] vnas salen de otras y otras de otras), no pudo el buen ynfante Archiduque castigar lo que ya yva cundido por [27] todas las partes de aquella tierra, ni [28] el Enperador que tan justamente estava avsente tanpoco [29]. De manera que rresolviéndonos, digo qu'en aquellos prinçipios d' esta calamidad [30] allí en Vormes ni vbo rruegos nimedios, sino mandatos con todo rrigor, como heran neçesarios [31]. Los rruegos y medios vinieron quando después esl: uvo el mal general y [32] no se ovedeçía a lo mandado, y los [33] que se buscavan y se les [34] ofreçían a los herejes, heran salva la verdad católica y las otras cosas que convienen [35] qu'estén en pie como lo han estado desde / el prinçipio de la Yglesia hasta agora, y quando rruegos ni medios no vastaron, se tomó por el mesmo [36] Emperador el vltimo rremedio [37] de las armas, que [38] lo que en ello suçedió se alega para ello las corónicas ynpresas [39] en los coraçones de los honbres del tiempo presente, y para el porvenir las que quedaren escritas de [40] la más sustançial guerra que se bio en nuestros tiempos.

Y vengamos agora a lo qu'el mesmo ovispo [41] dize más adelante en este mesmo capítulo, donde trata de la capitulaçión que hiçieron León y Carlos, Papa y Emperador, y avnque no lo quenta, hízose allí en Vormes, y en esto lo que ay que dezir [42] es que fuera justo, guardando la horden de buen ystoriador, pues ello hera tal [43], que pusiera primero la primera guerra d'entre Françisco a mizer Rroberto de la Marcha, vasallo en çierta manera del Emperador por la parte de aquellos estados, y que nuevamente se les avía rrebelado, ayudándole el françés con gente y dinero y capitanes para esl: a rrebelión, haziendo guerra pública los françeses a los borgoñones, y avnque haze de pasada mençión d'esto, es fuera de propósito y del tiempo que lo avía de hazer, porqu'es en el libro diez e nueve, en el capítulo segundo, antes qu'el [44] Carlos viniese a rreynar en España. Lo qual pasa al contrario, porque después d'estar en España rreynando, y ser elegido Emperador, y buelto otra vez a Flandes, y de allí [45] Alemaña a tomar la primera corona que tomó enAquisgrán (y avn hallándose el mesmo mizer Rrobert'o en aquella solenidad como vasallo borgoñón del carlos [46], se partó de allí mediante los tratros secretos que traya con el françés, y se rrebeló como está dicho. Contra la qual [47] rrebelión se opusieron los de aquellos estados, estando su Carlos [48] ocupado en las cortes de Vormes, suçediéndoles [49] muy vien el negoçio, porque le tomaron todas sus tierras al Rroberto y después entraron por / Françia como prouinçia ya públicamente su enemiga, y sitiaron a Masieres llevando por general a Enrrique, conde de Nasao, y no a Françisco Sichino, como el Jobio dize, el qual Françisco [50] no y va allí más que por coronel de çierta gente alemana, y es ansí que aquel lugar, qu'está puesto junto al rrío Mosa, no se tomó entonçes por algunas causas, y vna d'ellas fue la que nuestro autor dize del esfuerço y virtud de Pedro Bayardo, esforçado capitán de los françeses, y de otros capitanes que allí avía que hiçieron las defensas y rreparos neçesarios. Pero es bien que sepa el Jobio que no hera el mesmo [51] Bayardo el capitán prinçipal que la defendía, como él lo quenta, sino musiur de Memoranςi, a quien el rrey avía dado a cargo aquel pueblo para que le defendiese de aquel ynpitu, y ase de adbertir mucho, como punto [52] prinçipalísimo en estos negoçios, que las [53] primeras guerras que vbo entrar el françés y el Emperador entonçes [54], que después duraron casi quarenta años, con notable perdiçión de gran parte del género humano, travajaron [55] estos dos prínçipes, y después d'ellos [56] todos sus afiçionados de Evropa y del vniberso [57], de cargallas el v no al otro, haziendo cada v no prinçipiador de la guerra, de que tan grandes males al mesmo mundo, qu'estava en paz muchos días avía, se siguieron, a su contrario [58], y no ay que dudar sino qu'el que las començó abró la más pestilençial cosa para [59] los honbres que se a leydo, avnque entren en ellas [60] las guerras púnicas tan nonbradas de rrómanos y cartagineses, ni las [61] de los griegos y persas, ni [62] las de otras [63] naçiones ningunas [64] que sepamos que ayan beligerado [65] vnas con otras. Pues agora nuesç)ro Jobio, en el capítulo que tengo alegado [66] del libro diez y nueve, muy gentilmente, sin más propósito, falsísimamente [67], da a entender por palabras bien claras lo qual [68] confirma por este capítulo terçero) / del libro veinte (en dezir [69] que la guerra que se abía començado [70] en España se avía trasladado en Ytalia) [71], que la primera guerra que entre el Carlos [72] y Françisco huvo fue començada por los ynperiales, çercando el lugar de Masieres en Françia [73], como quiera qu'es notorio, savido y entendido y palpablemente visto [74], que pasa lo conttario; porque antes del sitio de Masieres, Rroberto de la Marcha de quien hemos tratado, haziendo gente en Françia y en París, caveza de aquel rreyno, públicamente tocando atanvores y enarbolando vanderas, entró por los estados de Borgoña, canpeando y tomando pueblos, sin tener Flandes vn soldado hecho. Lo qual sabido por el Emperador, qu'estava en Bormes entendiendo en apaçiguar la heregía luterana, cometó el rremedio y defensa de aquellos estados al conde Nasao, el qual haziendo gente y baxando alemanes, rrecuperó [75] lo perdido, y al Rroberto tomó la mayor parte de su estado, y pasando adelante tras él entró en Françia y sitó al lugar de Masieres. Véase agora quién dio causa a esto; y avnque no vbiera suçedido [76], después d'esto o casi en el mesmo tiempo, el rrey Françisco enbó exérçito con musiur Asparros sobre Nauarra y la tomó, y avn no contentándose con Nauarra dio vista a Logroño, tierra patrimonial de Castilla, avnqu'el [77] exérçito françés llevó el pago queconvenía quedando perdido, y el general que lo gouernaua preso, y todos vençidos de los españoles, que les dieron la vatalla a postrero de junio d'este mesmo año de veynte y v no, y no vasta, para contravençión d'esto [78], dezir que conforme a lo de Noyon podía el rrey, salva la amistad del Carlos [79], ayudar al Enrrique de Labrid para rrecobrar a Nauarra; porque no lo podía hazer sin | primero rrequerir al Carlos [80] que diese congrua [81] satisfaçión al nauarro, / y que constándole que no hera bastante, lo pudiese hazer, haziéndole primero al español [82] çierto del derecho del despojado. Todo lo qual no avía preçedido, ni parte d'ello, hasta qu'el exérçito entró por Nauarra y la ganó, y avnque vbiera pasado los rrequisitos neçesarios, ¿qué obligaçión o qué derecho tenía Enrrique de Labrid a Logroño, para sitialla el rrey de Françia?

De manera qu'está muy claramente visto (como tanvién después lo declaró el rrey Enrrique de y ngalaterra en el tiempo que atrás dexamos apuntado [83], qu'el prinçipiador d'estas guerras que tan nonbradas y perpetuadas quedarán en la memoria de los honbres por [84] peruersas para la christiana rrepública, fue el rrey Frančisco, y que a él solo se le deve esta hazaña, sin tener más parte en ella el Carlos [85] que la defensa natural y la obligaçión del anparo de sus vasallos, entre los quales entran tanvién los lonbardos, probinçia qu'es feudo del ymperio. Lo qual visto por [86] el Emperador, y qu'el Frančisco [87] no pedía ynbestidura al señor del feudo, como a yngrato vasallo y que por el mesmo caso según derecho tiene perdido el señorío útil de la cosa feudal, y que ya públicamente por diuersas partes de sus rreynos y estados le hazía guerra, conçertaron él y [88] León dézimo y capitularon [89] en Vormes para hechalle [90] al françés del estado de Milán que poseya, y que fuese anparado en los derechos de aquel estado Frančisco Esforçia, que estaua despojado; y para esto el Papa hizo capitán superior de la Yglesia a Federico, Marqués de Mantua, que andando el tiempo [91] adelante el Emperador le hizo duque d'ella, y asímesmo [92] el Emperador nonbró por su general al Próspero Cojona y coronel de la ynfantería al marqués de Pescara, y de los honbres de armas hera superior Antonio de Leyva, y comisario del exérçito / Hernando de Alarcón, todos quatro nonbrados capitanes y eçelentes de nuestro tiempo, y así [93] la guerra se trasladó en Ytalia, quedando todavía [94] los originales en los lugares contados de Flandes y España, de cuya traslaçión ytaliana es menester que ablemos vn poco en enmienda del Jobio y de lo qu'él trata, en este capítulo por donde agora corre nuestra obra, en el qual el ovispo [95] dize algunas cosas harto dignas de çensura, y juntando estas con otras qu'escribió el mesmo autor [96] en vn libro que hizo de la vida del marqués de Pescara, se hallará que en ninguna tuvo rrazon.

Dize pues, en las partes ya allegadas [97], quel prinçipio d'esta guerra lonbarda [98] fue yr el exérçito ymperial sobre Parma, y que aviendo tomado la mitad de aquel pueblo hasta donde lo parte el rrío que pasa por medio d'él, el exérçito [99] no prosiguió acavallo de [100] tomar todo, con gran vergüença y afrenta de aquel campo. Y en esto el autor [101] se engañó manifiestamente, porque la rretirada de Parma y volverse alojar al rrío Lença fue vna cosa harto açert'ada, según la opinión de muchos, como después el suçeso lo mostró. Puesto caso qu'es verdad qu'el Próspero (avnqu'este punto no toca el Jobio) fue de pareçer contrario, y que la çiudad se acabase de ganar, costase lo que costase, sin envargo que por aquella parteestava muy fortificada. Pero çiertamente, si muchos no se engañan, fue más açertado el pareçer del de Pescara, que dio muy de propósito en la rretirada [102], porque la toma del pueblo avía de costar mucha gente, y después ocupados en el saco, avía de ser grande enbaraço para defenderse de musiur de Lutreque, que con el exérçito françés les venía ençima, y dize más en aquel libro de la bida del marqués (porque corramos toda la del Jobio) [103]: que vn alboroto que luégo, cabe el lugar de Ponte Vico, huvo [104] entre los españoles y ytalianos del exérçito çesáreo, que los españoles tomaron desaperçevidos a los ytalianos, y que sin causa ninguna les acometieron, y que así, como desaperçebidos, llebaron / lo peor. Engaño notorio, mas no engaño, sino maliçia pura, que ya tanbién yo me boy desbergonçando [105]. Lo que pasa es qu'estando rrefirmados los esquadrones en el territorio ya dicho, sin propósito ni causa ninguna, rrebuelben los ymlianos y dieron en el bagaje de los españoles que acaso estaba allí çerca d'ellos, y saquéanlo como si fuera rropa de enemigos, y los moços de los soldados dieron el aviso d'ello, y la grita lo dio primero, y buelben los españoles de dos en dos, y de quatro en quatro, y esquadras enteras, a procurar por su hazienda ya cobralla, y hizieron lo que hiçieran qualesquier honbres por justificados que fueran, y puesto ya el negoçio en las armas suçedóles mal a los ytalianos, como el mesmo obispo [106] dize, que llevaron lo peor; y tan [107] peor lo llebaran, que ellos se espantaran bien del negocio, porque quedaran allí más de los que quedaron [108], si no se tubiera rrespeto al marqués de Mantua hazia donde se fueron rrecogiendo, y al cardenal Jullio de Médizis, que fue después Papa Clemente sétimo, que hauía poco que hera venido al campo a rresidir en él [109] por legado del Papa su primo, el qual acudió luégo al negoçio, y con su autoridad, rruego y lágrimas (trayendo yna cruz delante de sí), puso fin a la baraja. Trata más el obispo [110] en los lugares ya alegados, que quando adelante [111] se aposentaron anbos campos, françés y ynperial, el y no tan çerca del otro que no ayía más del rrío Ada en medio, que [112] quiriendo pasar los ynperiales y siendo defendida la otra rribera por los contrarios, que los ytalianos fueron los primeros que pasaron en çiertas barcas, yendo y bolbiendo por más soldados de aquella naçión, y que los españoles pasaron después y tomaron çierta casa, y ayn por que no quedase primero [113] ytaliano en el campo de aquesta banda del rrío, ayn no haze su pasada tan presto [114], hasta que Juanín de Médizis, capitán eçelente de cauallos ligeros, se abenturó / a la hondura del rrío y pasó con su gente de cauallo de la otra banda [115] con gran peligro. Y es así, que ninguna persona pasó primero el rrío aquel día, qu'el capitán Juan de Hurbina, maestre de campo de los españoles, con treynta soldados de su naçión que [116] pusieron los pies primero que otro ninguno [117] en la otra yanda [118], y luégo pasaron más arriba los ytalianos en dos barcas, y más arriba luégo los españoles de golpe en otras, y el capitán Juan de Médizis por el agua con harto gran peligro, que en esto sí lo hubo [119], como el mesmo [120] Jobio dize.

Pero de lo que este nomble autor más m'espanta a mí [121] en este capítulo, es de que diga [122] qu'el marqués de Mantua defendió a Pauía, sin hazer mençión de Antonio de Leyva qu'estaya con él, a los quales anbos se les hauía encomendado la defensa de aquella tierra. Y quánto más conbenía ayer hecho minçión del Antonio [123] en defensa de Pabía que de otro ninguno, Dios lo mostró después andando el tienpo, rrespondiendo porlo que sabía [124] que abía d'escrebir el Jobio, mostrando quánto este nonbre de Pauía [125] casi no se puede nonbrar [126] entre naçiones estrañas, sin el nonbre de Ant'onio de Leyba, y si [127] dize por otra segunda guarniçión que otra vez se enbó a la mesma Pauía, devajo de la mesma miliçia del mantuano [128], acordaráse que fueron allí no [129] todos ytalianos, como él lo apunta, sino [130] tres conpañías d'españoles, con sus capitanes Corbera, Santacruz y don Felipe de Çerbellón, los quales entraron en el pueblo por medio de los enemigos. Pero avn más m'espanta que pone en este capítulo el Jobio a Marco Antonio Colona, capitán baleroso que [131] serbía a françeses, muerto en el socorro del castillo die Pauía, habiendo sido muerto de vn tiro de artillería en el socorro de la fortaleza de Milán, queriendo por allí socorrer a los de aquella fuerça, lo qual aconteçó después de ser ya ganada por los ynperiales Milán, en la qual se entró a beinte y dos de nobienbre de aquel año de beynte y v no, teniendo la: çiudad los ynperiales y los françeses el castillo, y en fin / del capítulo dize tanbién [132] que luégo muró el Papa León dézimo (y así fue la berdad, y avnqu'él no pone el día, muró a primero de diziembre), y que en su lugar suçedó Adriano, con bergonçoso fauor y apresurados botos de los banderizos cardenales en preferir vn honbre olando y que entonçes estaua en España, a todos los demás cardenales, contra la honrra de Ytalia.

Esto todo [133] no mereçe otro nonbre sino el de rrisa [134], avnque en paso tan ynjusto no lo [135] sería que se lebantase [136] aquella suprema dignidad y la [137] tenençia de Jesuchristo en la tierra, no la dexó el mesmo Dios [138] particularmente, a lo que yo creo [139], a los ytalianos más [140] que a las otras na çiones. Esto [141] tan obligado estaba el obispo a sauello, como saber [142] escreuir ystoria; y así siempre hauido [143] diferentes naçiones en el Sumo Pontificado. y el [144] Adriano, de quien él trata, fue vn señalado barón y bastante, si algún honbre por bentura en la tierra puede hauer que lo sea, para aquel cargo, y de los ymperfetos, porque en fin todos lo son según agora está el mundo para tan grande dignidad, él fue perfetísimo [145], y naçer en Olanda haze poco al caso, ni en lo más bárbaro que ay en todo el setentrión, y para esto le alego la bulgar doctrina de San Pablo, qu'él mejor me puede alegar a mí. Pero el mayor ynconbiniente qu'él devió de allarle, fue estar entonçes en España, qu'éstas son las postreras palabras de su capítulo, porque ningún mal le pareçe a ét que deja de tener España, hasta estar ynpedida de sufiçiençia para que quepa en ella vn honbre mereçedor de ser elegido en aquella alteza de dignidades [146].

1 Add.: y cómo en lo más de todo esto va el Jovio fuera de camino.

2 Del.: Pasando por...

3 Mut.: dicho.

4 Mut.: mençión.

5 Mut.: por.

6 Mut.: no le costó menos...: tanto costó.

7 Mut.: al fin.

8 Del.: para qu'esta plaga...

9 Del.: él.

10 Mut.: de.

11 Del.: al.

12 Mut.: por.

13 Mut.: y no aviendo podido...: fue mandar.

14 Mut.: el sancto Emperador mandó: mandó el Emperador.

15 Mut.: que se mandó publicar: publicado.

16 Mut.: mandando asímesmo: Mandóse también.

17 Transp.: fueron algunos luteranos.

18 Mut.: Emperador.
19 Mut.: porqu'el emperador llamado de: porque.
20 Mut.: le convino bolver: le forçava bolver a.
21 Del.: por pecados de la Christiandad.
22 Del.: y de diuersa manera.
23 Del.: polule ni beche.
24 Add.: eche.
25 Del.: mesmas.
26 Mut.: porque.
27 Mut.: y va cundido por: avía ocupado.
28 Add.: menos.
29 Del.: tanpoco.
30 Del.: rresolviéndonos digo...
31 Mut.: heran neçesarios: era necessario.
32 Mut.: general y: tan çstendido que.
33 Add.: medios.
34 Del.: les.
35 Mut.: conviene.
36 Mut.: se tomó por el mesmo: tomó el.
37 Add.: que fue.
38 Del.: que.
39 Mut.: se alega para ello.. : está impresso.
40 Mut.: las que quedaren...: quedará escrito en las historias como.
41 Mut.: mesmo ovispo: Jovio.
42 Mut.: notar...
43 Del.: pues ello hera tal.
44 Add.: rey don.
45 Add.: a.
46 Mut.: Emperador.
47 Mut.: la qual: esta.
48 Mut.: su Carlos: el Emperador.
49 Mut.: suçedióles.
50 Mut.: el qual Françisdo: porque este.
51 Del.: el mesmo.

52 Mut.: de aquel ynpitu...: El.

53 Mut.: que las: es que estas.

54 Mut.: françés y el...: Emperador y el françés.

55 Mue.: con notable perdiçión ...: trabajó cada v no de.

56 Del.: después d'ellos.

57 Del.: de Evropa y del vniberso.

58 Del.: haziendo cada v no ...

59 Mut.: cosa para: puerta para daño de.

60 Mut.: entren en ellas: se aleguen.

61 Mut.: ni las: y.

62 Mut.: y.

63 Add.: qualesquiera.

64 Del.: ningunas.

65 Mut.: guerreado.

66 Mut.: que tengo alegado: tercero.

67 Del.: sin más propósito...

68 Mut.: por palabras...: y 10.

69 Del.: (en dezir).

70 Mut.: que se abía començado: començda.

71 Add.: y.

72 Mut.: Emperador.

73 Add.: lo qual es falsíssimo.

74 Del.: savido y entendido.

75 Mut.: recobró.

76 Del.: véase agora quién...

77 Mut.: avnqu'el: mas el.

78 Del.: para contravención d'esto.

79 Mut.: Emperador.

80 Mut.: Emperador.

81 Mut.: bastante.

82 Del.: al español.

83 Del.: en el tiempo...

84 Mue.: que tan nonbradas...: tan.

85 Mut.: Emperador.

86 Mut.: entre los quales entran...: bon esto se junta lo de Lombardía, que es feudo del ymperio, porque viendo.

87 Mut.: francés.

88 Mut.: conçertaron él y: capituló con el Papa.

89 Del.: y capitularon.

90 Mut.: hechar.

91 Mut.: que andando el tiempo: a quien.

92 Del.: asímesmo.

93 Mut.: y así: De esta manera.

94 Del.: todavía.

95 Mut.: de cuya traslaçión ytaliana ...: El Jovio en este capítulo.

96 Del.: el mesmo autor.

97 Del.: en las partes ya alegadas.

98 Mut.: de Lombardía...

99 Del.: el exérçito

100 Mut.: acavallo de: para

101 Del.: el autor.

102 Del.: que dio muy...

103 Del.: (por que corramos...).

104 Mut.: luégo cabe el lugar...: uvo luégo junto a Ponte Vico.

105 Del.: engaño notorio mas...

106 Mut.: Jovio.

107 Mut.: mui.

108 Del.: que ellos se espantaran...

109 Mut.: hauía poco que...: poco antes vino a residir en el campo.

110 Mue.: trata más el obispo: Dize más el Jovio.

111 Del.: adelante.

112 Del.: que.

113 Del.: primero.

114 Mut.: avn no haze...: sin passar primero, no haze la passada de los españoles

115 Mue.: parte.

116 Add.: fueron los que primero.

117 Del.: primero que otro ninguno.

118 Mul.: parte.

119 Del.: con harto gran...

120 Del.: mesmo.

121 Mut.: pero de lo que...: Pero lo que más m'espanta.

122 Add.: el Jovio.

123 Mut.: minçión del Antonio: mención de Antonio de Leyva.

124 Mut.: por lo que sabía: a 10.

125 Mut.: mostrando quánto...: y mostrando que.

126 Add.: Pavía.

127 Add.: 10.

128 Mut.: mantuano: Marqués de Mantua.

129 Transp.: no fueron allí.

130 Mut.: lo apunta sino: dice, porque estavan.

131 Add.: entonçes.

132 Del.: tanbién.

133 Transp.: todo esto.

134 Mut.: otro nonbre sino el de rrisa: ser corregido sino con risa.

135 Mut.: paso tan ynjusto no 10: palabras tan ynjustas, razón.

136 Del.: a más que rreyrlo porque.

137 Del.: la.

138 Add.: más.

139 Del.: a lo que yo creo.

140 Del.: más.

141 Del.: esto.

142 Mut.: obispo a sauello como saber: Jovio a saber esto como a.

143 Mut.: y así siempre hauido: siempre uvo.

144 Del.: y el.

145 Del.: y de los ymperfetos...

146 Del.: y para esto le alego...

Capítulo Sesto

De cómo se tomó por los españoles la çiudad de Géooba, y de cómo el Papa Adriaoo bino a Rroma, y de cómo la çiudad de Parma, después de abella perdido, no la pudieron ganar los françeses, y de / la nonbrada batalla de la Bicota que vençieron los ymperiales, y de la toma de Rrodas por el turco, y de la prisión del ca, denal de Bultetra en Rroma, y de la creaçión del Papa Clemente sétimo, y de los desgustos que mostró luégo, en siendo elegido, a las cosas del Emperador [1].

El [2] libro beinte y vno de aquella mesma parte primera se sigue luégo, donde [3] en el capítulo primero y Ynico, dize nuestro autor [4] que los françeses, vista la muerte del Papa León, pensaron, antes de la eleçión del nuevo pontífiçe, poder rrecobrar durant'el conclave [5] a Parma, y que la fueron a conbatir, y no pudieron tomalla. Dize asímesmo qu'el año siguiente (y avnqu'él no lo dize se entiende por el de beinte y dos), visto por los ynperiales, después de hauer ganado a todo el estado de Milán, cómo Génoba estaba por Françia, a causa d'estar gobernada por los Fregosos, de pocos años antes [6] sus afiçionados, que fueron sobr'ella y la tomaron (y avnqu'él no lo quenta fue esta toma a treynta de mayo de aquel año de beinte y dos). Tanbién dize cómo el Papa Adriano, nuevamente elegido, estaua en España, y que a grandes suplicaçiones del pueblo rromano y persuasión de los cardenales, vino a Rroma, y que en este tiempo Solimán, señor de los turcos, convatía a Rrodas, y qu'el nuevo Sumo Pontífiçe Adriano quiso enbiar en socorro de aquella horden a la ynfantería que abía traydo d'España, y que por persuasión de algunos banderizos la enbió a Lonbardía para rreforçar con ella las fuerças del Emperador, y que asi fue forçado a [7] Felipo Villadamo, maestre de la cavallería de Rrodas, después de hauer sido convatida brabísimamente, a rrendilla [8] con çiertas condiçiones, y qu'esta herida rreçibió la christiandad por causa de la locura, que así la llama, de los rreyes que peleaban vnos con otros, sin poder por esta rrazón socorrer a Rrodas [9]. Y trata tanbién en el mesmo capítulo de la pestilençia que vho en Rrnma, y de cómo el Papa prendió al cardenal / Françisco Soderino porque hera enemigo del Emperador, lo qua! avía mostrado en ymbiar [10] gente a la Toscana contra el cardenal Jullio de Médizis, y a Rrençio Cherri, capitán famoso con ella, la qual empresa dize que no tuho buen efeto, y que pocos meses después d'estar preso el Soderino, el Papa Adriano murió [11], y que después de hauer durado [12] el conclave muchos días, fue elegido el cardenal Jullio de Médizis, el qual se llamó en su pontificado Clemente sérimo, y que luégo, en tomando aquella suma diguidad a su cargu, mostró estar de por medio entre el Emperador y rrey de Françia, para mostrar que hera padre común de todos y que no fauoreçía a ninguna de las partes.

Todas las quales cosas [13] o a lo menos algunas d'ellas, tienen neçesidad de correpçión [14]. Y quanto a lo primero, sin acordarse el autor [15] que en el capítulo próximo [16] pasado avía dicho que los ynperiales y hexérçito del Papa no avían podido tomar la çiudad de Parma, dize agora en el prinçipio d'este otro siguiente [17] que, muerto el Papa León, quisieron los françeses rrecobralla; porqu'está claro [18] que no avía para qué rrecobrar lo que no avían perdido. Y sí [19], perdieron, pero no lo pone el Jobio, y así deja la contradiçióu que e dicho. Pasa pues así [20], que quando se rretiró el exérçito ynperial de Parma dexaron los françeses eu ella a Federico Gonzaga, prínçipe de Boçulo, ytaliano, que la guardase, y como después se tomó Milán por los españoles, diose el aviso a Rroma d'ello [21] y el Papa desde allí a pocos días murió, y [22] antes de saberse la nueva de la muerte del Sumo Pontífiçe' musiur de Lutreque, general de Françia, enbió a llamar al Federico que biniese a rresedir [23] de guarnición en Cremona, la qual nuevamente avía benido a sus manos después de çierta rrebelión de los cremoneses. Y salido el prínçipe Federico a cunplir este mandato (dexando en Parma primero el mejor rrecaudo que pudo), bino la nueva de la muerte de León déçimo, la qual [24] sabida por Lutreque, tomó a enbialle a mandar que se estubiese quedo sin salir de Parma, como plaça ynportante y frontera de los enemigos. Pero como ya las cartas le tomaron fuera d'ella, / quando quiso holber halló que Rroberto Sanseberino, casado con vna parienta del Papa pasado, sabiendo su muerte y haziendo çierta gente de priesa, medio público y medio trayçionadamente, se avía entrado en la çiudad- Y así el Boçulo no pudo entrar en ella y prosiguió su camino y fuese [25] a Cremona y d'esta manera perdieron a Parma los françeses- La qual pérdida abía de contar el Jobio neçesariamente, aviendo dicho que no la pudieron ganar los ymperíales y diziendo agora que la querían rrecobrar los françeses. Y este Rroberto de Sanseberino qu'emos dicho, y la gente que metióde guarnición consigo, fue el que defendió a Parma quando agora en este capítulo los françeses la tentaron de rrecobrar, y no, como dize nuestro autor [26], el comisario Guichardino, amigo que sé yo [27] que fue grande [28] del Jobio. El qual trata [29] luégo tras esto, de [30] la tomada y saco de Génoba, sin hazer minçión [31] de vna de las prinçipales cosas que en aquella guerra pasaron primero, que fue la vatalla nominatisima de la Bicoca, que se dio de exérçito a exérçito, a veinte y siete de abril del año de beinte y dos. Y sí la pone, pero [32] escribela en los capítulos antes, poniendo después de la batalla cosas que pasaron en el año de veyute y vno, abiendo sido dada quando e dicho. La qual los françeses perdieron, como se sabe, y élla pone y escribe no çierto mal, sino muy açertadamente [33], qu'esto no se lo negaré ninguna vez que tubiere rrazón, en aquel su libro de Pescara. Y en quanto a la tomada [34] de Génoba, çierto él dize / cosas en ello que no pasaron, lo qual quenta en la mesma vida del de Pescara, donde dize, entre otras gentilezas, que mientras [35] se daua la batería al pueblo, se rretiró y estuvo escondido el capitán Juan de Hurbina, maestre de campo de los españoles. Lo qua! no pasa así, porque no se desbió el capitán qu'él dize durante aquella contienda del lado del marqués, o tan çerca d'él, que no avía quatro houbres en medio; y si se desbiaba a prober algo, holbía luégo con presteza al puesto, y juntos anbos, marqués y Vrbina, entraron en la çiudad, vn poco más delautero el marqués, quanto siete o ocho cuerpos de honbre

Mas para qué gasto yo palabras en defensa d'este eçelente capitán, pues son harto más escusadas que las ofensas que d'él en este paso trata el Jobio, avnque a mí me cupo por suerte lo vno y a él por maldad [36] otro Y está muy savido y notorio [37] el valor, el ánimo, la destreza de aquel señalado barón, que por solas estas cosas mereçió alcanzar el grado que alcançó en la guerra- Y es lo bueno que, por no dexar a sus ytalianos de la mano, dize [38] que por aquella parte entraron en Génoba losde aquella naçión, y los españoles todos juntos, cosa que no pasó, ni avía honbre de aquella probinçia ytaliana [39] en aquel quartel, sino más avajo buen pedaço [40], Pero después d'entrados en Génoba, solo / a los españoles dexa para las fuerças y malos hechos del saco, que los ytalianos, como sanctos y justos, y vna [41] naçión tan piadosa (y tan piadosa [42] en estas cosas de la guerra quanto todo | el mundo sabe), no devieron de haçer cosa ninguna. Y así quenta en particular que çiertos españoles quisieronforçar a çierta [43] señora ginobesa, y qu'el marqués corrió a los gritos y a el escándalo, y que los hizo pedazos [44] Cosa es que yo no [45] bi ni supe; y deviera de sabello [46] tan bien como el ovispo [47]- Pero avnque [48] oviera aconteçido, no m'espanto [49], porque no puede en vn exérçito ni en vna congregaçión de gente en cantidad [50], dexar de hauer rruynes y buenos, y de otras muchas mezclas, saluo entre ytalianos, qu'éstos, según el pareçer del Jobio, en ninguna manera puede haver ninguno de ellos | de desastradas [51] costunbres; y si hubiera muchos Jobios que lo dixeran, no perdieran nada los ytalianos en ello.

Pero béase de [52] vn escritor graue a qué propósito pone vn egenplo tan ynfimo y tan vmilde [53], que en vn saco de vna çiudad tan grande quisiesen dos soldados acometer a vna muger para sus suzios pensamientos, porque si no aconteçió más de aquel / caso, no avía para qué ponello, qu'era avajar la ystoria de su estimaçióu. Y si aconteçieron muchos casos de aquellos, con deçir que en el saco avían aconteçido muchas fuerças de mujeres y muchos rrobos bastaua, me paresçe a mí. Pero no parando solo en esto, tanvién es menester que maten los españoles [54] tres o quatro biejos gínoueses, que d'esta hedad dize que heran, después de andar en hexecuçióu del saco por el pueblo. Y tauvién hirieron a su quenta [55] a vn obispo de vn arcabuzazo en vn muslo, que fue al ovispo de Nebio (que avnqu'él no lo dize es en Córçega aquel ovispado y él natural de Génoba, llamado Agustín Justiniano); el qual ovispo no trata [56] tal cosa en los |Anales qu'el mesmo ovispo [57] rrecopiló de la Señoría de Génoba, donde quenta él mesmo [58] esta toma y saco muy a la larga. Antes dize (dejemos lo suyo de su herida de que no trata, y tratara si aconteçiera) [59], que de quatrovezes que se a tomado aquella çiudad por enemigos, ésta fue donde menos daño se hizo, y donde menos peligro corrieron todas las cosas / públicas y particulares y doude (que así lo dize espresamente) fue guardada la honrra de las mujeres enteramente. Pero qué no dirá el ovispo de Nochera [60], quando atribuye tanbién a los españoles en aquel negoçio; porque tras los males que quenta d'ellos quenta estotra cosa, y de astuçia no tomó a deçir este nonbre: españoles, porque como le avían hecho los tudescos, quiere a pesar del mesmo acaheçimiento que se atribuya (según su escritura) a los d'España. Dígolo, porque da a entender que los españoles [61] fueron a rrobar la yglesia de San Lorenço, y a tomar aquella joya tan estimada que los gínoueses tienen, de aquella piedra preçiosa [62] qu'está a manera de plato, o casi escudilla, y dizen algunos [63] qu'es en el que çenó Nuestro Rredemtor su vltima çena sacratísima, conbertida después por Su Magestad Divina en esmeralda (cosa a mi pareçer bien apócripha) [64]. Y es cosa savida y notoria, y no negada por las mesmas partes, que [65] los que qllisieron hazer aquello, avnque después no vho hefeto porque la rrescataron [66] la presa antes de tomalla y les dieron mill es cudos, fueron vna banda de tudescos, y su coronel Jorge de Frondesperge con ellos.

Pero [67] pasemos de Génoba a lo que más dize de las persuasiones y rruegos que se hiçieron al Papa Adriano para que viniese a Rroma, cosa que tal no pasó, porque no vbo allegado la carta del colegio de los cardenales con la eleçión, la qua! nueva le tomó en Vitoria, cabeça de Alaba, / quando luégo se començó aparejar para su jornada porqu'él fue elegido a ocho de henero, y a diez de hebrero tuvo la nueba çierta d'ello y luégo mandó adereçar armada en qué pasar, y sin enbargo de las calores del berano [68] luégo entró en camino la buelta de Catalunia, y se enbarcó, y allegó por agusto a Génoba con diez y ocho galeras, entre las quales yvan las suyas propias rromanas, y llevó [69] tanbién vna carraca y çinco nauíos gruesos. Lo qual quento a propósito de lo que más dize, que a persuasión de çiertas personas banderizas, no quiso el mesmo [70] Pontífiçe enbiar la ynfantería que trujo d'España al socorro de Rrodas por enbialla a Lonbardía a rreforçar las fuerças del Emperador. Lo qual es falso, porqu'el [71] Adriano no llevaba ynfantería de propósito, porque [72] la mayor parte de la gente hera pasagera y que yva a sus abenturas, y no conduçida a sueldo ninguno, y el mesmo Papa [73] no quiso dar [74] sus galeras para la mesma [75] expediçión por no dexar la costa desanparada y en manos de los cosarios que por allí la molestavan harto entonçes, y avn agora, avnque [76] dio seys mill ducados en oro [77] para aquel socorro; y de los prínçipes que dize [78] que por su locura d'ello, [79] se perdió Rrodas, mi fee [80], yo no lo atribuyo sino solo a la desdicha [81] de la christiandad y a pecados d'ella [82], porque avnque los dos rreyes no pelearan, como alguno d'ellos no fuera / en persona, o enbiara grueso exérçito para desçercalla, o grande número de galeras para desbaratar el armada de mar [83] turquesca, no bastara otro ningún rremedio. Y avn esto se bavía de hazer con suma diligençia, avnque harta gente de juizio común (que en esto, [84] no es solo el Jobio el que lo [85] dize), piensan que las guerras de christianos hiçieron perder a Rrodas. Y sin envargo de las que trayan Carlos y Françisco ynbió [86] el Emperador en su socorro quatro navíos gruesos con pertrechos neçesarios y liçençia para que pudiesen sacar armas de su rreyno de Nápoles y muniçiones en la cantidad que fuese neçesaria. Y el rrey de Françia, no se lo neguemos [87], mandó con gente y vastimentos [88] armar seis uaufos medianos en el puerto de Marsella, y Enrrique de Yngalaterra con harta copia de moneda enbió tres vrcas gruesas

Berdad es que todos estos socorros llegaron tarde, o por mejor dezir no allegaron allá, porque los más delanteros no pasaron de Seçilia, y allí [89] supieron la desgraçia aconteçida. Porqu'el várbaro se dio mucha priesa a sitiar aquella fuerça, tomando casi desaperçevidos a los cavalleros de aquella sagrada [90] rreligión, siendo llegado allá / nuevamente por maestre (porque le tomó avsente su eleçión en poniente), Felipo Valerio de Lisladan, françés- Y ni más ni menos se dio la misma priesa [91] a conbatilla estando los que la avían de socorrer muy lejos; y en fin, son desgraçias que nuestros pecados mereçen, avnque [92] no niego que más desenvaraçados se ballaran [93] los prínçipes para qualquier socorro grueso y de ynportançia que quisieran haçer, o enbiar para desçercar aquel amparo de los christianos latinos con que teníamos çerrada la puerta a aquellos bárvaros, que no lo an sido en conquistarnos, o al menos en debilitamos de fuerças y hinchirnos de miedo. Y en [94] quanto a lo que dize qu'el cardenal Soderino hera enemigo del Enperador, y que lo prendió el Papa Adriano por ello, es grande ympropiedad llamar a ningún particular, avnque [95] puesto en aquella prinçipalísima diguidad, enemigo de vu prínçipe semejante. Quando [96] este nonbre enemistad o de caheren persoua alguna, es con otra su semejante [97], como es vn rrey con otro o otras personas que puedan litigar enemistad de muchas [98] maneras que se suele litigar [99]. Y si lo dixo el Jobio por / que hera afiçionado a la parçialidad de Françia, no avía más causa para llamalle, [100] enemigo del Emperador por eso [101], que a otros muchos cardena les que tienen la mesma afiçión françesa, como otros, tanvién [102] muchos, la española. Y no hera persona el Emperador nuestro rrey d'España con quieu avía de tener particular enemistad el Soderino [103]. Lo que pasa en este caso es qu'este Françisco Soderino, que más comúnmente llamavan el cardenal de Bulterra, hera grande enemigo del cardenal Jullio de Médizis, que después fue Papa Clemente, anvos florentines y por sus antiguos bandos de Florençia grandes contrarios el vno del otro, de tal manera que como al de Médizis le vbiese dado el capelo su primo hermano León déçimo, y no pudiese el de Bulterra rreclamar de aquello, y suçediese después la muerte del mesmo Papa León, estando todos en conclabe para elegir nuevo Pontífiçe (como de allí a poco eligieron al Adriano), el Soderino pidió en aquel ayuntamiento que hechasen fuera d'él al Médizis, porqu'el capelo se le avía dado contra las sanctas ynstituçiones y [104] constituçiones / de la Yglesia, por fauor de su primo el Papa León, que proyben que aquella tan aventajada [105] dignidad eclesiástica no se dé a ningún bastardo, y que así no se le pudo dar al Jullio, atribuyéndole en esto que no era ligítimo. Y para deçir la verdad, sienpre huvo vu escrúpolo de aquel hecho, porque [106] pasa así, que quando Lorenço de Médizis, de cuya fama y loor las corónicas modernas están llenas, y su hermano menor Juliano de Médizis, hijos anvos de Pedro de Médizis y nietos del nonbrado Cosme, gobernavan a Florençia y tenían a cargo aquel estado, en vna conjuraçión que contra los dos hermanos se hizo, por otros çiudadanos llamados los Paçis, y los acometieron estando oyendo misa mayor en vna yglesia, quando el saçerdote estava alçando [107] la ostia. El Juliano, hermano menor, fue muerto a puñaladas, y éste dexó preñada a vna muger, amiga o euemiga [108] que tenía, que de allí a pocos meses parió a este Jullio de quien tratamos. Pero después, quando el primo le vho de dar el capelo, se hiço ynformaçión y él dio testigos que su padre se avía casado con aquella su madre antes de su muerte- Y de crer es que no fal- / taría gente que lo jurase; y así en el conclaue desecharon aquel pedimiento del de Bulterra, y le dexaron al de Médizis en su posesión, rreservando el derecho a su contrario de lo que quisiese pedir en quanto al negoçio prinçipal.

Y elegido entonçes el [109] Adriano, luégu que vino a Rroma, tuho gran quenta con el cardenal de Médizis, por saber que le hera al Emperador afiçionado [110], y que avía sido legado en su campo, y así le dio a cargo y le conservó en la administraçión de la rrepública florentina, lo qual fue de tanta açedia para el de Bulterra, que luégo començó a tratar con frančeses. Y esto es lo que apunta el Jobio, sin oyr más de cantar el gallo y no saber dónde, para que hechasen de aquella administraçión de Florençia al cardenal Médizis; y asi enbiaron a Rrençio Cherri con alguna gente, que no hizo hefeto ningunoLa qual trama entendida por cartas, prendió el [111] Adriano a este cardenal Soderino, y hasta la muerte del mesmo Adriano estuvo en el castillo de Santángel preso. Y como el Adriano murióse [112] a catorze de setienbre del año de veynte y tres, el colegio de cardenales para elegir nuevo Pontífiçe le mandaron soltar de la prisión / y venir al conclaue, donde se rrenouaron las barajas d'entre el Soderino y Médizis su enemigo. Y fue la bentura del vno, que fue el [113]

Jullio, que allí [114] entonçes saliese elegido por Sumo Pontífiçe, y los cardenales todos [115], biendo aquello, se echaron a los pies del uuevo eleto que, como hemos dicho, se llamó Clemente sétimo para que, pues Dios le avía subido en aquella alteça, perdonase al cardenal su enemigo, y él así lo hizo. Pero el otro |, de puro enojo de abelle suçedido mal todo, y haber benido a parar el Sumo Pontificado en su antiguo y moderno enemigo, murió de allí a pocos días, y éste es el caso de los dos cardenales de Bulterra y de Médizis, en que nuestro ovispo mete tanvién al Emperador por euemigo del vno bien sin propósito [116]. Y en lo que dize [117] qu'este mesmo Clemente sétimo, luégo nuevamente que fue elegido, se mostró padre común d'entranvos prínçipes, Françisco y Carlos, digu que, así [118] como en otras cosas, el ovispo [119] se engaña manifiestamente en esto. Porque abiendo hecho el Emperador por el Clemente grande ynfinídad de [120] buenas obras, como fue avelle tenido sienpre muy particular afiçión, y hauer echo con Adriano / que le tuviese la mesma, y que le pusiese en grandes negoçios, como le puso y le tomó por sumo pribado suyo entre todos los cardenales, y haver el mesmo Emperador tomado, luégo que supo lo de Bulterra [121], el negoçio tan a pechos y tan a su cargo la familia de los Médizis, que enbió luégo a mandar a los que tenían sus vezes en aquella probinçia que, dexadas las cosas de Lonbardía (quando lo vno no se pudiese rremediar con lo otro), se enviase socorro a Jullio de Médizis a Florençia contra su enemigo, para conservalle en la administraçión de la Toscana; y aviéndole dado asímesmo y consignado diez mill ducados de pensión de rrenta sobre el arçovispado de Toledo; y vltimamente enbió tres nonbrados quando la muerte de Adriano, a su envajador don Luis de Córdoba, duque de Sesa, para que trauajase que vno d'ellos fuese el elegido (de todas estas menudençias y particularidades podemos avisar al Jovio), el primero de la memoria fue el mesmo Papa Clemente, y que quando esto no pudiese ser, trabajase que lo fuese otro segundo, que era el cardenal Colona, y quando esto tanpoco no [122] pudiese, lo fuese el cardenal Frenessio [123], que después, andando los tiempos, fue Sumo Pontífiçe y se llamó Paulo / terçio; dígolo para que se bea quánta hera el amistad con el Clemente, que él fue puesto por cabeça entre todos los afiçíonados del Carlos, y con todas estas subidas buenas obras, en tomando la silla de San Pedro a su cargo, lo primero que hizo fue afiçionarse a Françia y ser enemigo encubierto y después, andando el tiempo, declarado, del Emperador- Y conforme a esto, avnque fue rrequerido, en siendo electo, que aprobase la liga hecha entre Adriano y el Emperador y veneçianos para la defensióu de Ytalía, en la qual tanbién se contenía que si el Pontífiçe muriese, el siguiente la aprobase, y aviendo sido el mesmo Clemeute, siendo cardenal, el que avía soliçitado y entendido en el efecto de la liga, no lo quiso hazer, antes de allí a poco tiempo rrebocó el exérçito de la Yglesia y lo mandó rreduzir a las tierras d'ella y que desanparase al del Emperador. Y éstos fueron los prinçipios del Papa Clemente en lo que toca a este propósito, y de allí adelante se fue más quitando la máxcara hasta quedar del todo descubíerto françés, cou máxcara de ytaliano, y enemigo público del Carlos [124].

1 Add.: en que se notarán las faltas que en el cuento de todo esto ay en la historia del Jovio.

2 Mur.: en el.

3 Del.: se sigue luégo donde.

4 Mut.: nuestro autor: el Jovio.

5 Del.: durant'el conclave.

6 Del.: de pocos años antes.

7 Mut.: forçado a: necessario y forçoso que.

8 Mut.: a rrendilla: la rindiesse.

9 Del.: sin poder por...

10 Mur.: embiar.

11 Transf.: murió el Papa Adriano.

12 Mut.: después de haúer durado: durando.

13 Mut.: las quales: estas.

14 Mur.: ser corregidas.

15 Mur.: el autor: Jovio.

16 Del.: próximo.

17 Del.: otro siguiente.

18 Mur.: porqu'está claro: Claro está.

19 Mur.: y sí: la verdad es que la.

20 Mur.: pasa pues así: Lo que passó es.

21 Del.: d'ello.

22 Mur.: desde alli a pocos...: murió desde alli a pocos días, pero.

23 Mur.: residir.

24 Mur.: la qua!: y.

25 Dd.: y fuese.

26 Del.: como dize nuestro autor.

27 Del.: amigo que sé yo.

28 Add.: amigo.

29 Del.: el qua! trata.

30 Mut.: escrive.

31 Add.: en su lugar y tiempo.

32 Del.: y sí la pone pero.

33 Del.: sino muy açertadamente.

34 Mur.: y en quanto ...: Quanto a la toma. ()

35 Mut.: el'. tanto que.

36 Mur.: malicia o mala información.

37 Mut.: y está muy...: Muy savido y notorio es.

38 Mur.: y es lo bueno que...: Lo bueno es dezir.

39 Mur.: de aquella...: italiano.

40 Mut.: más avajo buen pedaço: mucho más abaxo.

41 Del, : vna

42 Del.: vna. 42 Del.: y tan piadosa.

43 Mut.: una

44 Del.: y quel marques corrió

45 mut

46 Mut.: deviera de sabello: supiérato.

47 Mut.: Jovio, pues me hallé en aquel saco.

48 Mut.: si.

49 Mur.: m'espanto: me espantara.

50 Del.: ni en vna congregaçión ...

51 Mut.: de ellos de desastradas: de malas.

52 Mut.: y si hubiera muchos...: Mas.

53 Mut.: a qué propósito...: no deviera poner cosa tan ynfima y baxa; quién no sabe.

54 Mut.: quisiesen dos soldados... (fol. ant.) : suelen acontecer casos desastrados, suzios y vergonçozos? No pára solo en esto, también dize que los españoles mataron. [En el margen y al frente de esta corrección el anotador escribió: «No es menester dar conçejo»].

55 Mut.: tanvién hirieron a su quenta: que hirieron.

56 Mut.: el qua! ovispo no trata: Mas este obispo que él dize no trata de.

57 Del.: ovispo.

58 Del.: el mesmo.

59 Del.: (dejemos lo suyo...).

60 Mut.: ovispo de Nochera: Jovio.

61 Mur.: porque tras los males...: que ellos.

62 Mut.: esmeralda.

63 Mur.: vulgarmente.

64 Del.: (cosa ami ...).

65 Mut.: y no negada...: que fue vna vanda de tudescos con su coronel Jorge de Frondesperge.

66 Mut.: le rrescataron: se . rescató.

67 Mur.: tomalla y les dieron...: ser tomada en mil escudos que les dieron.

68 Del.: del berano.

69 Del.: llevó.

70 Del.: mesmo.

71 Mut.: porqu'el: porque.

72 Mut.: antes.

73 Del.: el mesmo Papa.

74 Add.: Adriano.

75 Mut.: la mesma: aquella.

76 Mur.: mas.

77 Del.: en oro.

78 Mur.: y de los prfnçipes que dize: lo que dize de los prínçipes.

79 Del.: d'ellos.

80 Del.: mi fee.

81 Mut.: la desdicha pecados.

82 Del.: ya pecados d'ella.

83 Del.: de mar.

84 Del.: en esto.

85 Mut.: esto.

86 Mut.: que trayan...: quales embió.

87 Del.: no se lo neguemos.

88 Del.: con gente y vastimentos.
89 Mut.: Seçilia y allí: Siçilia donde.
90 Del.: sçgrada.
91 Mut;: y ni más ni menos...: la misma priesa se dio.
92 Del.: yen fin son desgraçias ...
93 Mut.: que más... : yo que se hallaran más desenvaraçados.
94 Del.: para desçercar aquel...
95 Add.: fuese.
96 Mut.: porque.
97 Mut.: en persona alguna...: entre semejantes.
98 Mut.: las.
99 Add.: que son muchas.
100 Mut.: llamar a este.
101 Del.: por eso.
102 Del.: tanvién.
103 Del.: y no hera persona...
104 Del.: ynstituçiones y.
105 Mut.: tan aventajada: suprema.
106 Del.: porque.
107 Mut.: estava alçando: alçava.
108 Del.: o enemiga.
109 Del.: el.
110 Mut.: le hera...: era afiçionado al Emperador.
111 Del.: el.
112 Mut.: y como el Adriano murióse: Como Adriano murio.
113 Mut.: del v no que fue el: de.
114 Del.: allí...
115 Del.: todos
116 Del.: en que nuestro ovispo ...
117 Mut.: y en lo que dize: Ya está dicho.
118 Del.: así.
119 Mut.: el ovispo: tanbién.
120 Mut.: el Clemente...: Clemente ynfinitas.
121 Transp.: luégo que supo lo de Bulterra tomado.

122 Del.: no.

123 Mut.: Fernesio.

124 Del.: con máxcara de ytaliano ...

Capítulo Setimo

De la causa sospechosa d'estar / algunos libros del Jobio tan abrebiados, y de la guerra que el Almirante de Françia hizo en Ytalia, y de la pasada de musiur de Barbón al serviçio del Emperador, y de la batalla y prisión del rrei de Françia.

El libro beinte y dos tanvién, como el pasado, no tiene más de vn capítulo. Trata en él nuestro Paulo Jobio cómo después de estar Lonvardía y Génoba por el Emperador, y quedado todo el estado de Milán por él, y muerto el general d'él Guillermo Gonfier, Almirante de aquel rreyno, y pasando los Alpes començó a entrar por el estado milanesco [1] (todo lo qual aconteçió avnqu' él no lo quenta en fin [2] de veinte y tres y prosecuçión del año [3] beinte y quatro), y que [4] siendo muerto el Próspero Colona vino por aquel mesmo tiempo a gouernar el exérçito ymperial Carlos de Lanoy, flamenco, visorrey que hera de Nápoles, y el marqués de Pescara con él, que avnqu'él [5] no lo dize, avía nuevamente buelto d'España donde avía ydo [6] a quejarse del Próspero ya dexar la coronelía que tenía de los españoles por no estar a su ovidiençia, y dize asímismo cómo allegó el Almirante hasta [7] vista de la çiudad de Milán, y que le fue forçdo rretirarse, y que envió el mesmo Almirante al eçelente capitán Bayardo a tomar a Cremona, y que no pudo, yque los beneçianos enbiaron exérçito en socorro del del Emperador, y al duque de Hurvino, su general, çon él, por virtud de la liga defensiba que tenían hecha poco tiempo avía, de que en fin del capítulo / pasado hezimos [8] mençión, y que los frainçeses fueron en algunas partes rronpidos, avnque nunca vbo batalla entera, y que los emperiales [9] hizieron vna puente sobr'el Tesín, y el Almirante otra para defender que los contrarios no acometiesen los lugares que quedavan a las espaldas haçia Nobara, y qu'el Juanín de Médizis, que ya serbía en el campo del Emperador, juntando consigo çierta gente del duque Esforçia, ganó a los frainçeses a Biagraso y que no mucho después, pasando el Tesín y juntándose con el duque de Hurbino, ganó, avnque con muerte de muchos, a Garlasco, y que después de hauer rreçeuido el Almirante todos estos daños, fue rronpido y mal herido en vna escaramuza cabe el [10] rrío Sesia, y que dos días después adelante fue muerto Bayardo, capitán balentísimo, y el arl: illería tomada, y que se hizo gran matança en los esguíçaros que defendían la rretaguardia, y qu'el Almirante fue puesto en huída y su exérçito destruydo y buelto él [11] en Françia, y que en [12] esta sazón estaua en el campo del Emperador, Carlos duque de Borbón, françés, el qual poco antes se avía apartado malvadamente, cometiendo trayçión del seruiçio de su rrey y echo liga particular con el Emperador, para destruyçión de su rrey y de su patria, y que siendo descubierros sus disignios, huyó de Françia a Borgoña, estado del Emperador, y de allí se avía benido a Ytalia, y andava en su campo, y que agora, visto el exérçito de los françeses ya vençido, y las rreliquias d'él rretiradas en / Françia, quería pasar con parte del campo ymperial en aquella probinçia, y entrar por aquella parte en daño de françeses, y que a don Carlos de Lanoy no le paresçía bien esta jornada, avnque al marqués de Pescara sí, y que así avían y do anbos, Borvón y marqués, con la ynfantería española y tudesca y con algunos cauallos, y avían entrado por la Proençia, y puesto çerco a Marsella, y aviéndola conbatido sin hefeto ninguno, y sauiendo qu'el rrey benía en persona con poderoso exérçito al rremedio, avía lebantado el sitio y buéltose por las Alpes marítimas a Ytalia y al estado de Milán, y qu'el rrey Françisco tanbién con su campo abía pasado los Alpes tras los españoles, y que abajado el vn exérçito y el otro a Lonbardía, ganó el françés con buen suçeso a Milán, y el marqués de Pescara con los españoles se avía rretirado a Lodi, y Antonio de Leyva abía tomado cargo con los alemanes de defender a Pabía [13]. Y que los beneçianos y el Papa Clemente no se enojaron de la mudança de la guerra, porque siempre les avía pareçido mal el aver acometido a la Proençia y ynçitar a nueva guerra al rrey de Françia, cosa no menos soberbia que próxima a locura. Y que siguiendo los ympiriales el conslejo de vn honbre huydo de su tierra, se avían mostrado más amigos de guerra que de paz, y qu'el rrey du[dó s]i yría a Lodi a rromper los españoles o a Pabía a rronper los alemanes, y que tomó el más ynfiliçe consejo, y fue sobre Pauía donde después de hauer estado quatro meses sobr' ella, y averse dibidido y después divilitado sus fuerças, por [14] haver bellido [a] los ynpiriales nuevos socorros que Borbón trujo en este medio de Alemania, fue costreñido avenir a batalla, en la qual fue vençido y los más nobles capitanes y señores frančeses / muertos, y el mesmo [15] su rrey preso, y que se alegraron los españoles y alemanes con día en qu'el Emperador avía naçido, y que luégo acabada la guerra con aquella vitoria y ganado el estado de Milán, començaron a pensar los españoles de quitar el ducado a Françisco Esforçia, y que se dezía que con codiçiosos ánimos pretendían hazerse señores de toda y talia, porque ensoberbeçidos con el próspero suçeso de sus empresas, querían que pares\iiese que avían hecho la guerra para vtilidad propia suya y no para prouecho ageno; conbiene a sauer, de Françisco Esforçia.

Y antes que se trate de lo que ay que tratar en [16] este capítulo, que no es poco, no se a de dexar de [17] considerar quán apriesa corre [18] por todas estas vitorias españolas, haziendo epítome d'ellas, avnque no pítima, para poner sobre su corazón [19], y para esto dize que se le perdieron no sé qué libros de su libro [20] en el saco de Rroma, como si las cosas que an pasado en nuestro tienpo y por nuestras manos, y escritas ya por nosotros otra vez, se pudiesen olbidar del todo [21] sin que todas o la mayor parte d'ellas, o la [22] mas sustançial no pudiese tornar a trasladar del rregistro de la memoria, y el propósito d'este negoçio y de [23] su yntento se prueva claro, porque entre estos libros epitomados está la guerra que hizo el turco el año de veynte y seis a Vngría, quando el rrey de allí fue muerto en ella, la qual pone muy por estenso y con las particularidades a ystoria neçesarias, y acabado aquello, y tornando a entrar en el curso de las feliçidades ynperiales, torna luégo hasta el saco de Rroma a epitomar los libros que tratan d'esto, avnque si avía d'escrebir estas guerras como las escribió en el libro que yntituló del marqués de Pescara, no dexó de hazer [24] pequeña buena obra a España en los epítomes, lo qual tanbién pluguiera a Dios hubiera allí hecho, / y tornando al propósito que entre las manos tenemosn [25], digo que en este capítulo ay muchas cosas en él, que no solo son [26] dignas de enmienda, pero ay hartas de [27] consideraçión çerca de la yntençión del Jobio, y porque la ensalada sea de dillersas cosas, tanbién vbo otras olbidadas, y d'éstas es vna la rrendida del nonbrado castillo de Milán, de qu'él no haçe minçión, y suçedió en el medio después de conclllidas las batallas de que musiur de Lutreque fue general, y antes que bajase el Almirante a Lonbardía con el nuevo y grande exérçito, de cuya guerra se trata en este capítulo, y fue así que biendo musiur de Mascaron, alcayde de aquella fortaleça, el mal suçeso de las guerras françesas pasadas, y que ya no abía qu'esperar en socorro ninguno, y que t: anpoco él no podía esperallo, según él [28] estalla alcançado de bastimentos, lo rrindió el día del apóstol Sanctiago, a veinte y çinco de jullio de aquel año de beinte y tres y se puso por alcayde en él a [29] Juan Jacobo de Galara, prinçipal callallero milanés. Lo qual todo pasado [30], començó el Almirante a pasar los Alpes con el número de la gente qu'el Jobio en este capítulo trata; avnque en la otra su obra del marqués de Pescara, fundada de los mesmos çimientos qu'es otra [31], quitó diez mill ynfantes al exérçito de Françia. Porque allí pone que bajó el Almirante con treynta, y en este capítulo dize que con quarenta mill. Pero bien beo que en esto va poco, que puede ser yerro o de su pluma o de su escrillano, pues pasado ya el Almirante los Alpes, el Próspero, general del exérçito de Carlos, salió a defender el paso del rrío Tesín a el enemigo, y avn con estar muy doliente por no faltar a su offiçio, se hizo llellar en vna litera, y antes de llegar a el rrío, avía puesto en guarda / de çiert: o paso d'él al capitán Villa Turiel, con çien soldados solos, españoles de su conpañía, y lo que allí pasó quisiera yo que se le acordara a nuestroro obispo; pero no quiso tener memoria [32], y en su libro de Pescara donde solamente haze mençión d'este artículo, no cuenta otra cosa sino qu'este paso fue defendido por su [33] Juanín de Médizis, capitán (y muy buen capitán) [34] ytaliano, y en esta otra corónica nuestra en que entendemos dize, en este mesmo punto, que todo el exérçito ymper, ial en esre paso del Tesín fue rrebatido; y lo v no ni lo otro pasó así. Porque aquel paso del rrío solamente fue defendido y amparado [35] por el capitán y soldados que he dicho, y es vna de las eçelençias que, entre otras ynfinitas, se pueden contar d'españoles de nuestros tiempos, y quiçá de los pasados asímesmo [36], que çien honbres solos, con su capitán Françisco de Villa Turiel, defendiesen el paso y puente que habían hechado los frančeses sobre el rrío, a todo el exérçito de Françia día e medio, y avnque el golpe y peligro fue el día postrero y en este vltimo, es berdad que [37] enbió el Próspero a Juanín de Médizis en socorro de los españoles, porque como estauan sin cauallos hera menester enbialles algunos que andubiesen entre los ynfantes, y así enbió al Juanín (diestrísimo en aquella cauallería) que ayudó a el capitán Villa Turiel, y hiço muy bien su ofiçio, y se tomaron algunos prisioneros en aquella bien rreñida escaramuça. Y avn hu'bo en ella, y en la defensa de çien honbres a quarenta mill, otra mayor gentileça, que según buena borden de guerra, quando ya el Próspero enbió a mandar a Villa Turiel que se rretirase, se abían de rretirar primero los ynfantes (que no ynfantes, sino prínçipes los llamo yo aquel día, porque hagamos equíbocos estos bocablos), y después a la postre se abían de rretirar [38] los cauallos, que avían de quedar escaramuçando con la banguardia françesa, que pasaua ya de golpe, / mientras los otros de a pie se ponían en cobro. Pero nunca aquel capitán español quiso que aquel día oviese ley de guerra, por quedar él estimado sobre todas las d'ella. Y así, hasta que Juanín de Médizis con toda su cauallería, y tanbién çiertos ynfantes que con él avían bellido de su naçión se vbiesen rretirado, nunca él quiso rretirarse, y los soldados peones (como antiçamente los llamaban en nuest: ra España) fueron los cauallos aquel día, y los cauallos fueron los [39] peones, que con solas estos dos géneros de pieças (sin enbargo de otras hartas de artillería con que los españoles aquel día fueron ofendidos), se ganó el juego, y en este punto [40] dize nuestro capítulo [41] que todo el exérçito del Emperador fue rrebatido entonçes su campo nunca llegó a el rrío, ni más soldados de los que están dichos que lo defendieron. De manera que sin ber el vn exérçito el golpe del otro, se rretiró el Próspero con su canpo en saluo a la çiudad de Milán, sin ser del exérçito françés rrelbatido. Donde antes de llegar se enbió [42] de guarniçión a Pauía Antonio de Leyba (çiudad por secreto juiçio de Dios dedicada siempre a aquel honbre), con ocho banderas d'españoles y con dos estandartes de gente de armas y tres de cauallos ligeros, y el Almirant: e fue [43] con su françés egérçito [44] y sitió aquella çiudad de Milán, cabeça de aquel estado, la qual tubo dos meses çercada.

Pero tanbién en la continuaçión d'este çerco le pareçió a Paulo (y no en esto sino Saulo, perseguidor dechristianos españoles) [45], de dexar de poner las más prinçipales cosas (en anbas obras suyas, Pescara y corónica) que en aquel sitio aconteçieron, como fueron las nonbradas escaramuças y encamisadas sustançiales que allí suçedieron, que no fueron tan hordinarias que no alcançasen nonbre de grande espeçiilidad. Prinçipal mente vna, de que salió por / caudillo Juan de V rbina conseisçientos españoles, donde vna noche hiçieron notable daño en el exérçito contrario, avnque con muerte de los capit: anes Sánchez y Linares, y como fue asímesmo [46] otra muy nonbrada, donde se hiço asímesmo semejante perjuiçio [47], y avn mayor a los françeses, por el capitán Martín Sánchez, digo [48] Mancho, y su conpañía d'españoles, puesto caso que el mesmo capitán asímesmo [49] quedó allí muerto, y avnque aquí nuestro Jobio pusiera las haçañas de quien este campo entonçes rregía, por la dolençia del Próspero (que ya estaua muy al cauo de la bida), que hera Hernando de Alarcón, no perdiera él nada, ni avn lo perdió tanpoco el mesmo Alarcón en que no lo hiçiese; pues no negará Dios (según se a de creer) [50] quien las escriba, como fue seruido de no negar [51] quien las hiçiese, y tanbién [52] en anbas obras no haze mençión ninguna de las escaramuças y correrías que Antonio de Leyua desde Pauía haçía y mandaua haçer, corriendo hasta el canpo de los frančeses, siendo todas estas cosas la causa que hiçieron rret: irar al Almirante, a veinte y siete de nobienbre de aquel año que hemos dicho. Porque tanta priesa le dieron por todas partes (y el tiempo que tanbién hera tenpestuoso no se la dio pequeña), que fue forçado a [53] dexar la canpaña y aposentarse en poblado.

Pero antes de alçar el çerco y rretirarse, calla el Jobio(como diestro) [54] la conjuración que çiertos ytalianos siendo avtor dello vn Morgante de Parma, hiçieron para ent: regar a Milán vna noche, quando les cupiese la guardia [55], descubierto el trato por otro, cuyo nonbre no se me ofreçe al presente [56], de la conpañía d'Estéfano Colona, el qual lleuó el premio (y todos estotros [57] el pago) de la maldad conçevtada, pasándolos por las picas, y calla / asímesmo la rrebuelta que vbo en Pauía entre'epañoles [58] ytalianos, los quales asímesmo [59] lleuaron el pago d'esta tacañería (porque ledemos su nombre propio) [60] que allí hiçieron a estotra [61] nuest: ra naçión, y lleuáranlo mejor (avnque lo lleuaron bueno), si en anbos días (que tantos [62] duró el negoçio) Antonio deLeyba no pusiera su autoridad en medio.

Pero tornando a la rretirada de Milán de los françeses, no quiso tanpoco escrebir nuestro ytaliano coronista [63] aquella solene molestia con que fue haçiendo carne [64] en los françeses Hernando de Alarcón, que fue vna de las cosas notables de aquella guerra, hasta ençerrar al enemigo en Biagraso, donde se quedó el Almiç rante con la mayor parte del exérçito, y el rrestante dio a musiur Bayardo. El qual, primero que se vbiese lebantado el campo de Milán, avía sido enbiado a tomar a Cremona, y sin podello hazer se abía buelto, y agora se le dio comisión de aposentarse en Rrebeco, dos leguas de adonde estaua su general, llebando de guarniçión allí [65] quinientas lanças, y mill caballos ligeros, y gran parte de la ynfantería françesa. En el qual medio, Carlos de Lanoy, visorrey de Nápoles, y con él el marqués de Pescara (buelto ya de España), por mandado ynpirial benían a Lonbardía a causa de la dolençia del Próspero, la qual fue tan grande, qu'el segundo día de Nauidad, qu'el día antes comenςó a ser, del año de beinte y quaç tro, le lleuó Dios d'esta bida, avnque en ella estando ya sin sentido [66], le alcançaron a ver los birrey y marqués ya dichos, y olbidósele tanbién al Jovio, digo a su plu ma, por no querérselo acordar su amo [67], aquella encamisada notable (y si vbiera otro nonbre más acomodado para esajerar este negoçio tanbién lo hiçiera) [68] qu'estos nuebos gouernadores del campo, espeçialmente el marqués de Pescara, / luégo rreçién llegados mandaron hazer, avnque en la bida del marqués no se le oluidó del todo, pero quéntalo de otra manera de como pasó, sin tomar este nonbre d'español en la boca, como nonbre a él pesado y aborreçible [69].

Esto de que trato es de quando el birrey y marqués fueron con tres mill españoles sobre Rrebeco, y con dos mil alemanes (no los dexemos olbidados ni paguemos en la moneda que nos pagan) [70], abiendo enbiado primero a Juanín de Médizis con su caualleria para qu'estubiese en el contorno de Biagraso, donde estaua el Almirante, para que si los v nos fuesen a socorrer los del otro lugar, no lo pudiesen hazer sin destruiçión de los que fuesen a haçello [71], y así Rrebeco fue [72] aquella noche entrado y tomado por los españoles que llebaban el abanguardia, y muerta gran cantidad de françeses, y desballijados muchos, y tomado grande [73] cantidad de bagaje y, en fin, deshecha toda aquella parte del exérçito que allí rresidía y el mesmo capitán Bayardo escapó a pie y en camisa, y los que de allí saliendo [74] procuraron yr a salbarse en Biagraso, toparon con Juanín de Médizis que acabó de destruillos. Todos estos olbidos del Jobio y faltas, bien se bee que, siendo suyas, pierde él el juego haçiéndolas, y no los españoles que ganaron aquel mesmo juego, en que se jugaua aquel estado de Lonbardía. Pero boluiendo al curso de sus ynconsideraçiones y lo demás que d'él s'entiende, digo que [75] a el Almirante le fue forçado salir de Biagraso, después de todo lo susodicho (dexando allí guarniçión) y rretirarse a Nobara. Y desde allí hasta ser deshecho y metelle por los Alpes adentro (perdida la mayor parte de su gente y el artillería y banderas, y muertos dos prinçipales capitanes françeses, Bayardo y Bandenes, y el mesmo general herido / de vn arcabuçazo), dehaçe a los españoles que todoesto hiçieron, en aquel su libro de la bida del de Pescara, por vna manera que no la acabo d'entender. Vnas beçes los haze [76] que se rretraen, otras que huyen, y otras que haz en otros siniestros de mill maneras, por no dalles la gura que parezca que no nos podamos atribuir (que ést'es su yntento) [77] el primado de aquella bitoria. Que cómo todo ello pasó y quán al rrebés de como él lo trata, se deue de contar bien largo en las corónicas de nuestro rrey y Emperador, y en otras muchas partes, y en los Anales del quinto Carlos, que otras vezes tengo alegados, tanbién confieso qu'está escrito el pedaço que d'ello allí me cupo, y lo que agora asímesmo me cabe en este capítulo, es lo que [78] dize [79] este autor, que después de deshecho ya el Almirante y buéltose [80] en Françia, que de los lugares que quedaban por françeses fue a tomar el v no Juanín de Médizis, que fue a Biagraso y lo tomó, en lo qual dize mucha [81] berdad, y que desde allí fue a tomar a Garlasco. En esto se engaña, por que aquella jornada se cometió a Françisco María de Montefeltro, duque de V rbino, general del campo de beneçianos, los quales en esta guerra ayudaban a los ynperiales por birtud de [82] la liga que se hiço poco avía [83] con el Papa Adriano para la defensa de y talia. La qual ayuda murió bien rreçién naçida, y [84] en esta guerra del Almirante se començó y acabó, porque [85] buelto después en persona el rrey de Françia a Ytalia, no se les dio mucho a los de Beneçia por ayudar al françés (que harta ayuda fue no enbiar el ayuda que heran obligados en quebrantamiento de la capitulaçión). Así qu'este general suyo agora es el que fue a tomar a Garlasco / y lo omó. Pero como se acordó d'estos dos lugares tomados por ytalianos, no se acordara de Lodi y de Alejandra [86] de la Palla, plaças fuertes tomadas por españoles, tomando la vna enpresa a cargo el marqués de Mantua, y la otra el de Pescara, y rrendiendo la vna Federico, prínçepe de Buzuli, al vn marqués, y musior de Bueyset la otra, al otro.

Y dexando esto [87], bengamos a lo que más dize el obispo Paulo [88] en este capítulo de la pasada de Borbón al seruiçio ymperial, lo qual él llama maldad, y otros bituperosos nonbres, no solo en este paso, mas cada vez que se le ofreçió hablar en toda su corónica de aquel generoso y eçelente capitán, y avnqu'él en este capítulo no pone las causas d'esta mudança de Borbón, que fuera neçesario ponellas, pues que la tenía por mala y perbersa, pero pónelas

[89] en su obra que ya muchas beçes tenemos alegada del marqués de Pescara. y no puso las que pasaron ni las que causaron la alteraçión de Borbón, y si acaso apunta algo d'ellas, pónelas de otra manera de lo que suçedieron, por haçer culpádo al que no tubo culpa en haçer lo que hiço, solo sepa el lector en este artículo, que este negoçio tocante a Borbón, que sé yo que porque lo dexara escrito de la manera que lo dexó le pudiera ser bien gratificado al Jobio, que si lo fue [o] no, yo sé quién sabe un pedaço d'ello; pero no dexemos hecha tan a lo... la Historia Jovia [89]a, presupuesto (que como él tanbién lo dize), el rrey Françisco y 'Carlos de Borbón (que así se llamaba) [90] tenían estrechísima amistad y hera grande açeptaçión [91] lo qu'el v no alcançaua en su priuança con el otro. Pero todo esto no haçía al caso, antes es [92] de más culpa el que hizo agrauios [93] por donde mereçiese biolarse esta estrecha tratança y [94] familiaridad; y congójome, çierto, en que no puede yr esto aquí sino a rremiendos [95]. Póngase la culpa d'ello al Jobio, que la tiene harto mayor que Borbón en ponerse la cruz rroja. El qual Jouio da [96] solas dos causas [97] d'esta rrebelión (llamémosla como él la llama), avnque a la berdad ellas [98] fueron tres o quatro, bien a la larga contadas en los Anales. Dize, / pues, nuestro autor [99] que sin propósito ninguno el Borbón hiço aquella mudança, porque le puso pleito Lubidica, madre del rrey, a çiertos lugares de su estado, y esto es engaño, porqu'el pleyto fue puesto a todos sus estados, que después de la casa rreal hera la mayor que en Françia abía, y así la demanda le fue puesta a los ducados de Borbón y d'Albernia de Jatelarau, y al condado de Claramonte, y al condado de Floreste, ya la çiudad de Molines, ya otros muchos que no nonbro, sin dexalle vna almena sola fuera de litijio, y paréçele al obispo [100] que de vn tan grande señor querello [101] dexar hecho vn senzillo escudero es pequeña causa, y que se vbiese bisto en Françia el mayor señor d'ella, y se esperase ber el más pobre del mesmo rreyno, y qu'el suçeso avía de ser el que se sospechaua y estaua claro. Porque su contrario hera la madre de vn rrey obedientísimo, como buen hijo, a su mesma [102] madre, y que claramente se deçía por toda la corte françesa y por toda aquella probinçia, la boluntad que renía el hijo de conplaçer a la madre en esto. Lo qual biera claramente qualquiera, avnque no biera [103] tanto como [104] Borbón en ello, porqu'el pleyto se siguía no en tribunales ordinarios, sino por comisiones particulares, contra las hordenanças del rreyno, ante juezes sospechosos al Borbón (avnque todos

lo heran), pero prinçipalmente lo [105] heran aquéllos, muy llenos de sospecha. Pues el derecho hera muy sustançial con que aquellos estados se le pedían: pedíaselos la Ludíbica por ser hija de Margarita de Botbón, muger de Felipe, duque de Saboya, la qual Margarita fue hermana de Pedro, duque de aquel estadoborbonesco [106], biniendo el Carlos por línea derecha de barones, siendo hijo de Giliberto, Señor de Monpensier, que benía del tronco baronill de los que he dicho, y no aviendo / cosa más sabida ni notoria en Françia que, por la ley qu'ellos llaman sálica y por el otro derecho que los mesmos françeses dizen apenagio (que tray [107] origen desde Faramundo su primer rrey), no puede heredar muger estado françés ninguno (ni el mesmo rrey tanpoco), quitados algunos estados que por costumbre, y otros por preuillegio (que son los v nos y los otros bien pocos), están fuera de la ley que he dicho, y no hera buena manera de cunplimiento la que apunta el lobio (yen la berdad pasó así), qu'el rrey prometiese al Borbón de dalle de comer y estado, si la madre salía con el pleyto, porque dexado ser, como está dicho, cunplimiento, no le podía dar equibalençia bastante si no le dalla casi el mesmo rreyno. Alliende de que ya se puede ber quánto más se puede y [108] deue estimar vna almena de los predeçesores, que vn castillo entero nuebamente adquerido, y la causa que pone el labio por vltima, qu'es quando entró el françés por los estados de Flandes (y [109] fue en fin del año de beinte y v no, pasado ya lo de Rroberto de la Marcha que ya tenemos tratado), qu'el Françisco aquel día se presentó cabe Balençianas a los ynperiales, y al conde Nasao su general, que contra la preminençia de la condestablía de Borbón avía dado la banguardia a musiur de Alançon, es engaño como las otras diese la banguardia aquel día a quien el rrey quisiese, sino porque aviéndosela dado a él, e yendo ya a confrontar con los enemigos, se la mandó quitar y que se pasase a la batalla, y que al Alançon entregase aquella primera gente de la pelea [110] (notable ynjuria), espeçialmenteque conoçió ya que se haçía por sospecha que d'él se tenía, y quánto se ganó en el trueque, el suçeso lo mostró, pues perdió ef françés en perder la coyuntura de aquel día, todo lo que no pudo cobrar en quarenta años continuos que vbo después de guerra, que cos / taron al mundo más de quinientos mill honbres; todo lo qual se escusaua, y el Carlos [111] quedaua sin Baja Alemaña aquella ora, y avn no sé si sin más estados qu'éstos, si se vbiera sauido por los françeses vsar de la ocasión. Pero tornando a nuestro Borbón, él tubo justísimas causas para dexar su antigua morada y de sus pasados, todas las quales se berán bien a lo largo puestas en los Añales, y si todabía alguno tubiere algún escrúpolo, para que quede sin él sepa que después de otras cosas que de muy mala y perbersa dijestión pasaron, que vlcimamente se abía puesto asechanças a su bida y persona, la qual corría notorio peligro, y así líçitamente pudo el Barbón prclamar en libertad, espeçialmente ante, a vn prínçipe el mayor del mundo y Emperador d'él, y del mesmo Borbón dos beçes su pariente, porque Felipo, duque de Borgoña, que llamaron el Bueno, hijo del duque Juan, casó a su hermana Ynés con Carlos de Barbón, hijo de Juan, duque de Borbón, de cuyo projenie deçendía este Carlos Borbón de quien tratamos. Y el segundo parentesco que ay entre la casa de Borgoña y la borbonesca, es qu'el hijo d'este Felipo el Bueno que hemos dicho y se llamó Carlos (bien nonbrado por baleroso en las ystorias del mundo), casó con Ysauel, hija de su tía Ynés, y de aquel Carlos, duque de Barbón, que hemos dicho, que por esta quenta hera su prima hermana, del qual matrimonio quedó sola María, agiiela de nuestro Carlos Enperador.

Y todo lo demás que ay que contar çerca d'esta traslaçión del Carlos al Carlos, debe de estar en las corónicas del v no vien largamente escrito, y es casi ynposible podello contar en la horden que alebamos, donde no se trata otra cosa sino de la rreprobaçión del Jobio. El qual, continuando su manera d'escribir, dize qu'el Borbón quiso entrar por Françia (como de hecho entró) contra boluntad de don Carlos de Lanoy, / virrey y gouernador del exérçito. Lo qual pasa al contrario, y al mesmo alego por testigo, que en la bida del marqués de Pescara dize qu'esta entrada en Françia se hiço con consentimiento del Emperador y del rrey de y ngalaterra, que se abía declarado en fauor e ayuda del mesmo Emperador, y por fuerça el birrey avía de obedeçer a su rrey, y avnque en aquella guerra y entrada por la Proençia no se pudo tomar Marsella, por estar muy fortificada, pero la destreça del marqués causó que todo el exérçito se rreduxese seguro en Lonbardía, puesto caso qu'el rrey françés, con poderosísimo exérçiro, mayor que ninguno de los que avían traydo sus capitanes pasados, le biniese molestando por la rretaguarda, pero bien a costa françesa. Que fue tanta, que dexando de seguir a los çesarianos, tomasen **112** otro camino de los Alpes, para tomar la delantera a los españoles, y allegasen primero qu'ellos al estado de Milán, y avnque no primero, pero allegaron casi juntos el vn hexérçito y el otro, y los ynperiales entraron en Milán a veinte y dos de oto ubre, casi noche, del año de beinte y quatro, y otro día en amaneçiendo estava ya el campo françés a vista de Milán, o a lo menos la banguardia d ' él, y abíase acordado, antes d'entrar en aquel pueblo, viendo quán poca gente avía en todo el exérçito, y quán poderoso el françés benya, de guardar solos tres pueblos, y rrepartir en ellos la mayor parte de aquel pequeño campo. El v no, que hera Pauía, se le dio cargo Antonio de Leyba, que le guardase con quatro mill alemanes, y mill españoles, y do çientos cauallos lijeros, y dçientos de armas, tanbién españoles, de los que el birrey avía traydo de Nápoles. Ya Lodi, que hera la otra çiudad que se avía de guardar, fuese el duque Françisco Esforçia, con çierto golpe de honbres de armas, y la jente ytaliana, que heran dos mill/ y tantos de aquella naçión, fuesen a anparar la terçera plaça, que hera Cremona; y todo así se efetuó, y lo grueso del exérçito, con el marqués de Pescara y Borbón, se fuesen a Milán, donde entraron quando tengo contado. Pero como en amaneçiendo biesen los françeses, y en Milán (por causa de çierta pestilençia grandísima que avía a: bido) estubiese todo perdido y destroçado, y vbiese grande yncomodidad para haçer trincheas, y lo que hera neçesario para defender aquel gran pueblo, acordaron (biéndolo yndefensible), de salirse d'él, y así se fueron a Lodi, saliendo el canpo ynperial por vna puerta y el françés entrando por otra, de tal manera y con tanta presteça lo v no y lo otro, que se bieron aquel día y aquella ora en Milán cruçes rrojas y blancas mezcladas, haziéndose prisioneros v nos a otros. Pero en fin, el campo çesáreo fue rreduçido, seguro y saluo en Lodi, syn perseguille los françeses, que se cree que lo pudieran deshaçer aquel día. En lo qual no hazer consistió toda la destruyçión françesa que después suçedió, y el rrey, entrado en Milán, contentándose con pareçelle que abía hecho lo que sus capitanes no abían podido conseç guir, y dexando puesto çerco al castillo, consultó lo que se debía hazer para dar fin a la guerra, y tomó el más ynfeliçe acuerdo, y fue sobre Pauía y sobre Antonio de Leyba, con todo aquel su poderoso exérçito y canpo.

Y en este negçio y nueva guerra, Papa y beneçianos coligados con el Emperador, biendo tan pujante al françés, no quisieron enojalle y se avstubieron de enbiar el ayuda que heran obligados al campo ynperial. El qual, siendo desanparado de todos, se continuó el negoçio y el çerco de Pauía, y así toda Lonbardía ardía con esta nueva guerra. Pero lo que no puede oyrse con paçiençia ninguna, es lo que çerca d'esto aquel obispo [113] dize, y no solo él, pero otro mayor obispo, y el mayor de la christiandad, lo dixo tan / bien entonçes, de quien estotro lo tomó; el v no para sus fines y el otro para su escritura, y es dezir qu'el Emperador e ymperiales abían dado causa a la desbentura d'esta nueva guerra, ya que se abrusase otra uez con ella y talia, por aver yrritado y provocado al françés, entrando con su exérçito por su rreyno, no queriendo contentarse con que en la destruyçión del Almirante se abía puesto fin a las guerras, quedando con lo que se pretendía, que hera hechar a los françeses de la provinçia ytaliana y sacalle de sus manos el estado de Milán, y que por estotra nueba causa, de hauer entrado tan dentro por Françia avía suçedido de proueerse el françés de exérçito, y después de aver hechado los ynperiales de aquella probinçia, tornar él, con el exérçito que tenía hecho para su defensa, a entrar de nuebo por Ytalia, lo qual se vbiera escusado, si el exérçito del Carlos se vbiera contentado con lo de Ytalia. Y lo bueno es que dize que por esta causa los beneçianos y Papa se astubieron d'esta guerra. Es falsísima cosa, pues el v no se apartó por la liga secreta que con el françés tenía, mediante Alberto, conde del Carpio, su grande amigo dende su moçedad de anbos. (El qual al prinçipio de su Pontificado le hizo apartar del amistad carlesca [114] y ponella en el Françisco, como después andando los tienpoS, y asímesmo entonçes, se vido vien claramente, y más de lo que fuera menester vello) [115], y los otros, por miedo de no enojar al mesmo françés, y las demás señorías y potentados menores mediante los dichos, seguían la voluntad dellos, y en fin todos, v nos y otros, dejaron desanparado el exérçito. Pero pregunto yo al señor obispo [116] (que ojalá, como hera obligado, vbiera entendido no en ystorias sino en sus obejas, que como no / fueran españolas se a de presumir que lo hiçiera bien) [117], si la guerra del Almirante abía puesto fin a las de Ytalia, y aquel avía sido atajo para qu'el françés no bolbiese más a ella, como no lo fue quando aconteçió lo mesmo el año de beinte y v no que los çesarianos ganaron la çiudad de Milán ya sus aderençias, pues tanbién fueron los françeses hechados entonzes de la mayor parte de aquel estado. Y, ¿por qué asímesmo tornó el rrey a probar de nuevo la bentura, enbiando otra vez al mesmo Lutreque, que abía sido general de la guerra pasada con nuevo exérçito? Y, ¿por qué la Bicoca no le fue freno a Françia, de lo que allí fue Dios seruido, que quedase determinado? Y, pues en aquel año, que fue el de beinte y dos, tanbién los frančeses fueron expelidos de toda Lonbardía y an por añadidura tanbién de Génoba, ¿para qué bolbieron a Ytalia terçera vez a tentar la fortuna, con el Almirante su general? De manera que, avnque deuajo d'este mesmo gobiemo del Almirante, tanbién fueron bençidos y destruydos, y la guerra acabada, y ellos, sin quedar v no, botados de toda Ytalia, no dexara el rrey Françisco de yn tentar de nuevo lo que después yntentó, porque la porfía es çircunstançia de la obstinaçión. Y si la guerra del Almirante (tornemos a ella) [118], avía de acauar las guerras de Y talia, como no la acauó después la del mesmo rrey, señor del mesmo [119] Almirante y el que lo abía enbiado, pues quedando deshecho su hexérçito cabe [120] Pabía, y el mesmo rrey preso, e Ytalia sin guerra ninguna, y capitulado después en Madrid, y rrenunçiado los derechos de Ytalia, no bastó tanpoco para que después no yntentase cosas nuevas en la mesma probinçia, y metiese dibersos exérçitos en ella en diuersas beçes. Y si por bentura dixese que por la rriguridad del contrato, y para que se dulçorase [121] lo que en Madrid se avía capitulado, ¿por qué después, quando de nuevo se capituló en Canbray, año de beinte y nueve, y cobró sus hijos y se quedó con Borgoña, que hera en lo que consistía la mayor / dificultad, y rrenunçió a todas las cosas ytalianas, y se apartó del derecho d'ellas? ¿Por qué de nuevo tornó después, el año de treynta y seis, a meter exérçito en Ytalia, ya rrebolber lo ya quietado y asosegado?, y ¿por qué no bastaron las treguas del año de treynta y ocho, para qu'el año de quarenta y dos no tornase a hacer lo mesmo, ni la capitulaçión de quarenta y cuatro, para que adelante él y su hijo, que suçedió en la mesma guerra, no procurasen lo mesmo sin perder aquel pío deYtalia? De manera qu'entre juiçios graues, y avn entre bulgares por mucho que lo sean, es cosa de rreyr, y avn mejor quiçá de llorar, pensar que la guerra en que el Almirante fue deshecho, abía puesto fin a las guerras de Ytalia, y que los españoles avían probocado con nueba guerra a qu'el rrey la pasase en Ytalia; pues nunca bastaron los bençimientos de antes ni los de después, ni el del mesmo rrey, ni tanto número de bitorias, y de capitulaçiones, y juramentos, y palabras dadas, para matalle la sed de Lonbardía; y para matalla fue menester matar más de treçientos mill honbres, y con todo no se mató estotra que digo, sino hidrópico d'ello acabó la bida.

Y bengamos aora a la mesma contienda tan nonbrada y sabida, quando el rrey, no podiendo tomar a Pauía quetenía çercada, vino el exérçito del Carlos [122] a dalle la batalla, y se la dio, cuya memoria es vna de las nonbradas que agora andan por el mundo, donde todo el exérçito del rrey fue destruydo y hecho pedaços, y todos los grandes y señores françeses presos y muertos, y su rrey asímesmo [123] catiuo y traído a España. Pero, ¿por dónde començaré a tratar esto, ya rrepunar [124] treçientas cosas qu'el Jobio dize fuera de propósito? y esto pasara no [125] ra uena, y cammara por sm proposltos quanto e mandara. Pero no solo esto, pero [126] dize gran número de cosas contra lo que en rrealidad de berdad pasó, lo qual quenta en aquella su obra de la uida del marqués, que en estotro nuestro capítulo epitomado no haze más de pasar por la posta, y bien aposta. Pero [127] con todo esto, dize en este / mesmo capítulo que hauiendo dibi dido el françés sus fuerças, y por otra parte dibilitádose a los ynperiales, abiéndoles [128] bellido nuevo socorro [129], se les dio la batalla. Sin saver el Jobio qué cosa es en la guerra el dibilitar, avnque en los cuerpos vmanos bien eçelentemente lo sabía, como honbre muy enseñado en la mediçina y en las otras partes conçernientes a ella. El llama dividirse las fuerças rreales, porqu'el Françisco avía enbiado a Juan Estuardo, duque de Albania, con çiertas lanças ligeras y de armas, y con muy poca ynfantería (porque la demás se había de haçer en la comarca de Rroma como después se hiço), para acometer al rreyno de Nápoles. y llama dibilitar porque se le hauían ydo tres mill y quinientos, y no más, grisones lestadas de Juan Jacobo De Médizis, que por rraçón de tener en su guarda el castillo de Mus, hera su frontero y abía tomado en aquella comarca no sé qué pueblo. y diçe tanbién que el exérçito del Emperador se abí'acreçentado con nuevos socorros, lo qual dize por seis mill ynfantes que truxo Borbón, hauiendo nuevamente y do Alemaña por ellos. Pero con todo esto no considera, o a lo menos no quiere considerar, que sin enbargo d'este acreçentamiento de los v nos y dibilitaçión de los otros, lo qual estiende bien y anplía en su libro de Pescara, quedaua si se contauan anbas ynfanterías (con otra nueva que bino d'esguíçaros en aquellos vltimos días antes de la batalla), con más de seis mill ynfantes más en el campo del rrey, que no en el del Emperador. Pues en cauaç llería no ay que dudar sino que, no solo en el número, sino tanbién en la calidad (no lo negaré) [130] llebaua bentaja la françesa, porque ya es sabido de todos quán esmerada gente es la de aquella naçión con vna lança en el rristre, y d'estotra parte, quitada las bandas que truxo el birrey desde Nápoles, la demás avn no hera hordinaria cauallería; que de todas estas menudençias es menester dar quenta, para satisfaçer al Jobio del acreçentamiento que quiere dar de gente a los ynperiales, y de la cantidad que quiere quitar a los françeses. /

Pero vengamos a la pelea, y mientras los v nos y los otros conbaten, quiero yo conbatir con el Jobio, el qual pone tantas cosas, y tan diferentes de como en la batalla y tanbién muchos ay que en ella se hallaron, rremicillo todo a lo que está escrito ya los ojos de los que lo bieron, y çiertamente d'este escritor, de algunas de sus cosas, m'espanto y de otras me rrío; pero de otras singularísimamente [131] me henojo y tomo cólera, y d'estas vltimas es vna la manera y astuçia que tubo en escrebir est: a batalla, en aquella bida del marqués, donde casi no toma el non'bre español en la boca, sabiendo lo contrario todo el mundo; y bien digo todo el mundo, porque hasta los bárbaros d'estrañas naçiones a corrido esta batalla, en la qual, como se saue, los esquadrones no fueron hechos ni rrepartidos, como el Jobio los pone, ni de las naçiones que los haze todos, y lo çelente es que con sus ytalianos, que heran dos mill y quinientos, y se perdieron con el artillería que trayan a cargo [132], a la entrada del Parco, mezcla tres conpañías d'españoles, como quiera que ni vn solo español benía en aquella rretaguarda, que en ella benían los que he dicho, y es notorio [y que]dó visto y escrito, qu'el primero esquadrón d'españoles y alemanes mezclados, éste fue a conbatir el palaçio de Mirabel, avnque hecho esto bolbió luégo a la batalla, y otro esquadrón de solos españoles, sin mezcla de otra nación ninguna, rronpió de parte a parte otro de çuyços, que hera el primero de los contrarios, y rronpido éste, y biniendo otro de la mesma naçión a dar de traués y por el lado en los españoles, les fue [133] neçesario dar medio [134] en rrededor vna buelta esquadronadamente, para boluer la cara a los enemigos, que ynadvirtida y quiçá maliçiosamente, Galeaçio Capella, escritor tanbién ytaliano, llamó rretirar; que avnque el retirar tanbién es cosa conbiniente y preçepto sustançial contenido en las leyes de la guerra, pero aquí no lo vbo, porque no fue neçesario, ni vbo más misterio de aquel que ay quando / vn honbre se buelbe cara a cara quando es acometido por vn lado o por las espaldas; o como quando en la batalla nabal (porque nos aprouechemos de la conparaçión que pusimos en los Añales) [135] dos navíos anda el v no al otro por ganarse el biento, que paresçe qu'el v no huye del otro, y es muy ynportante cosa aquel negoçio para aquella guerra de la mar, y así, estando mezclados los v nos con los otros, bino otro esquadron de alemanes en socorro de los españoles y luégotodos los de vna banda y otra, ni más ni menos se mezclaron peleando como devían, y los cauallos lo mesmo y con ellos a vn lado vnas conpañías d'españoles (prouisión del marqués de Pescara), la qual fue la de don Alonso de Córdoba y la de Rrodrigo de Rripalda, de manera que allegando los cauallos contrarios a encontrarse con estot'ros, quedaron primero bien rroçiados de aquella arcabuçería española, y por otra parte tanbién el capitán Quesada con quatroçientos españoles (por horden del mesmo marqués), arremetió en el prençipio de la batalla a la artillería enemiga y la ganó, y hechó de allí a musiur de Alançon, qu'estaua acaso allí de rretaguarda con sus cauallos y con çierta ynfántería gascona, donde luégo llegó el marqués del Gasto con sus españoles y alemanes, buelto ya de Mirabel, con el qual se acabó el hecho del artillería con tan gran carga que se dio al de Alançon, que se hiço qu'él mesmo rronpiese su mesma ynfantería yendo huyendo. Al qual marqués del Gasto, alaba con magníficas palabras, haçiéndole poseedor de grandes virtudes, y con rraçón, por çierto, lo v no y lo otro. Pero quiero que sepa el señor obispo, y bien sé que lo sabe [136], qu'entre las otras sus muchas eçelençias alcançaua por estremo la de la liberalidad, tan grandemente, que con ser no más de vn señor, no le haçía bentaja la del rrey de Françia, a cuya prdbinçia caminó tres beçes a ver esto por expiriençia nuestro Jobio, ya deçille que avía muerto en esta batalla (en la qual el Jobio no se halló) por sus manos a don Hernando Castriote, marqués de çibita de Santángel, ya otros dozientos mill alférez y capitanes, y que lo tenía puesto así en sus escritos con otras grandes preczas (sic).

Pero tornando a la batalla, en ella puso a la letra o que e dicho, / y de nada d'ello haze mençión el deNochera, [137] como si los españoles enteramente no vbieran ganado aquella vitoria, con çierta partiçipaçión biell honrrosa de los alemanes, y como si no vbiera español en toda aquella contienda, y como si se vbieran quedado todos en Lodi, qu'es de adonde salió el exérçito, así no haze minçión [138] d'ellos, y si la haze es casi nunca, y [139] muy pocas bezes, y para cosas no nada ynportantes al meollo [140] de la batalla, y para v nos disparates (perdóneme en este paso la grauedad del auctor) [141], que si no es por honbres del todo perdido el juiçio, verán clarísimamente la yntençión que tubo. Pero hartas bezes, luégo tras esto, en el fin d ' este capítulo, los nonbra para deçir mal d'ellos, afirmando que ynchados d'esta bitoria no abiéndoles él dado ninguna parte d'ella), quisieron quitar el estado a Françisco Esforçia y quedarse con él, paresçiendo que avían peleado más por su prouecho que por el del duque de Milán, contra todo lo qu'estaua capitulado, y así los haze vsurpadores de lo ageno, y que avían militado para su vtilidad, y que contra la voluntad de su amo [142] haçían la guerra para su ganançia propia, pretendiendo lcon codiçiosos ánimos hazerse señores (qu'es tanto como deçir tiranos) de toda Ytalia. Engaño, despropósito [143], maliçia y disparate nunca bisto, ¿porque [144] qué parte heran los españoles para hazer semejante hazaña contra la boluntad de los que los gouernaban, ya cuya ovidençia estaban? Y si por los gouernadores lo dize, ¿qué parte heran ellos [145] a cometer aquel ynsulto contra la voluntad del Emperador su amo, debajo de cuyas banderas militaban? Pero en este paso bien entiendo yo al Jobio; él quería poner esta culpa a el Emperador, por conformarse con el pareçer de los ytalianos que entonçes tubieron, y por desculpar al duque Esforçia del crimen, lese magestatis que de allí a poco cometió contra vn prínçipe que avía gastado más de doçe millones de oro, con muerte de ynfinita gente de todas naçiones y de balerosos capitanes d'ellas, por entregalle a él su esçado milanesco [146], y el Jobio al Emperador no se la osa cargar, / por ber si podría él cargarse así de benefiçios de la liberalidad ymperial, porque escriuió en su tienpo todas estas cosas, y cárgala a quien tenía tan poca culpa como el mesmo Emperador, pues él ni ellos no tubieron ninguna en este caso, como largamente será bisto en el capítulo siguiente, y se berá allí la mayor yngratitud del duque de Milán, Françisco Esforçia, contra el Emperador, que de honbre jamás se a bisto ni a oydo.

1 M: de Milán. ut.

2 Add.: del año.

3 Mut.: y prosecuçión del año: continuándose en el año de.

4 Mut.: como.

5 Mut.: avnqu'e!: avnque el Jovio.

6 Mut.: donde avía y do: donde fue.

7 Mut.: a.

8 Mut.: hizimos.

9 Mut.: imperiales.

10 Mut.: cabe el: junto al.

11 Transp.: él buelto.

12 Mut.: a.

13 Transp.: de defender a Pavía con los alemanes.

14 Mut.: y averse dibidido...: y aver debilitado sus fuerças por las aver dividido.

15 Del.: el mesmo.

16 Mut.: de lo que ay...: de la censura de.

17 Mut.: poco, no se a...: poca, se deve.

18 Add.: el Jovio.

19 Mut.: epítome d'ellas ...: abreviaciones y sumarios de ellas.

20 Del.: de su libro. i

21 Del.: del todo.

22 Mut.: o la: y.

23 Del.: de.

24 Mut.: dexó de hazer: hizo.

25 Del.: quç entre las manos tenemos.

26 Mut.: en él, que no solo son: no solo.

27 Mut.: ay hartas de: de mucha.

28 Del.: él.

29 Del.: a.

30 Mut.: lo qual todo pasado: Después de esto.

31 Del.: fundada de los...

32 Mut.: obispo pero...: Jovio.

33 Del.: su.

34 Del.: (y muy buen capitán).

35 Del.: y amparado.

36 Del.: asímesmo.

37 Transp.: ef verdad que en este ultimo.

38 Mut.: (que no ynfantes ...) : ya la postre.

39 Del.: los.

40 Add.: tan importante.

41 Mut.: Jovio.

42 Mut.: se enbió: fue embiado.

43 Del.: fue.

44 Transp.: exérçito françés.

45 Mut.: Paulo (y no...) : Jovio.

46 Del.: asímesmo.

47 Mut.: asímesmo ...: semejante daño.

48 Mut.: o.

49 Del.: asímesmo.

50 Mut.: negará Dios...: dexará de dar Dios.

51 Mut.: no negar: dar.

52 Del.: y tanbién.

53 Del.: a.

54 Del.: (como diestro).

55 Add.: y fue.

56 Del.: al presente.

57 Mut.: los .otros.

58 Add.: e.

59 Del.: asímesmo.

60 Mut.: d'esta tacañería...: de la tacañería.

61 Mut.: a estotra: contra.

62 Mut.: (avnque...) : si en los días que.

63 Mut.: ytaliano coronista: Jovio.

64 Mut.: molestia con que...: matança que hizo.

65 Del.: allí.

66 Del.: avnque en ella...

67 Del.: digo a su pluma...

68 Del.: (y si vbiera...).

69 Del.: como nonbre...

70 Del.: (no los dexemos...).

71 Mut.: destruiçión de...: perderse.

72 Transp.: fue Rrebeco.

73 Mut.: tomado grande: tomada gran.

74 Transp.: saliendo de allí.

75 Mut.: acabó de destruillos... los acabó de destruir a todos.

76 Mut.: los haze: dize.
77 Del.: (que...).
78 Del.: tanbién confieso qu'está...
79 Add.: pues.
80 Mut.: buelto.
81 Del.: mucha.
82 Del.: birtud de.
83 Mut.: antes.
84 Mut.: porque.
85 Mut.: y.
86 Mut.: Alejandría.
87 Del.: y dexando esto.
88 Mut.: obispo Paulo: Jovio.
89 Mut.: pero pónelas: aunque las pone.
89a Del.: pero no dexemos...
90 Del.: (que así...).
91 Mut.: grande açeptaçión: gran cossa.
92 Add.: digno.
93 Mut.: tal agrauio.
94 Del.: tratança y.
95 Add.: mas.
96 Del.: el qual Jouio da.
97 Add.: da el Jovio.
98 Del.: ellas.
99 Del.: nuestro autor.
100 Mut.: Jovio.
101 Mut.: quererle.
102 Mut.: como buen hijo...: a su.
103 Mut.: le fuera.
104 Add.: a.
105 Del.: 10.
106 Mut.: de Borbón.
107 Mut.: trae.
108 Del.: puede y.

109 Mut.: que.

110 Del.: y que al Alançon...

111 Mut.: Emperador.

112 Mut.: tomaron.

113 Mut.: aquel obispo: el Jovio.

114 Mut.: del Emperador.

115 Del.: vello.

116 Mut.: señor obispo: Jovio.

117 Del.: (que ojalá...).

118 Del.: (tornemos a ella).

119 Del.: mesmo.

120 Mut.: junto a.

121 Mut.: mitigasse.

122 Mut.: Emperador.

123 Del.: asímesmo.

124 Mut.: notar.

125 Mut.: en ora buena.

126 Mut.: mas.

127 el.: y bien aposta. Pero.

128 Mut.: a los ynperiales ...: abiendo.

129 Add.: a los imperiales.

130 Del.: (no lo negaré).

131 Del.: singularísimamente.

132 Del.: a cargo.

133 Del.: les.

134 Mut.: casi.

135 Del.: (por que nos aprouechemos...).

136 Mut.: señor obispo...: Jovio.

137 Mut.: de Nochera: Jovio.

138 Mut.: mención.

139 Del.: casi nunca y.

140 Mut.: peso.

141 Del.: (perdóneme...).

142 Mut.: rey.

143 Mut.: y aun.

144 Del.: porque.

145 Del.: ellos.

146 Del.: milanesco.

Capítulo Octavo

De lo que suçedió estando el rrey de Françia preso en España, y de la libertad del mesmo rrei françés [1], y del çerco puesto al duque y castillo de Milán, y de la liga que el Papa, françeses y veneçianos hizieron contra el Enperador, y de cómo don Yugo de Moncada y coloneses saquearon el palaçio sacro de Rroma [2].

No solamente en las cosas de la guerra, sino tanbién las de la paz y en las del yntermedio de lo v no y de lo otro, quiso Paulo Jobio qu'esa ystoria quedase adulterada y llena de biçios, y así, en el capítulo que se sigue tras los ya contados (que es el primero del libro beinte y tres), dize muchas cosas al contrario de como aconteçieron, y el epítome de su epítome es este: dize qu'el rrey Françisco fue traydo a España por el birrey Lanoy, y que pareçiéndole que el Emperador vsaría con él de clemençia, tenía conçebida grande esperança del buen suçeso de sus negoçios, y que el Emperador no le quiso ber, y que burlado el rrey de sus esperanças, cayó en grande enfermedad, de la qual llegó tan al punto de la muerte, que se cree que si el Emperador no fuera em persona a belle, y le prometiera dalle luégo libertad, que muriera, y que no mucho después se hiçieron las capitulaçiones, en que el Emperador casó a su hermana biuda, que abía sido rreyna de Portugal, con el rrey. El qual (dexando dos hijos en rrehenes) se bolbió a su rreyno, y que d'estas paçes naçió sospecha entre los ytalianos prínçipes, porque se dezía qu'estotros dos tan grandes se abían ligado para destruiçión de los otros, y que / así, luégo qu'el rrey tubo libertad, le llegaron enbajadores de todas partes dándole el parabién d'ella, y el Papa Clemente, y beneçianos, y rrey de y ngalaterra, hiçieron vna nueba liga para rresesçir a el Emperador, de quien se deçía que pretendía haçerse señor de toda Ytalia, porque tenían por cosa nueva que los capitanes ynperiales, pesándoles de ber a Françisco Esforçia señor de Milán, le vbiesen acusado que trataua de rrebelarse contra el Emperador, y de qu'estando enfermo grabísimamente, le vbiesen çercado en el castillo de Milán y le vbiesen tomado algunas çiudades. Y qu'esta fuerça, que con grandísima maldad se haçía al duque, enojó grandemente al Papa y beneçianos que, amedrentados, aparejauan las armas, pareçiéndoles que los ynperiales, que soberuia y arrogantemente y sin bergüen\a rronpían la fee de la liga, dçbían de ser perseguidos con guerra. Y que muriendo en este medio el marqués de Pescara, la gente del Papa y de los beneçianos llegaron hasta Milán, para librar al duque Esforçia del peligro de la bida y del çerco, pero qu'el valor de Antonio de Leyba y de Alfonso Dáualos, marqués del Gasto (o Vasto qu'es el propio nonbre de aquel estado) avía sido tanto, que sustentaran la furia de los enemigos, forçando a Esforçia que se rrendiese, el qual ya rrendido se fue a Cremona, y estando allí pasando su desbentura, binieron alemanes por tierra de Mantua con el capitán Jorge Franispergi. Y que demás d'esto, don Yugo de Moncada y el cardenal Ponpeyo Colona, entraron con çievta gente de rrepente en Rroma y oprimieron al Papa Clemente, qu'esbaua confiado en çiertas treguas que engañosamente le abían conçedido, le forçaron a que se rretrujese al castillo de Santángel, y que abiendo saqueado el palaçio sacro y la yglesia de San Pedro, y hecho çierta paz con el Papa, con çiertas condiçiones (no obstante qu'el cardenal Colona las contradeçía), se bolbieron a salir de Rroma.

Hasta aquí es la sustançia del capítulo jobjano, sin tener ninguna de [3] berdad, o a lo menos tan poca como aora será bisto, y así digo [4], quanto a lo primero, que [5] la emfermedad del rrey (qu'es lo primero / de su capítulo) y aquel afligimiento de su catiberio la causase, enpero no la causó esta particularidad de no querelle ber el Emperador, como el Jobio dize, pues, como est: á claro, dos prínçipes tan grandes, teniendo el v no al otro en prisión no se sufría berse ni tratarse sino con libertad de anbos, porque antes se podría tener por escarnio yr a ber el libre al catiuo, que no por onrra y deçençia, y quando semejantes casos en el mundo an aconteçido [6] (entre prínçipes no bárbaros) por terçeros (como en este caso se hiço), se tratan [7] los negoçios, no abiendo espeçialidad por donde se dispense en [8] esta horden, antes según vna fama del mundo (no sé desde quándo benida a él ni dende qué tiempo trae origen) [9] se creía que vn rrey, biendo a otro [10] su prisionero, en solo abelle bisto quedaua libre. Así que no la falta de bistas causó al rrey prisionero su dolençia, sinoç según se cree, el mal despacho de sus negoçios. Porque pasa así, que quandoel rrey pasó a la guerra de y talia dexó á su madre Ludibica por gouernadora de su rreyno, la qual estando agora el hijo preso en España, abía enbiado diuersos enbajadores con ofreçimientos y capitula\iones que, comunicadas primero con el rrey preso (porque para todo esto se les daua larga libertad), se le ofreçían al Carlos [11], y como la concordia no se concluyese, por las grandesdificultades que en semejantes negoçios suele hauer hasta la conclusión d'ellos, la rregente de França (que ansí la llamaban a la gouernadora), acordó vltimamente con más abentajados ofreçimientos enbiar a su hija, hermana del rrey, la qual hera frescamente biuda por la muerte de musiur de Alançon su marido, nuevamente muerto en França, por no hauer querido morir cabe [12] Pauía, que solo de los caualleros françeses fue el que se puso en saluo durante la batalla, y esta señora benida en España, y héchole el acojimiento que hera rraçón, començáronse de nuebo a tratar los negoçios rreales, y allegóse hasta lo bibo d'ellos, sin poderse tomar conclusión ninguna, y así después de algunos días (que en esto y en bisit: ar al rrey su hermano gastó), perdida la esperança de conçierto, se bolbió en França, que fue con lo / que la perdió el preso, creyendo ya no aber ningún medio de adonde le suçediese su libertad, y así, triste d'esto, y allegando a lo vltimo de sus congojas, cayó en la enfermedad de que nuestro autor trata, la qual fue de tanto peligro, que se esperaua antes d'él la muerte, que no la bida, y el Carlos [13], biéndole en este final trauajo (y tomando la opinión más segura en lo de las bist: as de los prínçipes libre y cautibo) lo fue desde Toledo a ver a Madrid, que se le abía dado por asiento para pasar su catiberio. Después de lo qual, buelto a Toledo, y abiendc Dios buelto la salud al françés, se tornó a tratar de me dios y se conçluyó la paz, después de muchos negoçio: que pasaron, no solo con que el rrey Françisco tomasj por muger a la hermana del Carlos [14] (como Jouio apun ta), sino tanbién con que rrestituyese el ducado de Bor goña, que en tiempo de nuestros agüelos fue vsurpadl por françeses, y por su rrey Luis vndéçimo a borgoñone ya su señora la duquesa María, agüela del Emperador y muger primera de su agiielo el emperador Magimiliano, y con que el rrey rrenunçiase a todo el derecho que podía pretender a qualquiera estado de Ytalia, y con otras muchas condiçiones, largamente plantadas en los lugares donde suele ser el naçimiento de las cosas naçidas d'este propósito. Todo lo qual el rrey juró que cunpliría dentro de çierto término, y que no cunpliéndolo, daua su palabra de boluerse a la prisión de adonde salía, y para ello dexó las rrehenes qu'el Jouio dize, que fueron sus dos hijos mayores, y así se bolbió a su rreyno, albiéndose primero casado con la rreyna biuda de portugal, dejando muger y hijos en España.

Agora entra tras esto lo qu'el obispo dize, que buelto el rrey a su rreyno, se hiço liga y confederaçión entre el Papa y beneçianos y rrey de Y ngalaterra, con el rrey de Françia, contra el Emperador, por tener los suyos çercado y acusado al duque Françisco Esforçia de que avía cometido el crimen |lese magestatis contra el Carlos [15], paresçiendo que se quería hazer señor de toda Ytalia. Y fuera bien que no callara el rreberendísimo de Nochera [16] otra liga antes désta, questando el rrey avn enEspaña, mañeándolo el Papa Clemente, pretendieron de hazer todos los prínçipes ytalianos contra el Emperador, y los ofreçimientos que enbiaron a hazer a madama la rregente de Françia, ofreçiéndole fortaleças y esta / dos para la seguridad del ligarse con ellos. Pero esto, como cosa bituperosa de ytalianos, cállalo el ytaliano. Porque avnque el negoçio no fue de mucho efecto, fue de mucho defecto para aquella naçión, pues ellos y esto causaron [17] la rrebelión del duque Françisco Esforçia, del qual, si la cometió o no, se verá agora claramente.

Y pasa así, que como la batalla de Pauía acabó toda la guerra, y el estado de Milán quedó paçífico en poder de los ynperiales, luégo el duque Esforçia enbió a [18] su enbajador, Juan Antonio Bilia, a España, y en los primeros días de su comisión l'enbió el Emperador al duque, con el mesmo Juan Antonio, la ynbistidura de aquel estado más anpla y más fauorable que ningún Emperador la dio jamás en ningún estado ytaliano. Porque no solo fue para quedar ynbestido de aquel estado el duque, sino tanbién con aprobaçión de quaçesquiera ventas y agenaçión de bienes qu'el duque vbiese hecho, con otras muchas largueças que no son d'este propósito y sonlo de la corónica ynperial, y así, al duque le fue luégo entregado, conforme a este preçepto [19], todo su estado sin faltar en él quanto a lo ynmueble [20] vna sola almena, ni quanto al vsofruto vn solo rreal. Etçepto qu'el Emperador mandaba al birrey que, puesto caso que tanto número de millones de oro se auían gastado, y tanta gente y balerosos capitanes muerto por rrestituylle en su estado, que solamente cobrase por sus tiempos, y lo menos sin molestia del duque que ser pudiese, vn solo millón para pagar la gente y soldados con cuya sangre se abía ganado, y estando el duque así quiero en su Milán, conspira en la conjuraçión de los prínçipes ytalianos contra quien le abía hecho de vn cauallero sençillo (y avn cojo y tollido no sençillamente, y que no tenía pies para ganallo por sus manos), el mayor señor de toda Ytalia. Y en: bía a soliçitar con su Chançiller, Gerónimo Moron, al marqués de Pescara, vnico capitán de aquel tienpo, que se pasase a la liga de los ytalianos, y que le prometían por ello el rreyno de Nápoles, que todos los de la liga lo ganarían a su costa para ello. Si este es yndiçio contra el duque, o probança enrera, béalo qualquiera de buen juiçio, Y torn[án]dole los superiores del hexérçito a rrequerir por la paga, o por la parte que entonçes avía de dar d'ello, rrespondió que más confiança tenía en la liga que haçían los ytalianos, que no en la paga de los soldados, y sin éstas, vbo otras / muchas [21] sospechas, que después mostró el tiempo cómo no lo fueron [22] sino ebidençias e notoriedades, de las quales se dará quenta donde fuere neçesario dalla, y con todo esto, y con estar abisado el Emperador d'ello con cadaposta, nunca permitio que por su parte se acometiese duque ni a los ytalianos, sino qu'ellos acometiesen primero, eçepto que se asegurasen en lo de Françisco Esforçia, y así la gente qu'estaua alojada en el Piamonte la lleuó el marqués a Milán, donde el duque estaua, encastillado en la fortaleça de allí, al qual dixo que se allanase, por quanto estaua sospechado de traiçión, y se conçería de su causa por jueçes sin sospecha, quales el Emperador nonbrase, y no lo quiso haçer, qu'es otro grande yndiçi [23] de la traiçión cometida.

Pues pregunto yo aora al Paulo [24] Jouio, si estando toda Ytalia puesta en armas, haziéndose gente por toda ella de guerra para benir a contra, ¿los españoles por qué no abían de asegurarse como lo hiçieron, teniendo tanta çertenidad de entrar el duque en la liga de los demás ytalianos? Porqu'estaua claro que, si el duque tanban tomados como en rred, sin tener pueblo en toda aquella probinçia donde se alojar, ni [25] sin tener honbre en toda ella que no fuese su enemigo, y bisto esto, el marqués (que de allí a muy pocos días murió) çercó al duque; y ésta es la maldad del malbado çerco, y la ynjustiçia, y todos los demás nonbres qu'el Jobio pone; que quánto mejor pudiera poner otro a los ytalianos que yo le dixera, estáse muy claro [26].

Pero pasemos adelante y quédese lo que falta d'estopara los |Anales, si Dios fuere serbido que se acaben, y bengamos a lo que más dize en este capítulo el auctor d'él. Qu'el Papa y beneçianos, y los demás potentados de Ytalia, ynbiaron luégo a congratular de su libertad al rrey, nuebamente buelto a su rreyno, lo qual fue así, y avn se sabe bien la causa, y congójome no dezilla por no quitalla a su propio lugar, lo qual cada momento me aconteçe en esta obra. Pero digo de pasada çerca d'ello, qu'el Papa Clemente (qu'estaua mal con las cosas del Emperador ya muy declaradamente), por çiertas causas que alguna vez se nos ofreçerá deçillas (y avn quiçá en este capítulo algunas d'ellas), mañea[ba] toda esta mala querençia de los ytalianos con el Emperador; y así, mediante la soliçitud suya, se hiço la liga entre el fran çés y Papa y beneçianos, donde / tanbién fue prometido por los contrayentes que, en estando desçercado el duque Esforçia, entraría en aquella confederaçión y ayudaría con gente, y Papa y bençianos al françés, para que se bea si el duque esta: ba a despropósito acusado del crimen que le hera ynpuesto [27]. Pero el rrey de Yngalaterra [28] no entró en esta liga, como el Jobio dize, y es falso, porque puesto caso que en vn capítulo d'ella se rruega al ynglés que éntre en esta confederaçión, y que sea protetor de la liga, quando después fue rrequerido para ello no lo quiso haçer ni açeptar, antes escribió al Emperador que no se quería enpachar en aquello, ni tener parte en aquel negoçio, y así lo hizo. Hasta que después, el año de beinte y ocho (por çiertas causas bien sabidas por nuestros pecados, pues pararon en heregía y desobidençia de la Yglesia, qu'entonçes començaban a brotar), enbió a desafiar al Emperador con propio rrey de armas en Burgos, y juntamente tanbién el françés, haziéndose anbos conpañeros contra el Carlos [29], por las causas coloradas que en sus carteles dixeron, y tan coloradas, que m'espanto yo cómo no les quedaron los rrostros de la mesma manera de pura bergiiença, y sin ella, me parçe que dize el Jobio (perdóneme su autoridad) [30], qu'el rrey de Yngalaterra entró en estotra liga, siendo falso. Solo pudiera deçir (pero tanbién confieso qu'esto no tocaua a su ystoria) [31], qu'el año antes, que fue el de beinte y çinco (por qu'estotro de la liga que se cuença fue concluyda y echa en Cona, lugar del ducado de Angulema en França, a beinte y dos de mayo die beinte y seis), estando avn el rrey Françisco preso en España, el ynglés Enrrique y madama la rregente de França, en nombre de su hijo el preso, capitularon e hiçieron nuebas paçes, las quales el Emperador avn entonçes no tenía hechas con el Françisco. Porque desde qu'el rrey ynglés se declaró en el ayuda del Carlos [32], abía siempre (avnque libianamente) molestado a Françia por mar y tierra, por los confines de Picardía, y con ayudar al Emperador algunas vezes con dinero para la guerra. Pero tornemos a ponernos en el puesto [33].

Dize el obispo [34] que, después de todo lo susodicho, entró don Yugo de Moncada y el cardenal Colona en Rroma con gente de guerra, y saquearon la casa del Papa, ya él rretruxeron al castillo, porque estaua confiado en çiertas treguas que ellos engañosamente le avían conçedido, lo qual es falso. Porque las treguas qu'él dize, se hiçieron con Vespasiano y Ascanio Colona solamente, pero no con el cardenal, que rrequerido por el Papa, no quiso entrar en ellas, ni con don Yugo, el qual / muy poco avía que hera buelto d'España a Rroma de parte del Emperador, ofreçiendo al Papa todos aquellos capítulos sobre que estaua açedo con el Carlos [35], otorgándolos conforme a la pretensión del Clemente, sobre lo qual primero avía sido enbiado el Comendador Berrera y nose auía concluído; y agora trata esta conclusión don Yugo en los puntos más sustançiales, sobre los quales la Sanctidad y Magestad diferían, que entre otros heran quatro prinçipales. El vno sobre la distribuçión de la sal en el ducado de Milán, que hera ésta vna baraja antigua, y cossa de grande yçterese que los duques de Milán pretendían que hera suya, pues se haçía en su estado;que lo que sea esta ynpusiçión en algunos estados de Ytalia, no ay propósito agora en que se pueda encaxar. Y este tributo era el. Carlos [36] obligado a defendello [37], así por ser cosa que tocaua al ynperio, pues es fevdo suyo el estado de Milán [38], como porque aquel derecho el Esforçia lo avía conçedido ya a don Bernando, Archiduque de Austria, hermano del Emperador, por la ayuda que auía enbiado a la guerra de Pauía. Lo otro hera lo del hecho de las çiudades de Módena y Reço, qu'el Papa pretendía qu'estaua la Yglesia despoxada d'ellas; y sin, enbargo de que el duque de Ferrara; que las poseya, alegaua otro fresco despojo hecho a él primero, quería el Sumo Pontífiçe qu'el Emperador y su can po, si el de Ferrara lo defendiese, le conçediese el vtil dominio de aquellas tierras, como cosa del feudo ynperial. La terçera pretensión del Clemente hera la libertad del duque Esforçia, avnque vbiese cometido el det: estable delito de trayçión. Y la quarta, açerca de çierta premática del rreynode Nápoles sobre los benefiçios d'estrangeros, y otras cosas, qu'el Papa pretendía que hera contra la libertad eclesiástica. Y allegado don Yugo con todos los ofreçimient: os que en los |Anales serán contados bien ala larga (que heran los que antes pedía el Sumo Pontífiçe sóbre estas materias), lo que rrespondió fue deçir que ya avían benido tarde (como si ningún tiempo vbiese [39] tardío para la paz, espeçialmente para dalla el Pontífiçe), y que ya avía firmado y rratificado la capitulaçin con los otros confederados contra el Emperador, y que no se podía apartar d ' ella, y así el don y ugo y el cardenal Colona, haçiendo gente secretamente dent'ro en Rroma / y en la comarca d'ella, la juntaron cabe [40] San Juan de Letrán en aquella çiudad, y hizieron aquel ynsulto, que tal fue él, pero no tan grande como pinta el Paulo [41], porque solo fue saqueado el palaçio, y no del todo, y al Papa, rretirado en Santángel, le dixeron y abjsaron, con grande humiliaçión y obidiençia, que aquello no se haçía contra su sanctísima persona, sino para forçalle que no fuese contra el Emperador, y así se conçertó, entre él y los çercadores, que vbiese t'reguas con el Emperador por quatro meses, y que la gente de guerra que tenía en Lonbardía en conpañía de los confederados contra el ynperio, la mandase rretirar d'esta otra parte del rrío del Po, y para lo v no y para lo otro dio rrehenes, y así se salieron don Yugo y cardenal con su gente de Rroma, y todo quedó paçífico en vna tarde y otro solo día. Y esto es lo qu'el Jobio tanto encareçe, y llama quebrantamiento de treguas donde no las vbo, y saco de la yglesia de San Pedro donde no se hizo, y quán bien guardadas fueron las treguas qu'el Papa conçedió (sin enbargo de las nehenes que abía dado) en otro lugar d'esta obra se uerá y si no en otro fuera d'ella que berná a más propósito, si Dios conçediere el tienpo para ello.

1 Mut.: la libertad...: su libertad.

2 Add.: donde se notan muchas fajtas del Jovio

3 Del.: de

4 Mut.: será visto: se verá.

5 Del.: que.

6 Mut.: an aconteçido: acontecieron.

7 Mut.: trataron.

8 Mut.: dispense en: mude.

9 Del.: ni dende qué...

10 Mut.: vn rrey hiendo a otro: viendo vn rrey a otro rey.

11 Mut.: Emperador.

12 Mut.: junto a.

13 Mut.: Emperador.

14 Mut.: Emperador.

15 Mut.: Emperador.

16 Mut.: rreherendísimo de Nochera: Jovio.

17 Mut.: de ytalianos cállalo ...: a su nación la calló, siendo cierto que

18 Del.: a.

19 Del.: conforme a este preçepto.

20 Del.: quanto a lo ynmuehle.

21 Add.: no solo.

22 Del.: que después mostró...

23 Mut.: otro grande yndiçio: otra gran prueva.

24 Del.: Paulo.

25 Mut.: y.

26 Del.: que quánto mejor...

27 Mut.: a despropósito acusado...: acusado sin propósito del crimen ya

28 Mut.: Ynglaterra.

29 Mut.: el Carlos: él.

30 Del.: (perdóneme su avtoridad).

31 Del.: (pero tanhién...).

32 Mut.: Emperador.

33 Del.: pero tornemos...

34 Mut.: Jovio.

35 Mut.: açedo con el Carlos: mal con el Emperador.

36 Mut.: Emperador.

37 Mut.: defender.

38 Del.: el estado de Milán.

39 Mut, : ningún tiempo vhiese: algún tiempo fuesse.

40 Mut.: cerca de.

41 Mut.: Jovio

Capítulo Nono

De la guerra que Solimán, Gran Turco, hizo en Vngría, y de la batalla que dio a los vngaros, y de cómo quedaron desbaratados, y su rrei Luduvico muerto, y todo su exérçito muerto y vençido [1].

Dos capítulos bienen tras lo contado [2], qu'es segundo y terçero del mesmo libro beinte y tres, que anbos tratan [3] bien a la larga la jornada qu'el turco hizo en Vngría el año de beinte y seis, por donde agora corre su ysroria en este artículo., y dize ansí, que considerando el Gran Turco Solimán las guerras d'entre christianos, y la poca ovidiençia que los vngaros suelen tener a sus rreyes, y el poco cuydado de los alemanes que de suyo son perezosos en negoçios agenos; y biendo talbién qu'el Emperador y su hermano Don Hernando estauan ocupados en otras / guerras y cosas, y que con el rrey Sigismundo de Polonia tenía treguas antiguas, y que no querría quebrallas ayudando al vngaro, determinó de hazer guerra en Vngría. y qu'el rrey Luis de allí, honbre de yngenio flaco y sin espiriençia, enbió a todas partes a pedir Socorro en bano, y que hizo cortes luégo, y que los que lo suelen hazer truxeron las bandas de gente que heran obligados, y que todas blasonauan reniendo en poco a los turcos, con vna brauosidad de loca confiança, espeçialmente y sobre todoS, fray Paulo Tomoreo, Arçobispo de Colosa (que avnqu'él no lo dizehera fraile de San Françisco), el qual dio la horden, consejo y modo, de toda aquella guerra, y que allándose el rrey con beinte y çinco mill honbres de a pie y de a cauallo, avn no cabales, pagada la mayor parte d'esta gente por el Papa Clemente, que auía enbiado socorro de dineros, osó el Ludibico salir en canpo contra el turco que traya dozientos mill. y que asentó su canpo para esperar a los bárbaros cabe vn lugar pequeño llamado Mugaçio (otros pronunçian Moganço), qu'está casi en medio del camino d'entre [4] Buda y Belgrado.

Y luégo continúa esta materia en el capítulo terçero, diziendo cómo los vngaros, estando allí rrefirmados, trataron si sería bien aguardar a Juan Sepus, gouernador de la Trasilbania, que comúnmente llamaban el Baybođa de Vngría, qu'esperaban muy presto con socorro de trassilbanos. y qu'el Tomoreo, viendo que si esto se esperaua, por la calidad y dignidad de su ofiçio la auía de obedeçer, y que se le quitaua él el gouierno del exérçito, aconsejó, y otros con él, que no vbiese delaçión, sino que con prest: eça se diese la batalla en allegando los enemigos. Los quales enbiaron delante quatro esquadro nes de cauallos, en que auía beynte y quatro mill honbres que sin çesar, partidas las horas del día y. de la noche, escaramuçaban con los cristianos, sin dexalles comer ni dormir, ni traer leña ni yerua para sus cauallos, ni avn dalles a beuer en el Danubio qu'estaua allí junto. y que en fin, abiendo ya llegado el campo del bárbaro, se determinó Tomoreo de dalle la batalla, la qual hordenó de la manera que se quenta en el capítulo, y que la batalla se dio ynfeliçe y alocadamente, de tan pocos para tan muchos, y que así los vngaros fueron vençidos con casi mortandad de toda la gente y del mesmo rrey Luis, que cayendo su cauallo ençima d'él, se ahogó en vn charco donde cayó, yendo ya huyendo, avnque de allí a muchos días fue allado y enterrado con ponpa rreal. y que Solimán, aviendo ganado la vitoria, se rreya después de la temeridad de los vngaros que con tan pocas fuerças y gente oviesen osado esperar su poderoso hexérçito. y que después d'esto fue a Buda y la tomó, y se boluió después a Costantinopla, con la qual buelta acaba todo lo tocante a esta vngara [5] guerra.

De la qual yo confieso que puedo dar poca rraçón, si no es por rrelaçiones, como el obispo [6]; pero si alas mías ya personas que en ello se hallaron se deue dar crédito, como es rraçón dallo, no la tiene nuestro auctor en algunas cosas, alliende de otra falta qu'es suya muy hordinaria, de nunca poner los tienpos de los acaheçimientos, como la salida del turco de su casa, que fue a nueve de mayo, y llegada a Belgrado (postrer lugar entonzes de los enemigos y frescamente ganado por ellos), a beinte y siete de julio. y luégo entró de allí por la tierra de los fieles, y enbió delante los cauallos para correr qu'están contados. Ya veinte y nueve de agosto se dio la desgraçiada batalla, en la qual suçedió lo qu'el Jouio quenta, pero no con las faltas y temeridades que él dize. Porque, quanto a lo primero, el no espera, r la gente de la Trasilbania no fue por la causa qu'él cuenta de Tomoreo, sino porque auía (según el mesmo Vayvoda avía enbiado a dezir) pasado ya quinçe días más de término del que abía puesto para allegar con la gente al hexérçito del rrey. y demás d'esto, el enemigo beníase açercando, y no hera posible rretirarse ya, a lo menos hera dificultoso, y mnto se abenturaba en la rretirada como en dar la vatalla, o poco menos qu'esto [7]. y tanbién se començaua a dezir que aquel Juan Sepus, Bayboda, que tanvién hera conde de Jazigo, se entendía con elturco, y que de astuçia haçía aquella tardanç. y si adelante, andando los tienpos, vbo rrazón para crerlo (de quien después tanto se entendió con ellos), nuestros pecados lo saben mejor que aquí se puede escreuir. y asímesmo los vngaros, como honbres de guerra, consideraron que quando vn socorro se espera, casi a vista de los enemigos, y no ay çertenidad de su benida, qu'es mejor conforme a buena consideraçión, enplearse luégo en el hecho d'armas con aquella duda, que no aguardar después a la çert: idun: bre / de la falta de socorro. Porque o v no pone ánimo en la gente, dándoles a ent: ender que por dalles a ellos solos el premio y la gloria de; aquel bençimiento se haze; y lo otro segundo causa gran desmayoy gran falta de corage, biendo que entran a pelear sin aquel socorro que esperauan. y casi esto mesmo vsaron Minuçio-Rrufo y su conpañero Açilio Glabrión, cónsules rromanos, para aver bitoria. y preçepto de guerra es ya muy sauido, que quando el enemigo sobrepuja en el número muy abentajadamente, publicar y derramar nueva que se esperan nuevas ayudas, y avn a bista del enemigo hazer a parte de la gente apareçer por diuersa parte, con nueva manera de trajes y de ynstrumentos, como que bienen y entran nuebamente en el rreal, que tanbién hizo esto mesmo algún capitán rromano. y en tienpo de nuestros padres lo hizieron los conde Cabra y alcayde de los Donzeles, quando dieron la rrota a Muley Bandilli (que por otro nonbre llamaban Chiquito) rrey de Granada (el qual quedó allí preso), haziendo mostrarse gente por detrás de vn çerro, y luégo encubrirse por otro, y tornar a pareçer de nuebo, que fue causa que los moros entrasen ya con gran miedo, y medio vençidos en la pelea. y ni más ni menos no [8] tiene rraçón Paulo Jouio en dezir y encareçer que fue gran temeridad y locura salir en canpaña con, beinte y çinco mill honbres a dozientos mill. Pero este engaño no es solo suyo, sino de toda la gente de aquel tienpo y d'este; y entre todos os buenos y malos juiçios (sino del mío qu'es d'estos postreros), quedó ya determinado por desatinado atrebimiento el de los vngaros aquel día, sin mirar vna rregla que deue tenerse por prinçipalísima en las cosas de la guerra: que las çircunstançias en ella son más neçesarias, y tienen más fuerça para guardarse, que las leyes prinçipales de la miliçia. De manera que puede acaheçer que, por buen preçepto de guerra, sea yo obligado, sien do capitán de vna jornada, a hazer vna cosa que las particulares menudençias que en el mesmo hecho an aconteçido me quiten obligaçión de obseruar aquello, y me fuerçen a hazer lo contrario. y por heso las leyes de la guerra no se pueden dar bien por escrito, como las otras de la gouernaçión de la rrepública, porque neçesariamente no consiste la exposiçión / y glosa d'ellas en materia que se puede escreuir. Porque esta declaraçión consiste en los acaeçimientos ynfinitos, y tanbién ynfinitamente diuersos, que la mesma guerra trae consigo, que no están subjetos a rregla ninguna. y éstas, que llamo çircustançias, son tantas y tan diversas, que no se puede dar aviso para todas, avnque algunas generalidades no ay duda sino que pueden estrecharse arreglas y preçeptos.

Bengo al propósito. Los vngaros, según mi pareçer (avnque sea en esto yo singular), pelearon aquel día conforme a toda buena disçiplina militar, y tubieron no locas (como el Jouio dize), sino buenas consideraçiones para haz ello, porque la multitud y demasía de la gente contraria no hazía al caso, peleando gente bien ynstruta, como lo hera la vngara, contra gente deshordenada, como lo heran aquellos bárbaros. Digo, que lo heran entonçes, a lo menos no tan hordenados ni disçiplinados como agora lo están. Porque ba mucha diferençia en quanto a su miliçia, de quarenta años que a que aquella jornada pasó, al t, ienpo de agora, así en la guerra terrestre como en la nabal, avnque están muy más mejorados en esta postrera, pero tanbién en la primera lleban grande bentaja a lo d'entonçes. y ya se saue aquello de Pirro, rrey de los epirotas, que fue el primero que puso la guerra en arte y preçeptos, el qual dezía que con quinze mill honbres bien armados e ynstruydos acometería qualquier exérçito de enemigos, por muy pujante que fuese en la cantidad. El qual dicho anpliamos y rrestringimos en el libro que bamos haziendo, tocante a esta materia, que yntitulamos |Las diferenfías de la guerra de los dos mundos. Pues paréçeme a mí que no quinze mill (porque no pongamos la ventura tan en calças y jubón como Pirro), pero que con beinte y çinco mill, qu'es número vastante de gente que sabe guerrear y está enseñada en aquel arte, para pelear con dçientos mil que han, o avían entonçes, de pelear ala barbaresca. Porque la disçiplina suple grandemente el número, de la qual conclusión se saca aquel corralario, muchas vezes disputado y agora no, por falta de propósito para ello, que vale más el exérçito avnque sea de gente ynávil, con capitán diestro y baliente, que no el que tiene el capitán flaco y sin yndustria, avnque la gente d'él sea animosa y diçiplinada en la guerra. Porque conforme al proberbio, a este propósito por los mesmos antiguos escrito, más bentaja tienen las ovejas syendo su capitán el león, que no los leones siendo su capitán el oveja.

Pero no bamos / encadenando materias, que será desencadenar el propósito. Sino torno a dezir que beinte yçinco mill honbres de la diziplina vngara heran bastantes entonçes para pelear con docrientos mill de la turquesça y qu'éstos no bastaran a rronpellas, si no obiera otros doçientos mill pecados nuestros, o millones d'ellos, que se abían pasado a la banda de los bárbaros a pelear con ellos contra los christianos. y espeçialmente que se a de adbertir que en este caso (avn dejado lo que está dicho) abía otras cosas que façilitavan el negoçio para dar atrebimiento a la pelea, como hera en el lugar que se avía escogido para ella, que hera con alguna ventaja de parte de los vngaros, y así la poca artillería suya hiço harto daño en los ynfieles, lo que no hizo la d'ellos, con ser mucha y muy prençipal, en los christianos, porque no hizo casi ninguno, que toda pasaua por alto; avnque tanbién quieren dezir qu'esto lo causó ser christianos todos los artilleros qu'el Gran Turco entohçes traya, y que de propósito asestaron muy arriba. y asímesmo consideraron los vngaros su bentaja de armas y cauallos en quanto a la calidad. y tanbién, que rrepartida aquella gente por guarniçiones en fortale[zas], hera no dexar fuerte ninguna de las que se abían de guardar, porque luégo el turco abía de enbiar sobr'ellas apartadamente, y las avía de tomar. Espeçialment: e siendo los vngaros más acomodados para pelear en la canpaña que para defendertierras. y sobre todo que el sueldo de la gente se acababa, y otras muchas cosas que no se escriben porque se an d'escrebir en la parte que conbenga. y así la batalla fue muy rreñida y porfiada. y en berdad que oy deçir a vn cauallero borgoñón, amigo mío, que se halló en ello, que la mayor causa de la desgraçia la causó, tanto como la multitud de los enemigos, el cansançio y trauajo de los christianos con las escaramuças hordinarias que avían preçedido, sin parar ninguna noche ni ningún día. y que hera su opinión que aquella molestia de los cauallos qu'el turco avía enbiado delanreros a correr (que de día ni de noche no parauan escaramuçando por sus terçios, sin jamás çesar, hasta el día de la batalla), le abían dado la bitoria.

1 Add.: con lo que toca al Jovio en estas cosas.

2 Mut.: bienen tras lo contado: se siguen

3 Mut.: que anbos tratan: en que se trata.

4 Mut.: entre.

5 Del, : vngara

6 Mut.: Jovio.

7 Del.: qu'esto.

8 Mut.: y ni más ni menos no: Tanpoco.

Capítulo Déçimo

De la venida de vn armada española a Ytalia y el virrei de Nápoles con ella, y de la guerra que hizo el Papa Clemente a los coloneses, y del sitio de Frosalón, y de lo que hizieron los exérçitos ynperial y eclesiástico [1].

El vltimo libro de los epitomados del Jobio es el beinte y quatro y final de la parte primera, donde en el capítuloprimero dize qu'el Papa Clemente, teniéndose por muy ynjuriado del hecho de don Yugo y del cardenal Ponpeyo, determinó de descomulgar a éste y hazer guerra al otro y al rreyno de Nápoles sin enbargo de las treguas y rrehenes que para ello les avía dado. Y que para esto enbió por vn musiur de Baldemonte a Françia, hermano del duque de Lorena, que benía de los duques de Anges, que en otro tienpo fueron rreyes de Nápoles, el qual benido con la gente de qu'élle armó, entró por tierra de labor, y corriendo por la de aquel rreyno napolitanotomó a Salerno, y hera tan señor del campo que hiço a don Yugo rretirarse dentro en Nápoles, y que por otra parte la gente del Papa tanbién arruynó en la canpaña de Rroma los castillos y pueblos de los coloneses, y que en este tienpo el birrey Lanoy, pasando d'España a Ytalia con vna armada de soldados alemanes y españoles, le salieron tres armadas de galeras [2] de enemigos al enquentro que heran: la de Andrea de Oria que seruía entonçes a Françia, y la de la mesma Françia de quebenía por general el conde Pedro Nauarro (que avnqu'el Jouio no lo dize hera rreçién suelto de su catiberio entonçes, en birtud de la capitulaçión de Madrid, en vn capítulo de la qual se contenía que los prisioneros de an-bas partes fuesen sueltos) y la de Veneçia que, como está bisto, estava ya aquella señoría ligada con françeses de que venía por general Paulo Justiniano, y que de todas estas tres armadas se libró la española, por benefiçio de vna tenpestad que sobrebino, la qual escapó y aportó en puertos de la Toscana, y que desenbarcado el birrey y su gente, se juntaron con él los coloneses y fueron sobre Frosalón, y no lo pudieron tomar, y que de allí a çiertos días bino Rrençio Cheri con exérçito y el capitán Bitelo, y presentaron sus batallas hordenadas a los ynperiales, los quales, visto aquello, alçaron el çerco, y que, siendo rronpidos, apenas conseruaron el artillería, y lo que [3] çerca de la sustançia d'este capítulo tavía que dezir hera [4] muchas cosas, pero no soy abligado a destroncallas de mi obra prençipal, que son los |Añáles, ni cada ora desconponellos porque lo quiera / el Jouio. Y así hiré hilbanando todo lo que pudiere por no desconponer cosa que yo tanto querría qu'estubiese sienpre conpuesta y adornada; que sí estubiera (según el subjeto) si yo no fuere el sastre que la vbiera bestido.

Y tornando al yntento [5] digo qu'es berdad lo qu'el Jobio dize qu'el Papa quebrantó las treguas, sin enbargo de las rrehenes, y no por las causas qu'el abispo [6] dize en el prinçipio de su capítulo, sino por las que al mesmo Sumo Poncifiçe le debieron de [7] pareçer. Y la benida de musiur de Baldemonte a Ytalia ya Rroma fue antes del tiempo qu'el auctor la pone, porque si yo no me engaño, avn no estaua suelto el rrey quando fue esta benida y llamamiento, el qual tenía la ynteligençia más honda de lo que piensa el de Nochera, como [8] en nuestros |Anales será visto [9], y estoy espantado cómo quitó la gloria de la toma de Salerno a vn yt: aliano, por dársela a vn françés; pero en fin, basta dalla a quien quiera, como no sea español. Dígolo porque de aquella jornada no llebó cargo el Baldemonte, sino Oraçio Ballón, capitán vien prinçipal y conçido. Ya lo que dize Jobio, que después de tomado Salerno hiçieron rretirar con su gentç a Nápoles a los ynperiales, pasa diferentemente de como él lo escribe, porque antes presentaron la batalla los napolitanos, y don Yugo con ellos, a los contrarios y exérçito del [10] Papa, y trabada vna escaramuça se despartió la contienda, y se bolbieron los v nos a Salerno y los otros a Nápoles. y lo que quenta después, de la benida del virrey con el armada d'España, fue antes que lo de Salerno, y él todo lo enboruja y lo prepostera lo, porque la toma de Salerno fue a' beinte y nueve de henero del año de beinte y siete, y el armada desenbarcó en Gaeta y en los contornos a prinçipio de dizienbre de beinte y seis. Y el yr sobre Frosalón con los coloneses que luégo la acudieron, fue a veinte de dizienbre, pero el suçeso no fue como el ovispo lo quenta, sino muy difer, entemente, como haze todas las demás cosas que tocan a españoles. Lo que pasa es que, venido Rrençio Cheri con todo el exérçito del Papa a dçercar a Frosalón, qu'estaba tan fortificado que beía el birrey que hera escusado estar perdiendo allí tienpo, levantóse de aquella enpresa, y los d, e dentro, como se suele hazer al rretirar, salieron a dar en la rretaguardia con poco prouecho / d'ellos mesmos, safuo si es prouecho dos poco más que mosquetes que allí tomaron (qu'estoy espantado cómo no se acordó d'ellos el Jobio para hazellos grandes culibrinas e otros preçiados tiros semejantes), y algón bagaje, y bien poco y bien astroso, pues no lo llevaba consigo, que como acontçe quedaua entre las tiendas del campo, y en este medio asomó el capitán Rrençio con su exérçito y estubo tan flaco, con no sello él sino muy baleroso capitán, que no osó dar la batalla, ni quiso, a los españoles e ynperiales; pero ni lo consintió, avnque los suyos se la pedían y se la aconsejaban, y así el campo del Emperador se fue a çeperano con sus batallas hordenadas, y el del Papa se fue a Piperno.

Y que con ser esto así, aya tan poco enpacho y tan poca conçiençia en vn escritor moderno que, sin enbargo de las ystorias de nuestros ojos y de nuestras manos, diga que fueron rronpidos los ynperiales y españoles en aquella rretirada! Pero pregúntole yo: ¿por qué no hizo minçión en esta mesma guerra, de quando fue nuestro Hernando de Alarcón (o señor Alarcón, por más conoçido nonbre [11], que avía buelto d'España con el virrey) a entrar por tierra de los enemigos desde çeparano, con españoles que llevó para aquella correría, donde hizo singulares haçañas? Ni [12] ¿por qué no trata de quando se tomó Son sino por los coloneses, aviéndolo poco antes ganádolo [13] los enemigos? Pero porque todas estas cosas tocan a proeças d'España, pareçióle que hera bien calladas. Mas avnqu'él las deje encubiertas, descobrillas an otras corónicas, si no de tanto ornamento como lasuya, a lo menos de más berdades qu'ella, y en lo que dize asímesmo en vna parte d'este su capítulo, de la guerra y arruynamiento de pueblos y castillos que hiço el Papa a los coloneses, pudiera tanbién dezir la defensa que alló en hartos d'ellos, como fue en Monte Fortino y en Rroca del Papa y en otros algunos. Pero él es tan amigo de no partir el Sol, no solo a españoles, pero tanbién a sus çecases, que avn no solo partillo, pero ninguna parte de luz querría dalle, por pequeña que fuese, sino dexallosa escuras, si tuese en su mano [14]. Y la rruyna, que llama, de las tierras colonesas, no fue con mucha parte tánto como él lo pinta; y fuera mucho menor, avnque fue harto poca, si no vbiera Dios llevado en aquellos días d'esta vida a don Luis de Córdoba, duque de Sesa, enbajador de la magestad del Emperador en Rroma. El qual sabía / muy bien dexar aquel ofiçio (como ya durante él lo abía hecho dos o tres bezes quando rreçebía algún agrauio la naçión española o las que le eran afiçionadas), y tomar el de capitán, y bolber por su rrey y por su tierra, y por los seguidores d'ella.

Pero bolbiendo al propósito de las guerras del Clemente que ofendía y del Carlos [15] que se defendía, es menester, para que se entienda mejor el capítulo siguiente, que no se le olbide al lector [16] qu'el canpo ynperial estaua en çeperano y el eclesiástico en Piperno, como ya está dicho. Pero lo que más falta que dçir çerca d'esta materia y guerra pontifiçia, y, particulares d'ella, y tomas de pueblos, y daños de vna parte y otra, quedarse a para otro lugar, qu'es para mí talanquera y guarida que tengo contra el Jobio, que aora anda en el caso del mundo, y con ésta yo me contento, y más con saber que abrá otras muy mejores.

1 Add.: donde se nota la mala relación del Jovio.

2 Del.: de galeras.

3 Del.: y lo que

4 Del.: hera

5 Mut.: pero no soy obligado... (fol. ant.) : las quales quedarán para nuestros Anales. Pues

6 Mut.: Jovio.

7 Del.: de

8 Mut.: piensa el de Nochera, como: él piensa, como se verá

9 Del.: será vist

10 Mut.: enboruja y lo prepostera: embaraça y rebuelve.

11 Mut.: nuestro Hernando...: el señor Alarcón.

12 Mut.: y.

13 Mut.: ganado.

14 Del.: pero él es tan amigo...

15 Mut.: Emperador

16 Mut.: que no se le...: saber

Capítulo Vndéçimo

De la guerra y paz del Papa Clemente y el virrei de Nápoles, y de la y da del exérçito ynperial amotinadamente con musiur de Borbón sobre Rroma, y de la toma y saco de aquella sancta çiudad [1].

Basta que tomó más gusto [2] Paulo Jobio de escrebir en el tiempo de que agora, ba tratando su ystoria de las cosas y suçesos de la guerra que pasaba en la comarca de Rroma, quiçá con el amor de su rresidençia, porque allí en corte rromana estaua él entonçes, que no tratar de las cosas de Lonbardía, donde estaba lo maçiço de la guerra, sabiendo que la dama sobre quien diferían Françia y España hera el estado de Milán, Así que dejó la guerra prinçipal por la açesoria, como se vido en el capít: ulo pasado, que no trató de otra cosa sino de lo qu'está dicho, no [3] se por que y si se [4], pero que ese agora por dezir, cómo tanbién él dexó sin contar (a lo menos en el tiempo debido) la rrendida del castillo de Milán por el duquequ'estaua dentro, el qual, quitándose la máscara (que para mí no se la quitó entonçes), se fue al canpo de los enemigos, y tanbién dexa, sin hazer memoria d'ello, de quatro exérçitos de la liga divididos y juntos quando hera menester / en el estado de Milán, por ocupallo sin podello ocupar y sin conseguir su hefecto, que hera el canpo del Papaçon su [5] Malatest: a Vallón por general, y el duque de Orbino conel de beneçianos, v el del duque de Milán el terlSero, y el postrero que vino y entró en Ytalia fue el del rrey de FranlSia, de que venía por general Micael Antonio, marqués de Saluzo. Y dexa asímesmo decontar nuestro autor el sitio que pusieron todos estos canpos a la mesma Siudad de Milán, y lo poco que les aprouechó sinenvargo devna batería y vatalla brabísima que dieron, donde después de perdiday muerta mucha gente, perdieron tanbién quatro banderas deynfantería que les fueron tomadas en la mesma vatería; y loshexérsitos después d'esto se rretiraron, y dexa de dezir la venida de Otabiano Esforlsa, ovispo de Arelso, con catorlSe mill esguílSaros en socorro de los hexérlSitos ya contados, y dexa asímesmo de contar cómo durante todo el año d'esta guerra supieron los de la liga pegalla tan mal a sus cosas, que si no fue a Lodi, por trayçión de Ludibico Bestarino, ytaliano, que lo bendió vna noche a los benelSianos, y así fue vendida hurtadamente y echado de allí Fabrilsio Marramaldo con setelSientos ytalianos qu'estauan dentro, ya Cremona, porqu'estaua el castillo por el duque, que de otra manera no la tomaran, y fue sobr' ella Malatesta Vallón, general del Papa, la qualle costó como tres mill honbres de los mejores de su canpo, y así la vbo de rrendir el Comendador V rrías porque no podían estar a la defensa de la vatería por aquella parte, que luégo del castillo no les hilSiesen pedalSos con el artillería. Nunca otra plalSa pudieron tomar en todo aquel estado milanesco, si no fue estas dos que he dicho, la vna bendida por trailSión y la otra por estar el castillo por los enemigos con su alcayde y guarnilSión dentro, y deja asímesmo de contar cómo no teniendo de qué pagarse el exérlsito lesáreo, y viniendo nuevos alemanes con su coronel Jorge de Frondesperg, fue nelSesario buscar dónde se mantubiesen los vnos y los otros, y se sacó todo el exérçito por esta rraçón de Milán para danificar las tierras del Papa que se abía declarado por su enemigo, y así fueron sobre Plasençia, pero entendido el designio por los contrarios, / fueron la buelta d'ella a socorrerla, y así no vbo hefecto su pensamiento; y el Jobio (hechado todo esto qu'está dicho a vna parte), no cura de más sino de contar la toma y saco vergiiença; y pues él lo quiere, sea así, vengamos a ello.

Dize pues, que dando algunos falsa esperança de paz, movieron elánimo del Papa para que la tratase o la oyese, tanbién a esto sus neçesidades y falta de dinero, porque no le vastando la guerra que tenía en aquella su comarca, manterua otro exerçlto en on ar la, e que aslmesmo mobió el ánimo del Sumo Pontífiçe a la paz, ver que en aquellos días el Emperador le avía escrito cartas desde España con çésar Ferramosca, llenas de mucha blandura y comedimiento y de rreligiosas escusas, y así envió a llamar al virrey Lanoy que, como en el capítulo pasado se bio, estava con su exérçito en çeperano, y el Papa le dio rrehenes para la seguridad d'esta venida (y avnque nuestro autor no lo dize, éstos fueron el cardenal Tribulçio, que fue llevado a Fundi, tierra de coloneses, mientras Lanoy estuvo en Rroma), y en fin, dize qu'el Papa y el virrey hiçieron vna paz desdichada para la rrepública, con condiçión que Lanoy fuese a la Toscana a haçer rretirar el exérçito que musiur de Borbón traya para saquear a Rroma. Porque dize qu'el Borbón venía con este deseo y esperança, aviendo poco antes los alemanes rrebatido el exérçito de Françia de Veneçia, biniendo de Alemania a Lonbardía, en el qual rrenquentro fue muerto el valeroso Juanín de Médizis, y dize más, que le pareçía a Borbón que no debía de temer mucho a los exérçitos françés y veneçiano con sus generales, marqués y duque, que le benían siguiendo, y que Borbón, prosiguiendo su propósito y pasando el Apenino por las montañas de Arezo, encontró el virrey allí con él, y que la paz que traya conçertada para que Borbón la açeptase, y la plática d'ella, fue ynterronpida con grita y vozes de los soldados que no quisieron açetalla, y que así Borbón, viendo esto, llevó adelante su camino, porque deseaua oprimir al Papa. El qual avía despedido fuera |l de tiempo su exérçito, y est: ava desarmado y sin ninguna defensa, y que fauoresçió la fortuna al malvado engaño y façinerosos designios, y caminando Borbón con esta yntençión y priesa, llegó a Rroma a seis de mayo (entiéndese del año de beinte y siete), y que llegó el exérçito sin bituallas y sin artillería y qu'el Papa estava turbado, sin saber modo cómo huír, y que en fin, entraron los soldados de aquel exérçito en el burgo, y después en la çiudad, aprouechando las rruynes armas y medro ent: rados, que mataron crudelísimamente casi ynfinita multitud de honbres, y tomaron los ornamentos de los tenplos, y todos los vasos sagrados, y saquearon la çiudad con todo egenplo de abariçia y crueldad, y que después d'esto çercaron el castillo de Santángel, donde el Papa se avía rrecogido, el qual después vino a sus manos, y dize luégo que se, espanta su ánimo y rrehuye de contar las miserias de varbáricos tormentos que padeçió aquel ynfeliçe pueblo, y que se pudiera pensar que Dios hera contrario a su salud, si sus sanctos patrones, queriendo su divinidad hazer vna notable vengança, no vbieran (avnque el consuelo fue en bano) hecho sacrifiçio, a la entrada dela çiudad, de aquel traydor, ladrón crudelísimo (que todos estos nonbres le llama). Porque dize que luégo fue muerto Borbón, pasado de vna pelota que le dio en la yngle del muslo yzquierdo, estando con malvada mano hechando vna escala a los muros, para que no se le alegrase su tan gran sacrilegio, biendo que avía alcançado vitoria, y ésta es la suma de su capítulo.

Y para que se entiendan las cosas herradas que trata, que fue traydo preso a España el rrey de Françia, Vorbón vino a ella a sus nego\ios con el Emperador, que ent'onçes estaua en Toledo, y durante la confederaçión que se tomó con el françés se trataron muchas cosas tocantes al Vorbón, que no son d'esta materia. Vaste sauer para este propósito qu'el'Carlos [6] se acordó d'él en la capitulación honrrosísimamente, como en los |Anales y corónicas ynperiales será visto. Pero como después el Françisco, buelto a su rreyno [7], / quebrase la capitulaçión, y no se acordase del cunplimiento de su palabra (sinenvargo de qu'el Carlos [8] se lo envió a pedir y rrequerir con el virrey Lanoy que entonçes estaua en España, y que fue para esto a Françia y bolbió después otra vez en España sin concluir ninguna cosa), el Enperador mandó a musiur de Vorbón que se tornase a Ytalia, con cargo de su teniente del ynperio en aquella probinçia. El qual vino a Lonbardía, pocos meses antes de su partida para Rroma, y asímesmo el Emperador, estando en Granada, despachó a Carlos de Lanoy, su visorrey de Nápoles, con el armada de que en el capítulo pasado se a hecho mençión, que allegó después de conbatida de tres armadas (como está vist'o) a Gaeta, y hizo los hefetos la gente d'ella que en el capítulo pasado están contados, aposentándose vltimamente en çeperano, y el exérçito papal (como tanvién entonçes se dixo) en Piperno, del qual hera caueça y superior aquel valeroso Rrençio Cherri que hemos dicho, y por otra parte, en Lonbardía trataron sobre las cosas de la guerra muy pensadamente musiur de Borbón y el marqués del Gasto, y Antonio de Leyba, y el prínçipe de Oranje, general de cauallos ligeros que nuevamente avía bellido a rresidir en la guerra de y talia, después de çierta prisión françesa que avía tenido, y acordaron todos los superiores que he dicho que, pues que no avía de qué pagarse el exérçito, que se desanparase Lonbardía y se fuesen haçia el rreyno de Nápoles asentar las cosas de allá, que heran del Papa molestadas, como está visto, y prouaron primero a Plasençia, tierra fuerte del Papa, en balde, y Antonio de Leyva, que fue sienpre contrario al desanparo de Milán, voluió a ella y se le dio cargo de aquel estado con solos mill y quinientos españoles, que los más d'ellos estavan en guarniçiones, y quatro mill alemanes, y dos mill ytalianos, y doçientos honbres de armas tanvién españoles, y dozientos cauallos ligeros, y así Antonio de Leyba se volbió a executar su cargo a Milán; que quán vien en él lo hiço, todos los siglos venideros lo dirán, y el Borvón y los demás, vjsto el poco fruto que se esperaua de lo de Plasençia, por hauer bellido el exérçito / françéç y veneçiano en su socorro, dexado aquel yntento, caminan la buelt: a de la Toscana con seis mill españoles, y treçe mill alemanes, y tres mill ytalianos, y seisçientas lanças, y mill cauallos ligeros, y así esto todo presupuesto, para inteligencia de nuestro capítulo, bolbamos al Jobio.

Y digo que, en quanto a lo primero que dize, que devaxo de falsa esperança le aseguravan al Papa con concordia, es burla, porque los capitanes ynperiales se la ofrecieron sienpre con ánimo sençillo, y nunca dio oydosa ella, hasta que se vido alcançado de dinero, el qual él de suyo hera enemigo de gas tallo, y en lo que más dize, que tanbién le movió y hizo más al caso las cartas qu'el Emperador l'enbió en aquellos días, digo que Su Señoría vibe engañado, porqu'esto fue en el año anl: es, y no en el tiempo que dize, y estas cartas fueron en rrespuesta de otras del Sumo Pontífiçe, hechas la vna en Rroma, a veinte y tres de junio del año pasado de beinte y seis, y la otra tres días después. En las quales dezía el Papa muchas cosas de quexas y agrauios qu'el Emperador a su pareçer le abía hecho, y que por eso se avía ligado con los otros prínçipes y abierto guerra contra él; y las del Emperador, cuyas fechas heran a diez e siete del mes de setienbre la vna, y la otra vn día después de aquel mesmo año, eran en rrespuesta de las del Santo Padre, donde se disculpaba de lo qu'el Clemente le oponía muy largamente, y donde le daua a entender asímesmo, por palabras bien claras, quién tenía la culpa de todo, y le suplicaua y le rrequería con la sangre de Jesuchristo, que no se dixese d'él semejante cosa, como hera que abría guerra entre los christianos la cabeça d'ellos, y que dava causa a tanta mort'andad de gente, y que mirase qu'estava entonçes lejos de la guerra, y que ya savía los ynsultos d'ella, y cómo no está en manos del prínçipe rremediallos muchas veçes, espeçialmente hallándose él fuera de Ytalia. Y que de su parte y mandato, él/ presupusiese vna cosa, que no heçedería los límites de la defensión, avnque la ventura y coyuntura le diese ocasiones para más qu'esto; pero que no podía poner él más rremedio qu'el mandallo, por no poder adivinar |los suçesos de las cosas, y diziéndole otras muchas que, vistas, se berá cómo no se escribieron sin lágrimas y con grande blandura christiana. Y tanbién escriuió entonzes al colegio de los cardenales sobre lo mesmo, y enbió a hazer otras deligençias y rrequerimientos neçesarios para su descargo perpetuo. Todo lo qual no aprouechó nada, y el Papa clemente, sinenvargo d'ello, continuó la guerra contra el Emperador y se ligó con el françés, y después continuándolo, hizo guerra al virrey, hasta que oyó deçir que musiur de Borvón venía la buelta de la Toscana, al qual no le pasó por pensamiento entonçes de venir sobre Rroma ni saquealla (como el Jobio dize), ni hera su yntento otro sino tomar a Florençia y dalla a saco a su gente, que fuera poco menos bueno qu'el de Rroma, y quiçá tanto y mejor. Pero como el campo o los campos de la liga le vieron dexar a Plasençia, y la buelta que llevaba, luégo entendieron el disignio borvonesco, y caminan tras él trabajando como trauajaron por tomalle la delantera; y llegados anbos hexérçitos, ynperial y el contrario ala Toscana, y aposentándose en conbiniente lugar los ene migos, çesó con aquello la esperança de lo de Florençia, y pasadas otras, cosas más menudas, que, para aquí lo son y no para las corónicas de Carlos [9], sino muy grandes, tiró Borbón el camino de Rroma.

Pero antes es menester tornar a lo qu'el ovispo dize del acuerdo y paz tomada entre él y el visorrey. Lo qual çierta forma, que será en otros libros fuera d'esta obra contada, y aquí tanvién es menester dezir algo d'ello. Conçertóse pues entre anbos treguas por ocho meses, con otras salsas en ellas que no son d'este pro / pósito, si no es la vna, que fue que Borbón rretirase su campo a Lonbardía como ya está dicho y que el Emperador rratificase estas treguas; y así le fueron enbiadas y las rratificó (avnque quando vino la rratificaçión ya Rroma estava per dida), y así, conforme a las treguas, el virrey rretiró suexérçito desde veperano a Nápoles y el suyo el Papa a tierras de la Yglesia, ya esto llama el Jobio despedir la gente. Quánto más que Rrençio Cherri, con otros muchos capitanes señalados y con su gente y conpañías, entraron y se alojaron en Rroma por mandado del mesmo Sumo Pontífiçe, y después se hallaron a la defensa d'ella, como fueron los capitanes Tebaldo, y Juan Bautista, y Nicolín de Florençia, y Cuyo Florentín, y Jullio de Ferrara, y Tofano de Pistoya, y el Chechín, y Juan Antonio, y Valerio (de casa V rsina anbos), y Gerónimo Mateyo, y Braçio Valón, y Rranuzo Franes, y Fauio Petruçio, y Juan de Fano, y Alfonso de Perosa, y sobre todos su general Rrençio. Todos los quales capiçanes (de los quales hartos murieron allí en la defensa de aquella comÚn patria) e nonbrado a propósito del disparate jobiano, el qual se para a dezir, que por estar el Papa desapreçebido por uirtud de las treguas, y hauer despedido la gente, por esta causa le tomaron ynpensadamente. Lo qual es falso, porque avía más de siete mill honbres de guerra dentro; pero quando no vbiera ninguno, qué neçesidad tenía Rroma de quien la defendiese, pues en Vil pueblo como aquel se juntan beinte y treinta mill honbfes en vn momento a defendella, como la defendieron, si les aprouechara. Pero el Jobio, por no dar esta gloria (que no fue sino vituperio, que así lo confieso) a las naçiones que la conbatían, haze a Rroma sin gente ninguna que la defendiese, y espántome cómo tanvién para este hefecto no sacó todos los vezinos y moradores de Rroma a la campaña, y dejó las mujeres solas dentro. Pero torno terçera vez al trato de la paz o treguas (o como quisiéremos llamallas). Digo, pues, que vna de las condiçiones d'ella, como está contado, fue qu'el virrey hiçiese bolber el campo de Borbón a Lonbardía y encon / cluyendo la que fue mediado marÇo (no me acuerdo el día señalado), envió (qu'esto se le olvidó al ovispo) aquel Çésar Ferramosca (de quien a otro propósito hemos tratado en este capítulo) a Borbón, a noteficalle el acuerdo, y alló al hexérÇito alojado en Castil de San Juan, donde él ni Borbón, su superior, fueron de pareÇer tomar la paz que les hera propuest: a, avnque algunos dizen qu'el Carlos Borvón aÇetara aquellas treguas, sino que vido atreguados a los soldados y desatinados por yr a su demanda, y así no pudo, por escusar mayor mal, sino hazer lo que hizo en yr en su conpañía. Que si es así o no, yo sé vn día en que creo yo que lo sabremos, y hasta entonÇes no se juzguen yntenÇiones, y en fin, como aquello de Ferramosca no vastó, fue después el mesmo virrey en persona y alcanÇó al Borbón y al hexérÇito a la bajada ala Toscana, en vn lugar de florentines, donde tornaron a tratar sobre el asiento que abía tomado con el Papa, y el Vorbón no quiso azetar aquellas treguas y sobreseymiento de guerra, y falta agora t: ratar si estava obligado aÇeptallo o no (dexo la ynjustiÇia de la en presa aparte, quánto más que entonÇes no avía determinaÇión entera de lo de Rroma), y claro está, y engenplo tenemos de los que guerrearon a todo el mundo, que el vn cónsul no daua paz quando la daua, o treguas a sus enemigos, sino por la parte qu'él militaua, y la seguridad hera de su exérÇito y no del colega su conpañero. Porque cada v no tenía su juridiÇión y su cargo aparte; y así Lanoy, que hera general del Emperador, pudo quanto a su hexérÇito y generalato y virreynado hazer la paz que le paresÇió; y musiur de Borvón, que hera teniente del Emperador y capitán general, así, como pudiera dar otra semejante en Lonbardía o en Toscana y no aÇetalla el virfey, pudo él tanvién hazer lo mesmo. Hablo todoesto para laorden de la guerra, y solamente para que no vbo quebrantamiento ninguno de treguas, que no para otra cosa. Quánto más que aviendo el Papa quebrantado la primera tregua que se tomó con don Yugo de Moncada, / no ay rrazón para que, avnque se oviera quebrantado esta otra (que no se puede dezir tal), se guardara ninguna que se oviera echo. Pues todos los derechos dan liÇenÇia que, al quebrantador de vna fee y palabra, se le puede quebrar a él tanvién la que se le diere. Y buelto el virrey, y enbiado a significar al Papa la dureza de Borvón, como lo hizo, no era más obligado. Y después de la partida y buelta del virrey (que no fue con aquellos gritos ni voÇes qu'el Jouio dize, ni avn casi se supo la venida suya al exérçito, que lo de las voçes de la gente fue quando lo de Ferramoxca), se consultó, visto que lo de Florençia avía salido en bano, qué se haría. Y Borbón, contra la voluntad y paresçer del marqués del Gasto (que ya antes avía dado), fue de contrario voto, y viendo el marqués el malo que se tomava (ya e dicho que no juzgo la yntençión de Borvón), se fue a Ferrara, a donde tanbién se fue Jorge, coronel de los alemanes, que avía a la sazón caydo malo. Y el Borvón, como está dicho, acordó de yr sobre Rroma (acuerdo malbado e ynico) [10], sobre lo qual vbo algún rrumor en el campo, paresçiendo a muchos, y al erizamiento de sus cabellos, rreçia determinaçión. Pero otros muy muchos, o por mejor casi todos, así españoles como alemanes (que no saco a ninguna de las dos naçiones), viendo que no pagauan su sueldo devido, ni avía manera tan poco como samente con grande aplauso, el acuerdo tomado. Y así Borbón partió con su gente (bien digo, ya no gente del Emperador, sino suya del Vorbón, que así se puede dezirmás propiamente que de otra manera) y caminan a la buelta de Rroma, dejando burlados, con çierto designio de querer todavía de cometer a Florençia a los exérçitos francés y veneçiano, que devajo d'este engaño les pudo cobrar dos jornadas o tres de bentaja, y así llegó a Rroma a çinco de mayo, y otro día adelante dio la batalla al burgo con toda la defensa posible que vbo dentro, y se entró y después, avnque vbo la mesma y mayor defensa en la çiudad, asímesmo fue / entrada y saqueada y hecho todo lo demás qu'el ovispo dize.

Pero bien save él quánto menos fue en este caso y en este día, y en los siguientes, lo de los españoles, que no lo de los tudescos, y que muchos rromanos andavan buscando españoles a quién rrendirse, y que con gran parte no llegó la maldad de los v nos a la die los otros; quitado lo de la cudiçia aparte, en que todos fueron yguales, y bien sé que avn en esto de la codiçia boy contra mi naçión, pero quede contento el Jobio siquiera vn rrato, avnque sea a costa de la verdad, por que yo dé tanbién vn poco tras ella, como él sienpre [11]. Pero en lo demás de fuerças y escarnios, y tormentos y muertes, que no fueron con mucha parte tantas como dize, y otras cosas semejantes qu'este autor y otros de su naçión quentan, todo aquello se quede para los tudescos, y hágales buena pro, que no hará, sino muy mala, como la hizo a los v nos y a los otros todo lo que allí ganaron. Porque con aver sido el saco rriquísimo (si nunca otro en Ytalia lo vbo), nunca vi por la mayor parte sino que muriesen de mal arte, y sin aquella ganançia, todo quanto llevaron los v nos a España, y los otros a su prouinçia de Alemania. Dios perdone a los que tuvieron la culpa ya los que dieron la causa d'ella. Y así se concluye este capít\lio con que aquellahazaña fue abominable. sacrílega y cruel, y que puso espanto grande a las gentes. y que fue llena de tanta maldad como de vitoria, qu'ésta no se puede negar sino que fue grandísima; pero nunca se vido este nonbre vitoria, vençimiento e grandeça de gloria en la guerra, con falta de plaçer en los prínçipes, a quien se atribuye la honrra (y por cuya causa se pelea por abella ganado), sino entonçes.

1 Add.: con las notas necessarias contra el Jovio.

2 Mut.: Basta que.., : as gusto tomo)

3 Mut : bien

4 Del : y sí sé.

5 Del: su.

6 Mut: emperador.

7 Mut.: Françisco buelto a su rreyno: rey de Francia...

8 Mut.: Emperador.

9 Mut.: de Carlos: del Emperador.

10 Del.: (acuerdo...).

11 Del.: avnque sea a costa.

Capítulo Duodeçimo

De la primera rrebelión que cometieron los florentines contra el Papa Clemente séptimo, y de munchas cosas aconteçidas después de la toma y saco de Rroma, de que no hizo mençión el Jovio en sus Historias.

En el saco de Rroma, contado en el capítulo pasado, acabó Paulo Jobio su primera parte, y esta segunda que agora se comiença, y es tanbién por la quenta el comienço del libro veinte y çinco, en los çinco capítulos prime ros d'él, trata nuestro autor el prinçipio de las alteraçiones de Florençia, lo qual, con lo demás tocanre aquella çiudad y entonçes señoría, es vna de las cosas en qu'él mejor puso la mano, a mi juiçio, y en que más açertadamente trató la, berdad; y bien pareçe ser la direçión dela obra echa a Cosme de Médizis, que al presente es duque de Florençia, con el qual se quiso esmerar como a honbre que no le podía hechar dado falso, y así como digo, en pleó muy bien su pluma en las guerras tocantes a Toscana. Pero esto se entiende hasta que entraron españoles en aquella guerra, como después entraron, quandoel Emperador pasó en Ytalia. Porque abiendo españoles en qualquier guerra qu'él tome entre las manos, avnqul aya aconteçido de otra suerte, no haze al caso para que todo no baya perdido y se quente de otra manera de como ello pasó. Pero en el entretanto podemos pasar estos çinco capítulos que e dicho, sin tener neçesidad de rresumillos ni su mal los como a los demás, pues no siento en ellos cosa ninguna que tenga neçesidad, en estas cosas que tocan a Florençia, de correçión, si no es solamente vna en que ba bien poco, y es que quando la primera rrevelión de los florentines contra los Médizis, antes que Rroma fuese saqueada, sino yendo Borbón a haz ello, pone la capitulaçión que hizo con florentines el prínçipe de Bozulo y el duque de Vrbino a veinte y seis de abril y fue hecha a primero de mayo de aquel año de beinte y siete; la qual acabada, se fueron los exérçitos français y beneçianos y el del Papa tras Borbón y su campo que llebava ya, como está dicho 'en otro capítulo, dos o tres jornadas grandes de bentaja, y con esta enmienda tan de poco peso como se bee, pueden sin escrúpulo, si en mi crédito no ay alguno, leerse todos los çinco capítulos primeros de la segunda parte que, como he dicho, comiença en las cosas de Florençia.

En las quales tanta gana tubo de entrar con priesa el Jobio, que dexó olbidadas para buen ystoriador muchas y diversas cosas que convenían a su ystoria y le heran neçesarias. / Fue la vna la eleçión y coronaçión de don Hernando, archiduque de Avstria, en rrey de Boemia; que ni la persona elegida, ni las fiestas que en aquel acto pasaron, ni las que después por aquella eleçión se siguieron, no merçieron que las dexase tan docto honbre olbidadas. El y'a que no quiso dársele nada por Boemia, por fuerfa se le abía de dar por Vngría, pues tomó a cargo contar la ystoria d'ella y la muerte de su rrey, de la qual neçesariamente se seguía, no avierido dexado, como no dexó hijos, dar quenta de quién suçedió en aquel rreino, de adonde se siguía otra segunda cosa, sin la qual que daua destroncado todo aquello qu'él de aquella probinçia avía tratado, que hera cont: ar los prinçipios de las diferençias que vbo sobre la suçesión de Vngría entre el mesmo rrey archiduque y Juan Sepus, Bayboda de la Trasilbania, que tomó tanbién como el Hernando nonbre de rrey de V ngría. Porque avnque después adelante contó algo d', ello, no todo y haziendo ynjuria al tiempo en que aví, a aconteçido, y si lo hizo por no desbiarse esta vez tanto de y talia (como otras que lo haze), asímesmo en ella dexó otras cosas olbidadas, como fue el suçeso del sitio del castillo de Santángel, y cómo a quatro de junio fue rrendido y puesto allí castellgno o alcayde (porque ablemos a la española) por los españoles, que fue don Felipe çervellón, y cómo el Papa se quedó en el castillo todavía con aquella magestad y rreverençia y acatamiento que heran obligados a tenelle todos, teniendo cuydado d'ello y de que así se hiçiese el señor Alarcón, y dexó asímesmo olvidados los hechos de Napolión Vrsino, bien conçido por otro nonbre, y por éste poco, que hera el abad de Farfa, los quales en la comarca de Rroma en este tiempo grandemente floreçieron. Porque tanvién ay flores malas como buenas, y de malo como de buen olor, y çiertamente los aconteçimientos [1] de aquel honbre fueron en parte esforçados, y en parte donosos, y en fin, él fue vn hermoso cosario de tierr'a (hvrtemos este nonbre a la mar) [1] por no llamalle el que él en la tierra, hazien do lo que en ella hazía, meresçía, y tanvién se le olvidó la muerte del virrey de Nápoles, don 'Charles de Lanoy, el qual poco después de la desgraçia rromana, cayendo |/ en Sena enfermo, e yendo a curarse a Nápoles, no llegó allá y en Anbersa se le agrauo la enfermedad y murió allí, dexando por su lugarteniente y virrey de Nápoles, hasta qu'el Emperador lo proueyese, a don Yugo de Moncada. Y el olbido de nuestro autor que más espanta en est'a coyuntura, es no aver dado rrazón, después delsaco de Rroma, lo que se hizo del exérçito, o por mejor decir hexérçitos de la liga, que y van tras Borbón la buelta de aquella santa çiudad. El qual exérçito, por que diga mos algo d'ello, luégo que supo la toma y saco de Rroma, y que los enemigos estavan apoderados d'ella, medio atónitos o quiçá del todo del suçeso, se fueron alojar a vn lugar llamado la y nsula, donde estubieron algunos días. y de allí después desbiándose más, tomaron alojamiento en Coldipepo, rribera del Tíver, que de la çiudad de Rroma está veinte millas, donde les vino nueva del acuerdo que avían tomado Papa y ynperiales, que fue hazelles caer más las alas de lo que las tenían caydas (avnque las tenían harto) [2] y parte de la gente de Beneçia se bolbió a Lonbardía, y toda la demás quedó en aquellas comarcas hasta la venida de musiur de Lutreque, de lo qual trataremos en el siguiente capítulo.

Pero a quien más lástima le [3] tengo en esre paso y en esta cosa de los olvidos del Jobio (porque sé que no lo fueron en quanto a esto), es a la memoria del buen Antonio de Leyva, cuyos hechos no contó desde que dende Plasençia [4] le tornaron a enviar en guardia de Lonbardía [5], quando Borvón partió con la masa del exérçito para su ynfeliçe viaje, porque como entonçes diximos, quedó Antonio de Leyva en el estado de Milán con tan poca gente como allí se contó, quedando d'enemigos en el mesmo estado harto sufiçiente número; porque heran, sin las lanças, quinçe mill ynfantes con su duque Françisco Esforçia, y fuera vien que nuestro Paulo contara cómo, sinenvargo de la poca gente que tenía, salió con ella de Milán y fue al Mariñano, donde ofreçió la batalla a los enemigos; y cómo los hizo rretirar de aquel a Joçiento con gran rreputaçión suya y perdida la de los adbersarios; y cómo estuvo allí en canpaña al desabrigo hasta que vinieron nuevos socorros de Veneçia a los es forçianos; y cómo entonçes / rretraydo a Milán, y estando allí sola vna noche, y dexando para guarda d'ella solos dçientos españoles, estando el exérçito de enemigos solas tres leguas de allí con la cantidad de gente qu'está contada (que pareçe todo esto cosa más de fábula que de ystoria si no las vbieran visto los ojos modernos) [6], fue sobre Casán con su pequeño exérçito, y aviendo partido a prima noche llegó al esclareçer del día, y dio el con bate a la tierra ya los enemigos, y sin envargo d'estar allí seys mill esguíçaros, y no con falta de buen capitán (pues lo hera tal Juan Jacobo de Médizis que entonçes, y desputs mucho mejor [7], le tuvo Ytalia por tal), fueron todos rronpidos y deshechos, y la tierra lo mesmo. Y avida esta vitoria, y otras cosas de no menor ynportançia qu'el Jobio calla, se bolbió a Milán donde quando le hera neçesario estar en pueblos lo estaua, y quando en canpaña lo mesmo, ganando cada día, y avn a bezes cada ora, nuebas bentajas y nuevas honrras con sus enemigos.

Y tornando a los desaquerdos de nuestro obispo, digo que no fue menor el no acordarse de la pestilençia grandísima que entonçes vbo en Rroma (pago justo de Dios contra los acometederos de aquella mala haçaña), y cómo después de algún tienpo los [8] mandaron sus superiores salir de la çiudad y alojarlos en las comarcas d'ella,) cómo tanbién después d', estar allí alojados, por gertc atrebimiento y furia que los alemanes començavan a enprender, de querer otra vez segunda bolver a Rroma a prrender los ya presos ya saquear los ya saqueados, fue neçesario, para rremedio d'esto, mandar a los españoles tornar a entrar en Rroma como entraron. Y así çesó e ynsulto començado por los tudescos, sauiendo que lo españoles estavan en la defensa. Pero todos estos olvidos del autor no sé yo a qué propósito los he rrecopilado en este capítulo; y si me valiera hazer vna protestaçión para lo de adelante, la hiziera, para mostrar no ser yo obligado a dar quenta de lo que al Jobio se le olbida, cada vez que le acontezca, pues no me obligué yo, quanto tomé este trauajo, a boluer a la memoria de los honbres los olvidos suyos, sino solamente para en aquello solo que contó poner yo la / enmienda, que según la verdad acaeçida fuese neçesario ponerla [9].

1 Del.: (hvrtemos este...). volver a

2 Del.: (avnque las...) volver a

3 Del.: le. volver a

4 Del: dende Plasençia. volver a

5 Add.: desde Plasencia. volver a

6 Mut.: de muchos que viven hoy volver a

7 Mut.: después mucho mejor: mejor después volver a

8 Mut.: les. volver a

9 Del.: Pero todos estos olvidos (tol. ant.). volver a

Capítulo Treze

De la pasada de Lutreque en Ytalia con exérçito de Françia, y de lo que hizo en Lonbardía, y del origen de las diferençias de entre el Enperador y el rey Enrrique de Yngalaterra [1].

Entra tras lo ya contado la entrada de musiur de Lutreque en ytalia, con el más poderoso exérçito que en memoria de honbres presentes se a visto ni oydo, ni la perdiçión d'él tanpoco de la mesma manera, de cuyo propósito daremos agora quenta, quando ayamos abrebiado el capítulo del Jobio qu'es el sesto de aquel libro beinte y çinco donde dize ansí. Que los rreyes Françisco y Enrrique, de Françia e yngalaterra, abiendo sauido la toma y saco de Rroma y prisión del Papa, paresçiéndoles que en ello ganauan grande honrra en librar al Sumo Pontífiçe, pues el vno se llamaba christianísimo y el otro defensor de la fee, de hazer exérçito y librar al Papa. y que para esto les [2] ynçitaban sendos cardenales que en cada corte d'ellos estavan: Salbiate el v no (que avnqu'él no lo dize, avía poco antes venido d'España y agora estava en Françia), y Gánbara el otro, qu'estava en Yngalaterra. Los quales ponían grandes espuelas a los dos prínçipes para esta enpresa, trayéndoles delante el detenimiento de nuestro muy sancto padre, las muertes ynfinitas de ynfinitos honbres, hasta muertes de presos, porque no se rrescatavan, degollándolos en la prisión, ynchendoasimesmo de sangre los altares de San Pedro y de otros tenplos, y sacando a vender en almoneda los obispos consagrados y metidos en cadenas, las quales cosas oydas por los honbres de aquellos rreynos, se paraban atónitos, y dize más, que tanbién movió a estos prínçipes ver que Enio Filonardo, legado del Pontífiçe (que avnqu'el Jobio no lo dize, hera ovispo de Berula) estaba en tierra esguíçara persuadiendo / a los çuyzos a lo mesmo, como enbaxador del Papa en aquella probinçia, en la qual estava haziendo mucha gente de aquella naçíón para, en pasando los frančeses los Alpes, juntarse con ellos, y que visto esto todo, y tomada por anvos rreyes la dicha determinaçión, hizieron a musiur de Lutreque (persona valerosa de Françia) capitán de aquella enpresa, el qual pasó los montes, y con la gente que se lejuntó de los esguíçros, entró en Ytalia con vn poderosísimo exérçito, quanto otro semeJante en nuestros tiempos no se avia bisto, y entrando por el estado de Milán, tomó a Bosco y echó de allí la gente alemana qu'estava dentro, y al capitán Ludivico de Lodrón que la tenía a cargo, y que de allí pasó el exérçito françés sobre Alexandría, y como en ella vbiese poca defensa, la ganó asímesmo, y que después se juntó el exérçito de veneçianos con Lutreque, el qual fue sobre Pauía y la tomó, batiendo vn pedaço del castillo primero, y que el capitán Varbiano, qu'est: aba dentro, se rrindió con conçierto lloroso para los de Pavía, en la qual abiendo entrado los enemigos, como çiudad aborrçida d'ellos (por la fresca memoria de aver sido allí destruido y preso su rrey), hizieron grandes crueldades en la gente d'ella, saqueándola y prendiendo los çiudadanos, y mostrándose tan crueles que no perdonaron a los templos ni a los monesterios de monjas, avnque Lutreque tenía gran cuydado de defender la honrra de las mujeres.

Y agora qu'está contada la sustançia del capítulo, es menester que se bea la mala yntençión del autor d'él [3] en muchas cosas, y para esto ase de presuponer y saver, que al prinçipio de jullio del año de que vamos dando quenta, le vino la nueva al Emperador del desastre rromano y detenimiento del Papa, y estando en v no de los mayores contentos ocupado, y quiçá el mayor de todos los que en su bida avía tenido, que hera el naçimiento de su hijo el prínçipe don Felipe (que avía como treinta o quarenta días que Dios lo avía dado al mundo para bien / general d'él), sabida la desgraçia rromana, moderó su plaçer y mandóçesar las fiestas, que dibersas y nuevas maneras estavan ya començadas a poner en exerçiçio, y que con aquella calamidad christiana todo zesase, como çesó, y luégo despachó para el virrey de Nápoles, que entonçes no hera muerto, comisiones vastantes para qu'el Sumo Pontífiçe fuese puesto en libertad, y ase de saber tanbién qu'el rrey de Yngalaterra, dende la prisión del de Françia, se avía començado a desgoznar de la amistad ynperial, que iavnque començaron estos desgustos por lo que se leerá sin ninguno en las corónicas del Carlos [4] de çierto casamiento, de la hija vnica del ynglés con el Emperador (el qual se caso de allí a poco tiempo con la Enperatriz doña Ysauel de Portugal), vinieron después a suçeder las açedias en vn amor desordenado, en que el Enrrique dio con vna Ana de Bolén, por quien desatinadamente se perdía. Y porque a los prínçipes nunca les faltó la pestilençia de los lisongeros, no faltó así, mesmo entonçes en y ngalaterra esta mesma dolençia, espeçialmente del sumo priuado del rrey (que a este ponen la mayor culpa), que hera aquel cardenal de Yngataterra de quien otras vezes se a hecho mençión, el qua estaua mal con el Emperador después de la muerte del Papa Adriano, por no abelle fauoreçido con los botos de los cardenales sus afiçionados, como él se lo avía enbiado a pedir, para quefuese elexido en Sumo Pontífiçe. Sobre lo qual se dexó deçir contra el Emperador muchas palabras; y si en ellas vbiera parado el negoçio, no fuera muy malo, pero ynpuso asímesmo a su amo Enrrique que le befa abobado en la desbentura de su çeguedad y amor, que por hazer mayor agrauio al Emperador rrepudiase a la rreyna doña Catalina su muger, tía del mesmo Carlos [5], hermana de su madre, con quien hera casado. y que l'apartase de su coabitaçión, y que para esto avía justa ocasión, pues el prínçipe Artur, hermano del Enrrique, que murió sin hijos, por cuya causa avía bellido a parar a él la suçesión del rreyno, abía sido casado con aquella señora (espejo de toda vondad y virtud), y que así no podía ser casada con dos hermanos, y que la despensaçión que sobr'esto avía dado el Pontífiçe d'entonçes, / no avía balido por falta de berdadera rrelaçión, y por ser el negoçio yndispensable, por ser contra derecho dibino; que quánto todo esto fuese berdad o falsedad, las corónicas y los |Anales lo dirán, y como al rrey agradase darse así este gusto y dar desgusto al Carlos [6], juntándose con esto la causa de sus amores (que después en desamores pararon de la fee, como se berá adonde tengo dicho), començó dende el año de veinte y seis pasado el ynglés estas geltileças, y el de veinte y siete començó a apartarse de su muger, avnque no por p eyto, qu este començo espués, pero no se juntaua ya con la rreyna, teniéndola apartada de su palaçio y de |sus plazeres, procurando en todo lo demás, sin esto, dar sinsabores al Carlos [7], y en este estado estavan las cosas de y ngalaterra en el fin del año de veinte y siete y prençipio de veinte y ocho

Pues presupuesto todo esto, al Jobio es menester bolber [8], el qual en hefecto dize, por muy encareçidas palabras, que para librar al Papa se juntaron los dos rreyes, ynglés y françés, biendo la prisión del Pontífiçe y la desçruiçión rromana, que por tantas maneras él encareçe, todo lo qual es contra verdad escrito, porque ni los males rromanos fueron tantos como él en este capítulo encareçe (avnque la maldad fue más de Jo qu'él la puede encareçer), ni el exérçito de Lutre que entró en Ytalia, ni fue enbiado de Françia, ni alimentado con el dinero de Y ngalaterra pata librar al Papa del detenimiento, avnqu'es berdad qu'éste hera el apellido que trayan. Y si el Jobio dixera esto no más, pudiera pasar, porque no hazía más de rreferir lo que los rreyes dezían ser su pretensión. Pero afirmallo y no señalar otra causa de la venida de Lutre que a Ytalia, esto como digo, es falso, por-que avnqu'ésta hera la voz de Jacob, mas qué digo, peca-dor de mí, que la voz y las manos todohera de Esaú. La qual se prueva claramente, y que heran sus fines e yntereses particulares su pretensión, por lo que agora se dirá [9], Claro está qu'el pasar el exérçito a Ytalia no hera / para lo qu'ellos dezían de librar al Papa, pues el rrey [10] Enperador ya lo abía mandado poner en su libertad, lo qual los françeses ni yngleses no podían ynorar, porque anbos tenían enbajadores açerca del Carlos [11] entonçes, el vno Eduardo Leo, y el otro Juan de Calbimont, presidente de Burdeos, que neçesariamente avían de hauer hecho saver a sus amos el sintimiento con que se avía tomado en España el desasçre rromano y la libertad en qu'el Emperador avía mandado luégo poner al Sumo Pontífiçe, De más y [12] alliende de [13] qu'el mesmo Carlos [14], con carta particular [15], avisó al mesmo Enrrique de Yngalaterra d'este sentimiento suyo, y de la libertadque avía mandado poner en [16] la persona del Santo Padre hecha la carta en Valladolid, a dos de agosto de aquelaño de veinte y siete [17], y avnque todo esto no vbiera pro- sado, así como en rrealidad de verdad pasó, ¿a qué propósito se auía de enbiar exérçito para la libertad de Papa, sin rrequerir primero al mesmo Carlos [18] que lo pusiese en libertad? y si para libertar al Papa se hazía ¿qué neçesidad avía, quando pasó Lutreque los montes ocuparse en las cosas del estado de Milán y tomar en e las plaças qu'el Jobio dize en este capítulo? y para quc asímismo [19] después de ynbernar en Bolonia este exérçito sabiendo qu'el Papa estaba en Orbieto ya libre, y qu'él de su mano lo avía escrito así a todos los rreyes christianos, y que no tenua culpa el Emperador en el ynsulto que en su persona y Rroma se avía hecho, ¿para qué pasava adelante a querer tomar el rreyno de Nápoles? Que quán bien le salió el negçio, adelante se verá [20]. De manera que, rresumiendo este artículo, no la libertad del Papa, pues él s'estaua libre ya, sino los odios e yntereses particularesdeanvos rreyes, les movieron a ello, y así en los carteles de desafío que enbiaron a veinte y dos de henero del año de veinte y ocho al mesmo Carlos [21] estando en Burgos, no solo ponen para el hefecto d'ellos la prisión del Papa por causa, sino otras muchas en aquellos / papeles contenidas. Que avn en esto estubieron tan çiegos, que no cayeron en que no hera justo (avnque vbiera otras muchas causas), mezclar ninguna con la qu'ellos llamaban amor de la rreligión. Porque puesto caso que otras cosas les quedaran en su pecho, pudieran para mostrar al mundo presente y venidero (ya que les [22] querían engañar), dar a entender que solo los negçios del Papa, sin acordarse el v no de sus hijos, ni de Milán, ni el otro de sus dineros en prestados, avían llebado, por julio de beinte y siete, que entonçes es quando paso a Lvtreque a Ytalia.

A la qual es menester que tornemos, y digo que las tomas todas de pueblos que quenta en este capítulo nuestro autor, todas pasaron de otra manera de como él lo dize; porque Bosco, quanto a lo primero, fue eçelentemente defendido por el capitán Ludibico de Lodrón; y Alejandría, con no tener casi guarniçión ninguna, se defendió asímesmo muy prinçipalmente de sesenta mill honbres que avía en aquel exérçito, y de quarenta y dos pieças de artillería con que batían el pueblo. El qual después de tomado, es berdad que fue Lutreque sobre Pauía con todo su canpo, y abiéndola batido, como el Jobio dize, se le rrendió Ludivico Barbiano, capitán de aquella guarnición, que tanbién hera ytaliana, y estando en la tienda de Lutreque, ya rrendido el pueblo, pues se abía rrendido el que lo tenía a cargo, entraron los enemigos en el lugar rrendido (cosa que muchas vezes an hecho ya françeses y es muy ordinaria suya), y saquéanlo como si lo vbieran tomado por fuerça de armas, y hizie-ron en él no las crueldades que dize el Jobio, sino tantas más y mayores, que avn tengo asco de bolbellas yo a la memoria. Pero por éstas bien es qu'el Jobio pase de presto, pues él quiere que le devan menos los tenplos y los saçerdotes de Pauía que los de Rroma, adonde nunca se tocó a honrra de monja a Dios consagrada ninguna, / que yo sepa, como en Pauía. Y es lo bueno que dize, que musiur de Lutreque trauajó lo que podía por defender la honrra de las mujeres, como quiera que, hasta pasados ocho días, nunca le movieron aquel capitán (que de suyo sin esto hera ynexorable) lágrimas, ni vozes, ni gritos, ni otras cosas, que avn agora escriuiéndose, haz en dar acá adentro vn buelco, acordándose de la miseria vmana.

Y puédese bien ber, si en ocho días basmvan sesenta mill honbres a destruir toda y talia que tuvieran en sus manos, saqueándola; dígolo para el rremedio tan a propósito que dio Lutreque, después de pasados los días. Vna cosa sé yo dezir al Jobio: que cada cosa en su tanto, fue más cruel el saco de Pauía qu'el de Rroma, y más mujeres desonrradas, y más saçerdotes muertos y heridos, y más gente destruída. Pero no se acabaron mis espantos en el capítulo pasado, por que tanvién en éste tengo rraçón d'espantarme cómo el Jobio, çiendo cosa tan de su apetito, no hizo mençión en |este paso de la toma de Génoba por los françeses, que dende Lonbardía enbió gente Lutreque a ello, y se hefetuó, por guardallo para lo contar muy adelante por vía de rrecapitulaçión, y dexando burlado al tienpo presente, hizo banquete al por benir de lo que no le perteneçía.

1 Add.: con las faltas que en esto haze el Jovio

2 Mut.: los.

3 Del.: d'él

4 Mut.: Emperador

5 Mut.: mesmo Carlos: Emperador.

6 Mut.: Emperador.

7 Mut.: Emperador.
8 Transp.: es menester
9 bolber al Jobio.
10 Mut.: de Jacob, mas qué digo..: otra era su pretensión.
11 Del.: rrey.
12 Mut.: Emperador.
13 Del.: de más y.
14 Del.: de.
15 Mut.: E Add.: desde Valladolid a dos de agosto de aquel año. mperador.
16 Transp.: en que avía mandado poner.
17 Del.: he
18 Mut.: Emperador. cha la carta.
19 Del.: asímismo.
20 Del.: que quán bien.
21 Mut.: Emperador.
22 Del.: les.

Capítulo Catorze

De cómo musiur de Lutreque, dexando el estado de Milán, fue a ynvernar a Bolonia, y de los diferentes pareçeres que, así estando en canpaña como ynvernando, avía en su canpo I.

En el capítulo sétimo no tenemos qué tratar, porque habla de vna estatua (como si los honbres lo fueran según la bajeça de yngirir [2] aquella menudençia en su ystoria) que se conçedió a vn Estasio de Rrabena por Lutreque, / y lo que en ello acaeçió, que avnqu'él no lo pasó, podemos pasar sin ello nosotros, benir al otauo capítulo, en el qual dize que tomada Pauía le davan a Lutreque diferentes pareçeres sobre si yría a Milán a tomallo ya tomar lo rrestante de aquel estado, o si yría al negçio de Rroma ya hechar de allí los españoles, y que sobre esto vbo grandes y diuersos pareçeres en su canpo, que haçían estar a Lutreque suspenso, y que en fin, que con vna oraçión malvada (que él acordó de ponerla a la letra no como ella pasó sino como él la hordenó) de vn senador de Milán, llamado Anbrosio Florenço, que se doblava secretamente contra el duque Françisco Esforçia, y con otros parçeres de otros qu'él nonbrase, determino de dexar a Lonbardía y de yr a lo de Rroma, y así, dexando canpo d'esforçianos y vefleçianos en aquella tierra lonvarda, para que hiçiesen la guerra y apretasen Antonio de Leyva, pasó el Po y tiró hazia Parma, y de allí fue a Bolonia con determinaçión de ynbernar, como ynvernó, en aquel pueblo, porque dizque [3] dezía que pues avía de pelear con mayores fuerças que las suyas, que quería esperar en aquella tierra socorro nuevo de Françia, como de hecho después le vino, y que a muchos de los comisarios de los confederados les paresçía qu'el hauer dexado atrás Lutreque las cosas de Milán, avía sido por no rrestituir el duque Esforçia en su estado, y por no enojar del todo al Emperador para apartallo de paz y concordia, que le hiçiese no dar por dineros los hijos del rrey, qu'estavan en España en rrehenes de su padre. Porqu'el Emperador hera persona que no bastahan armas para forçarlo a hazer cossas contra su voluntad, y que visto por Lutreque que la barahunda de su exérçito, ya tan adentro calado por Ytalia, no amedrentava al Enperador / para traello a la paz y rrestituçión de las rrehenes, el Lutreque y su amo, y todos los confederados, se rresolbieron en proseguir con gran braveça la guerra començada. De la qual sustançia toda no se podrá sacar ninguna que ynporte mucho para el yntento que en esta obra llevamos, si no es vna, que quisiera examinar muy despaçio, si azertó o erró Lutreque, según horden de guerra, en la deliberaçión que tomó de dexar a Lonbardía e yr a la Rromaña, lo qual he visto dudar a hartos pláticos de nuestro tienpo. Sé yo dezir a lo menos vna cosa, y ésta yo se la çertifico al Jobio ya los demás que se quisieren çertificar d'ella: que si Lytreque fuera con su canpo a Milán, como allegó la banguardia, y el conde Pero Nauarro con ella, a veinte y seis de setienbre del año de beinte y siete, hasta dos millas de aquel pueblo, que no sé lo que Dios fuera seruido de hazer. Pero que sé que fuera muy valerosamente defendido, y que las probisiones que tenía hechas y horden que tenía dada Antonio de Leyva heran tales, que si solo a lo de los honbres miramos, pareçe que le fuera escusado a todo su hexérçito françés pensar de tomar por fuerça a Milán, puesto caso que la gente de guarniçión hera tan poca quanto se saue, pues no avía más de mill y quinientos españoles, y avn éstos traydos de las guarniçiones de como, Leque y Treço, y tres mill alemanes, y dos mill y tantos ytalianos, y quatrçientas lanças, lo qual todo hera casi nada para defenderse de sesenta mill honbres, y para defender vn pueblo en tan gran manera grandísimo [4], y párase a dezir muy sin vergiiença en este paso Galeaçio Capela, en el libro qu'escriuió de las guerras milanescas, escritor lonbardo y de yntinçión tanvién yta ánimo de querer defender a Milán, pareçiéndole que al menos, ya que todo le suçediese mal y rrindiese la tierra, no podían dexar de otorgalle pactos onrrosos, como si vbiera alguno en aquel trançe que lo fuera, en el qual se aventuraua toda la rreputaçión española, y como si supiera Galeaçio el coraçón del señor Antonio en quanto a esta parte, como lo sabía todo el mundo para la otra de su valor y grandeza.

Y en quanto a lo demás que nuestro ovispo trata, poniendo muy elegantemente la oraçión que hizo el senador de Milán en que llama a los españoles ladrones, y otros nonbres ynfames, huélguese mucho con su elegançia, que por ventura hallará quien a los de su naçión les diga (avnque no tan polidamente que basta, me pareçe a mí), los mesmos nonbres y otros peores si los vbiere, y no seré yo, d'esto le aseguro, por que no acostunbro a quebrar así, espeçialmente en escrito perpetuo, la onestidad y el comedimiento comund que anda entre los honbres de bien. Pero para esto escusárseme a el Jobio con que él no dize aquellas palabras, sino Anbrosio Florençio en su plática. Escusa es que quán bastante sea lo pueden berqualesquiera de qualesquier juiçios, y nótese el propósito de rreferir en este capítulo por rrelaçión todos los pareçeres de cardenales y capitanes, y otras personas semejantes, que se dieron a Lvtreque, y solo el de vn milanés fue menester que palabra por palabra se pusiese escrito, como si lo vbiera dado el otro por escrito para que lo ynxiriera en su obra, y el propósito para que todo esto se hizo está muy bien entendido: / solo los ytalianos no son ladrones, ni tienen las otras faltas qu'el Jobio a cada paso halla a los soldados españoles.

Pero no se nos quede entre rrenglones aquello que dize que Lutreque dixo en Bolonia, que quería esperar nuevos socorros, pues avía de pelear con mayores fuerçs que las suyas. ¡O palabra ytaliana, ya ytaliano propósito dicha! y que aya tan poco rrecato en el pundonor mayor canpo que se a bisto en Ytalia, y que de solos ynfantes avía sesenta mill y más número, y en Rroma que ardía en pestilençia se abían muerto los más de los soldados ynperiales, que quando entraron en aquella sancta çiudad heran todos beinte y dos mill, y seis mill que truxo el virrey, y que sin los muertos se abía y do con Ja rriqueça del saco la mayor parte de loS biuos a su tierra, diga muy sin pena, que heran mayores las fuerças ynperiales que las frauçesas!

1 |Add.: donde se notan las faltas que sobre esto en la |Historia del Jovio se contienen

2 |Mut.: ingerir

3 |Mut.: dizen que

4 |Mut.: en tan gran manera grandísimo: tan grande

Capítulo Quinze

De cómo el Emperador don Carlos mandó soltar al Papa Clemente y de las cosas que çerca de su soltura aconteçieron [1].

Continuando la materia rromana, dize el Jobio en el capítulo nono siguiente, qu'el Emperador tocado de rreligión, o mobido del mal són que abía contra su persona, o del gran peligro de sus negoçios, determinó de soltar al Papa; y que para esto enbió a fray Françisco de los Angeles, general de los françiscos (que avnque no lo dize fuedespués dádole capelo [2] y llamado / comúnmente el cardenal de Santa Cruz) y musiur de Benrey, con cartas para el prínçipe de Orange, y don Yugo de Moncada, y el señor Alarcón, en las quales se contenía en suma que le pareçía cosa justa que soltasen al Papa y defendiesen de allí adelante y rreberençiasen su sanctísima sanctidad [3] y dignidad, con que de alguna parte se vbiese dinero para pagar el exérçito y sacallo de Rroma, y que probeyesen qu'el Papa, después de suelto, no hiçiese a las cosas ynperiales mucho daño, sino olbidando su ynjuria se les mostrase enemigo. Y qu'el Papa estaba muy alcançado y trauajado para pagar a los soldados, y que tenía poco crédito por rrazón de su prisión, y que los alemanes amenaçaban a todos los que estaban en el castillo de Santángel con el Papa, diziendo que si no les daban el dinero que los avían de matar a todos, y que vino la cosa a términos qu'el Papa, por contentallos, y para seguridad de la paga, les dio rrehenes, algunos de los quales después quisieron ahorcar los mesmos alemanes, porque se tardaua la paga, y que después, estando enbriagados los que los tenían en guardia, se soltaron e huyeron de la prisión, y se fueron fuera de Rroma al canpo de los frangeses, qu'estaua entonçes en los confines de la Vnbría.

Y dize luégo en el capítulo dézimo siguiente, que se pone aquí por ser la vna materia conexa con la otra, qu'el Papa buscando rremedios para aver libertad, puso en venta pública algunos capelos, y que rrealmente se vendieron a quien dio más por ellos, y que avnqu'el modo fue ynfame, se juntó harta moneda, con que se pagó a los soldados, los quales sabiendo el gran poder que traya Lutreque, estaban ya apa / çiguados ya la ovidiençia de |sus capitanes, y que demás d'esto, para mostrar el Papa que no avía de apartarse del amistad del Emperador, holgó de dar rrehenes d'ello y dio los cardenales que en el mesmo capítulo se nonbran, que fueron çinco, y que así el negoçio se hefectuó, y con façilidad, por no estar allí don Yugo de Moncada y musiur de Venrrey, que heran y dos a Nápoles, honbres de ynçierto y malbado consejo, ni el prínçipe de Orange, qu'estaua ynvernando fuera de Rroma, honbre de condiçión mudable, y sospechoso y perplejo. Y que así el Papa, mediante el señor Alarcón que solo estaua con él y solo [4] hizo el conçierto [5], salió de la prisión después de siete meses d'ella, y que abiendo pagado el dinero para los soldados, aviéndose de partir otro día en público para yrse fuera de Rroma, salió a medianoche sin esperar la luz, y sin fe ser bedada la puerta, y que salió medio rreboçiere deçir en fin el Jobio) que después de pagado y suelto no le tornasen a detener ya poner nuevos enbaraçosa y que Alarcón otro día se marabilló de la partida del Papa, así arrebatada, y que a los soldados no se les dio nada quando lo supieron, avnque algunos capitanes y prinçipales personas de aquel exérçito quedaron corridos, porqu'estaban aparejados para salir e yr acon pañando a Su Santidad aquel día, y que así el Papa se fue a Orbieto, donde estubo algún tienpo, y éste es el sumario d'estos dos capítulos, noveno y dézimo, que anbos a dos están dando bozes a Dios ya los honbres, clamando por correçión.

Porque quanto a lo primero, que dezía que avía mal són contra la persona del Emperador por la prisión del Papa, él solo es el que lo haze malo, y los enemigos [6] ynperiales tanbién entonçes. Pero las demás gentes de Evropa tan bueno lo hizieron, que todos baylaban a ese són de plaçer, biendo que ya que Dios fue seruido de dar aquella plaga al Sumo Pontífiçe ya Rroma, sin culpa ni sabiduría del Carlos [7], que se hallase en el mundo prínçipe tan christiano y tan buen hijo de la Yglesia, que luégo hechase en el rregaço de su madre todas estas bitorias, sin querer / él vsar d'ellas, sino que todo lo hiçiese a voluntad del Papa, y pidiendo perdón por más ovidiençia de la culpa qu'él no abía cometido, y quanto a lo que más dize de la deliberaçión del Pontífice Máximo, y que para ello enbió Su Magestad a fray Françisco de los Angeles, ya musiur de Benrrey de su cámara, digo que no sabe bien la orden de lo que pasó. Porque quando éstos fueron despachados, avía ya el Emperador desde la primera posta enbiado a mandar que soltasen y pusiesen en libertad al Papa, y como la comisión y va para el birrey Lanoy, y le halló ya muerto, fue neçesaria másdilaçión hasta qu'el Carlos [8] enbiase nueva comisión, y ésta fue la causa d'estar los siete meses qu'el Jobio dize detenido el Pontífiçe, y así, bista la muert: e del virrey tornó el Enperador a enbiar los segundos despachos, con aquel cauallero qu'el autor non'bra, y el mandato d'estos segundos mensajeros no fue, como nuestro Paulo lo, quenta, porque no vbo otro preçepto, sino que luégo pusiesen a Su Santidad en su libertad, y que se mirase que, si no quisiese olbidar cosas pasadas, que se asegurasen de manera que las cosas ynperiales no corriesen nuevos peligros, y esto así se podía entender por poner alcaydes, y entregarse de las fuerças eclesiásticas que conbiniesen, algunas de las quales estavan ya en poder de los españoles, como por rrehenes qu'el Papa vbiese de dar, o por que lo vno se diese, o porque lo otro no se alargase. Pero de dineros y paga de soldados nunca abló el Emperador, en la primera ni en la segunda comisión, puesto caso que mandaua que a los soldados se les pagase su sueldo debido, y para esto no abía de presente comodidad, ni sabían los superiores de aquel exérçito qué haçerse. Es berdad que los soldados no querían salir de Rroma sin que les pagasen, ni alargar el castillo de Santángel, ni la presa que allí tenían para seguridad d'esto. Yasí, benida esta segunda comisión, a los qu'el Jobio nonbra en este su capítulo, luégo se entendió muy de hecho en la libertad del Sumo Pontífiçe. y tras esto le pareçe dçir en estos ynfeliçes tienpos, y ponello en libro que se benda, que se bendían los capelos para cardenales públicamente, lo qual no pasó tan a lo disoluto como él/ lo haze, y házelo todo de astuçia, para cargar todas estas culpas a la fuente de donde manaron, avnqu'él tanpoco saue este manaltial, sino los charcos que bido correr por Rroma; y si lo saue, quísolo callar y hechar la culpa a otras gentes.

En esto yo confieso que hizo ofiçio de buen perlado, pero no fue de tal lo que luégo dize adelante, que don Yugo de Moncada hera honbre de ynçierto y malvado consejo. Pluguiera a Dios que a él se lo vbiera dado tan bueno, que no ganara él poco en semejante trueque. Yo sé a lo menos que si él tubiera el entendimiento de Moncada, que no vbiera perdido nada en ello su ystoria. El qual don Yugo fue v no de los açertados honbres que nuestra hedad ha tenido en el exerçiçio de la paz y de la guerra, y en la vida çevil y la [9] militar, y vn honbre de grandes açertamientos en todas las cosas agibles, y por no dexallo solo con tan buena opinión, dale por conpañero al prínçipe de oranje, al qual haze mudable y sospechoso. Si me le llamara colérico, o ynpetuoso, y otros non'bres que tiraran a esto, avn quiçá se lo dexara pasar; pero mudable y sospechoso, cosas son que nunca cupieron en aquel capitán.

Y es lo graçioso que todo esto dize a propósito que por estar avsentes de Rroma, y no comunicarse con ellos, el conçierto se pudo concluir; lo qual es cosa rridiculosa [10], porque ni vna puntada sola no se dio en el negçio ni se daba por el señor Alarcón (llamémosle como las gentes le llamavan),[11] que no se comunicase con los otros dos; qu'el v no estaba en Sena y no en Galera, como dize el Jobio, y el otro en Nápoles. De manera qu'ellos dos, y Hernando de Alarcón tres, fueron los que dieron fin y rremate a la negoçiaçión y mandato del Emperador, porque avnqu'estaban avsentes, comunicábaseles el negoçio por postas, cada ora que hera menester, y en lo que vltimamente dize, que después de pagados los soldados por el Papa y dado rrehenes y seguridad, que con, seruaría el amistad ynperial, que se fue secretamente del castillo de Santángel sin querer aguardar a otro día queavía de ser su partida, porque después de pagado no le tornasen a poner nuevos ynconbinientes, y que así se salió a media noche sin que las guardasles dixesen cosa ninguna, son todo cosas del jaez y talle de las pasadas del mesmo / avtor, porque hecha y determinada la deliberaçión, que fue a ocho de nobienbre del mesmo año de beinte y siete, y conçertada su partida para otro día, porque rresidir en Rroma no conbenía por amor de la pestilençia que ya algún tant: o yva encarnada, y tanbién para que Rroma se purgase de aquellos trauajos soldadescos, y los d'este nonbre saliesen de aquel pueblo, acordó el Papa, y vien consideradamente, de no aguardar al día, sino madrugar y tomar, como dizen, la mañana, porque salir público, y que Rroma le biera, paresçió que se rrenobavan todos los desastres con su bista, y no conbenía, avido rrespeto a que no paresçía cosa congrua dexarse ber después de vna tan gran lástima por entonçes, y qu'el pueblo que lo avía de mirar avía padeçido otra semejante por su causa, y en fin, aquella tristeza del Papa no la quería mostrar a |sus çiudadanos, ni ber tanpoco él la d'ellos, hasta que el tienpo curase lo v no y lo otro y no es cosa nueva a quien está de aquella manera, no se dexar ber en público; y ansí lo enbió a dezir luégo a la mañana a Hernando de Alarcón, que lo avía siempre aconpañado en el castillo todo el tiempo que allí estubo, el qual con los prinçipales capitanes del campo, estaban aparejados para yr aconpañándole, y así, las guardas no abía para qué a ningún desymulado le preguntasen quién hera, porque ya desde el día antes el castillo no se guardaua, avnque no dexaua de hauer vna forma de guardia, y para que se bea si el Papa yva huyendo con eltemor qu'el Jobio apunta, después se topó con el prínçipe de Orange en el camino, y se ablaron y trataron acariçiadamente, y moderando el Papa su autoridad, quiso qu'el prínçipe lo abraçasecon gran rregoçijo, sin encobrirse, ni poderse tanpoco el Sumo Pontífiçe encubrir, según y va aconpañado, y todos los de su corte rromana cada ora siguiéndole, y otro mundo de gente por aquellos caminos, hasta llegar a Orbieto, donde estuvo y rresidió algunos días.

1 Add.: y muy de otra manera que el Jovio lo escrive.

2 Mut.: que avnque no...: el qual, avnque el Jovio no lo dize, fuedespués Cardenal.

3 Mut.: persona.

4 Del.: y rolo.

5 Add.: y.

6 Add.: de

7 Mut.: Emperador.

8 Mut.: Emperador.

9 Del.: la.

10 Mut.: de reír

11 Del.: (llamémosle...).

Capítulo Diez y Seis

De las rrebeliones de Florençia así contra el Papa como contra el Emperador, y del número de ligas que hizieron en favor o disfavor d'ellos, y de los tienpos en que las hizieron, y del número dejente asímesmo con que entró musiur de Lutreque, general de Françia, a ocupar el rreino de Nápoles.

En este mesmo libro veinte y çinco, pasado el capítul diez, de cuya verdad o de lo contrario ya emos dado quenta, se siguen tres capítulos que son onzeno, dozeno y trezeno, que tratan negoçios particulares de Florençia, sobre la rrebilión (si ansí la quisiéremos llamar), que aquella rrepública auía hecho contra la administraçión de los Médiçis, y por consiguiente del Papa Clemenre, cabeça entonçes de aquel linage, las quales cosas, como e dicho otra uez, el Jouio las escriuió mui açertadamente; y demás d'esto ellas son cosas particulares de aquel pueblo, y no conçiernientes a ystoria general, avnque no las uuiera escripto, no por eso perdía su corónica ningún punto de honrra, y también, avnque estuuieran mal puestas y con neçesidad de alguna enmienda, yo confieso que se la pudiera dar mala por falta de faltarme a mí notiçia de los enbaraços florentines; que en quanto a la particularidad çiudadana no an venido a mi notiçia, hasta que después vino el golpe de la guerra, y españoles en ella, sobre aquella señoría, que entonçes también sabré dezir lo que passó, como el Jouio, avnque no tan adornada ni polidamente.

Y ansí, vengamos al capítulo catorze y quinze, que ambos yrán debaxo de vna mesma çensura, por ser toda vna materia, y abreuiándolos, digo que dize el autor, que estando Lutreque en Bolonia, se juntaron allí los comisarios de todos los confederados contra el Emperador, para dar la horden que temían en hazelle la guerra, ya que el otro negóçío de Rroma auía parado con la libertad del Papa. La qual enpresa, avnque al prinçipio auía sido debaxo de aquella pretensión / de libertar al Sumo Pontífiçe, pero en la uerdad todos ellos dize que se mouían con pasión, porque les ençendía los ánimos grandemente el arrogançia y crueldad grandísima de los soldados del Emperador, los quales amenazarían que auían de destruir y arruinar las más nobles çiudades de Ytalia, ya Florençia entre ellas. Y dize luégo que aquellos ynsaçiables bárbaros eran ynçitados a ello de la grandeza del saco de aquella rriquísima çiudad, y que esta fama mouió a los florentines a rrenouar la liga con los [4] françeses y veneçianos, lo qual hizieron con más presteza de lo que conuenía, y ansí vuo otros çiudadanos de aquella rrepública que lo contradixeron. Y quenta las rrazones de ambas partes, y luégo toma a dezir cómo el Papa Clemente se enojó muncho quando supo esta confederaçión y que desde luego propuso de echarse en los braços del Emperador, avnque estaua ynjuriado de su exérçito, para poder allanar a los florentines y auer la administraçión, como antes, de la Toscana. Y encareçe estimaua el mesmo Clemente tomar a entrar en aquel negçio, y que estuviese a su deuçión Florençia. Después de lo qual, en el capítulo quinze que sesigue, quenta cómo juntos todos los exérçitos, salió Lutreque de Bolonia, después de auerle venido nueuos socorros d'esguíçaros y alemanes y de gascones, y tras esto trata el camino que lleuó con su exérçito y no sé qué manera de pendençia entre Valerio Orsino y vn Orfeo Aufido, de la facçión guivellina, en las montañas de Camarino (cosa donosa, por que lo dexemos dicho agora dempasada, que hasta los casos mui particulares de v nos yandos con otros en qualquier pueblo, como los del Emperador ayan lleuado lo peor, lo a de contar, a fin de que en tiempos venideros se piense aquellos acaeçimientos auer sido cosas de más tomo), y quenta ansí mesmo luégo çierto desastre que aconteçió a trezientos soldados veneçianos en aquçl viaje, y después a lo último trata del número de los exérçitos ligados contra la parte ympirial, el qual número quenta de la manera que en la declaraçión d'ello luégo diremos y ansí tornando agora sobre el canto llano d'estos dos capítulos...

[Falta en el manuscrito desde el folio 64r. hasta el 111 v. inclusive, o sean los folios correspondientes a los capítulos: final del XVI, XVII, XVIII, XIX, XX, XXI, XXII, XX/II. Y principio del XXIV.]

Capítulo Veinte y Quatro

...y se la ofreçía como hombre que quería perdonar a su patria, y que no quería que aquella rrepública padeçiese por causa de algunos malos que la alborotauan. y en otra parte d'este mesmo libro dize, no sola vna vez, que el mesmo Sumo Pontífiçe se contentaua con muy onestas condiçiones y mui saludables para Florençia y que los dexaua en su liuertad como al pressente estauan, con que le dexassen el derecho de çiudadanos a los Médiçis sus deudos, y gozar de las rrentas de su patrimonio, y que fuessen admitidos a las dignidades y ofiçios públicos, y que le rrestituyessen a su sobrina que estaua en Florençia, y que aquella rrepública no se metiesse en quitar la liuertad eclessiástica y dezmar los venefiçios por su propia autoridad, y que ansí mesmo sus [6] armas de los Médiçis que los florentines auían traído de sepulcros y lugares públicos y particulares se tornasen a poner como antes estauan, y luégo tras esto torna nuestro Paulo a tratar del camino que lleuó el de oranje con su exérçito hasta llegar y sitiar a Florençia. Y dize cómo fue este campo sobre algunos lugares antes de llegar en el territorio florentino, que estauan (siendo de la Yglesia) rreuelados al Papa, y quenta cómo en v no d'ellos, que fue Yspelo, mataron en la toma d'él al maestre / de campo Juan de Urvina, al qual ensalça todo lo possible, y no sé por qué segund su pluma lo ha tratado antes. Mas en fin, quenta que fue hombre de gran fama, lo qual dize que no alcançó por nobleza de linage sino por sus ualerosos hechos de la guerra, y después viene a tratar de otros lugares que se tomaron y entre ellos quenta la toma de Perossa, çiudad prinçipal y nombrada, y luégo adelante va contando el camino del exérçito, y cómo españoles a Cortona ya Arezo ya otros lugares, y cómo en fin llegaron a Florençia, y de çierta escaramuça que uvo al al sentar del campo sobre aquella nombrada çiudad, y cómo los de fuera no perdían el esperança de ganalla, ni los de dentro dudavan del feliçe subçesso, y luégo vltimamente quenta todos los capitanes muy despaçio que se hallaron en este çerco con el prínçipe, y a todos los halló ytalianos, que no pone de otra naçión ninguno. Y con esto da [7] su libro rremate, se hizo esta historia para venderse en almoneda tal le tengo, porque primero que este rremate, se hizo esta ystoria para vendersse en almoneda, donde se suelen rematar todas las cossas; y no llamo venta la del libro, porque eso po fuerça se a de hazer siendo impreso, sino sl de su pretensieon es bien que vengamos./

Y antes que ninguna otra cossa [8], començemos por el comienço que trata, qu'es [9] la venida del Emperador la primera vez en y talia. Para lo qual dize que fue menester qu'el Papa se conçertase primero con el Carlos [10], da a entender que sin este consentimiento no se pudiera hazer el bicige. Grande [11] engaño. Pero mucho mayor lo que tras esto dize: que la causa porqu'el Summo Pontífiçe se ligó con el Emperador e vino en querelle cororençia no solo como primero lo tenía, pero haziéndole particular señor de la Toscana a él ya sus deudos perpetuamente. y tratando otra vez esto [12], digo que nadie no [13] bastaua a estorbar el biaje entonçes en la tierra [14] al Enperador por vía de contraste e ympedimenros humanos. Porque en Ytalia exérçito no avía [15] que lo impidiese [16]; todos estaban [17] acabados en Nápoles asi el el campo françés como el pontifiçio y tanbién el florentín, sin quedar allí cosa que diese desgusto, si no es en la rribera de la mar dos o tres pla\as que de allí a poco binieron a poder d'españoles. Y estauan entonçes los de aquellas plaças tan fuera d'ellas, que más se podía dezir estar en rrincones escondidos que no en lugares públicos. Y en Lonbardía asímesmo el françés ya estava rroto, con tierra sino v nos pocos d'esforçianos y otros tantos veneçianos, que en biendo rrotos a los françeses pasaron el rrío Ada y se bolbieron y [18] tornaron a sus términos. De manera qu'en toda Yta: lia (çérquese en rrededor toda la mar d'ella y atrabiésense los montes que la dividen de Alemania y de Françia), no avía exérçito formado, ni honbre de armas françés, ni ynfante suyo, que pudiese defender el paso, no digo al Carlos [19] pero a vn prínçipe qualquiera por particular que fuera. Ni tanpoco el Papa de nuevo lo pudiera hazer, porque alliende de no tener aparejo ni dinero para ello, por los grandes gastos pasados y le faltava esta comodidad [20], le faltava ranbién el tiempo, porque quando los vltimos françeses fueron rrotos, se allaba el Emperador a la lengua del agua en Barçelona. Y avnque hubiera t: iempo, no avía pordónde pasase el exérçito d'enemigos, como fuera es Lonbardía, por donde hera el camino, estaba ella vitoriosa y [21] llena de las bitorias españolas, y ningunos enemigos pudieran por ella pasar seguramente, espeçial acudiendo allí luégo, como acudió, el mesmo Carlos [22] con el exérçito que d'España traya y que de Alemania tanvién le vino. Todo lo qual se dize a propósito del desconçierto del Jobio, al qual le pareçe que sin el consentimiento de Clemente, no pudiera el Carlos [23] pasar a su jornada. De lo qual saca otra conclusión tan falsa como la primera: y es dezir qu'el Papa consintió en esta venida (avnqu'estava ynjuriado del Emperador), porque le rrestituyese a / Florençia. y verdad es que en la capitulaçión así se trató, pero si se prometió esto fue sin neçesidad ninguna qu'en el Emperador vbiese, sino solamente vn querer agradar al Summo Pontífiçe y mostralle por obras cómo las pasadas no avían sido hechas por su mandado. Pero esto tanpoco no bastara para mober al Emperador a oprimir a Florençia y forçalla a mudar rregimiento, porque quedara dañada en tal caso la conçiençi del [24] que simpre tuvo tan limpia como es notorio que la tubo el Carlos [25]. Pero júntese con esto la rrazón que tuvo el Emperador para bolber la gouernaçión de Florençia en otra forma de la que hasta allí avía tenido, avido rrespeto a la rrevelión que contra él el yugo ymperial (cosa harto perbersa), pero lo que más es, para enbiar a Nápoles exérçito para [26] ocupar las tierras patrimoniales del mesmo [27] Emperador, aviendo hecho antes qu'esto otras muchas gentilezas y rrebeliones, dende que el año de veinte y v no començaron España y Françia a litigar sobre el ducado de Milán. y está a cargo del señor del feudo proveer de la más conbinient: e manera de gouernaçión a los lugares del mesmo [28] feudo, y seis, se avía mudado por mandado del Emperador el rregimiento de Sena, vezina a Florençia, y quitádolo /a los Petruçios, porque convenía así a la mesma cossa feudal, y considerando todo esto y el conplaçimiento del Papa (que no se puede negar que se tuvo tanbién quenta muy prinçipal a esto), y hechas sobr'ello más de dos consultas para seguridad de la conçiençia (de las quales sé yo que ninguna notiçia tuvo el Jobio), se determinó el Emperador que en la Toscana, parte del feudo ymperial de y talia (sinenbargo de la bana libertad que de los pasados emperadores pretenden, la qual ningún emperador pudo por donaçión ni venta conçeder a Florençia en perjuiçio del mesmo ymperio) estuviese sujeta a vn solo señor para el dominio vtil, quedando el direto y lo que más él en esto probeyese çerca del Emperador. y con quánta rrazón todo esto se hizo [29], más de propósito se verá en los |A nales si ellos se vieren algún tiempo.

Agora en éste no tratemos más d'esta materia, si no es en qu'es así qu'el Papa enbió a Barçelona los ofreçimientos qu'el Jobio dize, y el Emperador hizo asímesmo los qu'están contados y se asentó y capituló (entre otras cosas qu'en los |Anales se berá) que los Médizis (dados por rrebeldes por los florentines) fuesen rrestituydos en sus casas y de sus pasados, y que aviendo de mudarse (como en echo de verdad se mudó después) el rregid'ella Alejandro de Médizis, y lo casaría con Margarita, su hija natural, como todo a la letra / se cunplió. Después de todo lo qual, y de hauer pasado ya el Emperador en Ytalia, estando en Plasençia, dize el Jobio que le tomava codiçia al Emperador del estado de Milán, tan grande, que pareçía que le hazía titubear, poniendo en duda si cunpliría lo capitulado çerca de la paz de Ytalia. Dicho, çierto, de desconçertado juiçio, porque ni la hermosura de aquel estado, ni la neçesidad d'él, que çiertoes grandísima (para el prínçipe que quisiere tener negoçios en Ytalia y conseruar qualquier otro estado que rador su propósito. Esto [30] ya se bido y por esto no dize vien. Lo que quiero dezir es [31] que ninguna cosa bastó en esta vida a hazelle [32] estar tibio al Emperador en lo que vna vez hubiese prometido. Lo qual ni sus amigos ni enemigos, que tubo hartos de los v nos y de los otros, lo pudieron jamás negar. Y si supiera el Jobio o cayera quántas vezes dio el Emperador este estado durante su vida a pedimiento de los mesmos [33] amigos y enemigos suyos que agora dezíamos. Con que si se pudiera dar caso (que no puede) [34], avía de dar antes vn pedaço d'España, si se pudiera hazer [35], no dixera lo que dize. Y no lo digo por las vezes que se prometió este estado hijos del v no y del otro se casasen; ni tanpoco lo digo por la vez que agora de aquí a poco tienpo [36] lo bolvió al duque Esforçia, sino antes de todo esto, y si no vbó v. hefeto esta dádiba que quento, fue / porque Françisco Esforçia en aquel tiempo no murió quando estuvo muy [37] doliente, tan çerca d'ello qu'estuvo sin [38] esperança de vida. Y tanbién porque en aquel mesmo tiempo no se avía determinado el negoçio de su rrebelión y esperábase lo v no a lo otro para que vbiese hefecto el prometimiento hecho a pedimiento de veneçianos y Papa en caso que qualquiera de los dichos dos casos suçediese. Pero es toda esta materia de |Añales y más prinçipalmente de la corónica ynperial, y así se puede hasta entonçes quedar esta cosa.

Y [39] viniendo a las que más trata Paulo Jobio, digo que del mesmo jaez es lo que luégo dize después d'esto, que el Emperador se movía a dar la paz a Ytalia quetenía prometida ya rrestituir a Françisco Esforçia en su estado sin enbargo de su título de amigo y duque, mobido para ello de la guerra que los turcos hazían en Austria y del çerco que tenían puesto sobre Biena, cabeça de aquel estado, no acordándose este ystoriador ya que quiso tomare ste ofiçio [40], de la concordançiade los tiempos, qu'es vna de las más neçesarias partes de laystoria. Porqu'el turco entró por aquella probinçia qu'el Jobio dize, y puso çerco a la Viena qu'él quenta a su Costantinopla a diez y seis de otubre. y el Emperrador quando [41] partió de Plasençia, dond'estuvo do mesespoco más o menos, no avía memoria de turco en Avstria ni en su vezina Vngría, de manera / que la paz, que después en Volonia dio a Ytalia, que fue por el prinçipio del año siguiente de treinta, y el bolber el estado de Milán a Françisco Esforçia, fue quando el mesmo Enperador estaua trivnfando en la mesma [42] Volonia, hecho el [43] señor en hefeto y virtualmente de toda Ytalia, sin tener vn enemigo en ella, si no fuese en los Coraçones dañados de algunos. Y éstos yo sé que heran pocos, a los quales ningunas buenas obras, con ser las mayores qu'ellos pudieron desear, les pudieron haçer [44] rronper su dureza, que no sé cómo ni por qué causa se les avía entrado en las entrañas.

Y como dixe en el sumario, después d'esto nuestro autor salta al agua y quenta el desdichado caso de Rrodrigo Portundo, y de las galeras españolas que llevaba a su cargo, y de [45] cómo Andrea Doria, quando lo supo, tuvo grande enojo y codiçia de vengar aquel daño. En el quento de lo qual quenta [46] dos yerros notables: el v no dezir que de aquella presa y despojos avidos en aquella vitoria enbió Barbarroja a Costantinopla vn presente al Gran Turco; lo qual es falsísimo, porque ni entonçes Barvarroja trataua con el turco, ni tenía ni pensava tener con él que ver jamás, ni pensava tan poco bolver en ningún de aquel gran señor, hasta que después pasaron algunos años, quando se començaron por nuestros pecados los tratos para esto, que no fueron de tan poca ynportançia ni trayan consigo tan poca dificultad, que no dudó harto Barbarroja d'ellos, / antes que concluyese su negoçio y su asiento con Solimán señor de Turquía. Pero todas éstas son cosas que se le pasaron al Jobio, como otras muchas. y la segunda es dezir que por vengar a Portundo bolbió aquel berano Andrea Doria hazia poniente; y no, bolvió a eso, ni a cosa que tocase a esas venganças (dejado lo común, enemistad que avía entr'él y cosarios hordinaria). A lo que bolvió es a cunplir el mandato del Emperador, su nuevo amo y [47] señor, que aviendo quedado la costa d'España vaçía de defensa marítima por causa de la pérdida de las galeras d'España, le paresçió que volbiese su nuevo general de la mar a guardar, lo que rrestava de aquel berano, aquella [48] rrivera española, mientras se probeya de nuevas galeras, y misiones del Carlos [49], y de camino le paresçió acometer a Sargel, o Cherchelo como él le llama, y suçedió lo qu'él quenta a la letra, y después de todo esto trata de la partida del Carlos [50] de Plasençia para Volonia, donde el Papa lo estaua esperando. y dize que dexa de contar lo de Biena, que en este tiempo acaeçió, quando el turco la tuvo sitiada, por pareçerle que se leerá confusamente, como quiera qu'es al contrario, que de contarse cada cossa en su tiempo (como él lo haze) se sigue la confusión que en su y storia se bee. y tanvién en lo que quenta de aquella primer vista, qu'el Carlos [51] y el Clemente se vieroll a la entrada de Bolonia, ençima del tablado (que para esto es / tava públicamente hecho), quedó engañado de sus ojos, porque no como él lo quenta, qu'el Papa súbito que vio al Enperador se le alegró el rrostro, porque otros que miraron mejor en ello que no él, vieron claramente que así como se fue el Carlos para el Summo Pontífiçe y se vieron, se le demudaron al v no y al otro los rrostros, no con turvaçión muncha [52] ni con enpacho, y pareçe que no hera posible menos, aviendo pasado tan grandes negçios entre anbos; y aquello ase de atribuir a vna [53] birtud, que no a faltado filósofho moral que le diese nonbre propio. Pero luégo tras aquello, que casi se puede dezir momentáneo (porque si más durara aquel ynpedimiento fuera defecto) [54] entró el alegría de anvos prínçipes [55] en sus caras, y aquel desenpacho y façilidad con que [56] ó se vieron y hablaron [57], quando el v no llegó çerca del otro, y desde la entrada de Volonia prosigue este nuestro avtor la paz que luégo de allí a poco tienpo hizo con veneçianos y Françisco Esforçia, y de cómo el Emperador bolvió a este su estado de Lonbardía. En lo qual yo, çierto, quisiera qu'el Jobio gastara más palabras de [58] vn echo semejante; dón que fue hecho a vn deseruidor que avía sido suyo, y de vna cossa que le costaua [59] más de doze millones de oro y más de çien mill honbres, y entr' ellos balerosísimos y estimados capitanes y soldados, y perdonándole sobre todo su rrevelión, para que viese Ytalia y el mundo si aspiraba el Carlos [60] ala monarchía, como sus enemigos / lo publicavan y lo haçían derramar entre todas las naçiones de la tierra.

Y luégo se sigue en el Jobio las fiestas y juegos que en Volonia se hiçieron, antes y después de la coronaçión del Carlos [61]. La qual quenta muy particularmente, contando asímesmo [62] las personas que en ella se allaron. Después de lo qual rrebuelbe sobre Florençia, contando [63] el sitio qu'el exérçito ynperial le puso, que con [64] esto se acava este su libro. Pero todavía es menester, antes que quede sitiada, deçir dos palabras sobre otras tantas [65] que dize de pasada. y es la vna que muy de propósito da a entender, pero no da sino dízelo claro [66], qu'el Papa de buena gana perdonaba los florentines y alçava la mano del castigo y sujeçsión, qu'el Emperador la avía prometido en Varçelona, por medio del ovispo de Vasona, con que tornasen a rreçebir los Médizis en su pueblo y les dexasen su derecho de çiudadano, y con otras livianas condiçiones que ya están dichas en el epílogo d'estos capít: ulos. Lo qual es burla notoria, porque dende [67] qu'el Papa Clemente se vido ynjuriado y burlado de sus çiudadanos, hechados sus parientes los Médizis de aquella rrepública, y afirmó con el Emperador la sujeçión d'ella, nunca se dessitió vn solo punto d'esta pretensión, y al mesmo Clemente se le hazían por los florentines singulares partidos, estando él en Volonia y antes d'esto en Rroma, y para esto [68] se le envió a Françisco de Portinario ya otros, con diversas legaçías y enbajadas, | hasta tratallo los mesmos florentines particular y escondidamente por medio de algunos cardenales, y alguno d'ellos pariente del mesmo Summo Pontífiçe [69], y nunca aprouechó nada. Verdad es qu'el Clemente sienpre pretendió qu'este señorío de Florençia se alcançase con largo sitio, y no en ninguna manera más [70] rrigurosamente con destruyçión y saco de la mesma [71] Florençia, y esto comunicó con el prínçipe de oranje, y vien secret: amente tratado, porque los soldados no entendiesen que avían de perder el esperança del saco, que hera la cossa más deseada d'ellos entonçes que se podía ymaginar. y avn estoy por dezirvna cossa, que no afirmo avnque tengo [72] yndiçios hartos [73] d'ella: qu'el mesm [74] Emperador se olgara d'este perdón [75], el qual faltando [76], no podía él hazer el suyo [77]. Lo qual se pareçe más [78] claro porque después de çercada Florençia, vinieron los pobres florentines a ofreçer algunos partidos en que se yncluyan las cosas qu'el Jobio quenta, y nunca les fueron admitidos. Así qu'el prínçipe vino a çercar la çiudad ya señorearse de la Toscana en nonbre de su amo [79], y de camino, como nuestro autor lo quenta [80], fue tomada Perossa, qu'estava rrebelada a la Yglesia, siendo del patrimonio d ' ella, y otros pueblos del mesmo estado que sentían lo mesmo, y entr'ellos fue Hispelo, en la toma del qual haze minçión el Paulo que fue muerto el maestre de campo y capitán Juan de orbina de vna herida de arcavuz, al qual alava de honbre muy / de guerra, aviéndolo desalabado (a costa de su conçiençia) otras vezes harto en estremo [81], y dize que el lugar qu'en la miliçia tenía lo avía alcançado por sus esforçados hechos y no por nobleça de linage, dando a entender claramente que le falta al de V rbina esta calidad, y es falso porque, avnque pobre (digo su açendençia), pero [82] de casta noble, y de hijosdalgo tan cono çidos por tales en aquel pedazo de montaña que les cupo por morada, como el mesmo [83] Jobio y qualquier otro hijodalgo ytaliano, y deviera d'estar vien çertificado de lo qu'escrevía, antes que quitara ni pusiera nobleças como le paresçió en su y storia.

A la qual tornando [84], digo que después qu'el exérçito entró por la Toscana, aviendo tomado los lugares y pueblos que ya están contados, se açercó todo el campo [85] a Florençia, y dexó de contar, como suele nuestro ovispo [86], la cautela de guerra de los florentines, qu'en este artículo tuvieron, la qual avnque cautela, no es [87] de culpar sinode alavar, ofreçiendo entonçes v nos partidos fingidos como después los ofreçieron verdaderos, para qu'el campo se viniese deteniendo, y haziendo jornadas adrede perezossas, para que en diez o doze días que supieron sutilmente granjear por esta vía, se pudiesen mejor probeer de lo neçesario, así de vastimentos como en fortificar mejor su çiudad, y al fin llegó el campo al sitio florentino (avnqu'el Jobio no lo pone), a diez e seis / de setiembre del año passado [88] de quinientos y' veinte y nueve, y así allegado le [89] pareçió a nuestro autor de contar [90] todos los coroneles y capitanes qu'en este çerco se allaron en particular, y así pone aquí [91] vn grande número d'ellos, pero todosytalianos, porque de [92] las otras naçiones, española y alemana, no le paresçió a él que hera de hazer caso de sus superiores [93], ni que se puede [94] contar por gente; sino [95] que vastaba dezir a bulto (como lo dixo), que abría en el campo seis mili españoles y alemanes, así a bulto ya carga çerrada [96] Lo qual prometo de hazer al rrevés en los Anales y de no pagalle [97] en la mesma moneda.

Y acabado el Jobio de sitiar a Florençia, dize que ni el prínçipe de oranje perdía la esperança de ganar la çiudad, ni Malatesta Vallón (éste hera el superior [98] prinçipal, capitán de los florentines, y tenía buena guarniçión de gente de guerra dentro) de defender la çiudad, y que abría buen suçeso en esta defensa, y ésta es cosa del aljava de las pasadas, porque si no se tubiera consideraçión a lo prinçipal que sienpre el Clemente pretendió, de que no se diese a saco Florençia, viera claro el ovispo Paulo [99] quán de poco momento hera el misterio de haver estado çercada aquella çiudad los meses que lo estuvo. Porque venido después el segundo campo d'españoles y alemanes, los v nos y los otros visoños, los v nos con don PeroVélez de Guevara, y los otros con el duque Félix de Vitenverga, juntados con estotros alemanes y españoles pláticos (como después vinieron y se juntaron), no ay que dudar / (según buen juiçio [100] de guerra, no sé yo el que en esto será el de Nochera) [101], sino que fuera muy fáçil, a lo menos no muy difíçil [102], el entrar por fuerça de armas en la tierra después de vatida y dada la vatalla y saquealla. Pero túvose sienpre esta quenta encubierta (y no mucho), de que aquel pueblo no padeçiese aquesta yltima calamidad. Porqu'el Papa para la firmeza del señorío toscano qu'esperava, pretendía no quedar aborreçido para siempre de sus naturales, avnque lo quedó después harto, y tanto quanto se puede encareçer. Pero Florençia se quede agora rrezién çercada, que quando fuere tiempo, nuestro Jobio y yo que voy en sus alcançes, sabremos rrebolber sobr'ella.

7 Add.: conclusión.

8 Del.: rremate y yo por tal... (fol. ant.).

9 Mut.: comienzoo que trata qu'es: principio en que trata de.

10 Mut.: Emperador.

11 Mut.: gran.

12 Del.: y tratando...

13 Del.: no.

14 Del.: en la tierra.

15 Transp.: no avía exérçito.

16 Add.: porque.

17 Mut.: eran.

18 Del.: bolbieron y.

19 Mut.: Emperador.

20 Del.: y le faltava...

21 Del.: vitoriosa y.

22 Mut.: Emperador.

23 Mut.: Emperador.

24 Add.: Emperador.

25 Del.: que la tubo el Carlos.

26 Mut.: que ayudase a.

27 Del.: mesmo.

28 Del.: mesmo.

29 Transp.: se hizo todo esto.

30 Mut.: como.

31 Mut.: y por esto...: Es cierto.

32 Mut.: hazer.

33 Del.: mesmos.

34 Del.: dar caso...

35 Del.: si se pudiera hazer.

36 Del.: agora de aquí...

37 Mut.: tan.

38 Mut.: tan çerca d'ello...: que no tenía.

39 Mut.: pues.
40 Del.: ya que quiso...
41 Transp.: quando el Emperador.
42 Del.: mesma...
43 Del.: el
44 Mut.: les pudieron haçer: pudieron.
45 Del.: de...
46 Mut.: ay
47 Del.: amo y.
48 Mut.: la.
49 Mut.: Emperador...
50 Mut.: Emperador
51 Vut.: qu'el Carlos: quando el Emperador.
52 Transp.: mucha turvaçión.
53 Mut.: y aquello ase...: lo qual se deve atribuir a cierta.
54 Del.: que no a faltado...
55 Del.: de anvos prínçipes.
56 Del.: aquel desenpacho...
57 Add.: con mucha facilidad y desenboltura.
58 Mut.: gastara más palabras de: se detuviera más y encareciera.
59 Mut.: dón que fue hecho.. as sí en respeto de quien lo recebía que era
60 Mut.: Emperador.
61 Mut.: Emperador.
62 Mut.: contando asímesmo: nombrando.
63 Mut.: escriviendo.
64 Mut.: que con: y.
65 Mut.: otras tantas: lo.
66 Del.: y es la vna...
67 Mut.: desde.
68 Mut.: lo qual.
69 Mut.: mesmo...: Papa Clemente.
70 Del: en ninguna manera más.
71 Del.: la mesma.
72 Add.: muchos.

73 Del.: hartos.
74 Del.: mesmo.
75 Add.: sin.
76 Del.: faltando.
77 Mut: hazer el suyo: perdonarlos.
78 Del.: más.
79 Mut.: de su amo: del Emperador.
80 Mut.: lo quenta: dize.
81 Del.: harto en estremo.
82 Mut.: avnque pobre...: era.
83 Del.: mesmo.
84 Mut.: a la qual tornando: Pues.
85 Mut.: aviendo tomado...: acercándose...
86 Mut.: Jovio.
87 Mut.: tuvieron la qual...: no son...
88 Del.: passado.
89 Del.: y así allegado le.
90 Add.: aquí.
91 Del.: aquí.
92 Add.: los superiores de.
93 Del.: de sus superiores.
94 Mut.: devía.
95 Mut.: mas.
96 Del.: así a bulto ya carga çerrada.
97 Mut.: le pagar.
98 Add.: y.
99 Mut.: ovispo Paulo: Jovio.
100 Add.: en las cosas.
101 Del.: no sé yo el que.. 0.
102 Del.: a lo menos...

Capítulo Beinte y Çinco

De lo que pasó después de la vatalla de Mogazo, donde el rrey Luis fue muerto y los vngaros bençidos, y de los pretensores que hubo al rreyno de

Vngría, espeçialmente Jhoan y Hernando; el v no archiduque de Austria, y el otro Bayboda de la Trassilbania; y de las cosas que çerca desto pa saron, y de la segunda benida del Gran Turco sobre Vngría, y de cómo pasó Avstria y puso çerco a Biena, y sin podella tomar, se bolbió a Costantinopla [1].

Bálame Dios, en qué gran trabajo me he metido, en venir a las manos con este honbre; porque de diestro me haze cada hora caer y volber la cara atrás, sin dejarme descansar, çercándome todo al rrededor como acometido por todas partes. Que henos aquí bueltos la cara atrás con nuestra ystoria, y hallándonos con ella [2] en el año de treynta. En este libro veinte y ocho que agora entra [3], los catorze capítulos primeros d'él gasta [4] en lo que pasó el año de veinte y seis y veinte y siete y veinte y ocho y veinte / y nueve, qu'es [5] las cosas de Vngría y del turco su émulo, dende [6] la muerte del rrey Ludivico de allí, que ya se a [7] contado, hasta que fauoreçiendo a Juan Sepus (que más comúnmente fue conoçido por Bayvoda de la Trasilvania) çercó a Biena y le hizo yntruso del rreyno de Vngría o de gran parre d'el. En todo el qual número de capítulos dize cómo el Gran Turco Solimán, después de la vatalla de Mongazo, hizo gran burla de los que se la avían dado, y cómo le truxeron sus baxás siete caveças de perlados delante, que todos avían muerto en aquella vatalla, y que las pusieron en vnas gradas de madera por su horden y calidad, y qu'el turco començó mirando cada caveça, dezir de cada vna el oprovio que le pareçió según la vida y condiçión de cada perlado, llamando al d'Estrigonia avariento, y a Tomorreo temerario y loco, y así por esta horden a todos los demás, lo que según su pareçer les convenía, y que demás d'esto, los vaxás y otros turcos prinçipales, dezían contra las mesmas caveças muchas cosas, haziendo burla y dándose con la mano en los pechos, y diziendo (mirando aquellos muertos) muchos escarnios, y que demás d'esto, el Solirnán fue a Buda y entró en ella sin rresistençia, en cuya comarca estuvo algunos días haziendo correr la tierra, de adonde llevó más de çiento y çinquenta mill ánimas cautivas, y que echo esto, y llevadas çiertas colunas / que halló en aquel pueblo y hartillería, se volbió a Costantinopla, y dize después, cómo dende algunos días pasada la vatalla, vino el Bayvoda Juan Sepus con la gente de guerra de aquella probinçia, y hallando el rrey muerto, y la tierra destruyda, y al turco buelto a Costantinopla, que pretendió de los vngaros que le eligiesen por rrey, y que sobr'ello les hizo çierto rraçonamiento qu'él pone en esta su y |storia.

Y dize más, que le fue fáçil persuadir esto a los de aquella su naçión, porqu'Estéfano V ator, prinçipal persona de Vngría, estava ausente en la corte del ynfante don Hernando, archiduque de Austria, qu'estava entonçes en Boernia ocupado en juntar cortes de aquel voernio [8] rreyno, y que los vngaros, después de hauer hallado a su muerto rrey, y héchose [9] como convenía sus osequias, se juntaron a cortes y eligieron por rrey a este Vayboda. Y luégo quenta cómo fue coronado, y los ofiçios que dio, y tras esto trata cómo, savido por este nuevo rrey qu'el archiduque don Fernando avía sido elepto por rrey de Boemia y que pretendía sello tanvién de Vngría, que trauajó de dar fuerças a esta su nueva dignidad, y dize asímesmo luégo el derecho y causa por donde el don Hemando pretendía aVngría (avnque lo pone brebe y confusamente, que siendo derecho lo puso harto tuerto), y luégo más avajo pomemos las palabras formales que dize açerca d'este derecho [10], y demás d'esto dize, qu'entre / los mesmos [11] vngaros avía algunos que fauoreçian a mesmo [12] archiduque, así por la envidia como por otras caussas de enemistad y malquerençia que tenían con el Bayvod. Y en fin, quenta cómo el mesmo [13] archiduque y rrey de Boemia se yntituló tanvién de rrey de Vngría, y fue con mucha gente de guerra contra su enemigo, el qual no le osó esperar en Buda, pero el [14] Hemando, siguiéndolo [15] sienpre, lo alcançó cabe vn castillo llamado Tocayo, y dándose vatalla los v nos a los otros, los del rrey Juan (o por mejor dezir los del Bay, voda) fueron vençidos, perdida su artillería y vanderas, y el mesmo [16] Juan Sepus huyendo s'escapó en los confines de Polonia. Y así el rrey don Fernando s'entregó paçíficamente de Buda y de toda Vngría, y se coronó en Alba Rreal.

Y luégo después de aquesto, quenta cómo estando el Bayvoda huído en Polonia, fue hospedado y acariçiado de Gerónimo Lasco, polaco y varón famoso en aquel rreyno, así por su linage como por sus letras, de lo qual no le pesava al rrey Sigismundo de Polonia, y pasaua por ello, pero con disimulaçión, por no ofender en público a la vnión de parentesco qu'entre anvos rreyes avía, avnque tanvién el mesmo [17] Sigismundo avía sido otra vez casado con hermana del Juan Sepus, y en fin, dize cómo el Lasco y su güiésped acordaron, viendo que no avía otro rremedio, de pedir ayuda para rrecobrar el rreyno perdido al/ Gran Turco, haziéndose el mesmo [18] Juan y su rreyno de Vngría (si lo rrecuperase) tributario aquel fuese con esta negoçiaçión a Costantinopla, y que fue y que hizo su envaxada, y que mediante el fauor de algunos baxaes, alcançó de aquel bárbaro lo que se pretendía, y que bolviese con exérçito para rrestituir al despojado en el rreyno, y dize asímesmo [19], cómo savido por el rrey don Fernando que su contrario avía enbiado envajador al turco, enbió él asímesmo [20] a vn Juan Oberdansco, y que propuesta asímesmo [21] su legaçía no tuvo hefecto, porqu'el Solimán pretendió tomar la otra parte en su proteçión y anparo, y que antes rrespondió malas pa labras al envajador [22], que rrefiriendo los títulos que su amo tenía a Vngría, es llamado [23] atrevido en envialle envajador, después de hauer mobido guerra en Vngría, aviéndolo de hazer antes que la moviese, y que los títulos y derecho con que la haçía, todos avían quedado vanos y sin fuerça por el derecho de la guerra, quando él ganó aquella probinçia muriendo en la vatalla el rrey d'ella.

Y trata asímesmo [24] luégo d'esta guerra, y de cómo aquel gran bárbaro con dozientos mill honbres de guerra bolvió a Vngría, y cómo el rrey Juan le vino a ver y vesar la mano, ya ofreçerse por su vasallo (como lo hizo), y luégo dize cómo el prinçipal de todo el exérçito del turco hera Abrahín su priuado, y d'éste lo hera / vn christiano que allí venía, llamado Luis Griti, naçido en Costantinopla pero de orijen veneçiano, porque hera hijo de Andrea Griti, duque a la saçón de Veneçia, que primero siendo envaxador de aquella señoría, le avía naçido en Costantinopla este hijo, y dexádole allí con su madre quando se bolvió a su rrepública. Del qual quenta tantas alavanças como aquí pone, y en la verdad con rrazón ya buen tiempo, biniendo con vn exérçito [25] mahometanos y tales, por persona prinçipal entr'ellos, para contra christianos, y luégo adelante prosiguiendo esta materia, describe [26] nuestro autor después de ganada sin defensa ninguna, por el turco, Vngría, y rrestituyendo en ella al Juan Bayvoda, el camino que hizo aquel ynfiel con sus ynfieles hasta llegar a la prouinçia de A vstria, y poner çerco a Viena caveça d'ella, y pone asímesmo la horden del alojamiento y çerco a los qu'estavan dentro a la defensa de la çiudad, y los que quenta son todos alemanes; digo, los superiores, y lo mesmo loS soldados, cuyo número pone de veynte mill honbres, y dize así mesmo cómo el turco puso este çerco çerca de los treze de setienbre, y luégo quenta muy en particular todos los asaltos, y vatallas, y aconteçimientos que pasaron de los de fuera a los de dentro. Entre las otras cosas dize cómo dos españoles, v no llamado A valos y otro Aguilera, hi zieron a buen propósito subir vna media culibrina a vna parte del muro, con la qual hazían algún daño en las tiendas de los turcos, y después quenta cómo aviendo podido tomar el Solimán a Viena, levantó el sitio y se bol / bió a Vngría, donde como está dicho, dexó hecho rrey al Bayboda, devajo de su basallaje y tributo, y de Vngría se bolbió antes qu'entrasen los fríos del ynbierno a Costantinopla.

Y agora que hemos dicho la sustançia, digamos la poca que tiene [27] muchas d'estas cosas que e dicho. Quanto a lo primero, aquello que quenta de hauer puesto las cauecas de los perlados y grandes señores que fueron-muertosen la vatalla con su rrey, delante la persona de Solimán, sus baxaes, cada vna en su grado y grada por su horden, y qu'el turco dixo a cada vna su plát, ica particular, y que los bajaes les hablavan como bibos, haziendo burla de su jornada, y dándose con las manos en los pe/ chos, diziéndoles palabras d'escarnio, ello lo es tratar semejante cosa el ovispo, y [28] son cosas ymaginadas de su caveça, como de la de Medusa, y [29] pareçiéndole a él que con aquesto adornava [30] la crueldad bárvara, quiso hazer este entremés en su y |storia. Porque ni aquel gran senor ni los suyos [31], avnque tienen por costun re evar las cavezas muchas vez es a Costantinopla, y prinçipalmente las de personas prinçipales para ostentaçión de suvltona, pero [32] esto es quan o e senor no se a o en a vatalla, porque hallándose, el mesmo hecho basta por muestra, sin llevalle otra de su vençimiento [33]; pero en ningún caso, avnque quiten estas caveças a los muertos, jamás se les dize [34] esos oprovios, y avnque se les dixese, no tan conçertadamente ni dando a cada v no su epíteto y nonbre, ni haziendo d'ello vn avto tan particular y tan conçertado, qu'es gran / desconçierto del entendimiento creello. Mayormente de vn bárbaro y [35] várbaros que nos tienen en tan poco, y entonçes muy en menos [36], que pasada la vitoria entiendo que no se les acordó más de los muertos que de los bivos, y ya que hiçiesen alguna burla, sería en general por hauerse atrevido a dalles la batalla, pero no deçendiendo a las particularidades con que el Jobio le pareçió ynchyr su y |storia. Ni creo a mi juiçio que ay gente en lo criado, por várbara que sea, que avnque se atrevan a mirar a los que han muerto y hazer burla d'ellos, y otras cosas semejantes, pero no con horden y conçierto espeçial, ablándoles y haziendo aquellos avtos como en farsa, ni a que a tánto llegue la crueldad y varbarismo. Porque Dios quiso qu'éstos, y todos los demás oprobios invsitados, quedasen rreservados para que se hiçiesen a solo su hijo natural, Jesuchristo Nuestro Señor, quando de los judíos en su pasión fue antes y después de su muerre escal: neçido por tantas maneras como nuestra fee y evangelio quenta, y pareçe congrua cossa considerar qu'este género d'escarnio, después ya de la muerte, teniendo presente al muerto, no aconteçiese a otrie sino a quien estavan amontonados todos y guardados, para con que nos rredimiese y con su muerte alcanzásemos la vida eterna, si por nuestros deméritos no la perdiésemos [37].

Después de lo qual nuestro nobocomense lonbardo [38] trata de la eleçión que hizieron los vngaros en el Bayvoda Juan Sepus, que avnqu'él no lo dize, hera tanvién conde de azigo, lo qual quenta [39] todo al rrevés de cómo pasó, o a lo menos / con tantas faltas y menguas, que haz en que sea lo que digo, porque dexa de dezir tantas cosas y no çircunstançias, sino prinçipales, que en esto pasaron, que no las puedo yo contar todas. Espeçialmente dexa de tratar de los otros pretensores que vbo al mesmo rreyno, que fueron otros grandes señores y rreyes comarcanos, y quedósele çanvién en el tintero los rrequerimientos y avtos que nuestro ynfante don Hernando envió a hazer, y la copia que se le dio, y la solene envajada que envió Sigismundo, rrey de Polonia, con su chanziller Christófaro Schydloviet: z, y dexa tanvién otras muchas cosas, que avnque tuviera tiempo y lugar para escribillas, mis |Anales me fueran a la mano en ello, para los quales se rreserva todo esto, y avn las faltas tanbién de lo que adelante dize, qu'estando el Bayvoda añadiendo fuerças a su nueva dignidad, supo qu'el ynfante don Hernando que avía sido electo por rrey de Voemia prerendia también sello de Vngria, qu'esto es volver a caveça de la ystoria avajo y los pies d'ella [40] arriba. Porqu'es ansí, que antes qu'el [41] Fernando se partiese de A vstria, que fuea diez e seis de henero del año de veynte y siete para Vohemia, donde fue coronado con la rreyna su muger en fin del mes siguiente, supo ya el Juan, y no hera menester sabello qu'el pandero se lo deçía claro [42], la pretensión y el derecho qu'el [43] Fernando tenía a Vngría, y en este paso pasa él por la cautela qu'en esto tuvo el Bayvoda y sus sequaçes [44], para asegurar / al archiduque, y las otras cosas que en este artículo pasaron, con qu'el mesmo archiduque quedó asegurado y hizo su jornada de Voemia.

Pero lo más malo y peruerso que quenta de todo lo tocante a Vngría, es el fundamento que pone del derecho qu'el ynfante tenía aquel rreyno. Porque dize qu'este derecho se probaua por la antigua diferençia que vbo entre Matía Corvino, rrey de Vngría y el Emperador Federico, bisagüelo del Fernando, la qual tomaba prinçipio de que Vladislao fuç en Boemia muerto con pon'roña, según se dezía, el día de su desposorio, por amviçión y maldad de Jorge Pojibraçio, el qual pretendía hazerse rrey de Voemia y se açó con aquel rreyno. En las quales palabras, si quiso dezir, como lo suena en latín y la traslaçión que yo sigo lo mesmo, que por horden del Emperador Federico, bisagüelo del Hernando archiduque, fue muerto en Praga, caveça de Boemia, donde ello aconteçió, el rrey Ladislao de Vngría, sería maldad no de ovispo sino de ynfierno, nunca vista ni oyda otra semejante porque era aver puesto la lengua en la más bendita criatura que en la casa de Avst: ria (con aver sido todos los d'ella por la mayor parte d'esta traça) jamás se, vido. Mas con todo, me acuerdo aora que vbo en ella el marido de la rreyna doña Juana nuestra señora, don Feliperrey de Castilla, y avn quiçá me acuerdo de otro del mesmo nonbre que conviene agora callar; y la causa porque o callo plega a Dios que me dure a mí, ya todos los escritores presentes y suçesores de mi condiçión, grande multitud de años. Pero / tornando al Emperador Federico, que llamaron por su bondad y birtud, o por el mucho número de lo v no y de lo otro el Sancto Prínçipe de la Paz, ymaginémoslo no d'esta suerte, sino todo al contrario. A qué propósito avía de matar a Ladislao con yeruas, quando rreynava, pues lo tuvo en su poder y se entregó d'él desde que vbo quatro meses hasta que hubo catorçe años, que salido de la tutela, y avn poco antes que saliese, lo entregó a los vngaros para que reinase entr'ellos, y el Emperador lo crió, podemos dezir, a sus pechos, y por no entregallo antes de tiempo ni'inconsideradamente, padezió diversidad de molestias y gue rras y trauajos. De manera que quiero dezir, que si Federico quisiera matar con tan rruyn género de muerte a Ladislao, t: iempo tubo harto para ello, sin que se sintiese ni se pudiese sentir, y sin aguardar a qu'el mozo fuese honbre y estuviese rreynando en Vngría y en Boemia, y en la bíspera de sus bodas qu'estaua para contraer, con la hija del rrey de Françia en la çiudad de Praga. Trato en caso que aya muerto de ponçoña, qu'esto no se puede afirmar más de la sospecha que los escritores de aquel tiempo nos dexaron puesta, qu'el que d'ellos más se atrevió fue ponella en vn Jorge Pograbraçio, que aviendo sido gouernador, se hizo luégo elegir por rrey de Boemia, por aver muerto el verdadero, así arrebatadamente, en solas treynta y t: res oras, avnque bien pudo ser averlo causado la pestilençia, de la qual andaua / entonçes en aquella tierra.

Pero pongamos este negoçio en más fuertes términos, y qu'el Federico lo quisiera mandar hazer; pregunto: ¿de qué seruía o qué derecho le pareçe al Jobio que se le adquería, por muerte de Ladislao, al Federico en Vngría? Pues sepa que ninguno se le adquirió, avnqu'él con otros avtores e hartos, les pareçe que de aquella muerte se siguió tener la casa de Austria derecho a la de Vngría, no acordándose que Ladislao el muerro hera hijo de Alberto, príncipe avstríaco y quinto d'este nonbre en aquella casa, primo segundo del Federico. Fue casado con y savel, del qual matrimonio naçió el Ladislao, muerto en Praga, los quales marido y muger, avnque fueron rreyes de Vngría por elçión y falta de |sugesión, pero hera la y sauel, por cuya cabeç el negoçio vngaro yba, hija de Bárbara, muger segunda del Emperador Sigismundo, tanvién prínçipe austria!, y no de la María, su muger primera, que hera la, original rreyna de Vngría y por cuya cabeça el mesmo Emperador Sigismundo avía sido rrey de aquella probinçia, y así el Federico y su Austria, por otro derecho más alto y menos entendido d'escritores, lo tenía al rreyno de los vngaros, sin que hiziese para ello al caso la vida ni la muerte del pobre moço Ladislao. En la qual muerte, tratar de poner culpa al Federico, sería solo vnico en el mundo el obispo de Nochera el que lo hiçiese y vbiese dexaço escrito. Pero para dezir la verdad, quitado que suena mal la letra (o yo de torpe la hago sonar así), no entiendo ni creo que tal le pasó por la ymaginaçión en su yntençión al J obio, porque aliende del disparate / y crueza fuera cosa de grande sinpropósito, y por esto en este paso, salua el autoridad del traslador en pos de quien boy, con aver açertado en su traslaçión tan vien y abentajadamente, qu'es vna de las cosas qu'e visto mejor trasladadas de latín en rromançe, se declaró mejor en estepunto el otro segundo trasladador valençiano, y quitóa mi juiçio más bien el escrúpulo que d'esto se podía siguir al crédito y honrra de nuestro autor [45], y bolbiendo al derecho que tratáuamos agora [46] que tenía el archiduque don Fernando, ya rrey de Voemia, al rreyno de Vngría, no es tanpoco el que an creído [47] algunos modernos ystoriadores, en espeçial españoles, que [48] lo an fundado sobre el conçierto que hizo el Emperador ynvitisimo [49] Magimiliano [50] con el otro segundo Ladislao, hijo segundo de Casimiro, rrey de Polonia, que después de la muerte de Jorge Pogiabraçio y de Matía Corvino, éste rrey de Vngría y el otro de Boemia, lo fue d'entranvos rreynos. El qual Ladislao fue padre d'este Luis que agora murió en la vatalla, con el qual [51] se conçertó que, a falta de suçesión, entrase en la de Vngría el Maximiliano y la suya porqu'esto [52] no se pudo hazer en perjuiçio de otro que tubiese derecho al mesmo rreyno, y que según las constituçiones vngaras fuese llamado en aquel mayorazgo, y por eso el derecho más asentado, a lo menos más bulgar y más carretero [53], por donde el [54] rrey don Fernando le perteneçía a [55] Vngría, hera por ser casado con hermana del mesmo Ludivico muerto en la vatalla, que hera la rreyna Ana, muger del Fernando. y es cosa de no [56] hazer caso, pensar como [57] algunos / lo cren, que son [58] las henbras yncapaçes de la suçesión de aquel rreyno, porque no se puede negar avello ellas heredado muchas veçes, como por las ystorias pareçe, y según ellas María, hija del rrey Estevan, el quarto de aqueste nombre, que fue casada con el Carlos, segundo de aquel apellido, rrey de Nápoles, heredó aquel rreyno; y Carlos Martel su hijo, y su nieto Carlo Vnverto, después de hauerse muerto la suçesión viril V venido a parar a estotra femínea, por caveça desu madre y agüela María, y avn tanbién con este mesmo Carlo Vnberto, como está dicho, abiendo heredado por cabeça de su agüela, truxo contienda sobre el mesmo rreyno V nçeslao, rrey de Voemia, pretendiendo que su muger Ana, avnque henbra, hera ligítima suçesora de Vngría. Y andando después el tiempo más adelante, Ludivico, hijo del Carlo Vnverto, desó vna sola hija llamada María, que los vngaros llamavan el rrey María, que de punta en blanco [59] heredó aquella probinçia. Y hijo segundo del Emperador Carlos, quarto rrey de Voemia, que tanvién el mesmo Sigismundo fue después Emperador, y por caveça de su muger fue rrey de Vngría, como está dicho, e Y sauel, hija d'este mesmo Sigismundo como agora acavamos de dezir), con no ser hija d'esta María, qu'es harto más rreçio, sino de otra su segunda muger, después de la otra muerta, vbo el mesmo rreyno de Vngría, y ni más ni menos su marido / Alverto de Avstria que tanvién fue emperador.

Así qu'es cosa muy sin duda y que en ningún entendimiento, por flaco que sea, la puede hauer (como esté algo diestro en las cosas vngaras), qu ' el rreyno de Vngría lo heredan mujeres a falta de varón; y si no es solo el de Françia (con tanvién negar esto los yngleses), no sé otro que aya en la christiandad al qual las henbras no sean admitidas. Y según esto, está muy claro el rrey don Fernando, por caueça de su muger Ana, muerto el hermano Luis, que quedaron marido y muger rreyes de Vngría. Avnque otro, si no mayor, a lo menos tan buen derecho tienen los prínçipes avstriales [60], y por el consiguiente el mesmo [61] Fernando lo tenía al mesmo [62] rreyno de Vngría, y éste agora [63] lo acavé de apuntar, y los |Anales no lo ternán guardado hasta su tiempo. En esto lo que ay que dezir es qu'el rrey don Fernando, luego que murió el rrey Luis su cuñado, envió a declarar su derecho a los vngaros y ellos lo tuvieron por bien notorio, si las mañas de Juan Sepus no lo estorbaran. Entre las quales fue vna enbiar a Estéfano Rator a Roemia, a significar al Hernando quán llano estava lo de Vngría, para que avsentç él, lo que presente no se pudiera hazer, el Rayvoda hiçiese lo que hizo, y ocupase la parte que ocupó de aquella probinçia, intitulándose rrey de toda ella, avnque bien prestamente llevó el pago de su atrebimiento. Pues buelto el rrey don Fernando a Austria y a Vngría, fue sobre el ynvasor y lo bençió, / y le tomó toda la tierra sin dexalle vna almena, y hizo después de coronado su asiento en Ruda, cabeça de aquel rreyno, desanparando su enemigo a toda la Vngría y metiéndose en los confines de Polonia. Donde nuestro Nochera [64] dize qu'estando allí perseguido de la fortuna, fue acogido y ospedado de Gerónimo Lasco, cauallero polaco a quien el Jobio haze muy grande honbre de consejo, que en el que le dio en este caso se verá quán vien lo prueva: que fue que se metiese por las puertas del turco y se hiçiese su tributario, y que así vernía con exérçito a rrecobrar el rreyno perdido, y qu'el mesmo Lasco, dejándolo en su casa, fue a Costantinopla por envajador de su huésped y conçertó con aquel gran várbaro (lo qu'en hefecto hizo), que fue traer dozientos y çinquenta mill honbres y destruyr a Vngría, y llevar ynfinitas ánimas catibas, y hechar del rreyno al don Hernando, que no osó en él esperar tan grande poder de henemigos, y pasando más adelante puso çerco a Viena.

Y es menester, para conplir con las alabanças del Jobio, dezir vn poco d'este Gerónimo Lasco, para que d'él el obispo [65] no nos haga [66] muchos potajes. Pues es asíque este Lasco (que tanto nos encareçe nuestro autor, que çierto [67] no hera de mal entendimiento, si tan ynpíamente no lo vbiera aplicado, avnque después enmendó v, (quando ya no avía lugar) / el hierro, fue envajador açerca del Emperador don Carlos, por su rrey de Polonia, el año de veinte y v no; el qual tubo otro hermano llamado Jhoan Lasco, honbre harto sufiçiente, y qu'e truxo entre manos negçios graues [68] y de graues prínçipes, ya éste alabara yo de mejor gana si huviera de alabar alguno d'ellos. Pero el Gerónimo, puesto caso que tenía medianía en las letras y en el engenio, no tenía aquellos estremos con qu'el [69] Jobio nos lo pinta, y pluguiera a Dios que pintado hubiera él sido, y mobido para hazer la enbajada que hiço, avnque después él llevó su pago, así del Bayvoda como del bárvaro, según por fuerça se dirá alguna vez algo d'ello, andando con esta ystoria adelante. Ya lo que más dize que le fue rrespondido a Jhoan Overdansco, enbajador del rrey don Fernando en Costant: inopla, estando anvos envajadores en aquella bárvara corte, diziendo que se le avía contado al Hernando por grande atrebimiento (por el Gran Turco) [70] que vbiese acometido a ocupar el rreyno de Vngría, qu'él avía ganado por las armas, y que le dixeron que fue mal hecho [71], sin primero avisar de su pretensión en Costaninopla, tengo todo esto por cossa soñada de nuestro avtor. Porque si aquello moviera a aquellos [72] ynfieles a tornar a Vngría [73] contra el rrey don Fernando, por la mesma rrazón lo avían de hazer tanvién / contra el rrey Jhoan (llamémosle rrey al que vsurpa el rreyno), pues tanvién él mesmo [74] avía ocupado el mesmo [75] rreyno primero qu'el Hernando, después de hauer el Solimán ganado a Buda ya toda aquella probinçia, y la mesma rraçón avía en el v no qu'en el otro [76]; quánto más que quando aquellos ynfieles vençieron en Mongazo, y mataron al rrey vngaro [77], y se hizieron superiores en toda aquella tierra, quando después se rretiraron a Costantinopla, no dexaron ninguna guarniçión en Vngría ni quedó vn turco en toda ella de Belgrado a esta parte, y quedando la tierra vacante (que vacante le llamo en quanto a este yntento), y no estando ninguno en la posesión, ninguna ynjuria rreçevían los otomanos de quienquiera que lo ocupase con buen título o sin ninguno, y por eso creo (que de credulidad hablo) [78], que determinarse el ynfiel a ayudar más al Joan que al Hernando, fue por las ynfames condiçiones y perjudiçiales al christianismo [79] con que aquel Bayvoda rreçevía el ayuda turquesca, y hasí hágale el prouecho que después le hizo los tiempos adelante, el querer rreynar y tener grande fatiga por ello, y vna de quatro causas que avido en mi tiempo y hedad, notables en perdimiento señalado de la christiandad, fue ésta d'este rrey [80] Voybada Jhoan, porque fueron ynfinitos y, los males que causó a todos los christianos por aver / tornado a meter turcos en Vngría, y rreçebir la corona y el rreyno por su mano d'ellos.

Pero quédese agora rreynando (si estar sujeto y [81] ser vasallo y [1]: ributario a vn ynfiel es rreynar), y pasemos a donde los mesmos ynfieles pasaron qu'es después de Vnçgría [82], a A vstria y en ella a Biena, a la quallos ynfieles pusieron sitio brabísimo, y no a treçe de setienbre, como el Jobio dize [83], ni se acauó a quinze de otubre, como él mesmo quenta [84], porqu'el asiento del çerco fue a veynte y v no del vn mes, y el rretirarse a diez y seis del otro ... propósito que he dicho en el capítulo veinte y quatro pasado. En el qual sitio quenta y trata nuestro Pauçiolo [85] Jobio, toda la gente qu'estava dentro en Biena a la defensa, nonbrando los capitanes d'ellos, todos alemanes, sin hazer memoria de capitán ni español ninguno, y para que se vea la yntençión d'este enemigo del nonbre español (que quiso hazer creher al mundo lo contrario) [86], nótese lo que [87] adelante (no contentándose con querer dar a entender al mesmo [88] mundo qu'entonçes en Biena entre la guarniçión d'ella no avía gente española ninguna) dize [89], que dos españoles, no les nombra [90] capitanes ni cosa ninguna d'éstas (que en [91] a manera del contar da claramente a entender que heran dos comunes españoles, como se hallan de muchas naçiones en cada pueblo prinçipal [92] semejante), los quales dize que subieron vna media culebrina a la muralla con que haçían daño en el campo del turco, y no se piense que los nonbró por despreçio de la traça / qu'está dicho [93], sino que [94] como el negoçio se lo dize de suyo muy claro [95], acauteladamente, para que si los honbres del presente siglo (en el qual él quiso publicar su obra), o las corónicas benideras le arguyesen de la gente española que allí avía dentro en guarniçión, con quatro capitanes tan señalados y valerosos quanto allí mostraron [96], pudiese rresponder (o su ystoria por él) [97] que ya los nonbró, y que así no se le puede poner esta falta a su libro, y d'estas cosas hallaremos en el ovispo ynfinidad d'ellas [98]. Es pues el caso [99] qu'en la guarniçión que se alló en Biena para defensa de aquella tierra (qu'entonçes no lo fue, sino çielo, hablando por traslaçión, pues el mesmo y el que rreyna en él y en todo lo criado le fauoreçió para que la ynfidelidad no le pudiese entrar y ganar) [100], avía quatro conpañías d'españoles, en que avía [101] mill y dozientos honbres con |sus capitanes balerosos y valientes, Luis de A valos, que era el coronel de aquella gente, y Aguilera, y Villarroel, y Salinas, los quales, por hablar atentadamente, hizieron aquello mesmo quehizieron los alemanes; y los v nos y los otros trararon esforçadamente aquel negoçio, digno de ser alabado perpetuamente, y no creo qu'entiende vien el bulgo general quán dignos son aquellos defensores d'esta alavança que digo, ni a caydo el mesmo bulgo quiçá en la pérdida que vbiera sido perderse entonçes Biena, en la defensa de la qual no me fuera mal contado contar yo [102] los echos particulares de algunos espa / ñoles, y tanbién no lo negaré (como el Jobio ni les quitaré su gloria) [103] de alemanes hartos [104]; pero ni para los v nos ni para los otros no [105] tengo propósito entre las manos, ni es éste su lugar y coyuntura. Solo en ésta [106] vaste sauer cómo [107] el turco, aviéndole sido defendida aquella çiudad con esfuerço christiano, se levantó del çerco y se rretiró a Vngría, donde dexó a su tributario y vasallo el rrey Jhoan sepusiense (lo mejor que pudo) confirmado en aquel rreyno entre los vngaros, y después, a jornadas bien diligentes, porqu'el ynbierno entrava a más andar y con furia no poco terrible, se bolbió a su Costantinopla.

1 Add.: con los apuntamientos sobre lo que en esto escrive el Jovio.

2 Del.: Bálame Dios...

3 Add.: gasta...

4 Del.: gasta...

5 Mut.: que son.

6 Mut.: émulo dende: contrario desde...

7 Mut.: de allí que ya se a: que ya está...

8 Del.: voemio...

9 Mut.: muerto rrey y héchose: rey muerto y hechas...

10 Del.: que siendo derecho...

11 Del.: mesmos...

12 Del.: mesmo...

13 Del.: mesmo...

14 Add.: rey don...

15 Mut.: siguiéndole...

16 Del.: mesmo...

17 Del.: mesmo.

18 Del.: mesmo...

19 Mut.: más...

20 Del.: asímesmo...

21 Del.: asímesmo...

22 Add.: y...

23 Mut.: es llamado: le llamó...

24 Del.: asímesmo.

25 Add.: de...

26 Mut.: descubre...

27 Mut.: tienen...

28 Del.: ello lo es...

29 Mut.: como de la...: Que...

30 Mut.: a él que con...: adornava con esto...

31 Del.: ni aquel...

32 Del.: pero...

33 Del.: sin llevalle.).

34 Mut.: dizen...

35 Del.: vn bárbaro y...

36 Add.: tanto...

37 Del.: y ya que hiçiesen alguna burla...

38 Mut.: nobocomense lonbardo: Jovio...

39 Mut.: lo qual quenta: y cuéntalc...

40 Del.: d'ella...

41 Add.: rey...

42 Del.: y no hera menester...

43 Add.: rey...

44 Mut.: amigos...

45 Del.: pero lo más malo y peruerso... (fol. 124 r.). El corrector porque elJovio no dize nada de esto por que pueda ser reprehendido: fol. 125...

46 Mut.: y bolbiendo a! derecho...: Dize que el derecho...

47 Mut.: no es tanpoco...: era porque pertenecía a la casa de Aust () ria desde el Emperador Alberto. Otros...

48 Del.: que...

49 Del.: ynvitísimo...
50 Mut.: Maximiliano...
51 Mut.: el qual: quien...
52 Mut.: porqu'esto: pero esto...
53 Del.: y más carretero...
54 Mut.: al.
55 Del.: a...
56 Mut.: muger del...
57 Mut.: pensar como: de...
58 Mut.: lo cren que son: que creyeron ser...
59 Del.: de punta en blanco...
60 Mut.: de Avstria...
61 Mut.: rey don...
62 Del.: mesmo...
63 Mut.: y este aora: como agora...
64 Mut.: Jovio...
65 Mut.: d'élel obispo: el Jovio...
66 Add.: de él...
67 Del.: (que tanto nos...).
68 Mut.: grandes...
69 Mut.: medianía en las...: medianas letras, no tenía engenio tan estremado como.
70 Del.: (por el...)...
71 Dele: y que le dixeron...
72 Mut.: los turcos...
73 Del.: a Vngrfa...
74 Del.: mesmo...
75 Mut.: el mesmo: aquel...
76 Del.: y la mesma ...
77 Mut.: de Vngría...
78 Mut.: sin ninguno...: con ninguno y por esto creo...
79 Mut.: al Christianismo: a la Cristiandad...
80 Del.: rrey o...
81 Del.: estar sujeto y...
82 Del.: después de Vngría...

83 Del.: como el Jobio dize...

84 Mut.: mesmo quenta: Jovio dize...

85 Mut.: quenta y trata nuestro Paulo: pone nuestro...

86 Mut.: d'este enemigo...: del Jovio...

87 Add.: dice...

88 Del.: mesmo...

89 Del.: (... ninguna) dize...

90 Mut.: no les nonbra: sin las nombrar...

91 Mut.: que en: antes...

92 Del.: prinçipal...

93 Mut.: dicha...

94 Del.: que...

95 Del.: muy claro...

96 Add.: se...

97 Del.: (o su...)...

98 Mut.: ovispo ynfinidad d'ellas: Jovio ynfinitas...

99 Transp.: Pues el caso es...

100 Del.: (qu'entonçes no : ..)...

101 Mut.: en que avía: que eran...

102 Mut.: contar yo: si yo contase...

103 Del.: no lo negaré...

104 Mut.: alemanes hartos: muchos alemanes...

105 Del.: no...

106 Del.: ni es éste su...

107 Mut.: que...

Capítulo beinte y Seis

De la continuaçión del sitio de Florençia y de los conçiertos que sin efecto algunas vezes se trataron entre florentines y Papa, y de algunas escaramuças que en aquel çerco pasaron, y de la toma que hizieron españoles de los lugares Lastra e Ynpoli, del territorio florentino [1].

Lo que rresta d'este libro beinte y ocho, qu'es dende [2] el capítulo quinze basta el treynta y seis qu'es el final, lo gasta Paulo Jobio en el çerco que dejamos asentado sobre Florençia, y acaba el libro con la tomada [3] de Ynpoli, pueblo rrazonablemente fuerte de florentines, con lo qual acavaremos tanvién nosotros este capítulo, Presuponiendo primero dos cosas (que falsamente cada momento tray [4] nuestro autor en la boca de su Ysroria en las [5] tocantes a Florençia): yes la vna [6] que los vezinos populares [7] de Florençia / heran los que davan causa a esta guerra, defendiendo como él dize vanamente el nombre de libertad, y que los nobles [8] de aquella rrepública estavan de otra opinión muy allegados a la del Papa, lo qual todo pasa al contrario. Porque, quitados algunos çiudadanos que heran vien pocos, Y éstos estavan fuera de Florençia, en el campo o en Rroma con el Pontífiçe d'ella, todos los demás sentían y tenían vn mesmo pareçer, y entr'ellos buena parte de los parientes de la mesma casa de Médizis, por defender su libertad, qu'el Jobio llama vana, que no sé yo quál será a su quentala maziza, si es banidad defender vna rrepública el bivir según forma d'ella, sin rreconoçer señor particular sino al supremo, y defender aquella horden de gouernaçión con que dende el naçimiento de aquellas muraças avían bivido. Y en fin, lc pareçe a este autor (a quien le parezen todas las cosas a su dispusiçión) [9] que tener amo o no teneuo y [10] bivir libremente, es cosa de ningún hefecto, juzgando él por bana toda la filosofía antigua y moderna, digo la moral, que nos pone por rregla vnibersal en sus preçetos que todas las rriquezas criadas no se yguala ni es bastante preçio para conprar con ellas la libertad de vn honbre, quánto más la de tantos y de tan prinçipal rrepública y estado [11]. Pero no se entiende ni entra en esta libertad el bibir libremente para los viçios y sin cabeça / y superior, que por esto saque el supremo, qu'es el Emperador, y entonçes tanbién éste puede mudar, si be que conviene la forma de gouernaçión de aquella rrepública.

La otra cossa que çerca d'esta materia florentina le hallarán cada ora entre las manos al Jobion [12] es que los florentines tenían esperança de buen suçeso, así como los sitiadores tenían el mesmo, de adonde saca vn corralario bien engañoso y no berdaderamente sacado de la conclusión, qu'es dezir [13] qu'el prínçipe d'Oranje no quería batir la çiudada por el rrezelo que tenía de no poder hazello cómodamente, de arte que pudiese salir con su yntençión y enpresa y tomar el pueblo. Sabiendo como save toda la Ytalia d'entonçes, y harta parte de Europa de la que negoçia y tiene tratos e ynteligençias en la mesma probinçia, que la rrazón de durar el sitio de Florençia honze meses, y de no ser tomada y saqueada con façilidad, a lo menos no con muy notable dificultad, fue querer el Papa (por cuya horden se huía esta guerra por mandado del Emperador) [14], qu'este negoçio se llevase con aquella templança que se llevaba, avnque fuese a costa de mucho dinero como lo fue, que se consumía en la paga de los soldados [15], y no se hablase ni tratase en ninguna manera por bía de vatería y vatalla. Y lo prinçipal que se tratava hera qu'este trato estuviese secreto a los soldados, que engolosinados con la esperança del saco (que fuera vno / de los prouechosos que se avían hecho en Ytalia), pasasen con menos pesadunbre aquella prolixidad del sitio y peleasen de mejor gana y no se enfadasen con la largueza. Porque de otra manera, muy visto está si después que binieron los soldados bisoños españoles con don Pero Vélez y los alemanes con el conde Vautista de Lodrón (porque el duque Félix de Vitenberga que los avía traydo [16] se avía ya buelto Alemania) si pudiera tomarse la çiudad sin mucha pesadunbre, acreçentado el exérçito de la manera qu'está dicho. Y si en esto m'engaño o no, de buena gana lo dexo a quien mejor lo entiende que yo, como entienda d'esta algarabía de la guerra, que lo será algaravía para quien no lo entiende [17]. Y a las dos cosas que tengo dichas del lobio se puede añadir Otra terçera, qu'es que si se mira en todos estos capítulos, se allará qu'en todas las cosas suçedidas en este çerco, escaramuzas, correrías, escoltas, tomas de pueblos de florentines, y todas las demás semejantes y no semejantes, en todas no nonbra Otra gente, así capitanes como particulares, sino a sus [18] ytalianos; ni más ni menos [19] como si aquella çiudad no estuviera çercada de otra naçión, y quando biene a nonbrar alguna vez alemanes o españoles, es a cavo de muy gran rrato y por muy gran milagro, y a cossa bien desbiada de la materia prinçipal de que se trata, Que me pareçe (no sé si lo conparo bien) a vn barquillo pequeño / en la mar que se ve de muy lejos de vn' grande y poderosa armada, que casi no se haze caso ni miran en él los vnos ni los otros, ... más que nos [hon-]rrara y [en] tan pequeña manera se mentan [?] de españoles y alemanes toda importancia dexa para sus italianos. Que quando la persona lo considera, y lo mesmo creo que les aconteçerá a todos los que leen la ystoria jobiana, qu'él llamó de su tiempo (que mejor llamara de su cabeza), no puede algunas vezes dexar de tomarse vna nezesaria cólera, avnque otras vezes tanvién confieso que me causa vna ynportuna rrisa.

Y porque todo no se nos pase en lo vno ni en lo otro, dezendamos a las particularidades que trata en estos capítulos, los quales no avía neçesidad de ser sumados [20] como los demás, porque los prosupuestos que agora acavamos de dezir, vastarán por suma. Y digo que después de aver siliado el lobio a su plaçer a Florençia, y puesto el quartel de los españoles en el más seguro puesto, y a los ytalianos en el más peligroso, siendo todo al contrario, porque a la naçión española de astuçia y [21] de propósito (como a gente que ya se save por qué se haze esto hordinariamente) se le dio la más peligrosa estançia y la más junta a la muralla. Trata luégo de las escaramuzas que pasaron entre los de dentro y los de fuera, y en vna d'ellas, qu'es en el capítulo diez y siete, trata de quando Estéfano Colona salió vna noche a dar en los ynperiales con mucha gente florenlina, y de la [22] de guarniçión que avía dentro, y quenta allí grande matan que hizieron los florentines, / y que si no fuera por vn ganado que se soltó de vn corral (y es cosa de corral el contallo de la manera que lo quenta) [23], que, alió dando bramidos y desbarató a los de la çiudad, que lVn se hiziera mayor matança y mayor desbarato, y que asi los florentinos bolvieron muy vitoriosos al pueblo, dando todos muy grande alavança como autor d'este hecho al Estéfano Colona Y es el caso que cn aquella escaramuza o encamisada (o como la quisiere él llamar [24], de aquella noche) no vbo más espeçialidad que en otras muchas que de poco efecto se hizieron por los de Flo rençia, sino que se le antojó al lobio gastar en esto más tinta y papel; y quiçá debio de causallo que como ello paso de noche lo devio de soñar Y si llama vitoria de florentines aquélla, gozense mucbo en buen ora con ella, todas las vezes que se acordaren de aquel hecho Y para que se les acuerde mejor, les acuerdo yo a ellos que fue a veinte y ocho de novienbre del año de veyn'e y nueve, y avn les puedo tanbién acordar eomo después de muertos aquella noche beinte o treynta d'ellos de la barraganada (que no fueron la mitad muertos de la gente contraria), los fueron los çesarianos siguiendo hasta ençerrallos en la segurida y sonbra de Florençia

Pero bengamos ya a la tratança [25] de la toma de la Lastra, lugar fuerte de florentines (para que se vea bien quán avorreçible nonbre le es el español al labio). Dize, pues, que al prmcipe le pareçió que se tomase la Lastra / y que enbió sobr'ella, y qu'estavan dentro para la defensa tres capitanes qu'él nonbra, yen este nonbramiento haze dos cosas, y ojalá con ellas solas en este caso se contentara La vna, que no pone el número de la gente que tenían, y la otra, que dize que Ferrucho les avía prometido de socorrellos luégo con vastimento y muniçiones Todo dicho a hefecto que los lectores tengan en este yntento [26] al lugar por desprobeydo y mal guarneçido Y es así çierto, que avía en él nobeçientos ynfantes ytalianos, que haziendo lo qu'eran obligados, podían defender la Dlaça que teman a cargo, a vn canpo de veinte mill honbres, como le será notorio a qualquiera que entendiere las cosas d'este exerçiçio militar y 'ubiere notiçia del pueblo que tenían tomado a cargo el defendello [27]. Y en quanto a lo segundo, cs cosa donosa, como si huviera sido tomado por hanbre, asi haze mençion de vas imentos, aviendo estado solos día y medio sobre aquella fuerça, y teniendo dentro (pues quiere el labio que todo lo digamos) [28] harta probisión, y que avnque no tuvieran ninguna, vastaba la qu'ellos salían a rrobar cada día, para mantenerse muchos meses Porque d'estos rrobos con que se estorvaba el vastimento que venia al campo ynperial (porque todo lo salteaban los de la Lastra), naçió la causa, porqu'el prmçipe envió a tomalla Y para esto dize nuestro novocomo (que creo que mejor le quadrara nuevo cómico) que envió la ynfantería / españolael prmçipe a este negoçio (que no se puede sin cólera, y no pequeña sino muy grande, leer [29] este autor quien supiere lo que paso, y ver [30] con qué yntençión trata las cosas), porque dize que fue sobre la Lastra la ynfante ría española, por dar a entender que toda ella fue a este negoçio Y presupone y describe el número por este tér mino que e dicho, llamándole la ynfanterí, española absulutamente, porque se entienda ali de los que no le entienden a él Y para conplir tanvién, con los que le entienden, no dixo tanpoco toda la ynfanteria, por poderse escapar, como aquel saçerdote de Hércules de quien se quenta que jugaua con la mano derecha por si y con la izquierda por su adbersario Y asi, para poderse escapar con vnos, no dize toda la ynfantería, y para hazer creer a otros lo contrario, dize que fue la ynfantería española a tomar la Lastra, avnque según el rrigor del bocablo bien beo que se a d'entender toda la ynfantería, pero él haze para conplir con todos semejante maoera de discriçion [31]

El caso es que para aquel negoçio enbió el prínçipe solos mili soldados españoles, y llevó Cargo d'ellos y de la enpresa el capitán Rrodrigo de Rripalda, con los quales fueron asímesmo [32] dos mili alemanes. Y dize el Paulo que allegados los españoles, que fueron rrevatidos, y qu'entonçes envió el capitán al prínçipe por artillería y por más gente, el qual dize [33] que se la enbió, y le envió asímesmo [34] dos mili alemanes. Y es esto [35] como todas las / demás [36] cosas d'este honbre. Lo que pasa es que los alemanes y españoles todos salieron juntos del campo, y digo en vn día, y los vnos y los otros se detuvieron en ganar vna casa fuerte qu'estava vna milla poco más o menos antes del lugar, dond'estava vna poca de gente que con gran façilidad fue desecha, en el despojo de la qual se detuvieron los alemanes algunas oras, y los españoles, que caminaron delante y llegaron primero, pusieron algunas escalas para subir al pueblo, y fueron rrevatidos, como el lobio dize, avnque casi que [37] en el comienzo del negoçio se vido luégo la fortaleça del pueblo, y para que las gentes que no lo saven crean y enliendan que no vastaron los españoles solos a tomar la fuerça, dize que enbiaron al campo por alemanes para su socorro, aviendo salido todos juntos como he dicho, y aviéndoles dado el prínçipe quando salieron dos pieças de harlillería, que avn entonçes no heran llegadas, pero como llegaron, y los alemanes lo mesmo, hizieron su batería por la parte d'ellos, y con hazella rrazonable, los tudescos no pudieron entrar hasta que los españoles sin vatería, sino a escala vista, entraron por la otra parte, y tomaron y ganaron muy esforçadamente aquel pueblo. Y para escusar los de dentro d'esta flaqueza (que avn si supiesen vien los que leen esto quánta fue, se espantarían), dize el autor que desmayaron / (que desmayo le llama lo que avía de llamar Otro nonbre, que yo tanvién por guardar la oneslidad no llamaré) [38] de ver que Ferrucho no les avía socorrido de pólbora y mantenimientos; que [39] si estando peleando con los españoles ençima de la muralla, y defendiendo que no les entrase, se acordavan de comer y se desmayavan por no tenello, no hera muy malo que otros quando se desmayan no se acuerdan d'ello- En fin, los desmayados fueron muertos y desvalijados, y tomado el pueblo. Y es de notar quán por la posta corre luégo a rrienda suelta por la vitoria que huvieron los mesmos españoles de allí, quando viniendo de allí a poco [40] el socorro, que venía (al [41] lugar ya tomado) de ynfantería y cauallería en gruesa cantidad, viniendo a cargo lo vno [42] del capitán Montacuto y lo Otro del capitán Arsulaño, salieron a ellos y los mataron y desbarataron, y huyendo se escaparon los que pudieron, y acabados estos dos aconteçimientos e bolvieron al campo sin pérdida de vn solo honbre. Y quenta más adelante que Hércules d'Este, hijo del duque de Ferrara, que los florentines tenían elegido por su general, y por su ausençia rregía aquel cargo Malatesta Ballón, envió gente con el conde Rrangón a los de Florençia, y que no fue él en persona por conplaçer al Emperador Pero que no se pudo acabar / con él que no enbiase gente. ¡Miserable Jobio!, que ni él sabe en esto lo que pasó, ni las desculpas qu'el ferrariense dio al Carlos [43] sobr'este negoçio, ni los descargos qu'él envió a Florençia, ni el propósito de la gente de Rrangón. Y métese en hablar en todo aquello que no entendió ni supo, pero entenderse a en las ystorias y corónicas Carlescas [44]. Y hasta la quenta de los años (hesas pocas veçes que la pone) acordó el ovispo que hera vien herralla, porque dize luégo en començando el capítulo beinte, que pasado el año de mill y quinientos y treinta, fue elegido Rrafael Gerónimo por supremo magistrado de la rrepública florentina, durando el sitio de aquella çiudad. Y es ynposible, porque a la quenta jobiana hera el año de treynta y vno, pues dize pasado el año de treynta, y no hera sino el mesmo de treynta, porque en el postrer terçio de veinte y nueve se puso el sitio, y a los primeros días de agosto siguiente, que fue en el de treynta, se acabó y concluyó aquel negoçio y quedó Florençia y la Toscana toda hechada a vna parte, y después de todo esto que a contado, pone la venida de don Pero Bélez con los españoles visoños al campo, y engáñase, porque muchas, o a los menos algunas de las cosas que a contado, suçcdieron después de aver allegado el don Pedro; y avn de allí a hartos días, el qual llegóal canpo con su gente a quinze de henero d'este / mesmo año de treynta Y por no los dcxar mucho descansar en paz el Jobio, en haziéndolos reçién llegados, dize luégo quc despidió el marqués a çiertas conpañlas d 'ellos posque no quisieron yr con el Emperador Alemania, y ello asi fue como él lo quenta. Pero añade que fueron despedidos afrentosamente (por hechar su lançe, contra españoles), como si fuese afrenta la que me haze el que me tiene, onduzido a su, ldo en no qu, rer que gane más su salario. Bien es berdad que aquellos españoles despedidos, quon cl saco que speraban de Florençia no quisieron yr con su prínçipe, lo hizieron mal, pero d'este mal sacó la ventura después gran bien para, mesmo negoçio florentino, como a pesar del Jobio y de ytalianos [45] se contará, ya que no quiso contallo en el libro siguiente, donde es la materia dello. Y estos despedidos y por despedir de quien tra[tamos] mostraron después vien quando Alemania y la christiandad los vbo menester, si rrehusaron la partida y el yr aquella probinçia y a la otra su vexina, quando vbo el peligro que corrió el cristianismo. Pero todo se le perdone a nuestro autor, con que luégo, vn poco adelanre, quenta vna piedad que hizo vn ytaliano (y d'éstas quente él muchas) [46] llamado Vitelo, que en vna escaramuza (que más fue qu'esto) donde los ynperial, s hizieron gran destrozo en florentines, / no quiso tomar al capitán Anguiloto rrendido (avnque se le rrendla), porque savia que lo avlan de matar, por averse pasado del Emperador a los florentines. Y qu'el otro le rrogó que le matase, y que asi lo hizo; y con conrar esto, le pareçe al Jobio que puede llamar a los de las otras naçiones bárbaros, y plugiera a Dios qu'en solo este género parara el barbarismo dc alguna nación.

Pero no se niegu, qué maravillas y alabanças quenta luégo en otra escaramuza del marqués del Gasto, del qual dize cómo yba muy señalado, y le conoçían todos por vna bandereta que llcvaba en la lança, y otras gentilezas d'esta traza, que no son poso de agradeçelle, ni devieron de ser mal agradeçidas por aquel generoso prínçipe', mas con todo esto, luégu de allí a poco contando el desafío que hubo entre los quatro florentines (y con rrazón hizo memoría d'él por qu'él fue acto solene en aqu, l género), dize al cavo, que se ynterpretó de aquel suçeso que los bençidos y vençedores avían de llorar, dando a entender que así suçedió después, como si hubieran quedado perdidos los ymperíales después del vençimiento, o como si éste se hubiera avido con grandísimas pérdidas y desastres, o como si quedaran tan desechos y quebrantados después de aver sujetado a la Toscana, que no avian tenido fuerças para rrespirar a nuevas empresas. /

Pero trátese agura de lo que nuestro auctor trata, qu'es de la prinçipal contienda y escaramuça señalada por la muerte de Barragán, valeroso capitán de ynfantería española.! O Dios, y [47] qué cosa es ber cómo la quenta, y qué de cosas trastrueca! ¡Quántas calla!! Qué de verdades se le quedaron en el tintero, y qué de ynconbinientes pone para contar por desdicha no aver habido los florentines la vitoria! Mas digamos en ello vna sola palabra y quédese lo demás para la parte y obra donde conbiene, y que esté más de rraíz escrito esta escaramuça, pues [48] que avnqu'el autor no lo dize, fue a los seis de mayo de aquel año de treinta, y fue vna de las solenes que en aquel sitio pasaron. Y para escribilla el Jobio dize de pasada qu'entre otras palabras que Malatesta Vallón dezía a sus soldados animándolos, hera que no se le [49] diese nada de los españoles qu'estavan confiados en el fuerte sitio de su alojamieoto. Y esto lo dirá el auctor çien veçes si fuere menester por su pasatiempo, y d'este talle pareçe esto [50]; porque, como otra vez creo que [51] he dicho, se les dio a los españoles el más peligroso asiento y el más çercano a los enemigos, y luégo contando la escaramuça de aquel día, después de otras galanías que trata sin / querer contar claramente cómo fue, y qu'el quartel español fue acometido por tres partes, por la delautera [51] y espaldas y por vn lado, dize y da a entender muy gentilmente que los florentines se tenían con los españoles de firme a firme hasta que les allegó de socorro çierta ynfantería ytaliana del capitán Andrés Gastaldo, sin querer contar la verdad el pobre honbre, porqu'este capitán Andrés quando allegó fue a socorrer aquel lado y parte solamente de las tres por donde heran acometidos los españoles; de manera que la cara y espaldas del quartel, sin socorro ninguno se quedó, y solas manos españolas fueron los que hizieron la rriza de aquel día.

Y que no hubieran venido los ytalianos para en socorro de aquella terçera parte, hiziera poco al caso y poco hizieron d'él los florentines, pues luégo en matándoles a vn capitán suyo llamado Pietro Conçio, se rretiravan y avn rretiraron lindamente. Pero en el hervor d'esta escaramuça, el Jobio (que sé yo bien que no la estava mirando) dize que se tenían los de Florençia muy bien con los españoles sin mostrarse ynferiores a ellos; lo qual es conposiçión de la suerte de las [52] pasadas sus cosas [53], pero ojalá con esto se contentara, más no quiso, sino dize / que en matando al capitán Varragán (que allí murió entonçes), que los ytalianos cobraron ánimo y esperança de vitoria, y avn da a entender que yvan en seguimiento d'ella. Yes así qu'el capitán Varragán murió de vna pieça de artillería, quanto a lo primero, y no de valor de enemigo ninguno; y quanto a lo segundo es tanvién de sauer que acudieron luégo quatro capitanes de ynfantería a la contienda (pero quien se llevó toda la alabança o la mayor parte d'ella fue el capitán Machicao), los quales no solo hizieron estar en el peso que se estaba la pelea, pero luégo los hizieron rretirar yrretraer a grande paso. Y poco les duró éste, porque luégo de allí a poco

[54] el rretirar paró en [55] correr y huír, derribándose y hechándose por las laderas de aquellas cuestas, y dexando muchos d'ellos las armas en aquel campo.

Y en este estado y punto (digo quando la rretirada antes del huír) fue quando llegó Andrés Gastaldo, de que tanta fiesta haze nuestro autor, el qual tanvién dize que murieron quinientos de cada parte aquel día, por ser tan buen arismético como coronista. Es el caso que en aquel negoçio murieron como çiento y treinta españoles, seis más a menos. Y de los / contrarios es çierto que murieron más çerca de mili que de ochozientos; pero el Jobio, por ygualar la sangre (que no sé según su condiçcón cómo la quiso ygualar con la española), pareçióle de partillos por medio. En lo de los capitanes nos hizo honrra, porque de los ymperiales contó los dos muertos, que no quiso fingir otros, avnque de los florentines no pudo sostenerse [56] sin hurtar al número de capitanes muertos vn par o [57] dos pares d'ellos, porque sin los qu'él nonbra aqui heridos y muertos, que fueron quatro muertos y siete heridos, murieron asimesmo [58] el capitán Marioto Corzo y el capitán Ascanio Piçinelo y otros muchos que mereçian tener el mesmo cargo de gente.

Pero pasemos d'esto y de otras cossas hartas que tenían no pequeña neçesidad de correçcón y vengamos a la enpresa y presa de Ynpoli, lugar fuerte del territorio florentín, qu'estava guarniçionado [59] con mucha más [60] gente de guerra que yo podré dezir ni el Jobio callar, el qual negoçio se cometcó a don Diego Sarmiento, que fue con vna parte de la ynfantería española a hefetuallo y con otra parte de ytalianos de la coronalía de Alejandro Vitelo, el qual allegado a la tierra y batida por dos partes, a la segunda / hatalla de las manos fue entrado y saqueado. Pero, por avajar la estimaçcón de la jornada, dize este lonbardo que tenía poca defensa el lugar, aviéndola probeydo Françisco Ferrucho, comisario florentín, no solo bien sino eçelentemente. Y sin esto, les avía entrado de socorro (quando apareçieron los enemigos sobr'ellos) treçientos soldados balerosos, con su capitán Borne de Luca, que heran de los de la guarniçcón de Pisa. Y el auctor, quando apunta algo d'esto, es por vnas palabras escuras y menguando la cantidad, y por vna manera dicho, que pareçe que no vbo lugar el socorro. Pero benido al conbate es muy bueno lo que dize, y da muy claro a entender que fueron más benturosos en la batería los españoles que los ytalianos, y que la hizo mejor su artillería que no la de los otros. Y al superior, y que tenía a cargo aquel lugar, házelo [61] juez; y si para españoles fuera [62], cosa conbiniente que lo fuera [63], hiziéralo capitán, ceguedad de honbre, que [64] no considerara que haze poco al caso el nonbre, pues hera superior de siete capitanes qu'estavan dentro! Y así [65] él, como capitán y no como juez, defendcó al [66] pueblo muy honrrada y valerosamente. Y avn [67] avnque le fue rrogado y persuadido, no vna vez ni dos, sino más número, / que lo rrindiese con honestas condiçiones, nunca lo quiso hazer. Pero para esto se nos atraviesa nuestro Davo terençiano que todas las bitorias de nuestra naççón quiere perturbar, y dize (y si no lo dize claro, allá lo masca no sé de qué manera sin acavar de digirirlo) que con estos asaltos de Ynpoli, si se tomo el lugar fue porqu'estava ya medio asentado el rrendimiento, y por esto se descuydo el capitán que huía la guardia quando arremetieron los españoles. Y echándolo a este descuydo (por no descuydarse él de ponelle otro más fuerte apoyo) [68], dize tanbién que se dixo qu'el capitán Orlandino avía traydo trato secreto con los ymperiales para entregalles el lugar, y porque en esto asímesmo [69] levantaha vn brabo [70] testimonio al otro pobre capitán (que avnque lo puso en duda, ponella en escrito perpetuo [71] es gran rruyndad quando no la vbo), échalo luégo por otro terçer camino, diziendo que se descuydaron los de dentro con el conçierto que se avía tratado, dando a entender que creyan que vbiera hefecto. Y todo, lo vno y lo otro y lo terçero, todas son cosas ynventadas [72] por el que ha ynventado todas las demás, que ni el conçierto llego al medio, quánto más al cavo. Y los ynpolenses y la guarniççón d'ellos siempre estuvieron firmes en no quererse rrendir avn- / que vbo algunas opiniones entr'ellos; y los asaltos, si se dieron con furia, con la mesma fueron defendidos. Y allí murio en ellos vn capitán valeroso (avnque visoño) qu'el Jobio no deviera callar, pues tenía tantas partes, fuera de la de capitán, para hazer mençion d'él. Este [73] fue Françisco de Avila, dellinage y casta de los que ay d'este apellido en la çiudad del mesmo nonbre, cavallero esforçado y que avía suçedido en la conpañía de don Luis de Avila, su pariente, a quien poco avía que su [74] magestad del Emperador lo [75] avía pasado de la guerra al seruiçio de su cámara. Así que Ynpol fue balerosamente ganada, y con el mesmo halor (no se lo neguemos) defendida.

Y entrados dentro, pregúntole [76] yo al Jobio: qué habían de hazer los soldados sino saquear el lugar? Ha visto él por bentura otra cosa, ni por ventura ase [77] oydo jamás |después de ganado vn pueblo por la fuerça de las armas? | Dígolo porque encareçe mucho el saco y manera d'él y dize que les quitaron a las mujeres hasta las ajorcas y anillos y nominas que trayan por deboçion, contándolo por crueza. Y no es muy bueno qu'este ytaliano [78] quente esto por cosa estraña, como si los soldados vbieran de dejar las joyas de oro por tomar las sartenes y calderas de las cozinas. Y en lo de los rrelicarios, yo le aseguro que como ellos tuviesen algún preçio por / rrazon de ser la obra d'estima, que sin mirar a las oraçiones que dentro tenían o rreliquias (por muy sanctas que fuesen), que se avían de aprouechar los soldados de aquel preçio, que a más qu'esto llega la codiçia soldadesca. Y no anda este buen honbre sino buscando modos cómo cargarnos, como si hubiese cosa más sabida en la guerra que los sacos, y en los sacos ninguna más que el aver todo lo que se puede coger de cosas de eso, y de seda, y paño, y otras semejantes. Pero de lo qu'él pareçe congojarse es que los ytalianos no se aliaron en este saco sino muy a la postre, porque no entraron en el pueblo hasta que los españoles estavan dentro, y quánto ganaron los de Ynpoli en esto y en ser saqueados por españoles y no por ytalianos, las otras naçiones que no sea ninguna d'estas dos lo pueden juzgar, y avn los mesmos ytalianos saqueados lo mesmo [79], quando an acontezido sello [80] de sus naturales, porque como es notorio y la desbenturada yspiriençia se lo a mostrado, ninguna naçion, y meto en ella la turquesca, allega en ynpiedades y cruezas [81] al saco y destruymiento de pueblos tomados por los mesmos ytalianos, y, lo que peor es [82], falta de rreverençia, qual nunca se a visto entre christianos [83], a los tenplos y cossas sagradas. Sinenvargo d'él, ¡biba la gala del Paulo / Jobio, ovispo de Nochera, que en esta su ystoria canta! [84]. Hablo del vulgo de soldados de cada naçion, que de particulares y personas de quenta no la hay, según es grande; quántos [85] soldados de lustre y [86] de gran y de gran valor alçanza la nación ytaliana.

1 Add.: con los apuntamientos de las faltas del Jovio.

2 Mut.: desde.

3 Mut.: toma.

4 Mut.: cada momento tray: trae siempre.

5 Del.: en las.

6 Transp.: la vna es.

7 Mut.: comunes.

8 Del.: d'ella.

9 Del.: (a quien le...).

10 Mut.: amo o no tenello: señor 'o.

11 Del.: digo la moral...:

12 Del.: que çerca d'esta...

13 Mut.: saca vn 1... d.

14 Del.: (pro cuya)

15 Del... - e .. que se consumla.

16 Mut.: corra ano... Viene a ezlr. - e .. por cuya.

17 Del.: avla tray o: truxo. - e .: que o sera...

18 Del.: a sus.

19 Del.: ni más ni menos.

20 Mut.: ser sumados: Silmar

21 Del.: de astuçia y.

22 Del.: la.

23 Del.: (y es cosa...) :

24 Del.: o como la quisiere...

25 Mut.: ya a la tratança: a cómo tra-ta 10.

26 Del.: en este yntento.

27 Del.: el defendello.

28 Del.: (pues quiere...).

29 Mut.: sino muy grande, leer: leer a.

30 Mut.: viere.

31 Del.: como aquel saçerdote...

32 Del.: asímesmo.

33 Mut.: el qual dize: y.

34 Mut.: le envió asímesmo: más.

35 Transp.: esto

36 Del : demás

37 Del : que

38 Del : lo que avia de

39 Mut.: es. - e .. emas. - e .. que. - e .. o que avla e... Del.: que.

40 Mut: viniendo de allí a poco: viniéndoles.

41 Mut.: que venía (al...) : después del.

42 Mut.: viniendo a cargo lo v no: lo v no a cargo.

43 Mut.: ferrariense...: de Ferrara dio al Emperador.

44 Mut.: del Emperador.

45 Del.: y de ytalianos.

46 Del.: (y d'éstas...).

47 Mut.: O Dios, y: válame Dios.

48 Del.: pues.

49 Mut.: les.

50 Del.: y d'este talle...

51 Mut.: otra vez creo que: ya.

52 Add.: otras.

53 Del.: sus cosas.

54 Mut.: de allí a poco: tras.

55 Mut.: paró en: vino el.

56 Mut.: abstenerse.

57 Mut.: y aun.

58 Del.: así-mesmo.

59 Del.: guarniçionad, o.

60 Mut.: mayor guarnición de.

61 Mut.: házeles.

62 Add.: esto.

63 Del.: que lo fuera.

64 Del.: 0 çeguedad de honbre que.

65 Mut.: que.

66 Mut.: el.

67 Del.: aun.

68 Del.: (por no descuydarse...).

69 Del.: asímesmo.

70 Add.: falso.

71 Del.: perpetuo.

72 Mut.: fingidas.

73 Mut.: que.

74 Mut.: la.

75 Mut.: le. 7

76 Mut.: pregunto.

77 Del.: por ventura ase.

78 Mut.: lombardo.

79 Del.: saqueados lo mesmo.

80 Mut.: an acontezido sello: aconteze ser saqueados.

81 Mut.: y meto en ella...: llega en crueza.

82 Mut.: los mesmos ...: soldados ytalianos con.

83 Del.: qual nunca se a...

84 Del.: sinenvargo d'él, biba...

85 Mut.: no la ay según él...: muchos.

86 Add.: cavallerla y...

Capítulo Veinte y Siete

Del çerco todavia de Florençia, y de cómo el marqués del Gasto fue sobre Bulterra y no la pudo tomar, y de cómo el Prínçipe se fue a encontrar con Ferrucho que venia en socio de los çercados, y de lo que en este hecho aconteçió, y de la rrendida de Florençia y coronaçión del Archiduque don Hernando en rrey de rromanos [1].

Y continuando el sitio de Florençia dize el Jovio en el libro beinte y nueve, en los primeros capítulos d'él, cómo el marqués del Gasto tomó a cargo el yr a tomar a Bulterra, lugar vien fuerte de aquella comarca, que hera y estava por florentines, sobre la qual avía días que estava Fabriçio Maramaldo con vna coronelía de ynfantería ytaliana, sin poder hazer hefeto ninguno, porque estava dentro el comisario y capitán Françisco Ferrucho con defensa vien bastante, y que para esto el marqués llevó ynfantería española y alemana y todo el rrecaudo conbiniente para la jornada. Y diçe cómo el marqués con esta gente fue por Ympoli y llebó de allí a don Diego Sarmiento, que avía ganado aquel lugar, con otra çierta gente que allí tenía y cómo el del Gasto allegó allí y puso su sitio, el qual pone el Jovio bien a la letra y no con ninguna priesa, y diçe cómo los de Bulterra salieron y acometieron valientemente a los españoles que les venían a çercar..., y quenta asímesmo la primera, segunda, terçera y quarta batería y asaltos que se dieron al pueblo sin poderse tomar. Y en la primera dize / cómo por vna parte arremetió la gente de Marramaldo, y que por aquella parte estava ganado el pueblo, porque los defensores se rretiravan ya a más andar, sino qu'el Fabriçio hizo gran tardança en el mandato de arremeter y que, visto aquel espaçio, tornaron los de dentro a tener ánimo y bolber a la batería, y que por la otra parte los españoles en aquel mesmo día y asalto arremetieron avnque no tenían tan buena vatería hecha, y que pelearon con ánimo, pero que fueron rrepelidos y rrevatidos (porque vsemos del bocablo peculiar del trasladador) [2] con grandísima valentía de los de dentro. De la segunda vatalla tanbién dize cómo se dio por Otras dos partes brabísimamente, hasta poner los españoles algunas de sus banderas en lo alto de la muralla. Pero dize que fueron tanvién maravillosamente rrepelidos, y que en aquel contraste muriódon Diego Sarmiento, y salió lleno de muchas heridas el capitán Machicao, aviendo subido con los demás al muro, y que así se hizo señal de rretirar, como se rretiraron, sin tener más feliçe suçeso, otra terçera batalla que después adelante se dio, donde los españoles, biendo quán dificultosa hera la entrada, dize que temiendo la fuerça de los enemiigos, no obraron muy de constantes o balientes, / y que así el marqués con grandísimo desgusto (avnqu'él no save otro que se le siguió d'éste pocos días después) se partió de Bulterra y se bolbió con la gente al campo de Florençia. Y avnqu'él no lo quenta, el marqués estubo allí en el campo después de venido de Bulterra poco tiempo, porque dejado aquella guerra, por no tenella con el prínçipe de Oranje, se bolvió a su casa por entonçes.

Y tornando al Jobio y a su |Ystoria trata después d'esto de vna encamisada que dieron los florentines al quartel de los tudescos por tres partes, donde quenta bien menudamente todo el negoçio como pasó, si ello hubiera pasado así. Pero en fin dize cómo después de aver hecho marabillas los florentines, y teniendo ya ganadas las trincheas de los enemigos, y saqueando las tiendas de aquel quartel, fueron tornados a rrevatir y a hechar d'él con pérdida y muerte de liartos, dejando ellos muertos tanbién a muchos. Y quenta después d'este negoçio cómo los florentines trataron de rrendirse y que no se conçertaron en las condiçiones con el prínçipe, y que visto esto tomaron por postrer rremedio enbiar a llamar al Ferrucho, que después de lo de Bulterra se avía hido a Pisa donde tenía gente harta junta, el qua! llamamiento se haçía a hefecto de que con aquella gente, y con la que avía en Florençia, quando / Ferrucho allegase çerca d'ella, salir todos y dar la batalla a los enemigos. Y que rreçebido, ste acuerdo por el Ferrucho, juntó tres mill ynfantes y tanbién le acudió con algunas conpañías de Otros algunos pláticos Paulo de Cherr hijo del capitán Rrençio Cherri, qu, de demás d'esta cantidad de ynfantería llebava quinientas çeladas y capeletes albaneses, cavallos ligeros los vnos y los otros. Y que sabido esto en el exérçito ynperial, el prínçipe se determinó (dexando bastante rrecaudo en el campo) de yr en persona contra el Ferrucho y enbió a mandar a Marramaldo (que después de los de Bulterra se avía ydo a pasar el estío con su gente en tierra de Pisa) y Alejandro Bitelo que anbos con sus coronelías se viniesen por las pisadas del Ferrucho para quando él le saliese a el enquentro y le acometiese, tanvién ellos cargasen por la otra parte; y que así lo hizieron llevando consigo vn capitán clauero, español, con algunos, spañoles pocos desmandados. Y qu'el de Orange después d'esto, dejado a don Hernando de Gonzaga el cargo del sitio (porqu'el marqués ya hera buelto a su casa) y dexándole para esto casi toda la ynfantería española (que a esta quenta da a entender falsamente que llevo alguna d'ella el prínçipe consigo) y dejándole asímesmo toda la ytaliana, llevo vna legion de soldados biejos / tudescos y çierta cantidad de honbres de harmas y callallos ligeros y que con esta gente fue en busca del enemigo y se encontro con él, y le dio la vata-Lla, la qllal dize que paso d'esta manera: qu'el prínçipe yendo en busca de Ferrucho paro en vn lugarejo llamado Lagon, donde estando almorçando, le vinieron nuevas como los enemigos estaban çerca, que hera en oan Marçelo, vn lugar allí vezino, y qu'el prínçipe començo a camínar, y que sus caballos que yvan delante corriendo allegaron a Gaviñano, lugar dos miLlas del de oan Marçelo, y que no queriéndoles los del pueblo abrir (por detenellos en palabras mientras llegaba el Çid del Jobio, que hera Ferrucho, cuya afiçion elloo tanbién seguían) algunos caballos d'ellos corrieron adelante hazia oan Marçelo del qlla! ya avía salido Ferrucho y se benía con su gente a meter en el de Gabiñano; porque dize que le cunplía mucho tener aquel pueblo por rrazon de los bastimentos que en él avía. Y qu'estando los vnos caballos con los otros escaramuzando, mientras las ynfanterías de anbas partes llegavan, qu'el Marramaldo y el Bitelo que venían por los pasos de Ferrucho, avían tomado çiertos traveses y había entrado el vno ya en Gaviñano qllando el Ferrucho quería entrar en él, y que de hecho entro y que allí pelearon / Marramaldo y él con sus gentes, y que acudio Bitelo a buen tiempo en ayuda del

Fabriçio, hasta qu'en fin el Ferrucho y su gente fueron vençidos, después de ser primero muertos muchos y el Ferrucho rrendido, a quien dize que mato por sus manos el mesmo Marramaldo y prendio a los otros sus capitanes. Y quenta más, que al tiempo que Ferrucho entro en Gabiñano, no pudieron entrar con él hasta quinientos honbres ynfantes, los quales se rretrujeron a vnos castaños qu'estaban cabe la muralla, y que ha éstos acometio el prínçipe con sus honbres de armas y caballos, y que yban en la delantera, y que en arremetiendo a ellos el prínçipe fue herido de dos arcabuçazos de que luégo murio, y que los honbres de armas huyeron luégo (y entr'ellos el capitán Rrosales, que a éste en espeçial fue menester nonbrar por ser español, al qllal da la vitoria del huyr). Los quales cavallos dize que huyeron tánto, que allego la nueva al campo de Florençia de la muerte del prínçipe, y avnque añadieron que su gente hera toda desbaratada. Y dize por vltimo d'esta bataLla como la gente del castañal, qu'estava por deshazer, abiendo ya ganado la vitoria Marramaldo, fue desecha por los honbres de armas que no avían huydo, y por la ynfantería tudesca qu'estava todavía en pie. Y dize / que este negoçio todo fue muy rreñido y que murieron dos mill honbres de cada parte.

Y después d'este vençimiento trata de çiertas cosas particulares aconteçidas dentro en Florençia, de que ya algunas vezes e dicho que yo no he de tratar. Y después pone la hanbre que avía en la mesma çiudad, y que al fm se rrindio con las condiçiones que aquí dize, y ya rrendida quenta vien a la larga (alargándose él harto en ello) aquella famosa disension que, ya rrendida Florençia, antes rretirase los exérçitos, paso entre españoles y ytalíanos del mesmo campo, donde quenta la cosa como suele contar las otras, sin ponello yo en esto tanta culpa por escusar aquel día de vergüença a su naçion. Avnque ninguna causa ha de bastar en el mundo para dejarse d'escrebir verdades por los que quieren tomar este ofiçio de ystoriadores, lo qual sinifica el mesmo bocablo griego, como lo diximos en el libro que yntitulé |Los rratos de Suesca, en el capítulo primero del Quarto Rrato [3]. Y luégo tornó a otros casos particulares de la mesma çiudad de Florençia, y del alegría que hubo el Papa de la muerte del prínçipe de Orange, al qual haze el mayor [4] plaçentero del mundo de muertes agenas, cada vez que se le ofreçe que mu, ra alguno. Y trata así mesmo de la probisión que luégo de allí a poco tiempo / el Emperador enbió dende Flandes, mudando la forma del rregimiento de Florençia, mandando que de allí adelante tubiese vna persona particular para cabeça y prínçipe a quien ovedeçiesen. Y qu'éste fuese Alejandro de Médizis, sobrino del Papa, y sus deçendientes, y a falta d'éste su pariente más propinco, la qual probísión dize que fue ovedeçida y cunplida. Y encaja en este trançe vn terremoto que vbo en Flandes y otro en Portugal, y por acabar sabrosamente su libro (el qual sin mirar en ello lo hemos todo sumado) [5] quenta la eleçión y coronaçión del rrey de Vngría y de Boemia, don Hernando, quando fue hecho rrey de rromanos, donde dize que vbo muchas fiestas y otras cosas d'esta traza. Y con esto ha quedado su libro epitomado [6] y también yo epitomaré [7] lo mucho que (salva la rreberençia del autor) [8] avía que contar.

Y quanto a lo primero de la jornada y enpresa del marqués sobre Bulterra, lo que ay que dezir es que no pareçe sino que de astuçia y' de propósito [9] todos los asaltos que se dieron a la tierra los herró o quiso herrar [10] con la yntençión que siempre a llevado, porque quando se asentó el sitio y salieron los del pueblo a contrastar con los sitíadores, solos los españoles que fueron los acometidos fueron los que hizieron rretirar a los bolaterranos, / sin que fuese menester que biniese la gente de Fabriçio, como el Jobio dize. Y avnque no fueran españoles los de aquel día, no vbieran menester socorro de nadie, porqu'el negoçio no tubo tanto peso ni sustançia como nuestro autor piensa, ni vbo más en ello de salir los de dentro a dar a los de fuera vn arma tan falsa, como tubo el hefecto no más de para cunplir [11] con la hordinaria costunbre que se tiene de salir los çercados a hazer aquel aspabiento (que algunas vezes no lo es sino ynportante), quando los que vienen a sitiar alguna plaça allegan nuevamente a ello [12], y están Ocupados en hazer sus alojamientos. Y en este acaheçimiento avn fue menos que ninguno otro semejante [13], porque casi que [14] no se hizo más de salir y bolberse, siendo hecho tan presto lo vno casi como lo otro. Y el mesmo herror tubo en contar la segunda contienda, quando salieron otra vez por dos partes a dar por la vna en los ytalíanos y por la otra en los españoles, porque de tal manera les fue a los de Ferrucho con esta salida, que ni a los ytalianos pudieron hechar de la yglesia de Sant Andrés, junto aquel pueblo, que hera su pretensión, ni con los españoles tanpoco tuvo hefecto su acomctimiento. Y defecto sí harto grande, pues / se quedaron en aquella ora, por no saberse entender, dos (y avn quiçá tres) doçenas d'ellos, entre muertos y heridos, sin quedar d'esta traça ningún español, si no fueron quatro o çinco y no muchos más de anbas partes como el obispo dize.

Y çiertamente yo no sé en qué se estava pensando quando escrevía este negoçio de Bulterra, que avn en otros hierra y açierta, i en éste no vbo memoria de lo postrero [15]. Y conforme a esto escribe luégo las baterías y arremetidas que se dieron al pueblo; y en la primera, que dize que se dio por dos partes, fue ello así; y tanbién lo que dize que si los ytalianos arremetieran, presto se tomara el lugar, porque tenían muy buena vatería hecha y el mesmo Ferrucho estaba herido y los defensores desmayados y aun se yvan ya rretirando de la mesma batería. Pero la causa de no hazello pregúntelo él aquellos de su naçión [16] y defiéndanse. Y viniendo a los de la mía [17], que casi no tenían batería ninguna, y en la que tenían (con ser tan pequeña) estaban por deshazer dos traveses que la huían peligrosísima, y hera ynposible por virtud d'ella hazerse ningún saludable hefecto, digu qu'esto sí causó no entrar entonçes los españoles en el pueblo, que no el ánimo qu'el Jobio dize que tuvieron los de / dentro, defendiéndose como él dize costantísimamente. Y para esto, como aquel que alaba a su enemigo con quien ha tenido pendençias, para que su ánimo se tenga en más en avelle vençido y sobrepujado, así ni más ni menos [18], dize que los españoles animosamente arremetieron y conbatieron, para dezir luégo la costançia de los de dentro en la defensa.

Pero bengamos al prinçipal asalto y de más tomo que en aquel sitio de pocos días aconteçió, que fue el día de la muerte de don Diego Sarmiento, cavallero baleroso, y de quien yo creo que si Bulterra no le atajara los pasos, y él no dexara los de la guerra, que fuera en ella vna de las señaladas personas que en aquella probinçia la naçión española a tenido. Y es así como el Jobio lo dize, que los españoles arremetieron por la parte y de la manera qu'él quenta lo que se hizo, con tanto esfuerço, que se vieron banderas ya ençima de la batería y de la muralla. Pero vbo quatro ynconbinientes bastantes que los |Añales nos contarán quando hablen [19], parano poderse proseguir la vitoria (sin el de las pipas de piedra qu'el Jobio quenta). Y este día fue, el que más españoles feneçieron convatiendo, y entr'ellos aquel cavallero notable qu'está dicho, sin quedar el capitán Machicao herido de muchas heridas, como nuestro ovispo [20] dize, ni de ningunas, si no fuese de alguna pedrada o otra cosa / semeejante de poca calidad, porque no puede haver memoria para tanta particularidad. Pero lo que más es que notar, y para mi gusto de rreyr, es que contando después le vltima vatalla y asalto que se dio al lugar d'españoles e ytalianos, mezclados vnos con Otros (porque al marqués le pareçió hazer aquel día aquella ensalada que algunas vezes es probechosa y no sirve solo d'este manjar sino tanbién de fruta de postre, porque con ella se acaba el negoçio, avnque otras tanbién se daña por ello), dize que arremetieron los d'estas dos naçiones rrebueltos vnos con otros, como está dicho, y que fue defendiendo [21] el pueblo maravillosamente porque los españoles (que d'estos solos trata, siendo los que convatían tanbién ytalianos mezclados con ellos) vieron quán dificultosa hera la entrada, y temiendo la fuerça de los enemigos no rresistieron balientemente quando fueron acometidos. ¡Desventurado Jobio, que çiego de pasión no cae en que el asalto dieron [22] los vnos y los otros mezcladamente, con acavallo de dezir [23], y queablando en general no podían pelear mal los españoles ni ser rrebatidos sin que tanvién por los ytalianos no [24] pasase lo mesmo neçesariamente, salvo si no quedaron los ytalianos en la muralla para estatuas d'ella [25], y losespañoles solos se rretiraron! Y a tanto como esto llega la çeguedad e ynconsideraçiones / de nuestro perlado de Nochera [26]. Y es çierto así qu'en todo aquel çerco ningúndía pelearon mejor los españoles y los ytalianos, ni más ni menos [27]; pero con todo esto la fortaleza del lugar hera mucha, y tanpoco no tanta que se ponga por estremo la dificultad de poderse tomar, pero son cosas y acon teçimientos, graçias y desgraçias de guerra que causan diversos hefectos en ella. Y en fin, el pueblo no se tomó y el marqués se rretiró con su gente al sitio de adonde la avía sacado, y de allí a pocos días, por desgustus qu'entre él y el prínçipe pasaron, de los quales en otra obra que ya tengo muchas vezes alegada se dará quenta d'ellos [28], se bolvió a su casa a Nápoles.

Después de lo qual nos da [29] quenta el Jobio de [30] la encamisada (con las espeçialidades d'ella) que los florentines dieron al quartel de los tudescos (y fue esto a quinze de jullio de aquel año). Y como no hera la contienda con españoles allegóse más a la verdad, avnque, por no perder su posesión, sienpre con defectos y [31] faltas. Porque dexa de contar cómo fueron los tudescos entonçes acometidos en aquella madrugada por diversas partes y [32] por más [33] que las qu'él quenta; y deja vna espeçialidad muy prinçipal, y es cómo vna parte de aquellos florentines que salieron a este hecho, fue rrodeando aquellos campos y questas hasta dar en el camíno que venía del quartel de los españoles al de los alemancs, / y cómo quando començava ya a andar la varaja y la grita, y los tudescos dando priesa a su arma, vinieron éstos que digo a grande priesa diziendo: ¡España!, ¡España!, como que hera socorro del otro quartel que acudía a los tudescos, que los hizo descuydar vn poco, hasta que viendo que con el nonbre d'España heran tanbién acometidos como por las otras partes, entendieron el engaño y rrevatieron a los vnos y a los otros. Y de tal manera fue [34] este rrebatir, que casi fue vergonçoso según la manera y priesa con que fue la rretirada [35], sin haver primero hecho aquellas barraganadas [36] qu'el Jobio quenta, que aunqu'él estava en Rroma, çerca de Florençia lo saven mejor [37] los qu'estaban más çerca, y avn los qu'estavan más lejos qu'él; y çiertamente [38] los tudescos pelearon aquella mañana esforçadamente, hasta echar vituperosamente [39] de sí a sus enemigos [40], y el conde de Lodrón no faltó en nada sino sobró (si en esto pudieta aver sobra) a lo que devía a su ofiçio y coronelía. Y en quanto a lo demás de çiertas condiçiones que dize nuestro auctor que se trataron con que los florentines se querían rrendir, yo me rremito a lo que otra vez tengo dicho y todos (a lo meno' muchos) saben, que Florençia se rrendía de buena voluntad a la del Emperador, con que les dejase su rrepública en forma d'ella el gobierno, sin mudalles ni dalles nueva forma en el rregimiento / de su pueblo y de su Toscana; y todo lo demás qu'el Jobio quenta es burlería, porqu'estos ofreçimientos hiçieron muchas vezes sin jamás querelle, ser admitidos.

Pero bengamos a la vltima rresuluçión que los llorentines tomaron, biéndose ya muy apretados, que fue enbiar a llamar a Ferrucho y que tomase toda la gente de Pisa y de aquellas comarcas, y biniese con ella a Florençia para, quando estubiese a su vista, salir tanbién ellos con la guarniçión que tenían, y juntos dar en los enemigos a manera de desesperaçión, biendo que no les quedava otro rremedio; que si esto es así, lo qual yo no sé, ni si para esto [41] los florentines llamavan aquel su comisario [42], antes entiendo que hera para otro hefecto, que se contaría en otra parte más conbiniente. Sé al [43] menos qu'el Jobio quenta este enquentro como si a él se lo [44] dieran por [45] la bista, que de [46] desatentado no supo contar lo que pasó, lo qual se dirá agora con toda verdad y senzillez [47], pues lo digo en tienpo que ay muchos que son testigos d'ello. Es, pues, el negoçio [48] que savido por el prínçipe y por los capitanes ynperiales, mediante [49] espías que para ello tenían, que Françisco Fe rrucho juntava en Pisa toda la gente que podía aver, sin la que avía sacado de Bulterra, y que tanvién le abía acudido Juan Paulo de Cherri con çierta ynfantería, y que por todos avía juntado quatro mill ynfantes poco más a menos, y ochozientos caua- / llos, los quinientos d'ellos muy escojidos, para venir la buelta de Florençia en socorro de los çercados, acordó que fuese rresistido, y que se le saliese al enquentro para este hefecto, sin dejade llegar a ver su çiudad sitiada. Y el mesmo prínçipe quiso tomar a cargo la jornada y el que hiziese la rresistençia a Ferrucho, y así salió del campo llevando de ynfantería mill ytalianos, y mill y quinientos alemanes, y mill españoles, y tres conpañías de caballos ligeros, y algunos honbres de armas. Pero a çinco millas del canpo y de Florençia, en vna casa prinçipal cuyo nonbre al presente no se me ofreçe, el prínçipe mandó bolber los españoles a su sitio y que se quedasen; hecho a propósito (avnque sin ninguno) [50], para que los españoles no alcançasen parte de aquella vitoria que él esperaba, ni se les pudiese atribuir ninguna cosa d'ella, por odio particular que algunos de los que podían mucho con cl prínçipe tenían, y tanbién el mismo prínçipe quiçá alguno [51], no por enemistad contra españoles (como algunos creen), sino por dependençia de los desgustos dentr'él y el marqués que hera superior de la ynfantería española, el qual sin este cargo lo avía tomado él muy grande de su afiçión. Y son los juyçios de Dios tan escondidos a los honbres, que mientras más quisieron quitar esta gloria a las manos españolas, en fin (a pesar del Jobio que lo quiso callar, y de los ytalianos [52] que lo / quisieren negar y tranpear), vinieron los mesmos españoles por casos no pensados aver aquella vitoria, de manera que perpetuamente a ellos les fuese devida esta honrra. Y para esto es menester tener memoria de aquellos soldados despedidos, de qu'el Jobio y yo algunas Veçes hemos echo minçión [53], a los quales, por mandado de los capitanes del Emperador, yva algunas veçes, donde sabían que se alojavan el capitán y maestre de campo Pedro de Guevara, a hablalles y a trabajar con ellos qu'estubiesen rrecogidos porque no hiçiesen [54] eçesos de que se causase yncomodidad al negoçio prinçipal de Florençia, y daño a la comarca qu'estava por españoles. Así que, tornando al prínçipe, aviendo hecho bolber los mill españoles a su alojami, nto de Florençia, él continuó su camino en busca d'este Ferrucho, abiendo enbiado a mandar (como el Jobio tanbién lo escribe) a Fabriçio Marramaldo y Alejandro Bitelo, que con sus gentes ytalianas biniesen por los pasos del enemigo, para que quando él le acometiese, ellos tanbién se aliasen çerca para molestalle por la otra parte. Y así caminando allegó hasta topar con los enemigos en San Marçelo, de adonde ya el Ferrucho salía para Gaviñano. Y estando junto a este lugar y escaramuçando los cavallos de la vna banda y de la otra, allegóel prínçipe con el golpe de su gente, y en la mesma coyuntura Ferrucho con la suya, la ynfantería de la / qual traya dividida en dos esquadrones, y como se començaron a encontrar pegados los vnos y los otros a Gaviñano, el prínçipe, a vna banda de honbres de armas que traya consigo, mandó arremeter a vno de los dos esquadrones contrarios qu'estava más a mano yzquierda del otro, y como fuesen a hazello y les oxeasen con los arcabuçes, quedando muertos quatro honbres de harmas, los demás començaron a rretirarse y avn a más qu'esto. Y el de Orange entonçes, con las congojas y desesperaçiones suyas acostunbradas, y con aquel ynpetuo que solía, dando a los que huyan al diablo, y avn crco que a sí tanvién (porque aquel hera su juramento), arremetió casi solo, donde le dieron dos arcabuçazos, con que le derribaron muerto en el suelo, que hizo más presto a todos los cauallos de harmas ligeros o a los más d'ellos huir, como ya lo avían començado a hazer en la primera rretirada. Y en este punto es quando huyeron algunos d'ellos, tanto que allegó la nueva al canpo de la muerte del prínçipe, como el Jobio quenta. Pero en esta sazón avn no estaba el Ferrucho dentro en Gaviñano (como el mesmo Jobio dize), avnque luégo fue su entrada, porqu'estando el negoçio de la contienda en este paso, començando casi ya los enemigos a cantar vitoria, avnque los tude, cos alargaban el paso a rronper con el otro esquadrón, / y yendo ya casi caladas las picas para ello, avajan por vn lado de vn rrecuesto, aquel capitán Pedro de Guevara ynpensadamente con trezientos españoles de los despedidos que avía podido rrecojer, y viendo la cosa que pasava, diziendo él y los que traya: ¡Españal, ¡España!, çerraron con los enemigos; que fue de tanto hefecto, pensando que por aquella parte avía enboscada de más españoles, que no puede dezir la ligereza y breuedad con que fueron desbaratados, entrando ya parte de los alemanes en el hecho de la pelea. Y en este estado es quando el Ferrucho se començó a rretirar al lugar, y el Marramaldo y el Bitelo, que venían tras el Ferrucho (qu'el día antes avia tomado vnos trabeses y allegado cave [55] Gaviñano), quando bieron el negoçio, diéronse tanvién buena priesa y hizieron más ayna rretirar al Ferrucho a lo poblado, espeçialmente al Alejandro Bitelo, porqu'el Fabriçio, viendo cómo se yva rretirando el mesmo Ferrucho, entró por otra parte tan presto como él, y avn no sé si primero, y començaron a pelear los vnos con los otros en las calles y plaça del pueblo. Pero como yvan ya desbaratados los ferruchistas, no vbo cosa de mucha defensa, porque luégo el Ferrucho y sus capitanes que con él allí avían podido entrarse, se rretrujeron en algunas casas, donde luégo se rrindieron. Y el Marramaldo, sabida la muerte del prínçipe, mató por su mano al Françisco Ferrucho, y así aquel campo ferruchano fue todo desbaratado y deshecho en muy poco momento de tiempo. Y ésta es la suma del negoçio y lo que a la letra pasó sin discrepar del aconteçimiento ninguna cosa, lo qual aconteçió vn miércoles a tres de agosto de aquel año.

Pero Paulo Jobio no se le acordó, o a lo menos no se le quiso acordar, d'estos españoles causadores d'esta vitoria, y le pareçió que hera vien no hazer memoria d'ellos. Y lo qu'es más graçioso, qu, llama a este hecho vitoria de Marramaldo, y a él, como se vec por su |Ystoria, se la atribuye, que quando allí no hubiera avido españoles que la ganasen como la ganaron (en caso qu'ella sin ellos se ganara, que fuera ynposible, suçediendo como suçedió la cossa y de la manera que se vido proçeder), fuera muy más justo nonbrar por auctores de aquel vençimiento a los alemanes, que fueron los que más presto acudieron, y los que más firmes estuvieron en la canpaña, y los que con mejor meneo y denuedo acometieron. Porque de los ytalianos los más d'ellos, mandándoselo su capitán Fabriçio, se entravan por la otra parte en Gaviñano, y no / hazían mal él ni ellos en esto, considerando qu'el Ferrucho biéndose ya en triste estado, y medio o casi del todo desbaratado, se ynclinava aqu, lla parte y se rretirava a más andar a la Villeta, y fue muy buena probisión la del Marramaldo. Y después de muerto el Ferrucho, los capitanes suyos quedaron presos.

Y en verdad que yo no sabía lo qu'el Jobio quenta de un valero[so] hecho de Marçio Colona, quc compró por dineros al capitán Amico de Arsoli, ferruchano, que hera prisionero de otro soldado, para matallo como lo mató por su propia mano, por haver muerto mucho tiempo antes éste a çipión Colona, pariente del Marçio. Pero yo sé que quan malos halla el ovispo a los españoles, que no hallara entonçes en Ytalia ninguno de su naçión [56] que tal comprara ni quien tal bendiera; y con todo esto, quien dixere que ay vár- / varos entre los ytalianos, que muera por ello.

Y así [57], tornando al propósito, los del campo del virrey y prinçipe se volbieron vituriosos pero tristes a su sitio de Florençia, y el don Hernando de Gonçaga tomó luégo cargo del campo y de proseguir la pendençia con los florentines y con su rrepública, lo qual duró poco, porque de allí a pocos días, que fue a los primeros días de agosto, la çiudad de Florençia se rrindió con las condiçiones qu'el Jobio pone. Que avnque se le olvidan dos o tres que se verán en otro lugar más de propósito, sola vna para el nuéstro es bien [58] se sepa agora: qu'ellos se rrindieron al Emperador libremente y hecha espresa mençión que pudiese disponer Su Majestad de la forma y manera que convenía tener el rregimiento de Florençia, mudando y alterando / la forma que hasta allí abía tenido, si se viese que convenía. Conforme a lo qual, de allí a pocos días el mesmo Carlos desde Alemania y [59] desde la çiudad de Agusta d'ella [60], envió sus probisiones en que mandó que por quanto convenía mudarse la forma del gobierno de aquella rrepública, nonbraua poc duque d'ella Alexandro de Médizis. Hera éste sobrino del Sumo Pontífiçe, hijo de otro sobrino suyo, que fue Lorenço de Médiçis, que algún tiempo se llamó duque de Horbino, y nieto de Pedro de Médizis, que sirviendo a françeses fue muerto en la vatalla del Garallano. El qual Pedro hera hermano del Cardenal Juan de Médizis, que después fue Papa León déçimo, primos hermanos anbos d'este pontífiçe Clcmente sétimo, para que fuese prínçipe de la Toscana perpe- / tuamente, y a falta d'él y de suçesión suya, lo fuese su pariente más propinco. Y así le fue entregado aquel estado para que lo gobernase y rrigiese; y lo gouernó y rrigió algún tiempo, hasta que suçedieron las cosas con las quales por fuerça abrá de topar el Jobio adelante.

Pero tornando a lo de Florençia, digo que después de rrendida, que fue el día que está dicho, suçedió aquel negoçio bien pesado que quenta el Jobio entr'españoles y ytalíanos, y siendo él de harto mala digistión, lo quenta él de harto peor, como se verá agora, contada la verdad sençillamente, sin rrodeos ni fábulas, ni las otras cosas peculiares del Jobio. Digo, pues, que a veinte y nueve de agosto, estando ya Florençia allanada y rrendida, avnque la gente de guarniçión no avía salido, ni su Malatesta Vallón con ellos / (porque les durava el tiempo que tenían para ello), se levantó vn alboroto entre españoles e ytalianos, cuyo suçeso fue después muy nonbrado. Y da por causa d'este negoçio el ovispo Paulo, que los españoles mataron y hecharon en vn pozo dos ytalíanos que vinieron a su quartel por rroballos, en lo qual él es el que rroba la fama a la naçión española que allí estava. Y dize luégo que, visto esto, los ytalianos cogieron quatro españoles en su quartel, y que los mataron porque pensaron que avían sido en la muerte de los otros. Y el mesmo quento de la manera qu'él lo quenta se tray [61] escrito en la frente la verdad, contra lo qu'él escriue; porque ¿a qué propósito se a de ereer que, avnque fuera çierto lo primero, que no lo es, se avían de ballar luégo quatro españoles que fuesen al quartel de los ytalianos consortes de la / maldad [62] de la muerte de los dos de aquella nación? Es el caso qu'ellos mataron los quatro españoles sin propósito ni causa ninguna, ni sin avelles mucrto primero ninguno, ni avellos hechado en poço, como este Nochera dize; avnque en pozo y bien hondo y [63] más escondido, i fuese posible, avían los ytalianos hechado el secreto que hordenaron y concluyeron con los de la guarniçión de Florençia, para dar con los españoles al través y degollallos a todos, saliendo [64] ellos fuera quando fuese començada la varaja. Y así, sin propósito ni sin ocasión chica ni grande, los tres días antes, que fueron veynte y seis, y veinte y sietc, y veinte y ocho de agosto, se apalabrauan con españoles cada vez que los topavan, muy de mala manera, y con vna soberbia naçida y criada en el conçierto que tenían hecho, hasta que mataron los quatro españoles que / están dichos, que entonçes viniendo el negoçio a las armas el día qu'está contado, se comenzó la varaja. Y es sin duda verdad que con ser los ytalianos que sobre Florençia avían estado de doze mill para arriba, no vbo seteçientos españoles juntos, y d'éstos se hizo esquadrón para defenderse de todos los ytalíanos qu'están contados que venían contra ellos. Verdad es que esto fue al comienço, porque luégo en la continuaçión de la nueva del alvoroto acudieron hartos por diversas partes, que andavan desmandados, que çiertamente no pareçía sino que las yervas se bolvían españoles, con no ser todos çinco mill cavale así los viejos como los visoños. Pero los seteçientos primeros se defendieron tan bicn de los treze mill ytalianos (cosa que pareçe yncreyble), que no solamente la defensa fue buena, pero la ofensa muy mejor, pues los bolvieron rretrayendo a su quartel de adonde avían, alido. Y no con ten- / tándose con esto (aquellos pocos que defendian aquel día la honrra d'España), entraron por el quartel enemigo y vna gran parte d'él, que fue la del alojamiento del coronel Pirro Colona, y su Coronelía toda la abrusaron y saquearon como rropa de enemigos. Avnqu'es asi que rrevolbieron los ytalianos travajando de hechar de sus estançias a los que avian entrado en ellas, dándoles vozes desde las murallas, y diziéndoles los de su nación que cómo no avían vergüença de huyr tantos de tan pocos; pero ya en este medio acudían españoles, a más andar cada momento, y se peleava como convenia. Y los alemanes que hasta esta coyuntura estavan mirando de talanquera, pero puestos a punto y en esquadrón

(sin aver prometido a los ytalianos de no ayudar a ninguna d'ellas, como el Jobio falsamente dize, porque vien bean [65] el peligro / que después de mllertos los españoles ellos corrían), arremetieron en mitad d'esta braveça de vatalla, y tomaron a dar nueva carga a los ytalianos, con la qual ellos quedaron descargados de armas y de balijas y de todo su hato, hasta quedar del todo vençidos, y desbaratados y muertos como treçientn, d'ellos, y de los españoles honze. Y al Jobio le pareçió que fueron Otros dozientos, porqu'este Nerón d'España quisiera él, como el otro de Rroma, que en aquellos honze estuuieran ynjeridas las cavezas de los dozientos españoles qu'él diçe, y aun de dozíentos mill si fuera posible | [66]. Pero más qu'esto dirá, quien dize en este paso que se esperava que los españoles rreçibieran daño, si no les ayudaran los alemanes.

Lám. [6]
TÍTULO DE LA OBRA PUESTO POR EL CORRECTOR (Fol. I r.)
Compárese este título con el mismo corrector en el folio I v (pág. [3], nota)

Pero lo que dio la vida a los d'estas dos naçiones estrangeras de la Otra [67], fue la división que vbo dentro en Florençia, entre / los de aquella rrepública y los soldados, sobre que no avian de salir ni quebrar el conçierto qu'estaba hecho. La qual salida cton todo esto no pudieran prohybir | [68] los florentines, sino que los capitanes suyos como vieron venir huyendo a los ytalianos, y que los alemanes ya se eomençavan aperçebir, entendieron que yendo el negoçio tan de eayda, que sería por demás meterse ellos de nuevo en la pendençia y hazerse a eosta de sus vidas consortes de tan grande maldad.

En fin, el negoçio se apaçiguó a costa de los ytalianos y a travajo del general don Fernando y de los otros capitanes ynperiales que andavan haziendo todo lo posible por rremediallo Pero sobre todos se le debe aquel día mucho [69] cuydado y trabajo a Alonso Picolohómini, duque de / Malfa, que con toda la eçelençia posible hizo y anduvo de vna parte a otra, metiéndose en los más peligrosos tranςes de aquel día, hasta que se coneluyó el negoçio; el qual pareçe que tomó a cargo de contallo al rrevés de como avía pasado nuestro ovispo, por contar él al derecho su ystoria, qu'es contar todos los aconteçimientos al rrevés de como pasaron [70].

1 Add.: En que se da razón de las faltas que sobre estas cossas se contienen en la Historia del Jovio.

2 Del.: (porque vsemos...).

3 Del.: lo qual sinifica ...

4 Mut.: mas.

5 Del.: (el qual sin mi-rar...).

6 Mut.: sumado.

7 Mut.: sumaré.

8 Del.: (salva la...).

9 Del.: de astuçia y.

10 Add.: quiso errar.

11 Del.: los herró o quiso herrar.

12 Del.: a ello.

13 Del.: semejante.

14 Del.: que.

15 Mut.: obispo dize. y çiertamente...: Jovio dize... quiere adelantarse... que muchas cosas

16 Mut.: pregÚn-telo él aquellos de su naçión: pregúnteselo el Jovio.

17 Mut.: de la savia españoles

18 Del.: ni más ni menos.

19 Del.: quando hablen.

20 Mut.: nuestro ovispo: el Jovio.

21 Mut.: defendido.

22 Mut.: Des-venturado Jobio ...: La passión con que el Jovio escrivía causó

23 Del.: con acavallo de dezir.

24 Del.: no.

25 Del.: para estatuas d'ella.
26 Del.: ya tanto como esto...
27 Del.: ni más ni menos.
28 Del.: d'ellos.
29 Del.: nos da.
30 Del.: de.
31 Mut.: por no perder...: con algunas.
32 Del.: diversas partes y.
33 Add.: puntos. Transp.:
34 fue de tal manera.
35 Mut.: fue la rretirada: se retiraron.
36 Mut.: barraganías.
37 Transp.: mejor lo saben.
38 Mut.: y avn los qu'estavan ...: çierto.
39 Del.: vituperosamente.
40 Add.: avergonçados.
41 Mut.: que si
42 Add; ytalinos
43 M I 44 esto es asl ...: yo no se
44 Mut.: para esto. - ut.: a o. -Mut.: le.
45 Mut.: en.
46 Mut.: que de: porque como.
47 Mut.: senzilleza.
48 Mut.: Es pues el negoçio: El caso es.
49 Mut.: por.
50 Del.: avnque sin ninguno.
51 Del.: quiçá alguno.
52 Mut.: los ytalianos: otros.
53 Mut.: el Jobio y yo..: algunas veces está hecha mención.
54 Mut.: por que no hiçiesen: sin hacer.
55 Mut.: junto a.
56 Mut.: ninguno de su naçión: ningún español.
57 Del.: y asť.
58 Mut.: para el nuestro es bien: es bien que.

59 Mut.: mesmo Carlos..: Emperador.

60 Del.: d'ella.

61 Mut.: se tray: trae.

62 Del.: de la maldad.

63 Mut.: y bien hondo y: hondo o en lugar.

64 Mut.: saliéndose.

65 Mut.: veían.

66 Mut.: porqu'este Nerón d'España ...: porque as sí lo quisiera

67 Del.: de la otra.

68 Mut.: estorvar.

69 Add.: por el.

70 Del.: por contar él al derecho...

Capítulo Veinte y Ocho

De cómo Solimán, el Gran Turco, vino con el más poderoso exérçito que jamás avía juntado, y dcl miedo general que avia en toda Europa sobreste negoçio, y de cómo el Enperador don Carlos le salió al enquentro tanvién con g, uesso canpo a rresistille, y de la cantidad y número de los exérçitos christiano e ynfiel, y de qué naçiones de los christianos y de los ynfieles heran los vnos y los otros [1].

Queriendo el Jobio tratar la guerra de más sustançia que en nuestros tiempos ni en los pasados, y se cree que en los por venir a avido, pues no yva en ella (según por buenas rrazones se puede colegir) menos que toda la rredondez de la tierra, con quien pocos años después de la vitoria abia de quedar (según se cree) el vençedor, comiença a encareçer (y con rrazón), por muy sublimadas palabras, el prinçipio y ocasión d'este negoçio, contando como por vía de presupuestos, en los primeros capítulos del libro treynta, las causas que movieron a esta empresa a los dos mayores prínçipes del mundo y que lo tenían casi partido entre sí anvos a dos. Y después de los presupuestos que digo, trata de los exérçitos con que cada vno d'estos rreyes y emperadores (porque al vno nombremos como él se quiere nonbrar) entró en esta contienda: así el [2] Carlos, que hera el vno, rrey d'España y Emperador de Poniente, como el Solymán, que hera el otro, rrey de Turquia y Emperador de Levante- La suma de todo lo qual consiste de qu'estando el Emperador cn sus estados de Flandes y después en los de Alemania, el Gran Turco bolbió con muy pensado pro- / pósito sobre Vngría, por muchas causas qu'él quiso tomar para ell, con el más poderoso y extraño exérçito qu'él ni ninguno de sus diez predeçesores pasados [3] avía jamás juntado Porque según alguna opinión, heran treçientos mill honbres, y según otra quatroçientos mill, y no faltó entr'estas dos opiniones otra terçera, y quizá la más çierta, que heran quinientos mili honbres de pelea, y los treçientos mili de a cavallo A lo qual el Emperador christiano puso su persona y estados, y le salió al enquentro tanvién [4] con tanta cantidad de gente, que en el ymperio de oçidente otra tanta jamás no [5] se había juntado. De la qual también vbo opiniones diversas, y vnos allegaban con la cantidad de ynfantes y de cavallos a dozientos mili honbres, y otros se quedavan en çinquenta mili menos, / y tanvién otros terçeros no pasaban de çiento y veinte mill. Y la conclusión que tuvo este negoçio en que yva tanto como está dicho, ya se save, pues nuestros ojos y oydos vieron y oyeron aquel moderno contento de ver vençidos (que vençidos se pueden llamar) los ynfieles. En la qual jornada, después de aver el bárvaro hecho qu'el estruendo d'esta guerra sonase en casi todos los fines de la tierra, y el católico salídole al camino y presentádole la vatalla, pasaron algunas peleas libianas, y que no fueron en diversas partes de liviano entretenimiento, en todas las quales el ynfiel fue vençido y desbaratado. Y aviendo el mesmo [6] enbiado a desafiar al [7] Carlos y esperándole él en el campo, y açercándose los de anvos prínçipes para que vbiese vna vnibersal vatalla (en la qual / yva tanto como está contado) [8] el Solimán no solo no la osó dar, como avía blasonado, pero se rretiró bergonçosamentc, y en la rrerirada perdió tanvién mucha cantidad de sus bárvaros que avía enbiado a correr hazia la çiudad de Linçe. Y rretirándose así con tanto oprobio, y aviendo ynchido con su espanto [9] a toda la christiandad, se volvió a Buda, caveça de Vngría, donde dejó a su amigo y conpañero (y no tanto bien avn como esto, sino su súbdito y [10] tributario) el [11] Bayvoda o rrey Juan, y de allí se tornó con toda presteça a su Constantinopla. Y éste fue el fin de aquella guerra, que se creyó generalmente que fuera (en quanto al daño y muertes) el de la christiandad o el de la ynfedilidad.

Pero bolvamos a nuestro ovispo, autor que queriendo escrevir esta guerra que pasó el año de treynta y dos, pone y escrive algunas cosas quc tienen grande neçesidad de enmienda, para con ella rrefrenar su Sol- / tura; y agora en este capítulo enbeveremos [12] las que son menester en diez y seis primeros de [13] los suyos d'este mesmo libro deu treynta. Los quales no será menester sumar (que quando lo fuere, hazerse a), sino yr poniendo las proposiçiones del Jobio y luégo al pie de cada vnala enmienda que fuere neçesaria. Y la primera es [14] en el primer capítulo de aquel libro donde [15] dize qu'entre otros prínçipes que favoreçian las herejías del Lutero, hera Filipo, Lasgraue de Hasia, y Juan, duque de Sajonia, por ser antiguo enemigo de la casa de Austria- Y engáñase cn este paso en dos cosas: y la vna es (que luégo diremos la otra) [16] en dezir qu'el favor del saxón y su conpañero se dava a los herejes por rrazón de enemistad con Austria, porque no se daua sino por la qu'ells tenían a la fee, con las nuevas opiniones en las quales estavan tan çiegos y con tan açivilido [17] entendimiento, quc / no por via de bandos (aunque los hubiera) [18], proçedía la cossa, sino por çeguedad [19] diabólica; y d'esta çeguedadad [20] naçieron los bandos (si así los quisiéremos llamar, o si no [21] enemistades) pero no de la enemistad naçió [22] la erejía. Y claro lo [23] pudiera ver esto el Jobio, pues sin enemistades antiguas a quien él atribuye esta desbentura, sino entre deudos y hermanos de la mesma cassa saxónica se litigaua sobre lo luterania, y así Jorge tanvién, entonçes duque de Sajonia (que ya se save que allá [24] todos los de vna casa se llaman de vn mesmo título), primo hermano de Federico, padre d'este Juan, traya grandes pendençias con cl primo primero, y después con el sobrino, sobre la defensa de la verdad católica- Y así los prinçipios, y después los medios de la Çeguedad luterana, otros fueron y no pocos, y entr'ells tanbién alguna mezcla de enemistad, pero no con los señores de Avstria, como los Anales nos lo [25] mostrarán, y mejor otras corónicas / que habrá ymperiales.

Pero biniendo a lo demás que dize este avtor, que la cassa de Sajonia es antigua enemiga de la de Avstria, es tanvién engaño suyo como lo demás, porque entr'estas dos casas huvo sienpre muy gran deudo y amistad, y no hordinaria sino particular, y mucho mayor después que la cassa de Borgoña se yncorporó y juntó con la de Avstria, como deçendientes todos, saxones y austríacos, de Hermano o Hermanio, terçer hijo de Vitichindo, rrey (que asi se llamaron antiguamente) de Saxonia; que son estas cossas todas que se an de buscar en otra parte y no el) estas enmiendas jobianas. Y conforme a esto el Federico, padre d'este duque Juan, que se halló en la eleçión del Carlos, hizo mucho, y todo lo que le fue posible, porqu'el mesmo Carlos fuese, como lo fue, elegido; y avn hizo tanto, que en çierta manera se puede dezir que se lo quitó a sí mesmo por dárselo a él, como en otra obra de más peso y tomo qu'ésta será mostrado. / Y d'este mesmo jaez es lo que dize al cabo d'este capítulo primero, donde trata (a propósito de qu'el Emperador estava en cortes en Rratisbona, entendiendo en las cossas de la fec, quando le vinieron a dezir qu'el turco entrava por Vngría poderosamente), qu'el cardenal Canpegio dezia a Su Majestad que vien podía condenar y rreprobar las heregías del [26] Lutero por ser cosas rridiculosas [27], y por otras causas que allí dize, como si el bendito Carlos dudara d'ellas, o no las tuviera ya rreprouadas y malditasy condenadas dende que la primera vez puso los pies en Alemania. Y asi estoy espantado muchas veçes [28] de laspalabras que, sin más mirar lo que dize, sele sueltan a este Jobio; y como hizo minçión de las cortes de Rratisbona, que se tuvieron aquel año de treinta y dos, hiziérala tanbién de las que se tuvieron en Bormes el año veinte y vno, y en Agüesta en el pasado de treinta, y viera [29] yenten- / diera lo que quiçá no a savido ni entendido [30] que allegú [31] el zelo de la fee a tanto en el Carlos [32], que como Carlos, y no como Emperador ni rrey, quiso determinar esta varaja, poniendo la mano en el puñal para despachar de aquella manera las desbergüença' de alguno, qu'estando asentado en aquellas cortes se atrevia a poner lengua en las cosas de nuestra fee y de las sanctas constituçiones de nuestra vnica [33] Yglesia Católica Rromana. Y si no tuviera hermano al lado que se lo estorbara, que sintió el movimiento y el ademán ynperial, se cree que con él, a ventura de su propia vida, quitava el Carlos [34] a otro rruin desbergonçado la suya Y çiertamente, estando el Emperador entonçes entre sus súbditos los alemanes, pero en quanto a esto enemigos, sin gente de guerra ninguna, no ay duda sino que si aquel caso suçcdiera, que ponía a gran rriesgo su persona. Pero todas estas cosas qu'están secrestadas en otras partes, me haze el Jobio a cada paso que me haga mal depositario, / trasportándolas de sus lugares propios a otros agenos.

Pero vengamos a lo demás que dize este rreverendo ovispo [35], que se tuvo sospecha qu'el Gran Turco vino esta vez tan pujantemente [36] contra la christiandad a persuasión de Juan Vayboda, rrey que se yntitula de Vngría y de otros rreyes de la christiandad qu'él aquí nombra, de [37] la qual verdad [38] otro libro y lugar será donde se declare [39] Y entr'ellos señala a Françisco, rrey de Françia, de lo qual en este paso yo no le arguyo, ni de que le [40] aya hecho venir, sino de lo que me quexo es de [41] que le hizo bolber- Y esta culpa podría ser qu'él tuviese y no otra, y ésta tanpoco no se save, ni Dios quiera que en ninguna parte yo se la ponga. Pero díxose y vbo yndiçios hartos para crell (de los quales sé yo qu'está [42] bien ayuno el Jobio), y qu'el mesmo [43] rrey Françisco, biendo el aparato de guerra con qu'el turco hera esperado de la christiandad y de Carlos [44], su capitán, le avisó (según dizen) para que se rretirase, avnque fuese con / gran pérdida de su gente, como suçedió, y con toda la de su rreputaçión, y que no hiziese jornada porque se perderia y aventuraba todo lo que en esta vmana, [45] vida sc puede aventurar, en la qual ventura avía de quedar sin ella neçesariamente, si solamente se consideravan los probeymientos y diligençias humanas. Y en la verdad [46], si este consejo le fue por el françés dado, no ay que dudar sino qu'él fue provechoso al bárbaro, porquc como está dicho, si solamente se mira a la horden humana de la guerra, y no tenía Dios guardado algún desastre notable para castigar pecados de la christiandad [47], no avía duda sino que lo tenía en su casa el Gran Turco [48], según los aparejos qu'estavan hechos y prevenidas todas las cosas que podían contrariar a la muchedunbre de los bárvaros, ya la ynfinidad de sus cavallos, y a la destreza vanamente temida de sus genizaros [49]

Y luégo, yendo ynxiriendo [50] toda la tela d'esta gucrra, dize en el quinto capítulo la enviada por el Papa de [51] su legado y sobrino el cardenal Ypólito de Médizis, al qual alava por muy estendidas y encareçidas palabras, que vien pareçieron cscritas en tiempo de su tío el Summo Pontífiçe Clemente, avnque publicadas después en tiempo de los siguientes pontífiçes [52]- Yo a lo menos, si tomara a cargo de alavar a este cardenal, o a vn padre que tuvo, de quien en todas estas Ystorias casi no be hecho [53] mençión por el Jobio, que se llamava Juliano de Médizis, y fue casado en la casa de Saboya, más ayna alabara al biejo muerto que no al moço bibo; porque fue vna persona valerosa y dotado de muchas letras y de mucho ánimo, y que mostró lo vno y lo otro cada vez que fue menester. Este es aquel Manífico Juliano, de quien se haze tanta mençión en el neçesario y gustoso libro d'El cortesano [54] Pero bastóle al Jobio para alavar al hijo, avnque devía de tener otras virtudes, bell [55] / liberal y gastador, y csto quede así, que no es mala cubierta la manífiçiençia para qu'estén guardadas otras birtudes o [56] muchas veçes para encubrir viçios.

Y prosiguiendo más adelante por su quento, nuestro ystoriador dize qu'el Emperador mandó benir las conpañías d'españoles que avía en Ytalia a esta guerra, los quales diçe [57] que vinieron a ella y que partieron de la Rromaña, donde después de lo de Florençia, en [58] alojamientos que avían tenido [59], avian hecho grandisimos daños a los moradores de aquella fertilísima tierra. De lo qual [60] estoy espantado, y que aya tan poco empacho en vn honbre que se atreva a dezir semejante cossa. Porque con ser cossa hordinaria [61] dar la gente de guerra de suyo [62] pesadunbre, en todo aquel tiempo que vbo dende [63] el fin de lo de Florençia hasta la partida para Alemania, que fue cl año de treynta y dos, más pareçieron los soldados en quanto a las molestias [64] honbres çiudadanos, que gente de guerra. Porque quanto a lo primero, el exérçito partido de Flo- / rençia se aposentó en el Senes, donde bibieron quietos y sin dar ni tomar pendençias con nadie- Y si no fue Altisiñano, plaça rrazonablemente fuertc que no quiso abrir las puertas para rreçebir el alojamiento, y fue neçesario tomalla por fuerça como la tomaron, y castigar aquella rruindad, no séotra cosa general ni particular que en la tierra de Sena pasase, salvo si no lo dize por los bandos mesmos de los seneses, que vnos trayan con otros. Pero esto no tocaua cosa ninguna a los españoles, ni en aquellas pendençias avía mal tratamiento ninguno, aunque fueran españoles y no seneses los que vandeaban, quánto más qu'el exérçito estava alojado en el Senes y no dentro de la çiudad, en la qual avía solamente la conpañia del capitán Pedro de Gucvara, y avn luégo de allí a poco se fue a la corte del Emperador, y quedó solo con la gente su alférez Martín Alonso de los Rríos. Y en fin, concluyo con que todo el tiempo qu'estuvo el campo en tierra senesa, vibió tan rrecogidamente, / que venido después por general, en el abril de treynta y vno, el marqués del Gato, por delito bien fáçil de perdonar y que tenía muchos rremedios, mandó cortar la cabeça al capitán Hernando Montañés, y le fue cortada; tanto hera el acatamiento, temor y ovidençia que se tenía a los ministros del exérçito.

Pues salidos los españoles de la Toscana, y viniendo para Lonbardía, así en Perosa como en Asís, patria y entierro del glorioso San Françisco, y en Pésaro, y después en Rrimen, y por Módena, y por otras muchas, partes por donde caminaron hasta sus alojamientos lonbardos, no se hallará que los soldados tuviesen menos conçertada vida que la pasada, ni menos quieta que hasta allí avían tenido, hantes muy más estrecha, por çiertas instruçiones y nuevos mandatos qu'el marqués avía hecho fijar en los alojamientos, que contenían estrecha manera de vida para [65] soldadesca, con grandísimas penas a los quebrantadores, las quales gentilmente se hexecutavan quando avía neçesidad. / Y por hallar nuestro Paulo a los españoles ynquietos camínantes (como de la mesma manera los halló estando rreposados en los alojamientos), dize que se amotinaron cabe el rrío Adige, y quenta cosas en el que llama motín que no pasaron; porque lo que allí vbo no fue más que vn prençipio, y no motín consumado, por algunos que dixeron que pues los sacaban de Ytalia, les pagasen lo que se les devía. Pero otros pasaron liberalmente la puente del rrío, sin embargo de aquel tumulto que comenzaua [66] aver, que fue causa para que no pasase adelante aquel alboroto, y a los vnos y a los otros dieron çierta paga, con que prosiguieron su camino. Y prosiguiéndolo, dize el Jobio que otra vez se amotinaron cabe Cremes, çiudad de Alemania, lo qual cs falsísimo, porque allí no ovo motín ninguno ni manera d'él. Y la muerte de Gerónimo de Leyva, a quien fue cortada la caueça por mandado del marqués, tuvo otro [67] origen, y avn dos, que al obispo se le pasaron por alto, como se le pasó tanbién / en lo del asiento tomado por Nicoliza, defensor de Guynz, con Habrayn Baxá. Que vna de las cosas que se dixo en aquel conçierto, sin las que pone el Jobio, fue qu'éllevantaría el sitio de sobr'ellugar, si vuelto de sobre Viena la tomase, y qu'en tal caso le fuese entregado Guynz, Qu'estas y las demás condiçiones fueron vergonçosas para los turcos, rrespeto del grande exérçito qu'estava sobre aquel pequeño lugarejo, y que aquellas condiçiones no servían de otra cosa sino de vnos banos cunplimientos para templar con aquell el gran menoscabo de la honrra que allí los turcos avian perdido.

1 Add.: En que se notan las faltas de la Historia del Jobio.

2 Add.: Emperador.

3 Del.: pasados.

4 Del.: tanvién.

5 Del.: no.

6 Mut.: turco.

7 Add.: Emperador.

8 Mut. (en la qual...): (en que tanto iba)...

9 Mut.: ynchido con su espanto: atemorizado.

10 Del.: amigo y compañero...

11 Del.: el.

12 Mut.: sumaremos.

13 Mut.: mesmo libro de: libro.

14 Del.: los qua les no será...

15 Del.: donde.

16 Del.: es (que luégo...).

17 Mut.: y con tan açivilido entendimiento: en su.

18 Del.: (aunque los hubiera).

19 Mut.: por çeguedad: necedad.

20 Mut.: y d'esta çeguedad: de la qua!.

21 Mut.: (si así los...) : o.

22 Mut.: pero no de la enemistad naçió: y no de las enemistades.

23 Del.: lo.

24 Del.: allá.

25 Mut.: los.

26 Mut.: de.

27 Mut.: de burla.

28 Mut.: estoy espantado muchas veçes: muchas veces me espanto.

29 Del.: y viera.

30 Del.: ni en-tendido.

31 Mut.: llegó.

32 Mut.: Emperador.

33 Mut.: nuestra única: la.

34 Del.: el Carlos.

35 Mut.: este rreverendo ovispo: el Jobio.

36 Mut.: pujante.

37 Del.: de.

38 Add.: en.

39 Mut.: será donde se declare: se declarará.

40 Mut.: de que le: me quexo que le.

41 Mut.: sino de lo que me quexo es de: mas quéxome.

42 Mut.: que estuvo.

43 Del.: mesmo.

44 Mut.: de Carlos: del Emperador.

45 Del.: v mana.

46 Del.: en la qual ventura...

47 Del.: como está dicho...

48 Del.: lo tenía...

49 Add.: aconteciendo al gran turco lo que el rey decía... [recortado].

50 Mut.: yendo ynxi-riendo: procediendo en.

51 Mut.: la enviada por el Papa de: cómo el Papa enbió.

52 Mut.: de su tío el Summo...: del Papa su tío.

53 Mut.: hecha.

54 Mut.: el neçesario...: los autores de aquel tiem-po.

55 Mut.: verle.

56 Mut.: y.

57 Mut.: los quales diçe: y.

58 Add.: los

59 Del.: De lo qual.

60 Del .: de lo cual.

61 Mut.: cossa hordinaria: hordinario.

62 Del.: de suyo.

63 Mut.: desde.

64 Del.: en quanto a las molestias.

65 Add.: la.

66 Add.: a.

67 Mut.: otra.

Capítulo Veinte y Nueve

De cómo el Canos fue contra el Solimán para presentalle la batalla, y de cómo el Gran Turco huyó y se rrtiró vergonçosamente, y de la, correriass que pasaron entre fieles e ynfieles, y de cómo fue desbaratado el capitán Casón con diez mill tnrcos que traya, y de cómo se amotinaron los ytalianos en el canpo de los cristianos, y de las crueldades que durante el motin hizieron [1].

Aviendo el ovispo de Nochera (y no mal sino muy bien) pintado esta guerra de tanto aparato, que vbo el año treynta y dos entr'e, tos dos emperadores, fiel e ynfiel, la pro, igue agora en todos los capítulo, que quedan d'este libro treinta, hasta / dalle el fin y rremate al mesmo libro y a la guerra Y en los capítulo, diez y siete, y diez y ocho, y diez y nuebe, y veinte, deçiende a vna particularidad que pasó en aquel tiempo, que fue vn rrenquentro (avnque berdaderamente, según lo qu'entendemos modernamente por este nombre, no se puede llamar así), o sea correría (o como lo quisiéramos nonbrar), doude el turco perdió ocho o diez mill honbres, Y todos de a cavallo, de quc luégo trataremos. Pero estoy espantado ya que no quiso el Jobio escrebir los días y tiempo en que cada cosa d'esta guerra pasó, dende qu'el turco salió de Costantinopla. Porque siquiera no escribió las mesmas cosas, que si no fue ésta d'esta correría, y lo del sitio d'Estrigonia y de Guinz, en otra no puso la mano, aviendo avido algunas y no pocas bien sustançiales. Como fue quando solos mill ynfantes y dos mill de a cavallo, que yvan haziendo escolta a çiertos carros de vastimentos y muniçiones, derrocaron a tres mill turcos alcanzís. Avnqu'es berdad que fue con alguna bentaja, / porque a los christianos les acudió socorro de christianos en doblada cantidad.

Y ni más ni menos [2] calla Paulo Jnbio lo que aconteçió en fin de jullio, quando mill cauallos y seis mill arcabuçeros tudescos y españoles desbarataron a quatro mill turcos que guardavan çierto ganado para mantenimiento del exérçito turquesco. Y tanvién se le quedó en el tintero quando quinientos españoles, o pocos más, s'encontraron y dieron al través con quatro mill tártaros, de treynta mill d'esta nación que avía en el exérçito turquesco, sinenvargo de su ligereza barvaresca (que çierto hera grande), la qual contienda pasó cabe el Danubio, cuyas aguas aquel día ahogaron más de trezientos d'ellos, y así por este horden olvida otras algunas cosas, que no heran de menospreçiar en ninguna corónica, quánto más en la christiana, y describe solamente la correría de Casón, vno de los capitanes del quartel del Vajá Micaloglo, el qual con quinçe mill honbres, todos de a cavallo, fue a correr por todas aquellas comar-/ |cas hasta la çiudad de Linçe, y al bolver se perdió con ocho mill d'ellos, porque le fueron tomados los pasos por alemanes y más alemanes en otro puesto, y españoles en otro, y vngaros al cabo en otro vltimo, aviéndose escapado seis o siete mill de aquellos que echaron por otro diverso camino, diferente de aquellos pasos que les estavan tomados, y es la graçia que, començando a dar quenta d'esto, dize que quando los turcos entraron corriendo hasta Linçe, qu'el primero que los hido fue | el cardenal Ypólito de Médizis, legado del Papa; |lo qual aliende de ser burlería notoria, porque ya seisçientas gentes avían buelto a Linçe, dando el rreVato y auiso d'esta cosa, pero ase de notar que vn ytaliano los avía de ver primero que otra ninguna naçión; y vídolos así [3] el cardenal, ni [4] primero ni nunca, como los vido quando andava paseándose por Rroma.

Lám [7]

Versos latinos de Juan de Castellanos (fol. Vii v. Sin numerar)

Estos dísticos en elogios de Quesada fueron escritos para prologar El Antijovio

Pero pasemos a lo demás que dize çerca d'esta correría, que salieron del campo del Emperador por diversos caminos a tomalles / los pasos, y también el marqués del Gasto para alcançallos, y que no pudo, después de hauer andado tres días en su busca. Y en lo del marqués así fue, y en lo demás no sabe lo que trata ni lo entiende, porque el campo del Emperador y él mesmo en persona y su hermano, caminavan todos entonçes para Viena, a donde entraron a veinte y dos de setienbre. Y el negoçio y desbarato de los turcos fue a diez y seis del mesmo mes, y si la gente saliera del campo ynperial, no pudieran tomar pasos ningunos a los turcos; lo que pudieran hazer fuera alcançallos y no tomalles pasos, y aun [5] alcançallos tanpoco, por la priesa con que corrían y por la ligereça de sus caballos, en que nos haçen grande ventaja. Y así el del Gasto [6] por esta rrazón no pudo [7] dar con ellos, de manera que los que salieron en busca d'estos turcos que corrían (digo para atajalles y tomalles los pasos), fueron todos gente qu'estava de guarniçión en Viena y en su comarca. Y el Jobio en este punto quenta todos los que salieron / por diuersas partes a tomar diversos [8] pasos y caminos, y no halla que salióespañol ninguno, de suerte que quenta a Federico, conde Palatino, y a Ludivico, conde de Lodrón, y a çiertas conpañías de morabos y voemios, pero de don Luis de la Cueva y de sus españoles, ni por [9] memoria, hasta que después los halla desbaratados de los turcos, que entonçes sí [10] la hizo muy prinçipal, porque se vea lo poco que pudieron. Pero aora se verá mejor y más berdaderamente, y no se a de negar sino qu'es muy bueuo y muy gustoso lo que dize, que yvan con don Luis de la Cueba quarro compañías d'españoles y de ytalianos. Y quien sin temor ni vergüença dize cosa semejante, ¡qué no dirá! pues se saue público y notorio que no avía un hombre de naçión ytaliana entre las compañías d'españoles que allí yban, ni nunca don Luis fue superior de ytalianos ningunos. Y quenta luégo que los españoles se encontraron primero con los turcos que otra ninguna naçión; y quenta la [11] verdad, pero en la manera de la pelea / no la dize, porque afirma dos cosas falsas: la vna que los españoles después de hauerse encontrado con los tur |cos y muerto algunos, y los turcos tanvién muerto a christianos, que los españoles huyeron a vna laguna y estubieron en el agua hasta la varriga, escondidos toda la noche. Lo qual no pasó así, sino acauado de rreconoçer los españoles [12], la gran muchedunbre turquesca, y aver [13] començado a escaramuzar con ellos, se rretruxeron no a la laguna, como él dize, avnque allí çerca avía çiertos pantanos [14], sino a vna arboleda, adonde estuvieron como frontero [15] de los turcos toda aquella noche. Y avn por más señas puede saber el [16] Jobio que en todos los quartos de la mesma [17] noche, la çentinela y cuerpo de guardia, todo [18] se hizo ençima de los árboles suvidos [19]. Y ni más ni menos es lo segundo que dize del mesmo coronel don Luis, que se fue huyeudo a donde estavan los alemanes, porque no hera honbre don Luis que, avnqu'estuvieran ytalianos mezclados con los / turcos, huyera él de los vnos y de los otros, ni hiçiera lo que no devía, avnque perdiera la vila, la qual savía él muy bien trocar por la honrra, quando hera menester. Lo que pasa es que rrecogidos los españoles, que todos serían mill y dozientos escasos, al arboleda que he dicho, y dejadas sus guardas, y puesto todo en orden como en frontería de enemigos, y dejado el cuydado d'ello al capitán y comendador çerdán, y saviendo que venían çerca los alemanes, digo vna partida de los d'esta naçión, fue a rrogalles avnqu'en balde [20], que se diesen más priesa en el caminar, dándoles el aviso de lo que avía pasado, y de cómo los turcos estavan ençerrados, si querían poner vna poca de diligençia en darse más priesa. Pero ellos no lo hizieron, ni les sacaron de su paso, y así los lurcos vbieron de dar en otros, saliendo por otra parte, donde fueron perdidos y acavados. Y no fue de tan poco hefecto la priesa y diligençia que se dio don Luis y sus españoles, a quien culpa el

Jobio de herborosos y [21] apresurados, que si no se la dieran, los turcos es- / caparan y no fueran desbaratados, porque pudo, con aquella priesa que se dio, tener vista d'ellos y detenellos, lo que [22], si vbieran ydo al paso de los alemanes, no [23] pudieran haçer y vbieran tenido los ynfieles tiempo y lugar para salir de aquellos malos pasos.

De manera que aquella vitoria que se vbo entonçes de los turcos, a solos los españoles se deve como causa prinçipal del començar a pelear con ellos y enbarazallos, y si alguuo, leyendo esto, me pregunta que pues el campo del Emperador no hera llegado a Viena, ni llegó en aquellos siete v ocho días, y esta gente no hera del campo del Emperador, que qué españoles heran éstos, le rrespondo que sepa qu'éstas heran las quatro conpañías de gente española, que tres años antes se avían hallado en defensa de Viena, de que dimos quenta en el capítulo veynte y çinco pasado. Los quales españoles [24] se avían quedado de guarniçión después en la mesma probinçia, y hecho muy buenos hefectos contra turcos, ayudadores del Bayvoda que se yntitulaba / rrey de Vngría. Y avn avían venido después de Ytalia otras tres compañías de más españoles para rreforçar estotros con sus capitanes, el comendador Çerdán, Queto y Medinilla, porque avía comido la guerra muchos, y fue menester que viniesen de Ytalia los demás que digo. Después de todo lo qual por ser ya muerto Luys Dávalos, que hera coronel de aquella gente, el qual murió de vn arcabuçazo que le dieron en la caveça en la toma de vna tierra, enbió el Emperador, y si no me acuerdo mal fue desde Agusta, por coronel de aquellos españoles vngaros [25] a don Luis de la Cueva, de quien bamos tratando, el qual en todo lo que se avía ofreçido dende [26] que tomó cargo d'ellos, no avía quedado en ninguna cosa deudor a sus pasados. En el qual cargo estuvo hasta que vino agora el campo del Emperador contra el del turco, donde después a la partida de Vngría para Ytalia, estas compañías españolas se rresumieron todas en las demás compañías de aquel exérçito, si no / fue el comendador Çerdán y la suya, que quedaron en Avstria y Vngría.

Y porque çesen digresiones y no se nos pierdan las materias entre las manos [27], bolbiendo al Jobio, digo que en el número que pone al exérçito del Emperador no anda muy herrado, pero en la horden con que se avía d'esperar al enemigo, lo anda [28] mucho, porqu'él como devió de oyr aquello entre algunos capitanes, comunes Y hordinarios amigos suyos, quadróle luégo y asentósele en el juiçio, y enamoróse luégo de [29] aquel pareçer, para ponello en su |Ystoria. Es el caso que no la horden qu'él dize, avnque tanvién ésta se trató, a lo menos gran parre d'ella, pero tanbién orras muchas que quiçá heran más de media doçena d'ellas [30] para escoger la mejor según el tiempo y coyuntura que suçediera o | para pelear con el enemigo. Y quiero tanvién yo oponer mi pareçer, como el Jobio el suyo, avnque vien diferente el vno del otro. Y digo que tengo entendido [31] que si la guerra proçediera, y el turco no hiçiera la vergonçosa rretirada que hizo (que según las çircunstançias d'ella más / ayna [32] se puede dezir huyda), que antes que la batalla se diera se vbiera dado tal orden, con que quando viniera a darse, tuviera el turco en veçes comida harta parte de su exérçito, y que entraran ya los christianos en la vatalla vnibersal, con grande confiança de la vitoria. De manera que no piense el Jobio que luégo en açercándose los campos se diera la vatalla de exérçito a exérçito con la horden qu'él escribe.

Pero vengamos al motin de los ytalianos, qu'es lo postrero d'este libro, a la qual naçión se mandava quedar en aquella parte para qu'estuviesen hechos a la tierra para el año siguiente, después de tantos como allí avían estado españoles, y no para yr sobr'el rrey Bayvoda (como el Jobio dize), porque entonçes no se podía yr contra a por muchas causas. Y las prinçipales, porqu'el turco dexaba destruyda la tierra y no avía manera cómo mantenerse ninguna gente de guerra en aquella probinçia, digo entrando por ella adentro, y demás d'esto tanbién començava aver vna poca de pestilençia, que hera cosa / probable que avía de benir a ser muclha, pues ya avía començado. Y junto con esto enpeçava ya el ynbierno, y no se podía canpear cómodamente. Y lo que mocho haçía al caso asímismo [33] para no eutrar aquel año por las entrañas de Vngría, hcra qu'el turco en su buelta a Costantinopla dobló la guarniçión de Belgrado, y dejó sin esto mill y quinientos genízaros de rrespeto para socorro de neçesidades de sus fronteras y de su aliado y amigo Bayvoda, lo qual todo se le pasó por alto al señor ovispo. Pero démonos priesa al motín de los ytalianos, que ay mill quentos buenos de nuestro Jobio en ello. Porque quanto a lo primero es de notar la horden con que lo escribe, poniendo muchas causas para el motín, dando a entender al mundo y a los que leyeren su obra, que tuvieron justa causa entonçes para amotinarse los de aquella naçión, aviendo sido el más cruel motín y alboroto que si se juntaran todos en vno [34] quantos en Ytalia se an hecho por españoles; que [35] cada vez que se ofreçe alguno, lo [36] sabe nuestro autor vien encareçer, y aun encaréçelo tanto / quando se le ofreçe, que pasando de los términos de la rrazón en lo qu'escribe, entra en los términos de la no berdad muchas veçes [37]. Pero pregúnteselc al ovispo de Nochera [38] en este paso: ¿en qué motín españoles jamás quemaron Y abrusaron [39] las tierras y lugares por donde pasavan, y [40] tanto trecho dc camino como ay dende [41] Avstria a Ytalia, y [42] tanto número de pueblos abrusados?, ¿y dónde se mataron [43] tantas gentes sin hazelles por qué?, ¿y dónde se hizieron [44] tantos ynsultos y rrobos y otra ynfinidad de heçesos de que se acordará Alemania parasiempre jamás?! o Jobio!, y [45] ¡qué plazer es oyros agora el buscar [46] justificaçiones [47] para esta tacañería! Pero ya búsquelas como las buscó [48], finjidas y falsas, pero tanvién mete allá [49] vn español en la trama sin propósito ni causa, sino [50] para dar a entender al siglo siguiente (que malo se lo dé Dios a los que no escriven berdades en sus ystorias), que también algunos españoles avían tenido culpa y dado causa a [51] estemotin de los ytalianos. /

Porque dize que vn español, como se les diese muy mal pan a los del exérçito entró con vno de aquellos panes ant'el marqués del Gasto y se lo arrojó a los pies blasfemando del Emperador, y que causó con aquel echo grande alboroto. Lo qual no solo cs falso, pero muy más qu'esto mereçía, y mereçia buscar nonbre peculiar [52] y particular para tan gran levantamiento. Porque a vn soldado solo, y a muchos más, castigáralos el marqués quando fueran descomedidos; y ¿vn soldado solo qué alboroto podía causar, avnque fuese así que arrojase vn pan a los pies del marqués? [53] ¿a qué propósito se avía de quexar [54] del mal pan, pues no se lo davan por rraçión, sino que todos lo compra van y así lo podía el soldado [55] conprar mejor en Viena? Y tanviéu es muy bueua la disculpa que apunta que los ytalianos se amotinaron, no porque no les pagavan, que no se les devía nada, sino por temor de que no les pagarían adelante por las neçesidades del don Hernando, rrey de rromanos. A lo menos / es la primera vez que jamás soldados se amotinaron por la falta qu'está [56] por venir, y quando entre españoles aconteçido semejantes escándalos, es [57] deviéndoseles a los pobres soldados no vna, ni dos, ni tres pagas, sino grande número d'ellas. De manera que pidiendo dinero debido, y no por deber, se ar, amotinado las Veçes qu'ello aconteçido [58] avnque de ninguna manera ello no [59] puede dexar de ser con grande culpa. Y para que en ninguna manera en este hecho tengan ninguna los ytalianos, dize nuestro autor que tanvién se quejavan y les pesava de que quedava Fabriçio Marramaldo [60] por superior de toda la gente ytaliana: que [61] quánta aparienςia tenga esto de verdad, qualquiera honbre de guerra de aquel tiempo, y avnque sea d'éste, lo entenderámuy bien, y verá [62] si aquel Fabriçio hera de aquella manera desamado, ni de vn desamor general, de harte qu'estorbe a vno [63] la superioridad de semejante cargo. Y si tras esto [64] se quiere deleytar el lector jobiano [65] en leer vn rrazonamiento de vn / Marconio que aquí entroduçe el auctor, en que juntó todas las causas del motín y el propósito para que fingió esta plática, podrá ver la yntençión d'este nobocomista [66] el propósito de sus cosas y la fee de su Y |storio. Pero lo singular es que pareçe sentir y [67] poner culpa al serenisimo Hernando en que envió a dezir, por los lugares del camino, que matasen todos los que pudiesen de aquella gente amotinada, lo qual él no mandó sino que se pusiesen en harma para su defensa. Pero quando enviara a mandar que los mataran, ¿paréçele al Jobioque ay ley (si no es en su |Ystoria) para que los ytalianos maten y no les maten? Pero la ley y defensa natural, según el Jobio, no se deve de entender con ytalianos, los quales (digo aquellos de que vamos hablando) hiçieron [68] las mayores crueldades que jamás honbres hiçieron en semejante propósito; y con toJo esto, todas las gentes son bárvaras, si no los ytalianos Y por conclusión d'este su libro pone la prisión del legado y soltura. Y d'éstas pu- / diera poner algunas, lo qual se a de callar agora, avnque nuestro Jobia no calló muchas cosas suyas en estos dos capítulos vltimos, dando al través con todo el vien y alavanças que avía dieho d'él en vn capítulo suyo [69] ya pasado, y asi mesmo en otro mío donde se trató la mesma materia [70].

1 Add.: y se nota las faltas que sobre todo esto hay en el Jobio

2 Mut.: Y ni mas ni menos; También

3 Mut: pe ase de notar y asi los vio-notar...: así los vio.

4 Del.: ni.

5 Mut.: lo que pudieran...: ni.

6 Del.: y así el del Gasto.

7 Add.: el del Gasto.

8 Mut.: los.

9 Muy.: por; no ay.

10 Del.: sí.

11 Mut.: quenta la: dize.

12 Mut.: pasó así sino...: es as sí porque acabando los españoles de conocer.

13 Mut.: y aver: aviendo ya.

14 Del.: avnque allí çerca ...

15 Mut.: adonde...: donde estuvieron fronteros.

16 Mut.: puede saber el: hago saber al.

17 Mut.: la mesma: aquella.

18 Del.: todo.

19 Transp.: subidos ençima de los árboles.

20 Del.: avnquen balde.

21 Del.: herborosos y.

22 Mut.: lo que: y.

23 Add.: lo.

24 Del.: españoles.

25 Mut.: de Vngría.

26 Mut.: avía ofreçido dende: ofre-çió desde.

27 Mut.: y porque çesen ...: Pues.

28 Mut.: lo anda; yerra.

29 Del.: y asentósele...

30 Mut.: tanvién ésta se trató.., : se trató de ésta y de otras muchas.

31 Mut.: por cierto.

32 Del.: ayna.

33 Del.: asimismo.

34 Mut.: si se juntaran...: todos.

35 Mut.: los quales.

36 Del.: alguno lo.

37 Mut.: encaréçelo tanto quando se le ofreçe...: encarécelos tanto que pasa mucho de

38 Mut.: ovispo de Nochera: Jovio.

39 Mut.: españoles jamás...: jamás los españoles quemaron.

40 Mut.: ccmo entonces hizieron italianos en.

41 Mut.: desde.

42 Mut.: quemando.

43 Mut.: abrusados y dónde se mataron: y matando.

44 Mut.: dónde se hi-zieron: haziendo.

45 Del.: O Jobio y.

46 Mut.: oyros agora el bus-car: oyr las.

47 Add.: que el Jovio busca.

48 Del.: pero ya búsquelas ...

49 Mut.: pero tanvién mete allá: Pone entre estos italia-nos.

50 Mut.: causa sino: verdad.

51 Mut.: y dado causa a: en.

52 Mut.: muy más qu'esto...: mereçía nonbre más pesado.

53 Mut.: soldados quando así fueron descomedidos [hiciera] castigar el marqués, quánto porque a vn soldado solo...: y aun castigo exemplar; por cierto que a muchos más a uno solo; mas diga el Jovio.

54 Add.: nadie.

55 Mut.: y así lo podía...: y el soldado lo pudiera.

56 Mut.: qu'está: que estava.

57 Mut.: aconteçido semejante...: acontecieron algunos motines fueron.

58 Del.: de manera que pidiendo...

59 Del.: ello no.

60 Mut.: grande culpa. y para que...: gran culpa. También pone e lJovio entre las desculpas de tan

61 Del.: que.

62 Mut.: sabrá.

63 Mut.: ni de vn desamor...: que mereciese perder.

64 Mut.: y si tras esto...: Si el lector del Jovio.

65 Del.: el lector jobiano.

66 Mut.: lombardo.

67 Mut.: pareçe sentir y: quiere.

68 Mut.: les maten. Pero...; los maten haziendo.

69 Del. : suyo.

70 Del.: y así meçmo en...

Capítulo Treynta

De cómo el prínçipe Andrea Doria fue con el harmada carlesca a acometer la rribera de Greçia y tomó la Çiudad de Corrón y otros algunos pueblos marítimos de aquella costa y de la guarniçión de españoles que quedó en guarda de Corrón después que el harmada se bolvió a poniente, y de zierto motín de los ytainos que venían en el harmada [1].

Como la guerra se hazía aquel año entre aquellos dos poderosos prínçipes, por todas las partes que se podían dañar el vno al otro, así como se hizo por los confines de Vngría por sus propias personas, se hizo tanvién por las de sus capitanes marítimos por la costa de Greçia. Y d'esta segunda es la que pretende dar quenta Paulo Jovio, y en este treinta y vn libros de su corónica. Pero d'el vn capitán d'éstos, que hera el del turco, ay poco qué tratar, y así tanvién / el ovispo trata poco d'él porqu'este general de la mar turquesca, llamado Himeral, savido que Andrea Doria, tanvién general contrario, yva más poderoso qu'él por aquella ynfiel rribera, se rretrujo con su armada muy adentro y muy apriesa, de tal manera que dejó la mesma rrivera despoblada, digo la mar d'ella, y [2] así el capitán Andrea Doria comenzó a costear por ella para hazer algún buen hefecto, como lo hizo.

Y [3] dando quenta de este viaje, el Jobio dize vna cosa que vn honbre tan graue como él no quisiera en ninguna manera que dixera; porque dize que considera él en su pensamiento (y en la verdad ella es más consideraçión de ovispo que de capitán y avn creo que ni lo es de lo vno ni de lo otro) [4] que pudiera entonçes Andrea Doria y Viçençio Capelo (con quien se topó qoe andava con sesenta galeras guardando por aquel mar la, tierras de su rrepública veneçiana) acometer a Costantinopla, y llevársela los christianos en las uñas, porque dizque no vbiera / quien la defendiera, estando el turco en Vngría ocupado en la otra parte d'esta guerra mesma. Niñería rridiculosa y [5] que no mereçe otro nonbre, porque çierto, el Jobio deve de [6] ymaginar que quando el turco ba a la guerra, que lleva consigo alguna gente de Costantinopla más que la de guerra, y que no quedan çiento o doçientos mili honbres para poder tomar armas y defenderse en Costantinopla, o que en pasando el armada d'España por el estrecho, sin los mesmos costantinopolitanos no se pudieran juntar en muy brebes días de los campos de Asia y de Europa avn mucho mayor número del que e dicho. Y es lo bueno que para contra toda esta gente podían llevar anbas harmadas, la del oria y la de Capeló, no doze mili honbres cavales. Y a lo que dize que los griegos esta van esperando coyuntura para rrevelarse, en buena fee qu'el Jobio les daba buena ayuda a los christianos de vna gente desarmada y rrepartida por toda Greçia, para ayudar a los que avían de pelear en Costantinopla, a vista de la qual no hubieran llegado los fieles / quando estuvieran hechadas a fondo quantas galeras entraran a querer acometer aquel hecho. Y si aquella coyuntura le pareçe a nuestro obispo que se perdió entonçes, por estar el turco avsente, pocos años ay que no lo esté, haziendo enpresas a levante o a [7] poniente, báyase de prínçipe en prínçipe christiano y aconségele que va ya a tomar a Constantinopla, y que no pierda aquella coyuntura. Y de la rrespuesta que le dieren, quizá conoçerá quánta sinpleza comete qualquier honbre que se quiere meter [8] a tratar en [9] las cosas qoe no son de suprofesión, ni sabe ni entiende.

Pero entendamos nosotros cn nuestro yntento [10]. Dize este nuestro Paulo ovispo [11], en el capítulo terçero d'este libro, que se [12] quiso acometer a Modón, pueblo fuerte y marítimo de la Morea, pero que se [13] dejó, por creer qu'estavan aperçebidos los d'él [14], a causa do qu'el año antes se avía querido tomar aquel pueblo, por çierta astuçia de vn Jano Mario, griego, avnque después no suçedió como se pensó. Porque comenÇada a ganar la vitoria, los soldados católicos comen- / çaron a rrobar el pueblo, que dio causa a que los turcos bolbiesen sobre sí y los hechasen de allí afrentosamente. En el qual [15] quento ay yerro cn tre[s] cosas: la vna [16] en el quento prinçipal, y las [17] dos en el discurso del suçeso, porqu'el negoçio aconteçió el año antes qu'el Jobio quenta. Y en lo demás, el esfuerzo que da a vn griego lo abía de dar al atrevimiento de vn turco, porque aquel negoçio se començó, y medió, y concluyó (avnque la conclusión no fue tal qual se pensaba), por mano e yndustria de vn turco que andubo en este trato con los comendadores de San Joan. Y hizo hazer aquel acometimiento, y avn a los prinçipios se pensó qu'el trato hera doble, y avn después al desenbarcar lo mesmo, pero no lo fue, sino qu'el yn fiel fue fiel en esto, y por su yndustria y pareçer se acometió entonçes Modón. Y el no alcançar la vitoria y [18] quedar apoderados del pueblo, no lo causó tanto el rrobar los christianos las cosas del lugar, avnque tanbién vbo descuydo, quanto el no poder tomar vna torre ymportante, y pelear flojamente los ehristianos, y los tureos / balerosa y constantemente en la defensa d'ella. De manera que lo que quenta de Mario lo hurtó a Sila (porque acuerdo de llamalle así al turco, que no sé otro más a mano para contra Mario, pues [19] no se me ofreçe su nonbre de presente [20] por hauérseme perdido çiertos memoriales); avnqu'es berdad qu'este griego anduvo en el trato, pero no tuvo otra parte en él sino conçertar al turcn y lleballo a la presençia de la rreligión, y el mesmo turco bino en los navíos y desenvarcó y llevó su parte de aqnel travajo

Pero bolvamos la proa a lo prinçipal d'este libro, que es la toma de Corrón. Y en las primeras palabras d'él, luégo en los primeros rrenglones del capítulo primero, pone el Jobio tres o quatro yerros. Y es el vno [21] dezir, como dize [22], que al tiempo qu'el Emperador bolvía de Vngría a Ytalia, Andrea Doria llegó a Mezina con el armada ynperial para yr a levante; y es ansí qu'el Emperador salió de Viena a los primeros de otubre para Ytalia y Andrea Doria allegú a Mezina / a quatro de agosto antes, y a diez y ocho del mesmo [23] mes salieron de allí para su biaje, y a veinte y vno de setiembre, día del bienaventurado apóstol San Mateo, se tomó Corrón, que fue en el mesmo día qu'el Emperador y su canpo llegó a Viena para presentar la batalla al turco. Y dize luégo otra segunda cossa (o sean dos tan eçelentes como la pasada), qu'el harmada christiana hera de quarenta y ocho galeras, y que las naves y carracas heran treyuta |y çinco. Y la vna y la otra es quenta herrada, porque las galeras heran solas treynta y nueve, y no vbo vna más ni menos en aquella jornada, y las naos fueron quarenta justas con las carracas que allí yvan. Y hablando en particular de la presa de Corrón, digo que tanvién se engaña el ovispo en el capítulo quarto en dezir que se vatió el pueblo por la parte de la tierra por dos partes: ytalianos en la vna, y españoles en la otra, con catorze pieças de artillería rrepartidas en ambos quorteles. Porque / las baterías de la tierra no fueron dos sino tres, porque [24] los españoles se dividieron en dos partes, en la vna don Gerónimo de Mendoza, con vna porte de los de aquella naçión [25] y en otra el capitán Françisco de Alarcón, con otra parte de los mesmos españoles [26], y los ytalianos en otra terçera, y en todas tres baterías no avía catorze pieças, como el Jobio dize, sino solas seis.

Pero todos estos yerros le pasáramos en quenta (avnqu'él nunca la da buena), sino que viene gentilmente después a dezir que los españoles no arremetieron a la vatería, sino solos los ytalianos; y es burla grandísima, porque avnque por el quartel del [27] de Mendoça (por tener muy rruin y casi ninguna vatería) no arremetieron, pero sí lo hiçieron [28] por la parte del [29] de Alarcón. Mas avía tan rruyn vatería en todas partes y de tan poco hefecto, que valiera más que no se vbiera arremetido. Y así el mejor suçeso fue el de la vatería y vatalla de la mar, que fue causa para tomarse el burgo y después para que se rrindiese el pueblo, / al rremedio de lo qual es berdad, como el Jobio dize, que vinieron los turcos qu'él quenta. Pero no aconteçió el caso como él lo pone sino muy diferentemente, porque los enemigos binieron a este socorro por dos caminos, y bien estrechos anvos, y cnn vna enboscada que se puso en vno d'ellos, hasta dejar de pasar obra de sesenta d'ellos [30] (y derrocar luégo un olibo que tenían cortado para el hefeto, con que quedó atajado el paso para que no pasasen más turcos, todo lo qual se le olvidó al Jobio). Dieron luégo sobre los que avían pasado y derribáronlos allí a todos, y así Corrón no fue socorrida y se rrindió el día qu'está dicho, y acordóse qu'el pueblo se guardase, porque su fortaleza d'él [31] lo mereçía. Y quisiera yo qu'cl Jobio tratara lo que rrogó y trabajó (aunqu'en valde) el prínçipe Andrea Doria con algunos capitanes ytalianos, para que quedasen en Corrón, sin que aprobechase ninguna cosa; porqu'el Andrea Doria en su primera determinaçión fue que la guarniçión quedase de anbas naçiones, pero hera en Turquía el ncgoçio y lejos de Ytalia y, / por abrebiar rrazones, los españoles quedaron allí con don Gerónimo su maestre de campo, en que ahría dos mili y quinientos honbres d'esta naçión, o pocos menos, en nueve conpañías, porque otros dos capitanes, que fueron Mosén Hernando y Alarcón, bolbiéronse a Nápoles en el armada.

Y solo me queda agora por deçir vna cosa çerca de las de Corrón: que la palabra que dize el ovispo que le fue guardada a los turcos que salieron del pueblo hasta ponellos en salvo, no pasa así, sino al contrario harto de ello, porque la fee que se les dio por los christianos a los turcos fue como si, trocados los frenos [32], los turcosla ovieran dado a los christianos, y los vnos fueron en parte rrobados de ellos otros, digo algunos d'ellos [33].

Y en esta tacañería, que si vbiera otro nombre más rruyn o que pudiera servir, se le diera [34] no saco a ningunanaçión, porque así españoles como ytalianos mostraron vien a los ynfieles quán poco fieles son los que tenían este nonbre [35]. En fin, aconchadas lo mejor que ser pudo las / cosas [36] de aquella guarnición, y dejado en Corrón elmejor rrecaudo que ser pudo [37], se bolvió el armada la buelta de su poniente, y partieron para esto [38] de Corrón, sábado a çinco de otubre, y fueron a la isla del Zante, otros la llamavan Jante [39], y conbatió a Patrás, que ya avía poco qué convatir en ella. Y luégo pasó al golfo de Lepanto, en aquel estrecho que allí se haze de mar entre Etolia y la Morea, donde en cada parte ay un cas tillo, qu'el vno d'ellos no liera de dcsechar, y que con poca fortificaçión le guardara |yo tan de buena gana como a Corrón, si tuviera avtoridad para ello. Anvos los tomó el prínçipe, el vno por fuerça y el otro rrendido, |y de no saquearse éste, se causó el motín de los ytalianos, según el Jobio dize. Y avnqu'ésta fue la ocasión, pero no la Callsa, porque honbres que pedían quinze pagas como allí pidieron (todo lo qual el Jobio calla), y si no que se / yrían a servir al turco en cuya tierra estavan, señal hera que nn lo avían por el pobre despojo de Rriv (que así se llama), ni por la pobre muniçión y hatilio que allí avía. Pero es lo bueno en lo d'este motín (donde los ytalianos estuvieron ocho días fuera de las banderas |y apartados del harmada, haziendo en las aldeas y lugarejos de los griegos christianos mili ynsultos, no dixe vien, sino ocho mili, porque cada día de los ocho hiçieron el número que dixe primero) [40], que diga el Jobio muy descaradamente y muy a su plaçer [41], que con las conpañías ytalianas se amotinó vna d'españoles, siendo tanta verdad como otras muchas que hasta aquí se le an notado en su |Ysro, ia, en la qual para solos los motines y otras cosas d'esta traza halla a los españoles, que para pelear ni para otros exerçiçios de guerra por maravilla los topa. Los españoles, ¡pobre Jobio!, quedavan en Corrón defendiendo, como en los ca- / pítulos siguientes beremos, la fee y el pueblo cuya defensa avían tomado a su cargo. Y en aquella harmada no yvan más de noveçientos solos, digo poco más qu'éstos [42], los quales a la buelta y tornada de Corrón avían alcançado el harmada en el puerto de la Sapiençia, que [43] en vna nave que avían enbiado de Ytalia en socorro del prínçipe benían [44]. Y éstos nunca se menearon de la obidiençia entodo el viaje, ni vno solo fue | con los ytalianos en aquel eçeso, y [45] meter con ellos a los españoles, fue vna cosa harto jouiana. Y dize, muy sin pena tanvién, qu'el conde de Sarno rreduxo a los ytalianos a la ovidiençia, no siendo así, porque antes le rrespondieron mal, avnque les habló como en aquellos trançes se vsa, con toda la vmildad del mundo; |Y muy sin encubrillo dezían [46] que querían llevar sueldo del turco. Y si no fuese juzgar coraçones ajenos, yo dixera vien [47], si como se amotinaron en tierrapobre |y de villajes misérrímos de christianos griegos y pobres (donde ya en / ocho días no hallavan qué comer), huvieran dado en tierra gruesa y donde pudieran ser mantenidos, si quedara entonçes esquadrón de ytalíanos en Turquía. Pero déxese esto, que quizá no cupiera tan gran maldad en coraçones christianos, y tan buenos como en muchos de aquella naçión los suele hauer, y dígase cómo ellos mesmos después [48], no como nuestro auctor lo quenta, sino sin [49] que nadie se lo rrogase [50], se bolvieron poco a poco, y después más de golpe, a sus banderas. Y pues el ovispo hera tan amigo, según muestra en su |Ysroria, del capitán |y prínçipe Andrea Doria, a él [51] quisiera que le vbiera preguntado qué sintió de aquel motín, y qué palabras dixo, quando bido su desbergüença cometida en la mitad de la tierra de los ynfieles.

Y rrecoxéndonos, digo que después de aver tomado el de Oria el yltimo castillo, que fue a los beinte y ocho de otubre, día de San Simón y Judas, aprestó su buelta para Çiçilia, aviendo hallado en aquella fuerça mucha artillería, / pero no tanta de bronze como el Jobio encareçe, porque solas se hallaron d'este metal seis pieças, pero d'estraña grandeza o, por mejor dezir, estrañísima; las quales y otra hartillería de hierro, metido todo en las naves y galeras, holvió bitorioso aquel prínçipe de la mar y de Melfa, con su harmada a Ytalia, ya demediando [52] el ynbierno de aquel año.

1 Add.: con más los apuntamientos necesarios sobre la Historia del Jovio.

2 Mut.: dejó la mesma...: dexó aquella marina desierta.

3 Mut.: Pues.

4 Mut.: que vn honbre tan graue...: en que muestra mucha ignorancia no soloen los negoçios de la guerra mas en la con-tratacion humana y noticia común de las cosas. Dice, pues, que él consideraba

5 Mut.: rridiculosa y: digna de risa.

6 Mut.: deve de: devio.

7 Mut.: a levante o a: en levante o en.

8 Mut.: comete qual-quier...: es meterse.

9 Mut.: de,

10 Mut.: entendamos nosotros...: tornando al propósito.

11 Mut.: Paulo ovispo: Jovio.

12 Del.: se.

13 Mut.: lo.

14 Del.: los d'él.

15 Mut.: En el qual: En este.

16 Mut.: yerro en tres...: tres yerros, el v no.

17 Mut.: los.

18 Mut.: ni.

19 Del.: de manera que...

20 Mut.: su nonbre de presente: el nonbre de aquel tllrco.

21 Transp.: el v no es.

22 Del.: como dize.

23 Mut.: dicho.

24 Mut.: que.

25 Del.: con vna ...

26 Del.: con otra par-te...

27 Del.: del.

28 Mut.: si lo hiçieron: hiçiéronlo.

29 Del.: del.

30 Mut.: d'ellos: tllrcos.

31 Del.: d'él.

32 Del.: trocados los frenos.

33 D el d el

34 D el .: que si vbiera

35 D el .: porque así españoles.

36 Mut.: aconchadas lo mejor...: compuestas las cosas lo mejor que ser pudo.

37 Mut.: ser pudo: pudieron.

38 Del.: para esto.

39 Del.: otros la llamavan Jante.

40 Mut.: no dixe vien ...: y aun oCho mill.

41 Del.: y muy a su plaçer.

42 Mut.: solos, digo...: o pocoS más.

43 Del.: que.

44 Del.: benian.

45 Mut.: pues.

46 Mut.: y muy sin...: diziendo claramente.

47 Del.: vien.

48 Add.: lo Con-taron y.

49 Mut.: quenta sino sin: escrive.

50 Mut.: nadie se lo rro-çase: sin rogárselo ninguno.

51 Del.: a él.

52 Mut.: mediando. -v

Capítulo Treinta y Uno

De cómo el Papa determinó la causa que ant'él pendia, entr'el rey de Yngalatera y la reyna doña Catalina, su muger, sobre la balidaçión de su matrimonio, y de cómo el Enperador se vino a España y sacó los soldados viejos de Ytalia, y de cómo el mesmo Enperador envió a Andrea Doria con harmada d'españoles a socorer a Corón y le socorrieron y del casamiento del segundo hijo del rrey de Françia con Catalina de Médiçis, sobrina del Papa Clemente [1].

En el capítulo otauo d'este mesmo [2] libro de que bamos dando quenta, trata nuestro autor el pleyto matrimonial de Enrrique, rrey de Yngalaterra, con la rreyna doña Catalina, su muger, tía del Emperador. Y dize así, que buelto el Emperador a Ytalia de la jornada del turco, el Papa bolvió de Rroma a Volonia a speralle y verse con él, i avnqu'el Jobio no lo dize, llegó el Emperador a Bolonia, donde ya el Summo Pontífiçe estava, a treçe de diziembre, día de Santa Luçía de aquel año/qu'entonçes corría, que hera [3] de treynta y dos. Y que en aquellas bistas (que avnqu'él tanbién no lo pone, duraron dos meses y medio), entre otras cossas que se trataron en ellas [4], fue pedir el Emperador al Papa que sentençiase el pleyto que he dicho, porque dize que Carlos [5] estava sentido mucho d'esta ynjuria, y de qu'el ynglés hubiese rrepudiado y apartado de sí a su muger, con achaque de haver sido ella [6] casada primero con Arror, su [7] hermano mayor del Enrrique, que ya hera muerto, y de quien avía ella quedado viuda y sin hijos ningunos, diziendo que avnqu'el Papa Jullio, segundo d'este nonbre, avía conçedido dispensaçión para ello, el caso hera yndispensable para casar ninguna muger con dos hermanos, por ser proyvido por derecho divino Y avnque tenía en esta señora vna hija, se le dava por ello poco al Enrrique, ynduzido por el cardenal de Yngalaterra, arçovispo boraçense, qu'en lengua ynglesa se llama Diort aquel pueblo, y que lo haçía este cardenal por estar de secreto cohechado del rrey de Françia para que nunca el ynglés pudiese apartarse de su con- / federaçión, por tener grauemente, con esta ynjuria del rrepudio de la tía, ofendido al Carlos [8]. Y que tanbién el Enrrique se mobía a esto por estar perdido de amores de Ana de Bolán algunos años avía, con quien tenía puesta su afiçión y apetito, sin habelle hartado la conversaçión d'ella, sino perdiéndose cada día más por la continuaçión d'este negoçio. Y que el Papa Clemente, dende qu'este pleyto se trataba en Rroma, por conservar en la ovidiençia al rrey de Yngalaterra y al Enperador, avía suspendido la determinaçión d'este negoçio y rremitídolo a los jueçes de su rrota, mostrando en alguna manera que hera el negoçio dudoso, y que agora, vistu lo qu'el Emperador le pedía, que hera que determínase la causa, y que salba su avtoridad no podía más entretener a estos prínçipes, quiso más la justiçia y rrazón que la amistad del rrey Enrrique, y que así le amonestó y rrequirió que dexase dentro de çierto término a la amiga y hiçiese vida maridable con la muger, y que si dentro de aquel término no lo hiçiese, que le dexcomulgaría [9]. Y dize más por vltimas palabras d'este capítulo: qu'estas amenazas e yntenpestiba seberidad del Papa, fue / dañosísima a la christiandad, porque dentru de pocos días el rrey Enrrique quitó la ovidiençia a nuestra Yglesia Católica, y al Summo Pontífiçe, caveça d'ella, y se apartó de su antigua birtud, haziéndose herexe; todo lo qual tiene gran neçesidad de correpçión.

Y por primera cossa de las d'este capítulo [10], me quexo de vn dicho tan desonesto eomo es dezir qu'el Papa no queria sentençiar el pleyto por conserbar en ovidiençia al ynglés y al Emperador, como si bastaran quantas cossas ay devaxo del çielo hasta llegar con este término al çentro de la tierra, abersidades ni prosperidades, agrauios ni otra cossa de la d'esta vida mortal [11], para que ynmortalmente [12] el Carlos [13] dexara d'estar a la ovidiençia de la Yglesia No digo yo avnque no le fuera hecha justiçia en lo de su tía, pero avnque se amontonaran todas las sinjustiçias y sinrrazones judiçiales y estrajudiçiales para descargar en él solo. Y es [14] grande ynadbertençia [15] de vn honbre docto y graue, dezir palabra semejante de un semejante prínçipe, cuyo ofiçio como Emperador hera defender la Yglesia, y como Carlos español morir mártir, si fuese menester por ella. Y ya qu'el Enrrique, mobido / de aquella locura enamorada, hereticó (que tanto eomo esto no pensé yo que podían los amores, avnque bien sabía yo que podían harto), pudiera dezir que se temía el Papa de lo que suçedió y no meter, no digo yo al Emperador, pero a qualquiera otro prínçipe christiano que fuera el del letigio, en aquella quenta, poniendo duda en su perseberançia de la fee. Antes quando alguna duda sintiera, abía de dezir (conformándose eon los ynfeliçes tiempos en que bibimos para animar a no solo los prínçipes sino a todas las gentes) que avnque se diera la sentençia en fauor del Enrrique, que él aseguraba que nunca el otro prínçipe su contrario cayera en el yerro, según su christiandad, en qu'el ynglés cayó [16]. Del qual quenta [17] el Jobio que andaba [18] con este daño del enteudimiento, ocupándolo en los contentos de su amiga Ana tres años avía Y haze muy mal [19] la quenta, porque ya abía çineo que aquella torpeza pasaba, avnqu'el pleyto en Rroma abía solos tres, o a lo menos poco más. Pero tanpoco [20] en esto no hazertó [21] nuestro obispo, porque no se sentençió agora [22] quando él lo quenta, hasta que pasaron dos años después d'esto o çerca d'ellos, o a lo menos / más de año y medio [23]. Porque la sentençia firmada del mesmo Summo Pontífiçe (que d'esto no se le acordó al Jobio), se pronunçió a beinte y tres de marco del año adelante de treynta y quatro, habiendo primero con nuçios hordinarios y después con particulares heeho el Summo Pontífiçe [24] muchos complimientos y muchas persusiones, y todas con gran blandura, sin hauer las amenazas y rrequirimientos qu'el Jobio dize, para qu'el Enrrique bolbiese a hazer vida con la Catalina. Y en quanto aver el eardenal evoraçense dado causa a este pleyto y a la desonestidad d'él, ya se dixo así de corrida en el capítulo treze pasado la causa d'ello; y aquélla fue, y uo la que pone el Jobio aqui en este paso, diziendo del trato qu'el cardenal trata secreto con el françés. Avnque tengo entendido que después para que se continuase y se saliese con el yntento, que devió el eardenal, para más firmeza y perseberançia de su mala voluntad, busear en Françia las espaldas y fauor que allí pudiese. Y solo en este negoçio de Yngalaterra me queda por dezir, que entiendo yo de mi benditísimo prínçipe, que si él entendiera y creyera / que tan gran falta (sin ser juego el que se perdía en hazella) avía de caber en el Enrrique, y que a vn çiego y muchacho rapaz abía de bastar a tornar tanbién çiego a vn honbre viejo, y demás d'esto prínçipe, y que Se yntitulaba defensor de la fee (cossa que nadie pudiera creer), y que se abía de tornar hereje con toda su probinçia y rreyno, y que abía de quedar de la manera que quedó, que permitiera no solo el agrauio de su tía, pero el de toda la Casa de Austria junta y de la d'España, antes que seguir ni hablar en el negoçio. Pero como el saber esto estaua reserbado a solo Dios (el qual plega a su ynfinita misericordia lo rremedie), no pudo hazerse otra cossa (que harto se hizo en no seguillo por las armas, avnque quizá se trató d'ello, sino por los térmínos ordinarios del derecho) [25].

Y después d'este negoçio de Yngalaterra, trata Jobio en los eapítulos siguientes hasta fin del libro, vna mezcla de diferentes materias. Vna de las quales es [26] que, sin enbargo de las pazes que avía con Françia, Françisco, rrey de allí [27], amenazaba [28] que abía de enbiar gente al Piamonte, a los lugares del marquesado de Saluzo, para fauoreçer a sus amigos y allegados, porque Françisco, marqués saluzano, devoto / de françeses, aviendo hechado en prisiones a su madre y a su hermano porque seguían el afiçión del Emperador, se avía ydo a Françia a fauorezerse del rrey Françisco [29]. Todo lo qual es engaño notorio, e ynorançia de lo acaeçido en su tiempo y en su tierra mesma [30], del mesmo Jobio, porque nunea la madre del marqués Françiseo fue jamás de la parte del Emperador, sino contraria, y así no pudo estar presa por la devozión ynperial, antes ella tubo presos a otros (y a vno de sus hijos entr'ellos), porque seguían el bando contrario del suyo. Lo que pasa, pues [31], es que muerto el marido d'esta señora, qu'es la cabeça y casa de los monseñores (que d'esta casta son los señores de aquel estado), quedaron d'él y d'ella tres hijos: Miguel, y Juan, y Françisco. Y el Miguel, que fue el mayor, abiendo heredado aquel estado, siguió muy por la bida (y bien digo por la bida pues le costó la suya las partes françesas), porqu'éste es aquel marqués de Saluzo que se halló en el exérçito de Lutreque sobre Nápoles, y después fue herido, y murió en Anversa, de quien atrás en otros capítulos está hecha minçión [32]. Y a este tiempo la madre viuda, qu'estava en Saluzo, tenía preso a su hijo segundo, qu'es el Juan que hemos dicho, en vn eastillo de aquel/ estado llamado Rroel. Y la causa d'esta prisión hera porque la madre, françesa, veta que el hijo hera ynperial por todo estremo. Este Juan hera de horden sacra y tenía harta rrenta por la Yglesia, y así pareçía que, muerto el Miguel, avía de benir la suçesión al terçer hijo y menor de todos, que hera el Françisco, el qual hera, avnque [33] ytaliano, ynxerto en frankés y seguía la opinión de la madre. La qual no solamente hera françesa en el afiçión, sino en la naturaleza asímesmo [34], porque hera gascona, hermana del baleroso musiur de Lutreque. Pero muertu el Miguel en Anbersa, los basallos saluzanos tomaron las armas y sacaron de prisión al Juan y le llamaron y hizieron marqués de aquel estado, lo qual él pretendía y tenía más gana d'ello que de seguir la otra vida eclesiástica. El qual, por pagar a la madre en la mesma moneda, luégo que se vido marqués y libre, la prendió y la eehó en la mesma prisión qu'él avía tenido, avnqu'estubo poco en ella, porque después la soltó y ella dexó a Ytalia y se bolbió a Gascuña.

Pero el rrey Françisco con cudiçia [35] de tener siempre pendençias en Ytalia, buscó forma cómo el terçer hijo, su afiçio- / nado, hubiese el marquesado, y para esto dexadas muchas cosas que pasaron de tal manera, truxo la negoçiaçión con el nuevo marqués, que devaxo de çierta causa lo hizo yr a Françia, y allá se quedó, porque preso y quitada su libertad, no le dexaron bolber. Y el rrey teniendo ya detenido al Juan (el qual sienpre en, us trabajos tubo tan verde y tan fresca el afiçión del Emperador como sienpre), enbió al terçer hijo, Françisco, para que ocupase aquel estado de Saluzo, el qual lo ocupó y poseyó después hasta su muerte, todo lo qual pasó en el año de veynte y ocho y veinte y nuebe. De manera qu'este Françisco que quedó con el estado, no prendió a su madre y a su hermano por ynperiales, como el Jobio dize, porque hera de la opinión de la madre, y la madre de la suya, avnque en lo que toca al hijo no duró mucho en ella, porqu'el año de treynta y seis adelante, como por fuerça este honbre lo tocara, dexando su antigua afiçión françesa se pasó al serviçio guivellino e ynperial, en el qual murió el año de treynta y siete siguiente.

Y en lo que luégo trata más adelante de la liga y confederaçión de Bolonia, diziendo que enbió el rrey de Françia a los cardenales / Tormi [36] y Agramonte a contradeçilla, y a mostrar cómo se haçía agrauio a él en que se hefetuase, pasa así como lo dize el Jobio. Pero en dezir que los beneçianos por esta causa no quisieron entrar en ella, ni hazer más de rrenobar la antigua por solo medio año no save lo que se dize. Porque Beneçia, como los demás potentados de Ytalia, entraron en aquella liga defensiba de Bolonia, la qual se hizo y coneluyó a beinte y siete de hebrero del año de treinta y tres. En la qual [37] todos los confederados nombraron por general d'ella a Antonio de Leyva, y no por medio año, eomo este nuestro lonbardo dize, sino absolutamente sin nonbrar el tiempo que pone, como por el mesmo contrato pareçe, que avn en lo qu'estaua por eseritura públiea quiso herrar, eomo tanbién herró en lo que más quenta de la pendençia de entre el Papa y el duque de Ferrara sobre el hecho de las çiudades de Módena y Rrezo. Hera esta vna baraja antigua y de que no se puede sacar propósito para esta ystoria. Damos han la quenta d'ella los |Ana/es del Quinto Carlos, si Dios fuere servido. Y luégo, por no perder el hilo acostunbrado, torna el obispo a contar el alegría que vbo en Ytalia porque sacó el Emperador d'ella los españoles, y hasta / esto yo se lo ereo, y lo juraré por él, y avn podría ser quetanbién jurase que le pesóde abello hecho hartas vezes después al Carlos [38]. Y a, ícomo el mesmo Jobio lo quenta, parte d'ellos fueron al socorro de Corrón y de la Morea, y parte se fueron de guarnición a Çiçilia y rreino de Nápoles en conpañía de los demás que ay [39] d'esta nación en aquellos dos rreyno y asímesmo [40] la otra terçera parte de los españoles, que fueron quinze vanderas, se fueron con el Emperador a España.

Y no tubo rrazón el de Nochera (y sobre todo sin propósito ninguno) [41] de tratar mal de otro obispo, que quando él husase tanbién aquel saneto cargo eomo el otro lo husó, y tubiese el cuydado de sus ovejas qu'el otro tubo, no le abría suçedido mal para su ánima. Dígolo por lo que dize qu'el Summo Pontifiçe en este | medio hizo ynméritamente cardenal a don Gabriel Merino, ovispo de Jaén, al qual pinta hombre baxo, ydiota, y eon otras faltas, dexándole solamente la de serbiçial y solíçito [42]. Y así rreprehende al Papa porque le dio el eapelo, pudiéndolo dar a otros honbres de letras, las quales si abían de ser tan bien enpleadas como las suyas, poco haçía al caso; ni tanpoco lo haze el linaje, i pecador de mí [43] (avnqu'el del obispo de Jaén / sin enbargo de ser humilde lo hera harto linpio), sino la birtud. Esto es lo [44] que haze al caso para cossas semejante y en lo que consiste la berdadera nobleza, no negando qu'es muy mejor tenerlas anbas. Pero quisiera yo que como a vn cardenal español halló de humilde linage y sin letras, se fuera a vna eorte de vn prínçipe christiano que yo le dixera, y hallara en la rresidençia d'ella doze personas de aquella dignidad, tan faltos de letras los más d'ellos, como el eardenal Merino, y ninguno d'ellos (que no quiero dezir más d'esto) más virtuoso qu'él ni con más méritos (por hablar tenpladamente y dexando las letras aparte), para tener aquella prinçipalísima dignidad.

Pero bengamos a lo postrero que ay que tratar en este libro en que agora bamos, qu'es sobre la, cossas de Corrón, y digo que eomo se a visto en lo pasado, don Gerónimo de Mendoça quedó con dos mill españoles y algunos más en guarda de Corrón, dend'el setiembre del año de treynta y dos; y por el abril siguiente de treynta y tres el Gran Turco enbió por mar y por tierra a sitiar aquel pueblo Y así fue sitiado por anbas partes, y el maestre de eampo Mendoça enbió a dar aviso de todo ello al visorrey de Nápoles a Ytalia, y al Emperador / a España, y primero qu'esto [45] abía enbiado al capitán Hernando de Bargas, estando avn el Carlos [46] en Bolonia, dándole quenta de la sospecha que se tenía de que serían presto sitiados como lo fueron. Y sauido por el Emperador (que ya estaba en España) el sitio, luégo mandóprober cómo Andrea Doria fuese con el socorro, y así se hizo, y d'esto es lo que tratan los postreros capítulos del Jobio. Y dize que Andrea Doria, eon el armada ynperial de galeras y naves que juntó, se aprestó para yr a este socorro, y avnque primero dize que se amotinaron los soldados cabe [47] Anbersa, lo qual no pasa así, ni tal motín de sustançia vbo ninguno, más de pedir que, pues los sacaban de Ytalia y los llebaban a guerra tan apartada d'ella, que les pagasen, y así les pagaron. Pero por poco tanbién dixera qu'el marqués del Gasto se amotinó, pues dize que abiendo prometido de yr a esta guerra, lo dexó de haçer de sentido y enojado, Por averle sido preferido Antonio de Leyba en el generalato de la liga de Bolonia, y que así estaua quejoso del Emperador, de cuya [48] causa se quedó en Ytalia sin yr en el armada. Lo qual si él no quisiere que la llame sinpliçidad suya, llámese al menos engaño grande, y el cuytado por alabar al marqués lo desalaba, porque no hera hombre / don Alonso Dáualos que si conbiniera que su persona fuera a Corrón lo dexara de haçer por sentimiento ninguno (tanta fue sienpre su bondad y lealtad), quánto más que quando semejantes personas suelen estar agrauiadas y sentidas de su prínçipe, rretíranse de la corte a sus estados y haçen otras muestras de sentimiento semejantes a ésta, que ni perjudican a su lealtad ni a su pundonor. Pero el marqués, después de la liga de Bolonia qu'el ovispo dize, no salió de la corte del Emperador, y eon Su Magestad bino España, y le aeonpañó en todo el biaje, y nunca tan fauoreçido avía andado como entonçes lo andubo, ni tan rregalado. Y con los mesmos rregalos y fauores se bolbió a Ytalia, estando él entonzes con el Emperador en la eunbre de su estimaçión | como sienpre lo estuvo.

Pero dexemos todas estas menudençias para el Jobio que las quiere entender todas (y quizá entiende pocas d'ellas), y bolvamos a nuestro propósito prinçipal del socorro corronense [49]. Digo, pues, que toda el armada de nabes y galeras, que heran las qu'el ovispo quenta, se juntaron en Çiçilia, y en ellas dos mili y quinientos soldados españoles, pocos más o menos, devaxo de muy singulares capitanes, de la qual gente yva por su- / perior y maestre de campo el capitán MaChicao. Y mientras el armada se acababa de meter en borden, y meter los bastimentos que en ella avían de yr para basteçer el lugar, dize el Jobio (y así fue) qu'el prínçipe Andrea Doria ynbió [50] a Christóbal Doria con vna sola galera delante, para que trabaxase de entrar en Corrón y salir asÍmesmo, y dalle nuebas de lo que dentro pasava. Y así este capitán lo hizo, que pasando por mitad del armada turquesca entró y salió de Corrón, y bolbió a Çiçilia y dio quenta al prínçipe de la neçesidad de los çereados, que çierto fue vn rrazonable acometimiento. Pero con menos que galera, que fue eon vn bergantín, lo abía hecho antes d'esto vn soldado español llamado Fuensalida, que después de çercados los españoles lo enbiaron a Ytalia a pedir socorro, y pasó por medio de las galeras de los ynfieles, y tornó a deçir que no por esto dexó de ser est'otro negoçio ymportante y de valor. Pero, ipese al diablo con el señor Paulo Jobio! ¿No fuera rrazón que dixera los españoles que yban en aquella galera, la qual, aunqu'el autor no lo dize, se llamaba la Marquesota, con los capitanes Bargas y Pedro de Silva? Los quales dieron toda la horden de aquel negoçio, / y si no la dieran se perdieran. Porque estando ya para entrar a bista de la çiudad en el puerto (que avnque no lo quenta el ovispo, fue el primer día de junio y primer día de Pascua d'Espíritu Santo de aquel año de treinta y tres), biendo que abían de pasar por mitad de las galeras eontrarias, que hera vna multitud d'ellas, en començando a entrar por esta dificultad, hecharon áncoras y surgieron, y pusieron su toldo, que de otra manera se perdieran y fueran tomados en medio sin rremedio ninguno. Que todo esto fuera bien que contara nuestro auctor, y que con el quento contara la manera d'él. Lo qua! visto por los tureos, teniéndola por galera de su conserua, o a lo menos por galera ynfiel que benía de alguna parte a hallarse en aquel negoçio, se asosegaron y descuydaron del primer alboroto que abían començado a tomar, y después que los christianos hubieron deseuidado a sus enemigos, alçando de presto vn áneora sobre qu'estaban, 'e metieron dentro del puerto eon grande alegria de los sitiados, sin poder rremediallo quando ya miraron en ello los tureos, y començaron a seguir la galera sin poder alcançalla. Y a la salida hubo mayor peligro, por abelles abisado el hecho pasado, pero todavía tanbién se husó de maña para el/ salir. Y pues contamos la de la entrada, fue ésta: que cada noche y cada día, muchas beçes mientras la galera estubo en Corrón, acometía a salir, y los turcos, eomo le beyan endereçar su biaje, yhan luégo sobr'ella y la çercaban por todas partes sin que se les pudiese yr, y así el de oria y el eapitán Silba se bolbían al puerto. Y esto haçían tantas vezes, que neçesariamente eansaron los entendimientos y el cuydado de los tureos, hasta que miércoles siguiente, quatro de junio a las ocho oras del día (y hízose de día porque los turcos pensasen que yba a lo falso como las otras beçes), salieron del puerto mostrando que yban a tomar vn esquiraço que les eaya haçia aquella parte, y salen del puerto eon aquella bentaja, de tal harte que quando los turcos miraron que yba la cosa de berdad, no pudieron aleançalla avnque enbiaron tras ella media doçena de galeras, que la siguieron muy gran trecho sin podella aleançar. Y así bolbió Christófaro Doria a Çiçilia, donde halló el prlnçipe y su armada, y le dio las cartas y larga quenta de lo que en Corrón pasava, y de la gran neçesidad que dentro se padeçía. Y así luégo aquel general de la mar, teniendo ya [51] aprestado todo lo que convenía, hizo su biaje enbiando / otra bez delante a la mesma galera y al capitán d'ella, Christófaro Doria, con otras dos galeras y vna fragata, para espiar el armada de lo; turcos. Y la fragata entró en Corrón y las tres galeras quedaron aguardando el armada después de hauer espiado a la de los enemigos, de manera qu'estas galeras ni su Christóbal con ellas, nunea hasta que llegó el prínçipe, bolbió a él ni al armada, eomo el Jobio dize. La qual armada christiana allegó a vista de los enemigos que a Corrón tenían çercado por mar y tierra, vn biernes a ocho de agosto, llevando el prlnçipe vna prinçipal horden para este socorro, que fue poner en dos lados todas las naves y galeones y en medio sus galeras, con otrasçircunstançias y partieularidades, que no ay para qué eserebillas, pues el Jobio no trata d'ellas, y nosotros no somos obligados a tratar sino de lo qu'él tratare. Y d'esta horden tanbién trata el Jobio algo, y avía [52] qué enmendar en ello, mas no puede ya la persona de cansado rremendar tanta rrotura a eada parte que buelbo los ojos.

Pero digamos agora a la letra lo qu'el Jobio quenta, el qual dize que yendo así el armada del Emperador, dos navíos de los que se quedavan traseros, se isieron vno eon otro eon las entenas y se enbaraçaron sín poder eaminar, y que çiertas / galeras de los tureos dieron sobr'ellos, y ganaron los dos nauíos; y si dixera que entraron dentro tubiera rrazón, pero no la tubo en deçir que los ganaron. Mas todo esto se le perdonara de buena gana, eon que no dixera lo queluégo dize: que los españoles que dentro yban pelearon rruynmente, y que perdido el ánimo se hechavan en los bateles y avn al agua, para yr nadando a guareçerse en el armada que ya yba delantera. Y en alguna manera tiene rrazón, si lo que dixo de todos los españoles que allí vban lo dixera del capitán Hermosilla solo, con diez o doze soldados que hiçieron aquel disparate. Y tras esto diçe que Andrea Doria los bolbió a socorrer, y los socorrió sin poder las galeras de los turcos estorbárselo, porque vn biento ábrego que haçía los metía dentro en Corrón de adonde los hechavan a fondo, y así dexaron desanparados a sus conpañeros qu'estaban metidos en las nabes, peleando con los españoles, y que allegando Andrea Doria los navíos fueron libres, y trezientos genízaros que dentro avía, muertos y presos Sobr'el qual quento le pregunto yo al Jobio: ¿con qué cara dize que los españoles faltaron este día a su ánimo y valor? Pues quando bolbióAndrea Doria a socorrellos, con verse desanparados del armada que ya yba muy delante, / nunca los turcos los pudieron rrendir ni apoderarse de las nabes, sino sienpre peleando en los castillos de popa y por otras partes de los nabíos balentísimamente y con el esfuerço acostumbrado. Y espeçialmente ganó este día grande honrra y fama vn soldado de aquel capitán Hermosilla. que peleó por él y por su capitán, llamado Juan de Herrera, que hizo marabillas y las haçía eada momento, deteniendo la furia de los genízaros con otros muchos buenos soldados que le seguían en aquella buena pelea. Y libertadas las naos, y después de abellas [53] socorrido el prínçipe, entraron todos con grande alegría en el puerto de Corrón y deçercaron a los çercados, porque tanbién por la tierra los qu'estavan sobre el lugar lo [54] desanpararon, y biendo el armada que [55] avía entrado en el puerto, casí huyendo dexaron los alojamientos y levantaron el sitio. Y don Gerónimo de Mendoça salió fuera y rrobó todo lo que en ellos avían dexado los turcos, después de todo lo qual, y de hauer socorrido y vasteçido a Corrón, dexó el prínçipe en guarda d'él aquel eapitán Machicao, con todos los españoles y capitanes que llevaba consigo, y sacando la guarnición vieja / (y al de Mendoça su superior con ella), se bolbió a Ytalia.

Y por la vltima cossa turquesca d'este libro, quenta el Jobio cómo después d'esto se toparon en la mar dos armadas, vna beneçiana y otra del moro de Alejandría (cosario famoso), y pelearon balientemente, puesto caso que abía paz entre turcos y veneçíanos. Pero mostró el moro no aver eonoçido al beneçiano, y fue ésta, para [56] pelea naval, bien sangrienta (y avnqu'el Jobio no lo diçe fue a primero de novienbre, día de Todos Sanctos d'este mismo año de treynta y tres). Y el Gerónimo del Canal, que así s, llamava el eapitán b, neçiano, llebaba doze galeras, y el contrario treze, las quales todas fueron tomadas, y el mesmo moro preso, y aunqu'el Jobio dize que salió con solo vna herida, fueron ocho, y todas bien peligrosas. Pero fue bien curado y después suelto, por birtud de la concordia qu'entonçes la rrepública de Veneçia tenía con el tureo, mostrando como está dieho, que por yerro y no conoçerse avían batallado los vnos con los otros.

Y en lo que más quenta nuestro Paulo por postrero d, todo el libro, qu'el Papa Clemente y el rrey Françisco, salido el Emperador / de Ytalia, conçertaron de casar el françés a su hijo segundo Enrrique, que después bino a ser el primero, con Catalina de Médizis, sobrina del Papa (el qual fue a Marsella y llebó la sobrina donde vino el rrey), y se hiçieron las bodas, de las quales (tan profundos son los secretos y juiçios de Dios que con haçerse para emulaçión del Carlos) bino después d'este easamiento harto bien y harta feliçidad, andando los tiempos adelante, a España, y otras muchas fiestas que sobre este easamiento allí pasaron, y pasadas, el Summo Pontífiçe se bolbió a su Rroma, dexando a su sobrina casada en Françia, ello pasa así todo como él lo quenta y no tiene neçesidad

de ninguna enmienda.

1 |Add.: con más los apuntamientos necessarios sobre la |Historia del Jovio.

2 |Del.: mesmo.

3 |Del.: qu'entonçes corría ...

4 |Del;: en ellas.

5 |Mut.: Emperador.

6 |Del.: ella.

7 |Del.: su.

8 |Mut.: Em-perador.

9 |Mut.: descomulgaría.

10 |Mut.: y por primera...: pri-meramente.

11 |Del.: abersidades ni...

12 |Del.: ynmortalmente.

13 |Mut.: Emperador.

14 |Del.: No digo yo...

15 |Add.: es.

16 |Del.: de un semejante prínçipe... (. ant.).

17 |Mut.: del qual quenta: dize.

18 |Add.: el inglés. 1

19 |Transp.: muy mal haze.

20 |Add.: acertó.

21 |Del.: no hazertó.

22 |Del.: agora.

23 |Del.: o a lo menos / más de año y medio.

24 |Transp.: hecho el Summo Pontífiçe primero con nu-çioshordinarios y después con particulares.

25 |Del.: y solo en este negoçio... ant.)

26 |Mut.: vna de las quales es: como es dezir.

27 |Del.: Françisco rrey de allí.

28 |Add.: el rey Francisco.

29 |Del.: Françisco.

30 |Mut.: su tierra mesma: tierra.

31 |Transp.: pues lo que pasa.

32 |Mut.: mençión.

33 |Del.: avnque.

34 |Mut.: la naturaleza asimesmo: naturaleza.

35 |Mut.: codiçia.

36 |Mut.: Tornon.

37 |Mut.: la qual: que.

38 |Mut.: Emperador.

39 |Mut.: avía.

40 |Del.: y asi-mesmo.

41 |Del.: (y sobre todo...).

42 |Mut.: serbiçial y solíçito: solí-cito servidor.

43 |Del.: pecador de mí.

44 |Mut.: esto es lo: ésta es la.

45 |Del.: qu'esto.

46 |Mut.: Emperador.

47 |Mut.: cabo.

48 |Mut.: de cuya: y que por esta.

49 |Mut.: de Corrón.

50 |Mut.: enbió.

51 |Del.: ya.

52 |Add.: bien.

53 |Mut.: después de abellas: aviéndolas.

54 |Mut.: le.

55 Mut.: le,

56 |Del.: para.

Capítulo Treinta y Dos

De lo que pasaron españoles y turcos estando los vno, de guarniçión en Corrón, y de la entrada que hizieron en Andruça, y de la muerte del capitán Machicao, general de aquella tierra, y de los navíos que se enbiaron a Corrón para que los españoles se viniesen y alargasen aquella fuerça [1].

De dos cossas solas prinçipales trataremos en el libro treynta y dos jobiano, puesto qu'él trata otras muchas, sin que en ninguna se deviera de dexar de / poner la mano. Pero yo ya boy cansado y querría acabar presto con este ytaliano [2], porque boy conociendo quánto daño me haze su contradiçión, pues por su causa pierdo en cosas de letras otras de más prouecho, a lo menos para mí propio [3] en que me pudiera ocupar.

Las dos cosas que digo son: la vna [4] las cossas de Corrón, y la otra las de Vngría. Y tratando primero de lo primero [5] digo que no eontentándlose el ovispo de Nochera de ver a dos mili y quinientos españoles, y avn no tantos, metido, en las entrañas de Turquía o de las probinçias turquescas peleando cada momento con aquella naçión, naçida para espanto y temor de todos los christianos, les halla agora en este su libro culpa, y no pequeñas; ni tampoco e, pequeño su herro, y su pasión y çeguedad. Y no rreropilaré lo que dize çerca d'esto por aeavar más presto, si no fuere al pie de la mesma obra poniendo la glosa junto del texto Y primero que lo vno ni lo otro se haga, es ya co, a savida que nunca se a de acordar el Jobio de los españoles para sus prosperidades y buenos suçesos, sino para lo contrario. Y así acordó/ de escrebir el hecho de Andruça, que pasó entre españoles y turcos, saliendo los vnos de Corrón, do estaban de guarniçión, a dar en el otro lugar donde estavan los turco, alojados Y dexa de contar ynfinidad de sustançiales correrías y enboscadas, que mientras estubieron en Corrón hiçieron, donde mataron y catibaron muchos ynfieles. Porque avnqu'esto se hacía cada día, pero hubo algunas cosas muy perteneçientes a [6] quedar perpetuadas, como fueron vna a beinte y quatro de agosto, día de San Bartolomé, domingo po, la mañana de aq'el año de treynta y dos, y otra miércoles a los diez de setiemb, e, y otra martes a los beinte y tres del mesmo mes, y otra a primero de nobienb, e, y otra a los seis de dizibre. Y ésta fue por tierra y po, mar, pues dende la tierra defendieron los Christianos d'ella dos barcas, a pesar de siete galeras de turcos, que fue vna de las cossas bien diehosas [7] que durante aver españoles en la Morea aconteçieron [8]. Y otra a beinte de dizienbre, en todas las quales, y en otras más menudas y hordinarias, se mataron muchos turcos y se catibaron / muchos más y se hiçieron otros muy notables hechos y muy esclareçidos, Y escureçidos no más de por Paulo Jobio, el qual, pues solo quiere tratar de lo de Andruça, vengamos a ello.

Dize, pues, que Corrón estaba çercada, avnque no a las murallas sino por las comarcas, y habló ynpropiamente, porque aquel no se pue[de] dezir sitio, ni lo hera, síno estar de guarniçión los ynfieles en Andruça y los españoles en Corrón, e yr los vnos a correr los campos de los otros, según y como les pareçia que saldrían mejor con su yntento. Y frontero, e llamavan, a lo que yo creo, antigua y modernamente en España, los vnos de los otros y fronterías a los que estaban en fuerças alojados d'esta traça, sin hauer quatro día, de camino del vn pueblo de Andruça al ot, o de Corrón, como nuestro autor dize, ino solos dos, y de no muy grandes jornadas. Y los españoles no padeçían neçe, idad, como él dize, a lo menos tanta, ni de la manera qu'élla quenta. Y en lo del agua no avía tanpoco la yncomodidad qu'escribe, aun. que hera verdad que los tiros del artillería abrían / vn poco [9] las çisternas, no más de para rreçumarse muy poco, pero [10] no para haçer falta notable en ellas, ni les pasó por ymaginaçión a los christiano, corronenses de temer la falta del agua, como el ovispo lo dize. Pero en lo que levanta nuestro aucror vn grande [11] testimonio a muertos y a bibos, es en lo que dize del maestre de campo Machicao, que contra su boluntad fue Andruça, y que los soldados a vna voz le pedían que los llevase a ella (disparate mazizo avnque creo que mejor dixera bano), porque ni los soldados jamás tal trataron, a lo menos públicamente, y lo que más es, que nunca tal desearon. Porque ninguna emp, esa se hizo mientra [12] vbo Corrón que, oldados la pidiesen, ni que tanpoco con ellos se comunicase ninguna [13], porque Machicao, quehe, a superior de aquella gente, llamaba a lo, capitanes a aposento y allí rretiradamente se tratava de lo que se auía de haze y d'esta manera fue la determinaçión del negoçio de Andruça. Y e, lo bueno, o lo malo, a lo menos del Jobio [14], que da a entender, y no lo da, sino [15] lo dize claro, que quedó Corrón desanparada y que / todos lo, españoles fueron contra los turcos. Y çiertamente yo no puedo entender qué piensa este honbre, quando se atrebe a poner en molde lo que para su honrra abía d'estar de otra letra más escura, para que no se pudiese leer. Ya creo que se a dicho otra vez, y si no dígase aora, cómo quedaron de guarniçión en Corrón nuebe conpañías de soldados, y que en todas ellas abría como dos mill e quinientos, y avn menos Pues es así que al hecho del Andruça fueron mili y doziento, españoles solos de diversas conpañías, así de lo, capitanes que quedaban en Co, rón como de los que yban a la jornada; que los que fueron son el mesmo capitán Machicao, y los capitanes Pelus, y Françisco Sa, mienlo, y Hermosilla, y don Diego de Tobar, y Luis Pizaño, y Alonso Carrillo. Y de griegos no fueron, ino quarenta honbres de a cauallo solamente, porque otro capitán Andrea (que se le olvidó al Jobio, sin el Lázaro y Barbaçio qu'él nonbra), fue mandado poner en vn paso antes de llegar Andruça, para que si los turcos huyesen por aquella parte,! les estubiese tomado aquel pasaje. Y así, quedando muy bien guardada Corrón, con más de la mitad de los españoles, y por general elegido (en caso que suçediese la muerte del suyo en aquella enpresa) el capitán [16] Lezcano, que asímesmo con el capitán Luis Méndez de sotomayor se quedó en Corrón, i se partió Machicao a su jornada, que fue (avnque nuestro auctor conforme a su costunbre no pone el día) a [17] postrero de henero del año treynta y tres.

Y otro día, primero de hebreo en la noche, llegaron sobre Andruça, y al quarto del alba dieron sobrsella. Y pasó parte de lo qu'el Jobio dize en esta rrefriega, pero otras muchas al rrebés de lo que pasaron, como es vna d'ellas [18] deçir que hera menester sobir los soldados por los muros de Andruça asiéndose vnos sobre otros, y que los muros tenían según su flaqueça aparejo para ello, porque de nada d'esto avía neçesidad, que muchos días avía qu'estava avisado Machicao que la puerta del pueblo no se çerraba, y así el mesmo Machicao fue muerlo má, de veynte pasos dentro del pueblo, / el qual entrópor la mesma puerta d'él. En lo que se herró el negoçio fue, ya que fueron los christianos sentidos a la entrada del arrabal, no haçer Hermosilla, que llevaua la vanguardia con el p, imer escuadrón, lo que le estaua cometido: que hera que entrase dentro en la villa y la casa de Carón (que hera el capitán de los turcos), la çercase y le pusiese fuego, y a las demás qu'estaban dentro del pueblo. Pero él, como en llegando a las primeras casas, oyese los gritos y la tocada del arma de los enemigos, contentóse con (lo que avía de haçer dentro del pueblo) haçello en el burgo, y así pegó fuego a las casas d'él; que avnque nuestro Paulo no lo quenta, fue con vnas alcançías de fuego artifiçial, que llevahan los soldados para e, te hefecto. De manera que quando luégo allegú con el segundo esquad, ón el general Machicao y halló a Hermosilla, que avía herrado el negoçio, peleando en el arrabal, trocó los frenos con él y quiso entrar en la villa, y hera ya tarde para ello, porque ya estava el pueblo lleno de alboroto y la / gente toda de dentro, ni más ni menos que la de fuera, puesta en arma. Y así avnqu'el capitán entró luégo por el Ingar, fue prestamente muerto de arcabuzazos, y tras él don Diego de Tobar, sin que los soldados pudiesen pasar más adelante. Y a esta sazón andaua ya el desconçierto muy grande entre los españoles, y el mesmo fuego que avían pegado les haçía harto daño, porque como avn no hera de día, aprovechaua aquel fuego a los turcos para conoçer y tirar a los españoles que atrabesaban por las calles, y a los mesmos españoles les dañava el humo, el qual hera mucho, porque no podían ver a los turcos, como los turcos, por rrazón del fuego, beyan a ello, porque según la dispusiçión del lugar (que no se puede aquí descrebir), avía este aparejo en los vnos y estotro estorbo en los otros Y si Hermosilla uo hubiera herrado el negoçio, y él hubiera entrado en la villa y ganádola, de manera qu'el fuego començara dentro d'ella, y que quando llegó Machicao al burgo, tu. / vieran los d'él harto que haçe, con el mesmo Machicao, sin poderse socorrer lo, vnos a los otro quiçái'llçediera de otra mane, a Y sin saber la que hubo en aquella enpresa, la quenta el Jobio muy diferentemente de como pasó, y así e, tuvieron peleando lo, fieles con los ynfieles hasta que fue de día claro, qu'entonçes se començaron ya a rrecoger, y, recogidos salieron a la canpaña, y los turcos tras ellos. Y en las corónicas [19] Carlos debe d'estar escrito (y si no, yo sé a donde hallará), que en esta jornaila, y después en la rretirada, pelearon los españoles de manera que fuese, razón que sus nonbres e ynmortalidades quedasen perpetuadas en aquellos escritos. Y tanbién asímesmo se hallará los que aquel día no hiçie, on lo que heran obligados, tanbién d'éstos vbo algunos, y con todo esto, avnqu'el suçeso no fue tan aventajado como se espe, aba, quedaron derribado, quatroçientos turcos o poco, menos, y solo, çieuto y ocho españoles, con algunos que después de las heridas murieron [20] en Corrón. Y no avía en Andruça (como el Jobio dize) tres mili ynfantes entre asapos y jenizaros, / y mill y quiniento, cauallos, porque no an menester los españoles falsedades ningunas para sus alabanças, ni se a de dexar de contar la berdad, ençillamente, sin engrandeçer ni apoca [21] cosas de como pasaron Y así digo que en Andruça avía solamente mili y quiniento, ynfantes de aquellas dos naçiones, y treçientos de a cauallo solos, sin haber más número de lo vno ni de lo otro. Y los españoles (tornando a ello), quando se yhan rretirando, hiçieron asímesmo buena carneçería en lo, turcos, ha, ta que los dexaron de seguir, y aquel mesmo día, que fue en el que la Yglesia çelebra la Purificaçión de Nuestra Señora, llegaron a Corrón, avnque algunos heridos se quedaron en çiertas caserías de Castilfranco (quc así se llamaua el lugarejo) hasta otro día por la mañana.

Y en lo que más quenta el Ovispo, que bolvieron alguno, españoles, saviendo ya que los turcos heran ydoo aquel aposento a enterrar los muertos (que avnqu'él no lo dize fue a catorze de hebrero), y qne ydos yallegado, allá enterraron a todos los christianos, y que truxcron a Corrón la cabeça del/

capitán Machicao, que estaua puesta en vna lança ençima de vna |torre, y que la conoçieron, es burla todo esto, porque ninguna de las que allí abía puestas, que heran tres, ni otras ningunas de los muertos que estavan po, la, calles, se pudieron conoçer, i no fue la de don Diego ile Tobar, que fue conoçida en vna manela y en las barbas, por no estar la cara desollada ni cortadas la, narizes, como lo estavan la mayor parte de todos los otros rrostros christianos que allí avían muerto. Y esta caueça tanpoco se truxeron a Corrón, sino allí en vna yglesia de griegos, que avía dentro de Andruça, fue con todos los demás cuerpos enterrada, con el ayuda que quenta el Jobio. Lo qual hecho se bolbieron los españoles a Corrón; del quallo que ay más que deçir en la maldad (que así la tengo ile llamar desbergonçailamente) del de Nochera, que levanta un gran testimonio [22] y vna tan gran fealdad (que tal fuera ella si pasara), diçiendo que después de todo esto, biendo los españoles que andaba pestilençia en el pueblo y en aquella comarca, y que morían mucho y que / avía otras neçesidades y hanbres, desanpararon a Corrón, y en vnos nauíos de Çiçilia que allí les avían enbiado con bastimentos, se avían embarcado y dexado la Morea.

Y ¿qué haze esta serpiente ytaliana para que no quede la maldad y derbergüença dicha así a secas, y se conozca la faha de verdad d'ella (agora que en el siglo presente puede conoçe, y aberiguar)? Pone luégo otra opinión (como si lo fuese, y no berdad sabida), y dize que algunos dixe, on que los españoles no avían desamparado a Corrón, sino que se abía hecho po, mandado del Emperador al qual pone también culpa en çierta forma, diçiendo que a su pareçer no abía para qué guardar aquel pueblo con tanta costa y trabajo, y que así el mesmo Carlos [23] andubo rrogando con aquella plaça a beneçianos, y a la horden de San Juan, y al Summo Pontífiçe, y que ninguno quiso encargarse d'ella ni contribuyo para la costa. Y que si no se hubiera desamparado Corrón (o el Emperador acudido [24] tarde al rremedio), qu'el / Papa andaua conçertando por terçeras personas qu'entendían en ello [25], cómn porque se le alargase al turco, su p, imer dueño, otorgaua el bárbaro diez años de treguas a toda la christiandad, y que cou el desamparo de Corrón se perdió la ocasión y el aparexo d'esto. Que quánto todo esto sea berdad, se entenderá y [26] declarará agora de tal [27] manera, que avn los que no se hallaron en ello entiendan y bean [28] clarísimamente el negoçio como passó a la letra. Porque

[29] ¿en qué seso ni entendimiento (por vajo que sea) puede caber, que quando tal los españoles hubieran hecho, y desamparado a Corrón por su p, opio arbitrio y voluntad, no les hubieran cortado las caueças, no digo solamente [30] a los capitanes y superiores (como se suele haçer y se haze quando es menester), pero tanbién ansímesmo [31] a mucha parte de los soldados, como fuera muy justo [32] en vn negoçio tan g, aue y de tanta calidad, y donde tan grande eçeso y tan abominable se cometía?

Pero bengamos a lo que en este negoçio / pasa. Es el caso que a los dos de hebrero, que fue el mesmo día de la buelta y rretirada de Andruças vino al puerto de Corrón vna hurca y dos naues con probisión y bastimentos para aquella guarniçión, y en estos navío, bino vn español que se llamaua Sancta Cruz, con cartas y rrecaudos del virrey de Çiçilia, y con la paga para los soldados, y así se les dio luégo vna; y avnque se les devía dende [33] agosto, quedaron muy contentos, o a lo menos no muy descontentos con aquella sola, y tan asentados, y haziendo con tanto ardor la guerra, y teniendo tanta enbidia a los muertos de Andruça, que luégo p, ocuraron otra jornada. Y así fueron parte de los españoles con Juan Pérez de Marquina, alférez del capitán Pclus, y con Fulano de Mendoça, que lo hera del capitón Carrillo, con quarenta honbres de pie griegos, y doze de caballo con su, capitanes de la mesma naçión, a diez y seis de aquel mesmo mes de hebreros a hurtar a Navarino, lugar fuerte qu'está a beynte y / seis millas del mesmo Corrón, y se pusieron en vna enboscada bien çerca de las muralla, para ello. Y avnque po, la mucha diligençia de salir antes de tiempo lo, enboscados, no se pudo haçer ni hefetuar, pero tomáronse algunos catibos y mucho ganado aquella mañana. Y saliendo la gente del lugar a la canpaña, que entouçes hera el yntento de arremeter y tomar el pneblo, y bueltos a Corrón, estuvieron de la mesma manera haçiendo singulares correrías, sin neçesidad Je comiJa, porque la vrca y naues le abían traydo la neçesaria para mucho tiempo. Berdad es que morían a la sazón de pertilençia en toda aquella comarca; pero dende [34] que aquella plaga corría po, aquella tierra, hera dende [35] el otubre del año pasado, hasta que la guar. nición fue salida de Corrón, no avían [36] ni murieron más de quarenta españoles. Y de los griegos veçinos del Jugar, y de otros de aquella ticrra que a él se avían benido a bibir devaxo / del amparo de los christianos, serían muertos treçientas personas. Y el capitán Lezcano (a cuyo ca, go después de la muerte de Machicao quedó todo) ponía en esto g, an rrecaudo, porque qualquier herido de aquella enfermedad lo haçía luégo sacar a vna yglesia del burgo que para esto estaua diputada, y allí como yban sanando salían, y como yban muriendo los enterraban en la me, ma ygle, ia. Alliende de que en lo Luna de enero se mitigú más la furia de aquella ponçoña, de manera que hanbre ni sed, ni la abía, ni abía po, qué temella; yen lo de la pestilençia no abían mue, to d'españoles sino los pocos que digo. Luego, ¿a quépropósito (, i no es al del Jobio) abían de desanparar el lugar? Y avnque todos murieran de todas las yncomodidades rreferidas po, Nochera, tanpoco, porque fuera vn atrebimiento ynavdito. Pues pasa así, qu'estando las co, sas en el estado que se quenta, allegó a Corrón a veynte y quatro de hebrelo, vn martes día de Sancto Matía, vna fragata, y en ella benía vn Juan Cola de Lipar, ytaliano, con letras para Machicao, que ya hera / muerto, y para los otro, capitanes, de los birreyes de Çiçilia y Nápoles, y crco yo tanbién que del mesmo Emperador, significándoles cómo la voluntad de Su Majestad hera uo guarrdar más aquella fuerças y que se biniesen a Ytalias que para esto enbiaba çinco nabíos a acallos de allí, y que llegarían muy presto, como llegaron, que fue Vn lunes a los nueve de março. Que fue la más triste nueva, y con mayor pesar y congoja rreçibida de todos los españoles que allí Corrón avía, qu'el Jobio en toda su bida la pudo pensar, ni yo en toda la mía aquí escrebir. Y así, con aquellos nauíos y con los que primero estaban en el puerto, que avían benido con la probisión, enbiando primero a quinze de março dos bergantines a descubrir la mar, y embarcadas todas las muniçiones y artillería, y a la mayor parte de los griegos que no quisieron quedar en aquella su tierra, se enbarcaron vltimamente todos los españoles, y salió aquella armada de aquel puerto, miércoles a primero de abril de aquel año de treynta y quatro.

Y mírese agora de lo qu'el Jobio (aviendo pasado el negoçio d'esta manera) quiso notar a la naçión / española (que a ella notaba en nota, de semejante ynfamia a los españoles de la Morea, que rrepresentaban en aquella probinçia la lealtad y honrra y estima de su naçión), y a lo que más **37** trata este obispo, de que pareçía cosa eseusada tener el Carlos **38** tanta costa en la guarda de aquella plaça, y pareçe que da a entender que fuera él del mesmo **39** pareçer, si fuera preguntado sobrrello. Quiçá fuera el açertado quando lo diera, pero otros, y quiçá herrando, dieran otro, si tanbién fueran preguntados sobre lo | mesmo [40].

Lo que quiero que se entienda es que Corrón es vna plaça fuerte a lo antiguo, y que se pudiera haçer fáçilmentc muy más fuerte a lo moderno, y que abiendo de tener los christianos latinos alguna plaça tan dentro de las probinçia, turquescas, quisiera yo más (si fuera parte para ello) sustentar a Corrón que a Rrodas, y que [41] rrespeto de la guerra contra turcos benía más a propósito. Lo demás, júzguelo quien mejor lo entendiere que yo [42], que no allega [43] allá mi lançar ni con muy gran trecho [44]. Berdad sea qu'el guarniçiona, aquel lugar se haçía con trauaxo, y cada vez pareçe que hera menester y con armada a ello; pero no hera, y se pu- / dieran dar otros medios y el mudar la gente llebándola nueba cada vez para que allá quedasen y saliesen los antiguos, como se abía herho hera a mi juiçio (si en esto tubiera alguno) [45] la cosa más neçesaria y más sustançial d'este propósito. Que podía ser y [46] pluguiese a Dios que hiese yo en todas las fortalezas que España posee en África, mudar sienpre, digo de año a año o de dos a dos la gente de guarniçión d'ella, y que nunca se mudare la de las otras plaças que se poseen en Ytalia y en otras panes de christianos; y no me mueven pocas causa, para este deseo, si hubiera propósito para deçillas. Pero sépase vna cossa: qu'el español en la fuerça contra ynfieless quando es añiejo eomo bino [47] en ella no se perfiçiona como estotro licor [48] antes harto de aquella continuaçión y rresidençias no siente el calor ni el balor de aquella enpresa, ni mira en lo que se gana en pelear contra turcos o moros. Y el rrezién llegado y el que parte d'España o de otra parte para aquello [49], aquel ympetu y ardor con que partió y con que deseó aquella guerra no le sale tan presto de las entrañas. Demás y [50] aliende que aquella tardanza y larga continuaçión de guardar / aquella plaza, los pocos mantenimientos no digo en la cantidad, avnqu'esto tanbién, sino en la calidad, y faltas que ay d'ellos y de otras cosas, por estar estrechados y ser toda la probinçia y comarca de enemigos, le enfada grandemente, y del enfado biene la floxedad qu'es el camino carretero de la pérdida del ánimo y del bigor. Pero en las plaças ytalianas o en otras semejantes, mientras el soldadn es más antiguo en ellas, es muy mejor, y bibe en prouinçia de gente de su mesma rreligión, y que en los conçeptos (ya que difieran en las lenguas) son yguales; tratan lo que pueden tratar con su conterráneo; la belleza de su país no le haze falta; los mantenimientos y dilicadeza la [51] de su tierra mesma. Porqu'el soldado, no se engañe nadie, con saber quando está en la guerra contentarse [52] con la hanbre y con el poco y mal mantenimiento, pero [53] quando está sosegado y de guarniçión, tanbién desea lo que los otros honbres, y 'e congoja de no averlo. Y otras muchas causas pudiera dar de mi opinión, si no me lo estorbara lo que he dicho.

Pero tornando a lo de Corrón, digo que después de salidos los españoles de allí, se dixo / por muy çierto y muy público (y tan público que no sé si por más que público lo encarezca) qu'el Emperador tornó a enbiar segundo mandato para que Corrón no se desanparase, y que quando éste llegó a Çiçilia, ya los españoles estauan eu ella, y así no vbo luga, de conplirse. Que si fue berdad o no lo puedo yo afirmar ni haçer más de poner aquí esta publiçidad que he puesto.

Y rrecoxéndonos, digo que después de aver tomado el de Oria el vltimo castillo, que fue a los beinte y ocho de otubre, día de San Simón y Judas, aprestó su buelta para Çiçilia, aviendo haUado en aquella fuerça mucha artillería, pero no tanta de bronze como el Jobio encareçe, porque solas se hallaron d'este metal seis pieças, pero d'estraña grandeza o, por mejor dezir, estrañísima; las quales y ntra hartillería de hierro, metido todo en las naves y galeras, bolvió bitorioso aquel nríncine de la mar y de Melfa, con su harmada a Ytalia, ya demediando [53] el ynbierno de aquel año.

1 Add.: con más los apuntamientos necessarios sobre la Historia del Jovio.

2 Mut.: lombardo.

3 Del.: propio.

4 Mut.: Las dos cosas...: De las dos cosas que digo, la vna es.

5 Mut.: y tratando...: Viniendo a lo primero.

6 Mut.: perteneientes a: dignas de.

7 Mut.: hechas...

8 Mut.: se hizieron.

9 Del.: vn poco.

10 Mut.: y...

11 –lut.: gran falso.

12 Mut.: mientras.

13 Del.: ninguna.

14 Del.: o lo malo...

15 Mut.: no lo da sino: aun...

16 Add.: Gregorio de.

17 Del.: a.

18 Del.: vna d'ellas.

19 Mut.: e ynmortalidades: y hazañas.

20 Transp. : murieron de las heridas.

21 Add.: las.

22 Mut.: gran testimonio: falso testimonio tan grande.

23 Mut.: Emperador.

24 Mut.: no oviera acudido tan.

25 Del.: qu'entendían en ello.

26 Mut.: Que qiltán: Quánto tenga todo esto de berdad

27 Del.: tal.

28 Del.: y bean.

29 Del.: a la letra. Porque.

30 Del.: solamente.

31 Del.: ansímesmo.

32 Mut.: como fuera muy justo: y esto con mucha justicia.

33 Mut.: desde.

34 Mut.: desde.

35 Mut.: desde.

36 Mut.: la avía.

37 Mut.: y mírese agora... (fol. ant.) : Confiérase agora lo qu'el Jobio escrive con estaverdad que tengo dicha, y hallarse ha quán sin causa quiso infamar a la nación española / que a ella no-taba de notar de semejante infamia a los españoles de la Morea que representaban en aquella provincia la lealtad, honra y estima de su nación. Quanto a lo que.

38 Mut.: Emperador.

39 Mut.: del mesmo: de este.

40 Mut.: si fuera preguntado...: [recortado].

41 Mut.: y que: porque en.

42 Del.: que yo.

43 Add.: más.

44 Del.: ni avn con muy gran trecho.

45 Del.: (si en esto...).

46 Del.: y.

47 Del.: como bino.

48 Mut.: estotro licor: haze el vino.

49 Add.: no le sale tan presto de las entrañas.

50 Del.: no le sale...

51 Mut.: son las.

52 TransfJ.: contentarse quando está en la guerra.

53 Del.: paro.

Capítulo Treinta y Tres

De cómo el Grao Turco enbió a Luys Griti con canpo turquesco, a probeher çiertas cossas en el rreyno del rrey Juande Vngría, y de las muertes de Américo, Bayboda de la Trassilvania, y del mesmo Luys Griti, y de la prisión y liberaçión de Gerónimo Lasco [1].

La segunda cossa que ay que tratar en este libro treynta y dos del Jobio, es lo que aconteçió en Vngría sobre la muerte de Luis Griti, hijo natural de Andrea Grite, Juque de Veneçia, lo qual a menester algunas enmiendas. Pero antes que d'esto se trate, es neçesario dezir algo sobre lo qu'el Jobio quenta del ducado de Vitenbergue, y de Vldarrico su señor y duque de aquel estado, y sobre otras algunas cosa, menudas que tanbién yremos salpicando, i conbiniere. / Y así digo quien lo del estado de Vitenberge, qu'él dize que por hauer tomado el duque Vldarico a Rreulinga, çiudad ymperial, los de la liga de Suevia le avían hechado d'ella, y después de todo el estado, y bendídolo al Emperador, y el Emperador dádoselo a su hermano, y que después d'esto Vldarrico y su hijo Christóbal bendieron al françés a Pellicardo, pueblo suyo en la comarca de Basilea, y que Felipo La'graue quiso pasar a Lonbardía con gente a hazer guerra en aquella probinçia para estender por ella sus heregía y que de'pués el duque ayudado del dicho Lasg, aue y de otros señores alemanes cobró su estado y bençió al conde Palatino, y que luégo quisieron acometer al archiduquado de Austria, tierras patrimoniales del Carlos [2] y que todo este daño le hizo por probecr tarde el Emperador de dineros para la guerras y que después se hizo paz con el rrey don Fernandos con que el Vlderico poseyese el estado como basallo feudatario de la casa de Austria y pagare çierto tributo y que d'esta manera acavó aquella guerras yerra en algunas cosas d'este quento, y con él, no con el yerro (avnqu'él así lo mereçía), / encontraremos aora a nuestro Jobio.

Y [3] quanto a lo primero, él le engaña en lo de la conpra del estado, a lo menos en pensar quien ello hubo ynterese ninguno, avnque tubiese nonbre de conpras porque los de la liga de Suevia, luégo qu'el duque cometió el eçeso de Rrevlinga y le echaron de su estado, se le dieron liberalmente al rrey don Fernando [4] entonçes solamente [5] archiduque. Y después agora [6] el año de treynta y quatro (que d'este tiempo ha hablando el obispo), aviéndose desecho la liga de Suebia (que de otra manera no acometerían La'graue y los demás el negoçio ni se atrebieran), se juntaron los qu'el Jobio quenta y acometieron aquel estado con más presteza y con más secreto de lo que se pensó, y en este secreto y presteza consistió su [7] buen suçeso en [8] la jornada, y no en la tardança del dinero qu'el Emperador avía de enbiar a su hermano. Y en lo que más diçe que después d'esto el Lasgraue quiso entrar por el archiducado de Austria, es burla notoria, porque antes acavado de rrestituir a Vldarrico en su estado, enbió grandes cunplimientos y humiliaçiones al Carlos [9] en España, sínificándole que / aquello se abía hecho solamente, no por pretensión de haçer ynjuria a Su Magestad ni a su hermano, sino por rrestituyr a su pariente y aliado en su haçienda. Y así, con partido muy honrroso de la casa de Avstria, se concluyó aquel negoçio. Y no se acabó entonçes la liga de Suebia, como el ovispo dize, porque dende el año de treynta y tres pasado estava acabada. Y por encadenar disparates (que no ay quien mejor los sepa asi, vnos con otros qu'este Jobio), dize tanbién qu'el mesmo Lazgraue quiso yr con exérçito a haçer guerra a Lonbardía, cosa que ni al Otro le pasó por pensamiento, ni para ello | tenía parte, ni en él avía ningunas [10] para podello haçer ni salido de Alemania hera más de vn peçe fuera del agua, avnque en ella hera harto poderoso.

Pero tornando a los señores de Vitenberg, fuera bien que como dixo del castillo Pelicardo, qu'ellos abían bendido al françés, que dixera dos cosas que le faltaron en esto: la vna, que aquel lugar no fue bendido sino enpeñado; y la otra cómo los mesmos duques lo tornaron a quitar del empeño y lo sacaron de poder del rrey de Françia. Pero peor que con este duque [11] / lo hizo con otro, que fue [12] el de Milán, que en el capítulo primero d'este mesmo [13] libro dize que bazilaba ya en este tienpo [14] en la fee de Carlos [15], lo qual no solamente es falso, pero desbergonçadamente dicho. Porque dende que le fue rrestituydo su estado en Bolonia hasta que el día que entró en la sepultura, tuvo el afiçión carlesca [16] tan en las entrañas y coraçón metida, quanto jamás otro estrangero la tubo.

Pero quédense aparte todas estas menudençias (que no lo heran si de propósito las hubiéramos de tratar), y vengamos a la segunda cosa prinçipal d'este libro, lo qual comiença a tratar dende el capítulo Otavo hasta el fin d'él, donde dize que después de muerto el papa Clemente sétimo y elegidn en su lugar Paulo terçio, que en aquellos mesmos días bino Luis Griti de Costantinopla a Vngría, enbiado por el Gran Turco a consetuar en aquellas probinçias el nonbre de los otomanos, porque se soñaba qu'el Juan y el Hernando querían hazer paçes sobre el rreyno que anbos litigavan, y para contraria, esto, y que se hiçiese / sienpre la boluntad de Solimán, traya muchos turcos de guerra y dos capitanes vngaros que estavan huydos del rrey Juan en Costantinopla. Y que llegado Luis Griti a los confines de aquel rreino vngaro, enbió a notificar los poderes que traya, así al rrey Juan por vna parte, como por otra a Américo, obispo de Baradino Bayboda, por el rrey Juan, de la Transilbania (para cuya parte el Griti caminaba).

Y en este punto dejando lo que hera prinçipal, buelbe haçiendo pedazos el quento que lleva entre las manos, y torna a, tratar alabanças del mesmo Griti, que no son pocas las que d'el dize, como el letor puede ver, hasta haçello [17] honbre muy de guerra y que en la guerra pasada abía defendido a Buda con grande honrra suya. Y luégo torna a enrristrar lo d'esta jornada que hizo, y de cómo enbió a llamar al Bayboda Américo para que pareçiese ant'él como superior de todos por el turcos y que tenía yntençión de prendello y haçer [18] y dar aquel cargo a Gerónimo Lasco, de quien otras vezes se a hecho minçión. Y que como se tardase en allegar, envió a vno de aquellos capitanes vngaros que traya consigo, llamado Juan / Doçia, a que lo prendiese, el qual fue y tomando descuydado al obispo y Bayvoda, le cortó la caueça y se la truxo al Griti, y se la entregú en sus manos delante de aquel Gerónimo Lasco, del qual quenta qu'estaba ya mal con el rrey Juan, porque le avía pedido en rrecompensa de los benefiçios pasados aquel efiçio de la Trassilbania, y no se lo avía querido dar, pero que todavía perseueraba en su seruiçio y gozaba de vnos lugares que le avía dado el mesmo rrey Juan en los confines de Bolonia. Y continuando luégo su quento, dize cómo sabida la muerte de su Bayboda, todos los trassilbanios se amotinaron y tomaron las armas contra Luis Griti, el qual se rretruxo a vn pueblo qu'él llama Meges (y yo le llamo como todos los de aquella tierra Meduuish), donde fue çercado y sitiado. Y después queriendo salir de allí a hurto para escaparse, fue muerto y otros muchos turcos que con él se abían allí rrecoxido, aviéndose primero antes d'esto salido del pueblo y escapado el Jerónimo Lasco qu'hemos [19] dicho. Del qual quenta cómo, pasado este acaesçi- / miento, le enbió a llamar el rrey Juan y le prendió y mandó dar tormentos, para que declarase qué hera la yntençión y pensamientos de Luis Griti. Pero que después, ynterçediendo por él el rrey de Polonia, su original señor, fue suelto de la prisión y saliéndose de la corte de aquel rrey vngaro, se fue huyendo a su antigua Polonia. Y con esto acaua el Jobio su libro, no poco lleno de yerros e ynadbertençias, de las quales yremos contando algunas, porque todas en la horden y priesa que llevo no se podría hazer.

Y quanto a lo primero, a este negoçio que aconteçió cabe [20] la Trassilbania (y fue el [21] año de treynta y quatro por donde agora corre su Ystoria) no se le da el prinçipio verdadero sino vno muy falso. Ni haze tampoco minçión [22] (sino de lo contrario) de cómo benía con el mesmo Luis Griti, de Costantinopla, aquel caualléro polaco llamado Jerónimo Lasco, de quien hartas VeçeS se a tratado. Y para entender de rraíz este aconteçimiento, es menester presuponer que dende [23] que por obra e yndustria y biajes del Lasco, hechos a Costantinopla, fue rrestituydo (ynpropio nonbre, / que ocupado quise deçir) en su [24] rreyno el rrey Juan, hizo éste al otro sienpre gran des promesas por aquel benefiçio, espeçialmente vna, que fue de dalle el cargo de Bayvoda de la Trasilvania. Lo qual después no quiso cunplir, y diólo al obispo de Baradino Américo, y el Lasco sintiéndose por agrauiado d'esto y no contentándose con çiertas merçedes que le heran hechas, rrecurrió a Costantinopla para qu'el Solimán le enbistiese de lo qu'el Juan no queria. Y para mober más el ánimo de aquel báruaro, hizo lo que se suele hazer, que fue deçir mal del Juan, y que capitulaba y tomaba asiento, en perjuiçio de los otomanos, con el rrey don Hernando. Y el turco enbió a mandar al vngaro que hiçiese Bayboda a Lasco, pero él dio sus escusas (y pareçían vastantes para no haçello [25] y entonçes, temiendo ya aquel gran señor no vbiese alguna rruyndad (que no fuera sino bondad en el Juan), y aconsejado para esto con Habrayn Vaxá, quiso que hubiese Otro superior sin el rrey Juan en Vngria, y que tuviese sus beçes en aquella probinçia, espeçialmente que se avseentava/ él entonçes de Evropa, e yva ha hazer guerra al Sofi de Persia. Y así meneándolo el mesmo Abrayn (de quien hera sumo priuado el Griti), fue nonbrado para este negoçio el mesmo Luis Griti, sinenbargo dc ser christiano (que no sé yo si lo hera más que en el nombre). Y así salió de Costantinopla con cauallos e ynfantes en número de siete u ocho mili y con él los capitanes vngaros qu'el Jobio quenta, y con Jerónimo Lasco que le alla antes [26], da a entender qu'estaua entonçes en aquella probinçia de Vngría en seruiçio del rrey Juan. Y el Griti traya pensamiento, conforme al propósito del turco, de prender al Bayboda trassilbanio y enbiarlo a Costantinopla, como el mesmo Jobio dize, y dar aquel cargo al Lasco y, en fin, haçer todas las demás cosas qu'el Gran Turco podía hazer y disponer en aquella probinçia, como persona que tenía sus beçes y que podía darle, y es en aquel rreyno, al rrey Juan d'él [27] y a todos los demás que conbiniese.

Y pudiera Paulo Jobio en este artículo dexar en vanda [28] las alabanças de Luis Griti, pues quitado ser hijo de vn ytaliano (qu'ésta no debe de ser pequeña según el Jobio) [29], no abía de tomallo [30] en la boca para alabança ninguna, por- / que vn honbre tan mal considerado, que degenerando de quien hera haçía su habitaçión hordinaria en Turquía y que peleaba contra christianos en fauor de aquella naçión, no sé yo de qué alabança sino de la de Paulo Jobio puede ser digno, y teniendo vn padre duque de Veneçia, con lo qual y con lo qu'él le acreçentara, sin mucho dinero qu'él tenía, pudiera bibir honrrosamente en poniente. Y por çierto yo no espantara de lo qu'el Jobio no quiere creer, que vn día o otro diera al traués con su christianismo, porque me pareçe a mí que en la tierra donde él bibía, Y con quien bibía, y de quien llebaba sueldo, y donde tenía sus hijos, casa y familia, sin aco, darse más de la christian dad latina, si no hera para benir contra ella, no me pareçe a mi que difiere mucho esto de quitarse la máxcara del todo, digo la de su ánimo y corazón [31]. Pero es cosa donosa, y no en pequeño grado, [32] al Jobio alabar al Griti de honbre de guerra, y que avía defendido a Buda en la guerra pasada del año de treynta, quando Rrocandolfo fue sobre aquella çiudad, porque lo avía dejado allí el baxá Abraín, quando se levantaron los turcos de sobre Biena sin podella tomar el año de veinte y nueve, para / qu'estubiese alerta en las cosas de aquella prouinçia. Y [33] en el ofiçio qu'entonçes le dio el rrey Juan se pareçe vien lo contrario, que hera tener cargo de los gastos y rreçibos de las rrentas de Vngría. Y nunca en su bida fue honbre de guerra, si uo fue agora que no debiera, quando murió, y el año antes de treynta y dos quando entró el turco muy poderoso en aquella probinçia, que le envió Abrayn a tomar a Estrigonia. Que quán buena quenta d'ello dio, con tener a su señor el turco a las espaldas con treçientos mill conbatientes, el suçeso lo mostró, pues se levantó de aquella tierra sin tomalla ni haçer hefecto ninguno [34] de ninguna sustançia.

Pero tornando a tratar de la muerte del Américo, ella y la d'este Lllis Griti pasó así, como el Jobio lo escribe. Y no más ni menos la prisión que después d'esto hizo el rrey vngaro de la persona del polaror para que declarase la yntençión del Griti para avisar al turco cómo contra su yntençión y voluntad avía proçedido el Griti en sus cosas. La qual prisión de Jerónimo Lasco fue tan estrecha y peligro, a como el Jobio quenta, y salió d'ella eomo el mesmo dize / por ynterçesión del rrey de Polonia. Pero queda cono en algunas cosas tocantes a esta prisión y en lo que d'ella suçedió. La vna es que después de suelto y tornado el Laseo en Polonia, porqu'este no se quejase del otro en Costantinopla, y no rreniesen los ladrones para que se descubriesen los hunos mediante terçeros que en ello anduvieron, fuele neçesario al Juan conçertarse con el Gerónimo, que ya dexada Vngría bibía en su tierra Polonia. Y así le dio dos lugares, el vno llamado Rresmarr, éste en propiedad, y el otro Dobroçen, hasta que le diesen quinze mili ducados en dinero, y con esto quedó despedido de los gajes y amistad del vngaro para sienpre. La otra es que como Gerónimo Lasco (alabado por el Jobio otras vezes que lo a nonbrado), no pudiese estar sin pendençias y sin buscallas con el rrey Juan, su antiguo amigo (y agora enemigo), después de habelle de emvaxador en Constantinopla algunas vezes y otras en Françia, se pasó agora, sin poder sosegar mucho tiempo en Polonia, al seruiçio y cone del rrey don Hernando, y le sirbió hasta la muerte, que no duró mucho sin benir, como / adelante será contado. Y en la verdad, este Jerónimo Lasco tenía abilidad mal aprouechada y letra, mal entendidas, con desasosiego lo vno y lo otro. Y por Sigismundo, su rrey de Polonia, fue, como en vn capítulo atrás queda dicho, embaxador el año de veinte y vno en Flandes açerca del Carlo, [35]. Que si en aquella horden debida hubiera perseberado, y en serviçio de su rrey, sin buscar agenos a quien servir (hasta yllo, a buscar [36] a Costantinopla), a él le hubiera hido mexor para su prouecho y ánima, y no muriera después quizá de la manera que murió, como adelante creo yo que será visto [37].

1 Add.: con más los apuntamientos necessarios sobre la Historia del Jovio.

2 Mut.: Emperador.

3 Del.: y con él, no con el yerro...

4 Add.: que.

5 Add.: era.

6 Mut.: y después agora: después.

7 Mut.: el.

8 Mut.: de.

9 Mut.: Emperador.

10 Del.: ni en él avía ningunas.

11 Del.: Pero peor...

12 Mut.: lo hizo con otro que fue: Mal hizo el Jovio con este duque, y mui peor con.

13 Del.: mesmo.

14 Transp.: ya en este tiempo vacilaba.

15 Mut.: de Carlos: del Emperador.

16 Mut.: imperial.

17 Mut.: haçerle.

18 Mut.: prendello y haçer: prenderle.

19 Mut.: que avemos.

20 Mut.: cabo.

21 Del.: y fue el.

22 Mut.: Ni haze tanpoco minçión: tampoco haze mençion.

23 Mut.: desde.

24 Mut.: (ynpropio nonbre ...) : en aquel.

25 Mut.: lo haçer.

26 Del.: le alla antes.

27 Del.: d'él.

28 Del.: en vanda.

29 Del.: qu'ésta no debe...

30 Mut.: tomarle.

31 Del.: digo la de...

32 Mut.: ver.

33 Mut.: mas.

34 Del.: ninguno.

35 Mut.: Emperador.

36 Mut.: yllos a buscar: ir a buscarlos.

37 Mut.: creo yo que será visto: se verá.

Capítulo Treinta y Quatro

De cómo se conzertaron Solimán y Barbarroxa para que sirviese éste al otro de almirante en las mares turquescas, y de todos los acaezimiertos y suçesoss del mesmo Barbarroxa, y de otro hermano que tubo dende sus prinçipios, y de los de Abrahín Baxá, sumo privado del Gran Tuaco, hasta su muerte [1].

No se me quexará el Jobio que todo se lo rreprehendo, ni qu'estoy hecho ni hago tan del momo, que pueda dezir que no le hallo cosa ninguna bien puesta. Pues dexado aparte que todas las bezes que yo entiendo qu'escribió lo que pasó, lo dexó, apuntado, / pero tanbién agora particularmente, en cste libro treinta y tres, confieso llanamente que las guerras que escribe que hizo el turcu en levante contra el Sofi, y Barbarroja, su capitán, en poniente contra el rrey y rreyno de Túnez, hasta que lo reduxo todo en su poder devaxo del dominio del mesmo Gran Turco, lo dcxó todo muy bien y lealmente escrito. Y fue la causa que quiso Dios, y nuestra ventura, que ni en la vna guerra ni en la otra se hallasen españoles. Solamente le faltó berdadera ynformaçión en lo que toca a la jornada que hizo el mesmo [2] Barbarroja para Costantinopla. Y en algunas cossa, que quenta, tocantes a la persona d'este Barbarroja, y en algunas [3] otras de las que quenta de la persona de Abrayn Baxá, sumo priuado del Gran Turco, hubo el mesmo Suçeso. Y de lo vno y de lo otro se hará y conporná [4] este capítulo, sin sustançiallo por sumario, por más breuedad, ninguna cosa de las que çerca d'esto dize [5] contcotándome agora [6] en quanto [7] estc artículo, de |yr apostilando lo que ay que deçir sobre | lo qu'él escribe d'estos dos ynfieles.

Y biniendo a ello [8], digo qu'en lo que dize que Haradín (llamado comúnmente Barbarroja) fue natural/ de la ysla de Metelino, y qu'él y su hermano Horuçi (que mexor dixera y trasladara el trasladador Orueho, porque así fue llamado comúnmente) salieron anbos eon vna fusta de aquella ysla, y se binieron para poniente en conpañía de Camal, tanbién cosario, y que heran estos dos Barbarrojas hijos de vn saçerdote griego que rrenegú y se tornó turco, y que con anbos cascos, con [9] el de Camal y el suyo, ellos ganaron [10] mueha presa y muchos esclavos, hasta allegar a Argel, tiene todo neçesidad de correçión. Porque [11] quanto a lo primero, estos Orucho y Harredín no salieron de la manera qlle dize de la ysla de Mitilene, o sea Metelino como otros trasladan, que por linderos más çiertos para entendernos es la que antiguamente se llamaba Lesbos, bien conoçida de vna muger de bien que la tuvo por morada, con harto desasosiego de su espíritu, hasta ber ln que después no quisiera hauer bisto, que hera ber en ln que paraba su marido en las pendençias que traya con quien vino después a ser señor del mundo, quc fue Julio Çésar. Ni tanpoco dio en el blanco nuestro Paulo en lo que más escribe, dando el padre que les da / a estos dos hermanos. Lo que pasa en esto es (que luégo yremos adiçionando lo demás) [12] qu'estos dos hermanos no fueron hijos de saçerdote griego (como este autor lo [13] dize), sino hijos de vn Mahomedín, turco rrenegado, dende mochacho o dende niño traydo por presa con otros eatibos a Costantinopla de la probinçia de Albania, qu'entonçes [14] hera (qu'esto fue en tiempo de Mahomed padre de Bayazeto) no [15] enteramente sujeta aquella provinçia a los turcos [16]. El qual Mahomedín, saliendo después buen moço, y estando en edad para ello, se bino a bibir a Meteleno y hizo su asiento en la çiudad de Donaba, y allí se casó con vna biuda christiana, avnqu'él hera turco, que avía sido muger de un saçerdote griego llamado Alejandro, y avn tenia hijos d'este saçerdote, que el Jobio haçe padre y yo padrastro. Y el casamiento con christiana (la qual lo fue toda su bida), o lo causó la sujeçión turquesca, que no pudo haçer otra cosa, o çierta constituçión otománica de la qual se dará quenta en otro libro. Y d'este matrimonio no dos hijos solos, como el Jobio quiere, tubo [17] este bárbaro sino quatro, que fueron / el Orucho ya dicho, que fue el mayor, el segundo Mahomed, el terçero Harredín, bien conoçido de nuestros pecados (o él es el que conoçió bien a ellos) [18], y el quarto Jaca. Y sin estos quatro hijos, hubo asimesmo vna hija. Y este Mahomedín, padre de toda esta generaçión, murió hortelano, bendiendo coles [19] y lechugas y otras hortalizas en aquella tierra. Y los hijos (ya muerto el padre) siguieron diversos ofiçios, y el del Arredín Barbarroja tan nonbrado, fue ollero. Y de la manera qu'estos ofiçios se dexaron y de cómo el Horucho anduvo primero solo, y después bolbió a Metelino y rrecogió a todos sus hermanos, y cómo no dos solns, sino todos quatro, binieron juntos a poniente, y cómo partió de alli, no con fusta sino con vna galera y vn bergantín, y del suçeso de todos estos hermanos, se dirá en aqueste mesmo libro a quc agora me acabé de rreferir, qu'es el de los |Añales del quinto Carlos, tantas vezes por mi alegados. Y en el mismo hierro cayó de ojos [20] Paulo Jobio, quando dixo que Orucho Baruarroja vino por primera enpresa de las suyas a Argel, y que hecho rrey de allí bolbió sobre Bujía, y otras cosas que quenta d'esta traça. Porque bajado / a poniente, en lo primero que entendió fue ir al puerto de Túnez, donde contraxo g, ande amistad con el rrey de aquel rrcyno, el qualle ayudó y armócon otros tres cascos, y avn enbió vn capitán suyo (debaxo de la mano del mesmo Baruarroja), llamado Çide Benalcade, y con esta armada fue a saltear en Mallorca y Menorca. Y después d'esto dio muestra de sí a España (que fue la primera vez que fue bísta de turcos), costeándola muchas veçes para haçer sus presas. Y después topó, cabe el [21] cabo de Mantín, con dos galeotas de Málaga, vna de Pero López de Arriarán, y ésta se lleuó en las uñas, y otra de Graçín de Aguirre que se le escapó huyendo. Y cada vez que haçía presa a su contento, la pasaua [22] África a hender [23] a quien mejor se la comprase [24]. Fueron estos primeros acometimientos d'este bárbaro el verano del año de treçe, y luégo don Yñigo López, Conde de Tendilla, capitán general del rreyno de Granada, escribíó al rrey católico estas palabras: que una çentella de Turquía abia saltado en poniente, de adonde podía ber quán grande hera la llama de lebante, que le pareçía que Su Magestad debría luégo procurar que se matase, antes qu'el fuego más / creçiese. Y andando el tiempo adelante, se enbió contra este nuevu cosario a Mosén Berenguel, capítán general de las galeras d'España, que entonçes heran solas quatro. Y a la sazón, tornando el nuebo cosario a saltear desde África, lo encontraron nuestras galeras en la mar de Cataluña, y comenzaron los ynfieles a huyr, y los christianos a seguillas hasta de la otra banda de Mallorca, que biéndolas yr tan lejos sin podelles dar alcançe, dexaron de se guillos [25] y se bolbieron.

Dcspués de todo lo qual, buelto Barbarroja (que tanbién donde tengo alegado se contará la causa d'este apellido) [26] otra vez a Túnez, con su acrcçentada armada y con nuebo socorro qu'el mesmo rrey de Túnez le dio, fue sobre Bujia y la çercó, y alli fue donde no solamente perdió la mano, como el Jobio dize, sino también el braço. Y aquella plaza fue eçelentemente defendida por don Rremón Carroz qu'estaba dentro por capitán, y |por los españoles que allí tenía, y asi corrido y con vn braço menos, se lebantó y bolbió a Túnez. Y a esta sazón, como no Solo en España anduviese la fama d'este cosario, de tal harte que tenían puesto en metro sus hazañas y las cantaban los muchachos por las calles, pero tanvién en todas las otras / rriberas de la mar de poniente, suçedió que en Génoba como çiudad maritima y puesta más a estos peligros, se acordó de armar contra este nuebo tirano, y asi fueron contra él tres nauíos gruesos y quatro galeras de los nabios. Fue por general vn español y perlado, que fue don Grauiel Merino, arçobispo de Barri, que hera enbajador a la saçón en Génoba por el Papa León déçimo, y de las galeras yva por capitán Andrea Doria, que ya entonçes tenía harta |rreputaçión en estas cosas de la mar. Y toparon con el cosario después de abello buscado mucho, y dieron con él en el mesmo [27] puerto de Túnez, estando Barbarroja en la mesma çiudad curándose de su brazo. Y allí le tomaron dos o tres nabíos de los suyos, y hecharon gente en tierra y avn saquearon vna casa medio fuerte qu'estava en aquel puerto, donde después, andando los tiempos adclante, se hizo más de propósito la fuerça de la Goleta. Y bueltos con esta presa a Génoba, no de mucho tomo, y abiendo Baruarroja sanado de su herida, tornó a armar de nuevo en conpañía del rrey de Túnez; digo armándole él, y fauoreçiéndole brauamente, y enbiando con él aquel su capitán Benalcade. / Y con esta armada tornó segunda vez sobre Bujía, y la tuvo en grandísimo aprieto, y estuvo ganado vn castillo de dos que aquella çiudad tiene. Pero en fin, fue Dios seruido que después de quarenta días que la tubo çercada, se lebantaron los turcos sin haçer hefecto, y allí entonçes perdió [28] Barbarroja a Mahnmed, su segundo hermano.

Estando a esta sazón Herradín, el terçero, en los Gelues, rretirado y en desgraçia de su hermano, con quíen avía rreñido en Tunes, y levantado Barbarroja de sobre Bujía, haçiendo muy del corrído y del mohino, no quiso bolber a Túnez y fuese a [29] vn lugarejo bien pequeño de aquella costa de

África, con sus pocos turcos y con los moros tunezís, llamados Xixar [30], donde bibió desarmada y pribadamente algún tiempo, hasta que suçediólo de Argel. De manera que todo esto se le quedó al Jobio por dezir, y lo que d'ello dixo fue al rrebés de como pasó, y trastrocando los tiempos de los aconteçimientos, haziendo a Orucho primero señor de Argel que acometedor de Bujía. Y lo mesmo hizo en lo de allí adelante tocante a esta materia, porque no como él dize, el rrey de Argel traya guerra [31],. con su hermano y que Barbarroja favoreçió la vna parte d'éstas, sino los mesmos moros argelínos / estando mal con su Muley y |señor, a causa de qu'el conde Pedro Nauarro algunos años antes avia hecho tributario a este rrey con otros muchos rreyes bárbaros de África al ynperio d'España, y hedeficádole vna fortaleça en vn peñón puesto en la mar, frontero de aquella çiudad, se rreuelaron contra él. Y oyda la nueba de la nueva gente, y de su ferozidad y nuebo trage y nuebas armas, juntándose con esto la libíandad barba. resca, enbiaron a llamar a Baruarroja a Xixar, y le die ron voa noche vna pucrta de las de Argel, y d'esta manera suçedió el trato, y quedó muerto el rrey berdadero [32], y bibo el nuebo tirano y echo rrey de allí. Y tras esto quenta la yda de Bujía bien sin propósito nuestro Jobio, abiendo sido mocho tiempo antes las dos beçes que fue sobr'ella. Y echo ya rrey de Argel, y biéndose poderoso y con mando, se rreconçilió con Herradín su hermano y enbió por él a los Gelues, de manera que no como este autor dize, el Baruarroja Harredín andubo haçiendo por entonçes ninguna guerra la tierra dentro. Y aviendo dexado Barbarroja, el mayor, a su hermano en guarda del nuevo rreino, y queriendo ya él con sus turcos y grande cantidad de moros que se le avían juntado de muchas / partes, yr sobreel gran rreyno de Fez y haçerse señor de toda África o de lo mexor d'ella, allegó conquistando a Tremeçén y ganó aquella çiudad y rreynezillo, abiendo antes d'esta jornada, luégo de allí a poco tiempo que ocupó Argel, enbiado el cardenal don Fray Françisco Ximénez de çisneros, arçobispo de Toledo y goucrnador d'España, hasta qu'el rrey don |Carlos biniese a rreynar en ella, a Diego de Bera, capitán de artilleria, con seis mili soldados para tomar Argel y deshaçer a el tirano, el qual se dio harto mala maña en ello, pues bolbió desbaratado (el año de diez y seis qu'esto aconteçió) a España, con pérdida de harta gente y con harto trauajo de hauerse podido embarcar con la, rreliquias que le quedaron, poniéndole todos grande culpa de aquel desbarato.

Y [33] lo que quenta de don Yugo de Moncada nuestro autor, y que le desbarató este Orucho, no sabe lo que se dize, porque hera ya muerto más abía de año y medio, quando el hecho del de Moncada, a cuya muerte vengamos, que por hauer sido esta vitoria d'españoles, no m'espanto qu'el de Nochera la contase diferentemente de como pasó. Pasa pues así, que / tomado Tremeçén por el tirano, y hauiendo enbiado a su hermano por más gente de socorro a Argel, el rrey de Tremençén, llamado entonçes Muley Vandilli, basallo y tributario de los rreyes d'España, enbió a haçer saber todo lo suçedído y su despojo a su señor el rrey Carlos, nuebamente venido a rreinar en ella. Enbiósele el socorro conbiniente d'españoles, debaxo del gobierno de don Diego Hernández de Córdoba, alcayde de los Donçeles, el qual estando doliente en Orán, qu'es la frontera de christianos contra Tremeçén, enbió con la gente española a vn capítán Arnalte, al qualle suçedió mal la jornada, dándole los turcos y moros vna madrugada vna encamisada, de tal manera que le desbarataron, y mataron harta parte de la gente, y la demás que se pudo escapar se bolbió a Orán. Después de lo qual tornó el mesmo alcayde general de Orán, no pudíendo yr en persona por la rrazón de su dolençia que todavia la tenía grande, a enbiar a otro capitán más de propósito, que fue Martín de Argote, cauallero natural de Córdoba, con mill y çien soldados, sin que fuese moro ni de otra naçión ninguna, como el Jobio escribe. Y es de / tenello por admiraçión cómo no se hallaron tanbién allí algunos ytalianos, quiero deçir, en la boca del Jobio, para este negoçio. El qual quenta tan de priesa y tan por la posta, que bien pareçe que no fue morín d'españoles, sino vitoria d'ellos, para congoxarse y no poderse detener en ello. Y el caso es qu'el Orucho Baruarroja murió alli yendo huyendo, y tanbién yéndole matando hartos cada ora los que le seguían, hasta qu'él se metió con çinco o seís solos que le quedahan colmenar (que de todas estas cosas está ayuno el Jobio), donde entraron los españoles que | le mataron. Avnqu'él alli ençerrado |y sin gente ninguna se defendió vn rrato, |y así fue muerto por mano de vn soldado de Córdoba llamado Martín Panadero. Lo qual todo sabido en Argel, fue cosa fáçil al Arredín, su hermano, que allí avía quedado, haçerse suçesor del muerto y haçerse asímesmo rrey de Argel. Del qual Harredín Baruarroja, que así fue llamado luégo en memoria de su hermano y de sus proheças y hazañas, se darálarga quenta en los |Anales ya dichos.

Y agora se dará de los yerros / del Jobio açerca de lo que quenta del mismo Harradín, quando el turco le enbió a llamar |y se conçertó con él, antes de lo qual pasaron por él grandes cossas adbersas |y prósperas. Porque después de rrey se bido sin el rreyno y echado d'él, y perseguido de vn Cara Haçén, su capitán (y no Hamete como nuestro autor lo llama), ni alárave tanpoco, porque no lo hera, |y después rrestituydo, como todo lo contará el libro que tanto número de vezes tenemos alegado. Donde tanbién se berá la toma del peñón de Argel, quando lo perdió, no por culpa suya, Fulano de Vargas, alcaide de aquella fortaleça, y todas las demás cosas que tengo dichas de sus suçesos. Y así ahora [34] trátese solamente de lo que Paulo trata, qu'es de su yda a Costantinopla. Lo qual no pasó, ni rreçiuió Barbarroja la enbajada con el alegría |y plaçer qu'este autor quenta, antes estubo muy determinado y quiso quedarse en poniente y conçertarse con el Emperador, y lo trató [35] y anduvieron los tratos d'ello algunos días (cosas todas no entendidas del Jobio), sino que pedía muchas demasías en los conçiertos, y así se determinó en la / jornada del Gran Turco, y antes que saliese de Argel se hizo el asiento y capitulaçión, la qual en los |Anales se berá trasladada y puesta los capítulos d'ella. De la qual no trató nuestro ovispo, herrando asímesmo el número del armada que llebó a lebante, la qual no fue de quarenta galeras, como él dize, sino catorze solamente y ocho galeotas, |y con éstas solas partió de Argel. Avnque después acreçentó otros algunos cascos de anbas suertes que fueron de Liçuf, cosario que se le juntó en el camino |y le prometió buena conpañía, cuyo caso el Jobio no quenta como pasó, herrando dende el nombre, que no puso el que se llamaba, hasta todo el quento. Avnqu'es así que fue muerto, como él lo quenta, como que avía sido muerto durante la vatalla que se tenia con çiertas naos ginobesas, y se creyó que secretamente durante ella le mandó matar Baruarroja, no Solo por lo que nuestro autor dize de las rriquezas del muerto, sino tanbién porque quando se encontraron |y se amistaron, pensando Baruarroja que hera Andrea Doria, quando vido el armada se puso a punto, |y des- / pués el de Liçuf se dexó deçir muchas vezcs palabras bien excusadas, y entr'ellas que avía puesto temor a Barbarroja, y que si la pendençia fuera adelante, qu'él sabía bien quién llebara lo mejor. Y juntándose anbas causas se tiene por çierto que mandó matar el vn cosario al otro, el qual ya muerto puso por caveça del armada que traya a Salariz [36], turco y buen honbre de la mar, avnque aprouechó poco, porque de allí a pocos días, biendo los de aquella armada de de Líçuf cómo su señor, si entre cosarios ay señorio [37], hera muerto, se levantaron todos vna madrugada |y se hiçieron al largo, quedando solamente el Salariz [38] con otras dos galeras de aquella conserua. Y haziendo Barbarroja grandes presas por todo el camino, allegó a los castillos del estrecho del Helesponto, donde estubo algunos días detenido sin dexallo pasar, hasta que vino liçençia del gran señor para ello. y así llegú a Costantinopla (sin qu'el Jobio quiera es crebir estas menudençias), a veynte y vno de nobiembre del año de treynta y tres, aviendo partido de Argel a quinze de agosto del mesmo año y dexado allí en su / lugar, no Solo a los que quenta el Jobio, sino a otros dos más prinçipales y con más mando, y a quien quedó encomendada la persona del hijo del mesmo tirano. Los quales no nonbró por no nombrar al vno que, aunque ya tenía nonbre de turco ynfiel, hera español. Y esto tampoco no me bastara para callallo, porque hartos d'esta naçión an rrenegado y sido bellacos, síno por no deçir de la casta que hera, la quallo hera tanto, qu'es [39] vna de las principales [40] d'España; que avnque en esto los d'ella no pierden nada, pierdo yo en querer nonbrarla sin propósito sustançial, que quando lo hubiera, hiçiérase así.

Y tornando a nuestro Barbarroja, ya costantinopolitano, digo qu'el presente de que haze minçión el Jobio para el turco, fue de más sustançia qu'él lo e, cribe, y fue vno de los eçelentes que para las deliçias barbarescas se pudo presentar, como se berá en otra parte donde esto se escribe particularmente; el qual a dos de dizienbre de aquel año enbió al serrallo, pero sin ver al gran señor ni abello bisto, ni por aquel tiempo lo bido ni habló en todo el qu'estuvo en Costantinopla [41]. Y asi el Jobio no supo lo que trató en las pláticas que finge entre el turco / y los baxaes y Harredin. Porque en todo el tienpo que havía que Baruarroja estubo en aquella corte, no habló al gran señor (como los turcos le llaman) [42]; solamente le fue rrespondido por los bajaes, cómo Solimán deçia que sus negoçíos no se podían despachar sin Abrahín Vaxá a quien estauan cometidos (el qual en aquella sazón estaua en la guerra contra el Sofi) que fuese a berse con él al oriente (que fue vna de las más honrras y mayores priuanzas del Habrahín qu'el turco le hizo), y que con él tomaría la rre, ulución que con el [43] Habraín se concluyese. Y así Barbarroja lo hizo, y fue y la truxo, y se concluyó la manera qu'el Solimán (conforme a lo capitulado en

Argel) avía de tener con Barbarroxa, al qual armó vastantísimamente y se le dio vna armada de muchas galeras para su viaje y para sus acometimientos. Y en lo qu'el Jovio pone de su casa (o sea de su cabeça), qu'es una plática qu'el Barbarroja dize que hizo al Gran Turco, ella es apócripha y nunca tal pasó. Ni estas pláticas ni oraçiones las querria ver en ystoria berdadera, porque por maravilla pasaron como se escribe, ni pudieron quedar / en la memoria para escrebirse, si no es alguna oraçión pública que primero se puso en escrito para deçirse, de donde después se pudo sacar y tener rrelaçión d'ella. Y [44] en lo que toca a este cosario, lo que se concluyó (después de muchas consultas de guerra que se tubieron en Costantinopla sobr'ello) fue que Barbarroxa, dexando en Costantinopla a Rroçed, hermano de Muley Haçén, rrey de Tunes, que consigo abía traydo, ocupase aquel rreyno y se enseñorease d'él por la casa otománica. Y así partió de Costantinopla, por fin de jullio del año de treynta y quatro, con sesenta galeras y quinze galcotas, y después de otras cosas que pasaron, vino a Túnez donde hizo la guerra hasta ocupar todo aquel rreyuo, como el Jobio quenta.

Y viniendo a lo que más diçe çerca de la persona y hechos de Habrayn Baxá, que fue el que más priuó con su prinçipe de quantos yo e oydo ni leydo, tanbién herró en algunas cosas, las quales aquí rrecopilaremos brebemente. Y quanto a lo primero, hyerra en la / naturaleza d'este ynfiel, haçiéndolo albanés de naçión. Y en esto yva poco, pero házelo tanbién de aquellos muchachos qu'el |turco haze coger por tributo de sus prouinçias, lo qual si así fuera, no se criara en casa de Scander Baxá, como se crió este muchacho quando lo hera, sino en casa del Gran Turco para geníçaro, como los demás que se coxen de todas las tierras suxetas al turco, para criallos y disponellos para la miliçia ginízara. Digo, pues, qu'este Habrayn fue traydo por presa |y no por tributo de la prouinçia e isla de Corfú, de vn lugar llamado del mes[mo] nonbre qu'el Jobio le llama. Y fue traydo a casa de Pirro Baxá, a quien lo enpresentó [45] el capitán de la empresa con otros muchachos, y este Pirro lo dio después (con otros prcsentes) a Escander Baxá, su cuñado, o concuño (como en España le llamamos) [46], porqu'el Pirro y el Escander heran casados con dos hermanas. Y el vno fue tan priuado de Selim, que hizo con él qu'el otro, que hera Scander, fuese ayo de Solimán, su vnico hijo, y así lo fue |y se crió aquel prinçipe moço devaxo de la disçiplina d'este / baxá, así en Costantinopla, como siendo Solimán más grande después en Anatolia, quando, ya siendo mayor el padre, lo apartó de sí y le dio prouinçia señalada en que bibiese (como lo haçen aquellos señores de Turquía con sus hijos). Y estando el Habrayn con Escander, su amo y señor, en su serviçio, yel Escander en el de Solimán, con el hordinario tratamientos y entradas cotidianas del mochacho con su amo en casa de Solimán, suçedió aplaçelle a éste la manera y plática del Habraín, |y así lo pidió a su ayo |y se lo dio, |y d'esta manera entró en el seruiçio de Solimán, agradándole tanto que pareçe cosa no crehedera, hasta benille a dar tanta parte de sí qual nunca dio jamás a otro por bía de amistad y afiçión. Y en lo que dize asímesmo el Jobio, que casó Habrayn con hija d'Escander su amo, dize la verdad; pero no quando él lo quenta, sino después de muerto el mesmo Escander, porque biéndose ya en suma pribança, |y queriendo tomar aquel estado de casado, escojió la hija de su amo muerto, que fue vna obra de mucha virtud [47], clara señal de las muchas que en él avía. Y si herró el avispo de Nochera en lo / de su criança y naçimiento, tanbién herró en lo de su muerte, por herrar en anbos estremos. Porque no murió por la manera ni por la causa qu'él dize, como se berá bien cunplidamente en las corónicas carlescas. Y sepa el Jobio, agora de pasada, qu, uo le negamos que murió por çelos del Emperador, peru no causados de lo que quenta, sino (avnque sea ladrón en este paso de los bienes agenos, si así se pueden llamar los de los |Anales) fue la causa como digo, no la que quenta nuestro autor, sino [48] hauer acordado el Gran Turco con su almirante nuevo Barbarroxa, que antes de la jornada de Túnez tocase en Génoba y en su rribera, haçiendo el daño que fuese posible en ella, cossa muy deseada por el rrey Françisco de Françia, qu'estaba a esta sazón muy mal con ginoueses, y procurádoln |y concertádolo [49] con el Gran Turco, |y el mesmo turco con su Barbarroja. El qual no aviéndolo hecho, |y síendo rredargüído d'ello [50], dio por descargo avelle mandado Habrayn (que tuvo la prinçipal comisión de / sus negoçios), que si d'esto se rreçiuía alguna yncomodidad o tardança notable, que dexase lo de Génova |y negoçios agenos, |y atrabesase a África a los del gran señor, que hera lo que haçía al caso, |y que por esto y por no perder tiempo, conforme a ello lo abía hecho. Y juntamente con ésta que fue la prinçipal para la muerte de Habrayn, vbo también otras causas. Y no es la menor d'ellas lo que ponc el Jobio, de la mala voluntad que Rroxalana, mujer del turco, le tenía. El qual [51], dezir que hera christiano, como lo dize este Nochera, y que adoraba secretamente en un cruçifijo que tenía en su rrecámara, es cosa que ni yo e oydo sino al Jobio, ni yo [52] creo qu'él la oyó tanpoco a nadie, sino qu'es de sus acostumbradas ymaginaçiones, y por bentura él ni yo, pues no hemos estado en Costantinopla (que bien sé qu'él no lo estubo), y este negoçio a de yr por rrelaçiones e informaciones [53]. Yo sé que en esto no me haze bentaja, ni en la çertenidad d'ello, ni en las otras cosas ni çircustançias, para saber que no cs así como él lo quenta, / esto del christianismo de Habrayn, puesto que en las otras birtudes morales él hera vn eçelente bárbaro, adornado de muy buenas cosas y eçelençias.

1 Add.: con los apuntamientos necessarios sobre la Historia del Jovio.

2 Mut.: el mesmo: este.

3 Mut.: que quenta ...: tocantes a su persona y en.

4 Del.: y conporná.

5 Del.: sin sustaniallo ...

6 Del.: agora.

7 Add.: a.

8 Mut.: y biniendo a ello: pues.

9 Mut.: anbos cascos con: estos dos navíos.

10 Transp.: ganaron ellos.

11 Del.: Porque.

12 Del.: (que luégo...).

13 Del.: lo.

14 Add.: no.

15 Del.: (qu'esto fue...)

16 Add.: porque esto fue en tiempo de Mahomed, padre de Bayazeto.

17 Transp.: tuvo dos hijos solos como el Jovio quiere.

18 Del.: de nuestros...

19 Mut.: verças.

20 Del.: de ojos.

21 Mut.: cabe el: junto al.

22 Add.: a.

23 Mut.: benderla.

24 ut.: pagasse.

25 Mut.: dexaron de seguillos: los dexaron.

26 Del.: (que tanbién ...).

27 Del.: mesmo.

28 Transp.: entonçes perdió alli.

29 Add.: Xixar.

30 Del.: llamado Xixar.

31 Transp.: traía guerra, como él dice, el rey de Argel.

32 Mut.: natural.

33 Mut.: En.

34 Mut.: y así aora: agora.

35 Del.: y lo trató.

36 Mut.: Salaraiz...

37 Del.: si entre cosarios ...

38 Mut.: Salaraiz.

39 Mut.: y esto tan-poco...: y de.

40 Add.: casas.

41 Mut.: ni abello bisto...: ni le vio ni habló por todo aquel tiempo qu'estuvo en Costantinopla.

42 Del.: Porque en todo...

43 Del.: el.

44 Del.: Ni estas pláticas... (fol. ant.).

45 Mut.: presentó.

46 Del.: o concuño...

47 Add.: y.

48 Del.: avnque sea ladrón ...

49 Mut.: y procurádolo y: avién-dolo el francés procurado y concertado.

50 Mut.: el qual no avien-dolo...: siendo redargüido por no lo aver hecho.

51 Mut.: El qual: mas.

52 Del.: yo.

53 Mut.: y por bentura él...: y pues este nego-cio ha de escrivirse por relaciones, pues ni él ni yo estuvimos en Costantinopla.

Capítulo Treinta y Çinco

De cómo el Enperador don Carlos pasó en África contra Barbarroxa y reyno de Túnez, y de la cantidad de gente que llebó para esta enpresa, y de los comienços de aquella guerra, y de la manera que pasa lo de las dos trincheas ytaliana y española, donde entraron los turcos [1].

En la guerra tan nonbrada de Túnez, hecha por el quinto Carlos quando ganó aquel rreyno, que agora en este su libro treynta y quatro tenemos entre las manos, no pongo culpa a Paulo Jobio en que aya perdido el nonbre de ystoriador y se nos aya buelto en barias formas, hecho otro Proteo, haçiéndosenos graçioso vnas bezes, otras trágico y otras bien eómico, y de otras diferentes maneras, porque fue hecho todo para ensalçar sus ytalianos [2] y para otras gentileças como ésta. Lo qual el pudiera hazer sin perjuiçio d'españnles y vbiera el [3] ganado más y yo menos [4] trabaxo, que çiertamente lo es harto grande destexer vna tela / como la d'este Paulo [5] obispo, para tornalla a tramar y a perfiçionar de quentos berdaderos y que ayan pasado, para que se pueda dezir historia.

Bengamos a ello, y [6] començemos por lo que dize qu'el rrey Françisco en este tiempo pretendía hechar en el mundo otra nueba guerra, sin las pasadas, probando frescamente su ventura y que ofreçía, si nuestro Emperador le daba a Milán, de juntarse con el para contralos ynfieles. En lo qual el Jobio quenta lo que pasó, pero sin propósito, no más de para que quede escrito perpetuamente en su libro para nuestros suçesores, que por no dar el español aquel estado al françés se siguieron los males en la christiandad, que después muchas vezes apareçíeron en ella; sin caer el ynfeliçe [7] Jobio [8] que si aquello que tantas vezes pedía se le diera (y se le quitara a Françisco Esforçia, su propio dueño, o después de muerto esto se hiçiera), que acauado de entregarse de Lombardía avía de pedir luégo y contrastar sobre lo de Nápoles y después (si fuera menester) sobre lo de Çiçilia, y d'esta manera hera / proçeder en yufinito; callando el Jobio, por falta de notiçia o disimulándolo por sobra de maliçia, cómo muchas bezes el Emperador con los Summos Pontífiçes, a boca y por sus enbaxadores y después con veneçianos asímesmo [9], trató dibersas vezes que se buscase forma y manera çierta y segura cómo se pudiese confiar qu'el rrey françés no buscaría nobedades después de poscer a Milán, y qu'el se lo largarla en fauor del vno de sus hijos. Y si hera menester pedir esta seguridad o no, claramente se pareçe, pues después de hauerrrenunçiado el FranÇisco, vna bez en Madrid y otra en Canbray, a las cosas de la [10]. Ytalia Y milanescas y a rodolo demás d'ella, tornaba de nuevo cada año (mejor diria [11] cada día o cada ora) [12] a salir con semejantes pedimientos y nobedades, no pudiendo matar (con matar yufinita gente sobr'ello quando ponía por las armas) [13] la sed que tenia de Lonbardía. Y viniendo a la prop materia del libro jobiano, digo qu'el Carlos no fue contra/ Barbarroxa (como este autor dize) por antiçiparse y hallarse armado contra sus enemigos, que avía de dexar por [14] las espaldas; porque avnque no tubiera ningunos y fuera el Emperador el másrremiso prínçipe del mundo (como Dios le hizo el de mayor coraxe d'el) [15], no pudiera dexar de enprender laguerra que aquel año tomó a sus questas, si quería ser rrey y llamárselo [16] de Sçiçilia y de Nápoles. Las quales probinçias, Como tuviesen a sus enemigos y de la fee [17] en Túnez, podemos deçir qu'estavan çercadas y sitiadas, ni más ni menos que una fortaleça lo suele estar quando sus contrarios le tienen puesto sitio. Dexado aparte el peligro que corria España con vn Argel antiguo y otro nuebo, agora que la çeñían por anbas partes, por poniente y por lebante, con no mucha mar en medio, para que dende el estrecho de Meçina hasta el de Gibraltar ninguno de la parte de Evropa (, i no fuesen los françeses que llevaban en esto otro camino y amparo), pudiesen tener comida ni sueño seguro los que / bibiesen a la rriuera de la mar. Y tras esto dize el Jobio luégo, muy sin pena, haçiéndonos muy enbidiosos (rruin y vaxo pecadoen el qual pluguiera a Dios que no hubiera caydo tantas vezes el mesmo que lo dize) [18], que les pesó a los yinperiales de que el Papa Paulo, nuevamente elegido, conçediese la déçima de los benefiçios eclesiásticos al rrey de Françia, que no tenía guerra con ynfieles, ni más ni menos que, [19] los avía conçedido al Emperador para la guerra de Túnez. De la qual tratando, digo que [20] tanbién dize que solamente comunicó esta jornada el Carlos [21] con el prínçipe Andrea Doria, y a esto no ay qué rresponder, porque no ay qué, a [22] vna tan grande frialdad y disparate, sino pasar a lo más sustançial d'estos negoçios. En los quales, para Començallos [23] el Jobio a escrebir, y Contando [24] el número de gente que se mandó hazer en Ytalia para esta empresa, en el capítulo quarto dize que fueron a esta jornada ocho o diez mili ytalianos y otros tanros alemanes, sin haçer minçión / (según su costunbre) d'español ninguno; antes dize que les fue proybida la pasada a África, porque quedasen en Lombardía con Antonio de Leyva, a causa de que hubiesc rreparo en aquella probinçia, si acaso Françia yntentase lo que solía. Y con no hauer el hallado español en Ytalia que fuese a esta jornada, lo halló después para vn comienzo de motín en el capítulo quinro siguíente, donde trata de dos españoles qu'el marqués dizque mandó hechar en la mar, que fueron Fulano de Molina y vn Miguel, aragonés, porque alborotaban la gente. Caminando ya para África, avnqu'es verdad que ya a lo [25] muy lexos, pasado ya [26] el quento del número de la gente (que allí no hera menester, porque a su parecer [27] no hera gente la española), dize que después en Sçiçilia se enharcaron los soldados biejos que avían benido de Corrón; y de alli (si el cayera en ello) no binieron sino pocos más de dos mili, y a esta empresa fueron quatro mili / españoles de los de Ytalia, todos pláticos y soldados biejos que heran de los del rreyno de Nápoles y otras partes y terçios italianos [28], sin otros diez mill d'esta naçión nobeles, que pasaron d'España con el Emperador. Y en lo demás, fuera d'esto, en [29] quanto al número de toda la gente, quenta el Jobio la berdad y la quenta berdad era que pasó a la letra, llebando el negoçio por lo poco más o menos, que en tanto número de gente no se puede hablar de otra manera. Y paréçeme a mí que pagaria el Emperador entonçes en África hasta trcynta mill honbres, ocho mil ytalianos y otro tanto número de tudescos y catorze mill españoles; pero hera tanto el número de otra gente mucha sin paga, española [30], y toda muy vtil con poca yjada [31], que me pareçe que avnqu'estuviera aquel campo a las puertas de Costantinopla, como estava a las de Túnez, que [32] no hera de menospreçiar.

Allegada pues toda el armada en África al puerto en cuya demanda yvan, a quinze de junio de / aquel año de treinta y çinco (en la qual armada abría sobre quatrozientos nauíos de todas suertes), se desenvarcaron otro día adelante y se començó la guerra contra aquel rreyno, de la qual no ay para qué dar quenta sino yr rományola al Jobio, haçiéndole en ella los alcançes neçesarios, quando se ofreciere [33] las partidas conbinientes para este hefeto. Y viniendo a ello [34], quenta este autor en el capítulo dézimo, después de vna plática que finge (que fingida es y no berdadera) que hizo Barbarroja a sus capitanes y gente, que [35], los turcos de la Goleta salieron [36], çierta cantidad d'ellos [37], y dieron en las trincheas ymperiales, y acometieron particularmente a vna donde estava el conde de Sarna con siete compañías de ynfanteria ytaliana. Y dize el gentil honbre de nuestro Jobío que hera aquella la trinchea más peligrosa, y que les pesó a los españoles de que vbiese pedido el conde aquel abentajado lugar, y que por esto y por otras causas, avnque los españoles estavan çerca, no quisieron / (sinenvargo de ber los ytalianos en aquel peligro) socorrellos, y así los enemigos ganaron la trinchea y mataron al conde de Sarno y a otros muchos de aquella gente. Y avnque, guardando su vso el obispo, no pone el día d'este aconteçimiento, fue a los beinte y tres de junio, vispera de San Juan Bautista, como a las ocho oras del día. Y luégo tras esto pone (el mismo Nochera) la bengança (que así la llama el) que los turcos hiçieron en otra trinchea de los españoles; y tanbién la ganaron y mataron a muchos, y entr'ellos al capitán Méndez de Sotomayor y a otros muchos, y que ganaron la vandera de Frangisco Sarmicnto y que hiçieron otros destroços con que los ytalianos quedaron bien satisfechos. Y dize qu'el marqués avia rreprehendido a los españoles porque por tan libiana causa avían sido ran crueles que no abían socorrido a los ytalianos. Y dize asimesmo que fue mayor bergüença la de los españoles en hauer peleado mal, que la de los ytalia uos, por çiertas / causas qu'el en este paso escribe. ¡O triste Jobio! ¡Quán dulçe trae siempre la péñola para estas cossas y para desbariar a su plaçer cuando le pareçe!

Y viniendo a lo d'estas dos trincheas ganadas a ytalianos y a españoles, digo que, quanto a lo primero, es grande falsedad la que dize que los españoles no dieron socorro a los que peleaban; antes se lo dieron [38] por dos partes. Porque, [39] bea quán mal [40] ynformado estuvo el de Nochera de lo que pasó, porque [41] del bestión qu'estaba a orillas de la mar salieron algunos españoles de quatro banderas, que allí estavan en guarda de aquel lugar, a este socorro y [42] rremedío de los ytalianos, y por la otra parte salieron otra gran cantidad d'españoles a lo mesmo, y los vnos y los otros hiçieron harto daño a los turcos en la rretirada. Pero quiero que sepa nuestro avtor que quando las tríncheas están algo apartadas vnas de otras y los enemigos acometen a la vna, como fue cn este caso, y los qu'están en guarda d'ella salen a escaramuçar / fuera, qu'es mala horden de guerra si los de las otras trincheas saliesen a socorrer en aquella escaramuça a los del otro quartel, y dexasen el suyo qu'está a su cargo por yr a escaramuçar, que no es esto lo sustançial que l'está encomendado, pero son obligados a socorrer quando ya los enemigos les vbiesen entrado en sus trincheas, porqu'es esto ya [43] de la sustançia maçiça de la guerra; y asíquando los españoles vieron turcos ençima del bestión ytaliano les enbiaron a socorrer por dos bandas, como está dicho, y no antes quando ellos, saliendo de la trinchea, fueron a loçanearse con los contrarios.

Pero bengamos (que rrazón será) [44] a lo que quenta de la segunda desgraçia de la trinchea española, donde haze y dize marabillas de quán medrosos andavan los españoles en la pelea y cómo les ganaron los ynfieles vna bandera y que hiçieron otros estragos en qu'el se saborca contándolos; y rrespondo en quanto a todo esto que vna por vna, el vn bestión guardavan siete conpañlas ytalianas y est'otro guardavan / solas tres compañías d'españoles; y lo otro, la trinchea de los ytalianos, fue acometida en medio del día y la de los españoles vna ora antes que amaneçiese estando (que así lo quiso la ventura) durmiendo los españoles y no aviendo guarda fuera del vestión, como se solía haçer, por çierta causa que en los Aña/es se dirá por no l' aquí tan largo. Y si le pareçe al Jobio gran vfanía para sus ytalianos que llevasen los turcos la bandera del capitán Françisco Sarmiento, sepa que los españoles no la tienen de que los mesmos enemigos les llevaron quando su desgraçia la del capitán Otabiano Corço (lo qual el Jobio, como diestro, calla). Y avnque le, llevaran todas las demás banderas, no se alegraran ni se espantaran d'esto los españoles, cuyo bestión diçe qu'estaba puesto a menos peligro qu'el de los ytalianos, a lo qual no ay qué rresponder, porque no se puede dar rrazón si no es con la pintura en la mano, para que se biera / bien el desvario, y ésta no se puede poner aqui. Pero si tanta gana tiene Paulo de ygualar la sangre a estas dos desdichas ytaliana y española, hágalo en ora buena, pero [45] no se le quede en el tintero vna cossa harto sustançial çerca d'este hartículo, que por aqui sacará quizá lo que no le conbiene: que la trinchea perdida de los ytalianos nunca más la guardaron, porque visto el mal cobro que avian dado [46] d'ella, mandó el marqués que se guardase por españoles, y así entraron los capitanes Luis Piçaño, Çisneros, Carrillo, Pelus, Françisco Rruiz [47], Alcoçer, a guardalla; la qual mudança no vbo en la trinchea de los españoles, ni metieron otra naçión para suplir su pérdida, porque vieron que no la avía hauido de honrra, según las çircunstançias que pasaron en ello.

Tanbién nuestro autor quenta çierta plática muy singular (sacada de su juiçio y no de otra parte) qu'el marqués dize que hizo a los españoles que abían perdido la trinchea, rreprehendiéndoles su cobardía, / y yo al Jobio su atrebimiento, en lebantar al del Gasto y a los d'España semejante testimonio. Pero, ¡pese al diablo!, no basta a nuestro novocomo [48], para que se satisfaga de lo pasado, que si por sus italianos [49] aconteçiera, yo sé quánto lo hubicra encareçido: que de allí a pocos días, que fue a quatro de jullio, tornaron grande cantidad de geníçaros, turcos y moros, a dar sobre otra trinchea española tan determinadamente, qu'estuvieron ençima d'ella y fue de tal manera defendida, que no solo los echaron abaxo haçiendo pedaços aquella bárbara gente, pero tanbién asímesmo [50] salieron tras ellos, y haçiéndolos huír y matando a Giofer, su capitán, los llevaron hasta metellos por la mesma fuerça de la Goleta, y allegados alli pidieron escalas (que si las llevaran no sé lo que fuera) para ganar así de rrevato aquella fortaleça, vna de las nonbradas agora del mundo. La qual haçaña (avnque a la rretirada, por no traelles escalas con que probar su ventura, y aviendo matado [51] / muchos turcos, les mataron algunos españoles y entr'ellos el [52] alférez Diego de Auila) me pareçe a mi y a otros que fue gran parte de la vitoria que después se consiguió de los báruaros; porque dende [53] aquel día vieron ya que peleaban con honbres a quien avían de temer. Pero no hay duda (y no se me tenga por maliçia) [54] sino qu'es cosa graçiosa que, contando esta feliçidad española de aquel día, llama nuéstros a los españoles, biéndolos bitoriosos. Y sienpre que en este trançe habla d'ellos, dize este término: «Los nuéstros allegaron a la Goleta», y otras cosas por este modo, todo para ber (como por fuerça ay de todas gentes y de todos entendimientos) si con el calor de la leçión algunos de los que leyeren aquel común bocablo pudiesen tanvién entender que no solos españoles acometieron aquel hecho; pero quando quiere contar alguna desgraçia aconteçida no husa d'este vocablo, sino el d'españoles solamcnte.

1 Add.: con más los apuntamientos necessarios sobre la historia del Jovio.

2 Mut.: sus ytalianos: su nación.

3 Del.: él.

4 Mut.: yo menos: excusádome a mí de.

5 Del.: Paulo.

6 Del.: Bengamos a ello y.

7 Del.: ynfeliçe.

8 Add.: en.

9 Del.: asimesmo.

10 Del.: la.

11 Mut.: mejor diría: y aun.

12 Del.: o cada ora.

13 Del.: (con ma-tar...).

14 Mut.: a.

15 Del.: (como Dios...).

16 Del.: y llamár-selo.

17 Del: y de la fee.

18 Del.: (rruin y...).

19 Mut.: ni más ni menos que: como.

20 Del.: De la qual...

21 Mut.: Emperador.

22 Mut.: porque no ay qué a: por ser.

23 Mut.: En los quales ...: que para començarlos.

24 Mut.: y contando: cuenta.

25 Mut.: avn-qu'es verdad que ya a lo: verdad es que ya.

26 Del.: ya.

27 Mut.: que allí no hera ...: pareciéndole que.

28 Mut.: de Italia.

29 Mut.: y en lo demás...: fuera d'esto.

30 Transp.: mucha gente española sin paga.

31 Del.: y con poca y jada.

32 Del.: que.

33 Add.: y.

34 Del.: y viniendo a ello.

35 Add.: de.

36 Mut.: salió.

37 Del.: d'ellos.

38 Mut.: antes se lo dieron: antes socorrieron.

39 Add.: se.
40 Mut.: bien.
41 Del.: porque.
42 Del.: socorro y.
43 Mut.: porqu'es esto ya; porque esto ya es
44 Del.: (que rrazón será).
45 Mut.: mas.
46 Mut.: avían dado: dieron.
47 Add.: y.
48 Mut.: novoco-mense.
49 Mut.: sus ytalianos: su nación.
50 Del.: tanbién asímesmo.
51 Mut.: muerto.
52 Mut.: al.
53 Mut.: desde.
54 Del.: (y no çe me tenga por maliçia).

Capítulo Treinta y Seis

De la continuaçión de la guerra de Túnez, y de la toma de la Goleta, y de la batalla que se dio a Barbarroxa, y de la presa y saco de la mesma çiudad de Túnez, y de la partida del vitorioso Enperador de África para Ytalia.

Y quando començé este trauajo yo pensé [1] que convno abria la rrefriega, que hera con nuestro Paulo [2] Jobio, pero anse ofreçido después en el discurso tratar de otros autores que ansimesmo han escrito ystorias de nuestru tiempo, pero con moderaçión quando se ofreçió de yrles a la mano, porque ninguno a ydo tan ynmoderado como nuestro autor, con quien vamos contrastando [3]. Y no es mucho que acontezca esto cn autores modernos y antiguos quando los hierros son pocos y pequeños, y no como los del Jobio, el qual es solo a mi juiçio el que se lleuó el primado (no por falta de sus letras y de otras muchas buenas partes que tenía) [4] d'escrebir ystoria viçiosamente. Y asl me pareçió obra conviniente, como en los prinçipios d'esta obra queda dicho [5], sacar la verdad en linpio en este tiempo donde podía hauer muchos testigos d'ella. Y lo mesmo en sus ystorias y libros creo yo que harán otros algunos d'esta mesma edad. Todo lo qual [6] digo a propósito que, yendo con mis contradiçiones jobianas adelante y llegando a este / paso en que agora bamos de la guerra de Túnez, y teniendo ya començado a contradeçir los herrores del [7] obispo de Nochera que [8] çerca d'ella escrebía, bide [9] vn libro que nuebamente nos an traydo d'España, que se yntitula la Ystoria Pontifical. hordenada según por el título pareçe, por el doctor Gonzalo de Yllescas, al qual yo no conozco, por hauer tanto tiempo que salí de la tierra donde le pude conoçer, más de entender, por lo que en esta su obra escriue, qu'él deue de ser honbre doto, y sobre todo escribió píamente y con las otras partes muchas y muy buenas, conpetentes y conçernientes a ystoria. Y la suya (que fue trocar la suerte con la Ystoria imperial del doctísimo Pero Mexia, que Dios tenga en su gloria) donde en las hidas de los emperadores pone lo que aconteçió a los Summos Pontífiçes y lo demás que aconteçió por el mundo, tomó él al rrebés, y debaxo de las bidas de los Pontífiçes pone lo que aconteçió a los Emperadores y a los rreyey y rreyuos de toda la tierra, eçccto que allegú nuestro nuevo auctor hasta la vida del Pontífiçe / que agora tenemos (el qual nos guarde Dios, por su yufinita misericordia, muchos años), me pareçe toda leyda ella muy buena y muy sustançial; pero çiertamente es d'esta manera la flaqueça humana, que no todo de vn golpe puede salir perfecto. Y rregla es ésta [10] tan berdadera, que no ay sçiençia ninguna donde no nos la ayan dexado escrita los qu'escribieron sobre las mesmas sçiençias. Assí me pareçe qu'esta Ystaria Pontifical y católica (que tal es ella) [11] tiene neçesidad de algunas correcçiones ynportantísimas a la ystoria, como tamvién la deve tener ésta mía, de las quales, quando así acaezca, no me pesará de ser avisado y corregido. Pluguiera a Dios yo estuviera en parte donde yo [12] pudiera adbertir particularmente al autor d'ella de las cosas que heran neçesarias, para qu'él se corrigiera a sí mesmo en la segunda ediçión; pero como estemos tan apartados (y por esta rrazón ynpidido de haçer esto) pareçióme que ya que me hallava, con el Jobio entre las manos (avn- / qu'estOtro negoçio no va por hese camino), de yr tanbién apuntando en el Pontifical, dende [13] aquí adnnde se me vino a las manos, lo que me pareçiese que tenía neçesidad de adbertençia.

Y çierto yo quisiera avello [14] bisto vn mes o dos antes, para yr haçiendo lo mesmo dende [15] los tiempos que Carlos Quinto començó a ymperar y rreynar, qu'es dende [16] quando yo m'encontré con el Jobio, Y avía grande neçesidad que hubiera esto sido así, para que entre esta Ystoria del doctísimo Yllescas [17] y la mía, se hubiera sacado la berdad en linpio. Y çiertn pareçe ynperfeçión començar a tratar y apuntar las cosas d'esta nueva corónica desde donde agora comiença, teniendo tanta neçesidad lo pasado como est'otrn de las adberten, çias que e dicho y vista esta falta y no me quedando tiempo para bolber haçia [18] atrás, porque se van las naos en que ha de yr esta obra (si acaso mereçiere este nonbre) [19], podría ser que en los márgenes de mis capítulos pasados pusiese algunas apostilas para ma- / yor declaraçión de lo que çerca de aquellas materias queda dicho en aquella Hystoria Pontifical, en la qual todas las beçes qu'el doctor Yllescas sigue al Jobio (como lo sigue muchas y muchas vezes, que casi se le puede dar nonbre de que sienpre le sigue, pues no pareçe tino que en muchas partes le traslada) hubo por esta causa de caer en las mesmas dificultades e ynconbinientes que cayó el Jobio, faltándole no más [20] al discreto dotor la maliçia que sobró al ytaliano. Porqu'ésta faltó a estotro nuestro señalado barón, y como bueno (qu'ésta es muy propia condiçión de los tales y no de los malos como yo) creyóle y dexóse [21] engañar y llevarse de la letura del Jobio, y fuese [22] en muchas cossas al amor del agua tras ella. ¡O pecador de mi!, que [23] no e de dexar de llorar esto toda la vida (no por falta de no abello llorado otras muchas beçes) [24] que no puedo acabar de ver entre los de mi naçión (teniendo ygenios y avilidades para ello, como las ay [25] muy buenas, y las / mesmas, y quizá mejnres que en las otras probinçias) cossas que no sean rreportorios -la quallástima tanbién la toqué en los prólogos [26] y que no sepamos aplicarnos, y yo el primero, sino a rrecollegir y rrecnpilar las ystorias o las cosas de otros, haziendo montones de trauajos agenos, abiendo yngenios (y así creo yo que deue de ser, según muestra en su erudiçión, el autor del Ponteficał) para poder disponer materias gustosísimas, en la sçiençia que más les agradase, según la aplicaçión y aprouechamiento qlle los tales tubiesen en cada vna d'ellas.

Pero biniendo a mi propósito (porque no sepa, salgamos d'él) [27] digo qu'en lo qlle toca al Pontifical yré no más de tocando, para que su insigne [28] autor en la segunda ympresión lo baya enmendando, si a él le pareçiere que yo no e herrado en la enmienda. Y con mi [29] Jobio (o séase de quien él quisiere) será de otra manera, porque lo yré contradiziendo, rredarguyendo como hasta aquí lo he echo, y [30] guardaré mi posesíón [31] hasta el cabo / del libro. El qual prosiguiendo, digo que dende del capítulo treçe d'este libro treynta y quatro, hasta el fin del capítulo treynta y dos, donde el Jobio acaba la guerra de Túnez y la estada del Enperador en África, dize muchas cosas que tienen grande neçesidad de se; rremiradas y enmendadas. Y quanto a lo primern (como In haze muchas vezes) trastrueca los tiempos y pone la toma de la Goleta (castillo plaçiendo a Dios perpetuamente ynespunable) primero que dos cosas notables que abían acnnteçido antes, y él las quenta por postreras (y el Pontifical tanbién la vna d'ellas). Estas fueron la escaramuça notable que se tubo con los turcos en los olibares, de la qual salió herido don Luis Hurtado de Mendoça, marqués de Mondéxar, y la otra la benida del rrey Muley Hazén a ver al Emperador a su canpo. Porque la toma de la Goleta fue a catorze de jullio, aunqu'el Jobio la pone a quinze y el Pontifical a doze, y la escaramuça del marqués, qu'este nombre es justo [32], / fue a veinteyséis de junio, y la venida del rrey bárbaro a veinteynueve del mismo mes.

Pluguiera a Dios que nunca el yerro estuviera en otras cosas sino en estas menudençias, pero por no mirar en cosas pocas (como éstas lo heran), acuerda el Jobio luégo que los errores sean los más grandes que él puede, según la sujeta materia de que trata. Así diçe que los bastiones que se pusieron para batir la Goleta fueron tres (y en esto tantos fueron), pero en deçir, como diçe luégo, que cada bastión estaha encomendado a su naçión, de las tres que allí abía, para que batiese y diese la hatalla, en esto anduvo desconçertado, porque de estas tres trincheas, que la vna estaba a la marina, y la otra al estuario y la otra en medio de amhas, las dos de ellas estaban a cargo de españoles y la del estuario estaba al cuidado de los ytalianos.

Dejaré de tratar por menudo lo que pasó en las baterías y ha-/tallas (avnque avía que rrebolber sobr'ello), por deçir vna eçelençia del Jobio. Y es que contando la toma d'esta fuerça, no acordó de poner los primeros que abían entrado en ella, y quenta otras vezes (pero son ytalianos) [33], los que lo [34] hazen entonçes [35] y quién entró en lugarejos y en fuerzas quando se tomaban, cuya guerra no ynportaua para contallo doçe marauedís (porque no ayamos olbidado la moneda antigua d'España) [36] y en est'otro negoçio, y en la guerra más nonbrada de nuestros tiempos, y en la fuerça más d'estimar y de más ynportançia que ay agora entre los christian os, pareçióle que hera bien olbidarse de los alférez Fuensalida y Mendoça y Pedro Gaytán y de los soldados Alonso de Toro y Juan de Herrera y Miguel de Salas, por contar çiertas pláticas (que d'esto es muy amigo) que pasaron entre Sinán, turco (avnqu'él se llamaba el Judío), y Barbarroxa. Pero lo qu'está más bueno de todo [37], que dize luégo, siguiéndole en esto también el / Pontifical, que muchos daban por pareçer al César que no fuese a Túnez y que bastava aver tomado la Goleta, y que el Emperador les rreprehendió sobr'ello, no abiendo pasado tal, ni tal nadie tubo por opinión ni habló, si no foe vn caballero borgoñón de la cámara de Su Magestad, llamado musiur de Prat, cuyo pareçer (avnque devió de ser dado con buena yntençión y no por falta de ánimo) fue rreprouado. Y en fin, fue el Emperador y su exérçito a, Túnez, a beinte de jullio, en el qual día fue desbaratado el exérçito de Barbarroja, y en el siguiente fue entrada y saqueada Túnez, que de la manera que todo esto pasó se contará en los libros y corónicas ynperiales. Y agora solamente, çerca de lo que anbos avtores dizen, trataremos sobre el artículo de qu'el Emperador quisiera que no se saqueara Túnez por conplaçer al rrey de allí, y que porque pareçía [38] que se querían amotinar los soldados, se dio a saco. Y lo que pasa es que avnqoe los / soldados tratauan que hera bien que les dexasen saquear la tierra, pero [39] no se desbergonçaban a querello hazer por fuerça, y avn ellos [40] les benía más prouecho que del saco en no haçello [41]. Porqu'es así, que llegando ya el Emperador a la çiudad, el moro rrogaua por sus moros para que no fuesen saqueados, y que pagaría çiertas pagas a los soldados, y el Emperador açectó el partido y de mejor gana lo açectaran ellos. Pero yban y benían del rrey a Túnez y de Túnez al rrey, y no se traya el dinero, y biendo que todo hera dilaçiones y que no avía paga, estábase de suyo el saco. Y esta falta de no traer la moneda, no fue por loqu'el Jobio dize, de que lo dilatahan por ver primero en qué paraban los designios de Barbarroxa, ni se haçía con esa astuçia, sino qu'el rrey no tenía la moneda, la qual hera grandísima cantidad, como estaba despojado de su rreyno y los tuniçis andavan tan turbados (dexado aparte su miseria), que no podían juntarse en vno para contribuyr / y juntar todo el dinero que fuese neçesario, espeçialmente en tan breue término.

Y avnque ba el Jobio contando todas estas cosas, no se le olbidó [42] de haçer minçión en dibersos capítulos d'esta guerra, de tres ytalianos para tres hechos notables: el vno, don Hernando de Gonçaga (que ojalá así fueran todos los demás que quenta), del qual dize que acometió solo (a no menos ni más de a çien mill honbres) que tantos heran los del exérçito de Baruarroxa, y dize que les acometió primero y solo y que mató y hendió y hizo mill marauillas, y de quien él lo trata bien sé que podía haçer muchas. Pero no pasó lo qu'él diçe, digo de la manera que lo quenta. Y el otro, de quien haze grande fiesta, es de vn sçiçiliano en la toma que hiçieron los cautibos del eastillo donde lo pinta (a vsadas [43], como conbiene a pintura del Jobio). Del terçero no me acuerdo, ni ha tanpoco mucho en que se olbide; no sé si es vn Tulio Ziçerón (que así dize que se llamaua), que son amigos los de aquella / naçión de tomar estos nombres [44], que dizque que murió de sed en las Çisternas, vendo a Túnez v bebiendo en ellas. Y, según este nuestro autor [45], drxó espeçificado por su nonbre, çierto le dibió de [46] pareçer qu'en morir de aquella manera vebiendo, que murió como rromano.

Que cómo todas estas cosas de la guerra pasaron [47], ya tengo rreferido muchas beçes dónde se an de buscar y hallar; para allí se queden [48], que agora no haçemos más de correr, y avn a rrienda suelta, por los campos de Paulo Jobio Y çerca de lo que más en estos negoçios de Túnez pasó, quando enbió Andrea Daria catorçe galeras tras Barbarroxa y lo alcançaron en Bona y le dexaron emvarcar, tanbién no ay para qué tratar, ora d'ello. Quédese todo para quando e dicho, porque entonçes se berá la culpa qu, tubieron aquellos [49] christianos que yhan en busca del aquel cosario, saluo si por ser ytalianos la dexaron de tener y les basta esto por disculpa. Y dígase [50] agora solamente quánto hierro de quenta hechó [51] el autor del Pontifical en deçir qu'entró el Enperador a veynte / de jullío en África y que a cabo d, beinte y seis días, que solos dize estubo en aquella probinçia, salió d'ella bitorioso, aviendo hecho las haçañas que en aquella tierra hizo y ganado aquel rreyno tan nonbrado en tan poco tiempo, las quales quedarán perpetuadas para todos los siglos. Porqu'el Emperador no estubo en África beynte y seis días (como él lo escribe) sino dos meses, vn día o dos más a menos, y no entró a beinte de jullio (como él tanbién dize) sino a quinze del mes antes, qu'es el de junio, y salió y se enbarcó a los treze o catorze de agosto, y otros de aquella armada salieron a diez y nueve. Y entr'estos dos números de agosto salieron todas las armadas, y el vitorioso César, Con las galeras de Nápoles y Çiçilia y de Andrea

Daría, tomó el camino de la mesma ysla de Sçiçilia y de Ytalia, aviéndose las otras armadas buelto cada vna a su prouinçia donde abían salido.

1 Mut.: yo pensé: crt: í...

2 Mut.: con nuestro Paulo: el.

3 Del.: con quien vamos contrastando.

4 Del.: (no por falta...).

5 Mut.: en los prinçipios ...: al principio dixe.

6 Mut.: Todo lo qual: Esto.

7 Mut.: que el.

8 Del.: que.

9 Mut.: vi.

10 Transp.: Esta es regla. –

11 Del.: (que tal es ella).

12 Del.: yo.

13 Mut.: desde.

14 Mut.: averlo.

15 Mut.: desde.

16 Mut.: desde.

17 Mut.: doctísimo Ylles-cas: dicho autor.

18 Del.: haçia.

19 Del.: (si acaso...).

20 Mut.: faltándole no más: pero faltóle.

21 Mut.: porqu'ésta faltó...: y co-mo buena persona le creyó y se dexó.

22 Mut.: y fuese: yéndose.

23 Mut.: ella ¡O pecador de mí!: él.

24 Del.: (no por falta...).

25 Del.: como las ay.

26 Del.: la qual lástima...

27 Del.: (por que no...).

28 Del.: ynsigne.

29 Mut.: el.

30 Del.: (o séase...).

31 Mut.: propósito començado.

32 Del.: qu'este nombre es justo.

33 Del.: (pero son ytalianos).

34 Mut.: esto.

35 Del.: entonçes.

36 Mut.: para contallo ...: dos marauedís.

37 Mut.: qu'está más...: mejor de todo es.

38 Mut.: porque pareçía: pareciendo.

39 Del.: pero.

40 Del.: ellos.

41 Mut.: que del saco...: en no lo hazer que del saco.

42 Mut.: olbida.

43 Mut.: lo pinta (a vsadas ...) : le pinta.

44 Del.: que son amigos...

45 Mut.: le.

46 Del.: de

47 Transp.: passaron to-das estas cosas de la guerra.

48 Del.: para allí se queden.

49 Mut.: los.

50 Mut.: y les basta...: Digamos.

51 Mut.: hizo.

Capítulo Treynta y Siete

De cómo morió el duque Françisco Esforçia, y de cómo luégo aspiró el rrey de Françia a la pretensión de Milán, buscando nueba guerra y con nueba persona para disimula, su propósito, y de la liga que hizieron venecianos con el Enperador en Nápoles, y de algunas cossas particulares que en F, ançia aconteçieron, y de otras sucedidas en las Yndias Azidentales y Nuebo Mundo [1].

Y quedan d'este libro que vamos agora aprostreando [2], ocho o nuebe capítulos en los quales nuestro Jobio quenta diversidad de cosas, que después de la guerra de Túnez hasta que començó la de Françia, aconteçieron, y avnque no son de los prinçipales hierros de su |Ystoria, toda |vi, ay algunas cosas que mereçen estar más porificadas de lo que en la Historia | jobiana quedaron.

Y quanto a lo primero, quenta cómo en este medio, biniendo el Emperador de Áfríca, murió en su estado de Milán el duque Françisco Esforçia. La qual muerte (callando el autor el día), fue a beinte y quatro de otubre (del año de treynta y çinco) o, según otros, a prímero de nobienbre del mesmo año. Y sin esto (en que no yva mucho), calla asímesmo [3] el nuebo derecho que le adquirió al Emperador Carlos por la muerte del Esforçia, sin el antiguo que él ya se tenía y cómo por a dispusiçión del testamento esforçiano fuimos herederos os ymperiales (contémonos con nuestro prínçipe, como en buena filosofhía se deue de hazer, / todos por un cuerpo pegados como mienbros en aquella cabeça) [4], de aquel estado milanesco. Y también le perdouáramos este olbido al obispo Paulo, si no se le olbidara otra cosa terçera más ynportante, que fue la nueba codiçia que tubo el françés al ducado de Milán en biendo [5] muerto a su dueño, si no tubiera a otro bibo [6]. Y esto fue con tanto calor y con tantos medios buscados para ello, que como ninguno lo fuese [7] escogió el que menos lo hera, sino extremo [8] que fue haçer guerra al duque de saboya, su tío, hermano de su madre, pocos años antes muerta. Llamo estremo a éste [9] por el despropósito de la causa con que se enprendió, tan fuera de término de rrazón, no más de para tener ocasión de abrir guerra con el Emperador (que tanbién hera su cuñado, y que seguía sus partes, y vasallo del Ymperio). Y estando el duque nonbrado y señalado en las pazes de Canbray, como serávisto, el qual negoçio quenta el ovispo de Nochera no fielmente (como agora en lo que fuere neçesario será enmendado). Dize, / pues, en esta su corónica, que la causa de la guerra que mobió al Françisco [10] contra el saboyano (avnque no dexa de apuntar que lo prinçipal hera por pendençiar con el Carlos, porque le diese el ducado de Milán) fue por rrepetir a Niça, çiudad fuerte en el mar Mediterráneo del estado de saboya, que deçía bauer sido empeñada por vn rrey de Françia pasado y que no quería bolbérsela. Y el muy docto [11] Yllescas base también [12] tras esta opinión, como las ovejas tras el mansa, no lo siendo mucho el Jobio para guiar a nadíe tras él. Y avn añade más sobre el otro: qu'el rrey [13] le diera de buena gana todo aquel condado niçeno, porque no lo poseya con buen título y que lo dexó de haçec por no enojar al Emperador. Todo esto tiene neçesidad de dalle otra vuelta, que avnqu'es así que esto de Niça fue vno de los bordones a que se quiso arrimar para perder el empacho del françés de la goerra, qu'es lo que solo ponen estos autores que he dicho, no fue aquella la prinçipal causa, sino pre- / tender todo el estado de saboya y prinçípado del Piamonte, como heredero de Ludibica, su madre. Y para que se bea el galano derecho con que lo pretendía (pues lo cada el Jobio), es éste: Felipe, señor de Bresa, fue hijo de Amadeo tetçero o, 'egún otros, de Luis, duque de saboya, y por la muerte de vnos sobrinos suyos que murieron sin hijos, beredó él aquellos estados. Y éste fue casado dos vezes, la vna con Margarita, de la casa de Borbón, de la qual tubo dos hijos, que fue el vno Feliberto y el otro fue la Ludibica, madre del rrey, que casó con Carlos, primer duque de Anguelma [14] (que antes solamente se yntitulaban condes los de aquel estado). Y muerta la Margarita borbona, casó el duqoe Felipo de saboya segunda vez con Claudia, de la casa de Pontibre, de la qual hubo a Carlos, a quien agora el rrey quería despoxar, y el hijo mayor Feliberto, muerto su padre Felipo, heredó el estado y murió sin hijos. Y deçía aora el françés que tras el Feliberto avía de heredar su madre aquel estado y mayorazgo, avnque fuese mujer, / sinenbargo de tener hijo barón, que hera este Carlos, moderno duque; porque se bea si teniendo vno hijo varón, avnque sea menor que la henbra, si jamás dexó de heredar el vínculo y estado. Y como el negoçio hera tan bergonçoso, hechábanle por cortapisa los françeses para colorallo, que ya qu'esto no se sufriese, que a lo menos se sufría que como bienes partibles, se partiesen entr'el hermano y el hijo de la hermana; aviendo sido muerto el Feliberto (quando este antojo del Françisco) çerca de beinte años avía, y no abiendo pedido en todo este tienpo (que abía que lo poseya el Carlos) cosa ninguna el rrey de Françia, ni en bida de su madre, donde [15] pareçe que venía [16] más a propósito, si lo hubiera en el mundo para semejante cosa, hasta que agora murió el duque de Milán, que entonçes halló que le perteneçia el estado de savoya. Y como dixe, es berdad que también, demás d'esto, se trataba del empeño de Niza, que hera a la / letra lo del rrefrán castellano (que pues los beo anegados en ystorias modernamente, tanvién quiero haçer lo mesmo) quando se suele dezir, si sin propósito ninguno y al cabo de gran tiempo, se rremueben cosas pasadas [17]: ¡agora te lloraré, hagüelo! Así agora, al propósito mesmo [18] bolbía el françés por lo del empeño de Niça, en lo qual no le pasó por pensamiento al de saboya entregalle al françés a Niça (como en la |Pontifical se dize y el Jobio también apunta), porqu'es la más prinçipal cosa qu'él tiene y más ynportante, y hera dexarretar de punto todos los estados saboyanos. Y avn, no contentándose el françés con las causas dichas, también trataba otra, que hera dezir que se rrestituyesen a los marqueses de saluça çiertos lugares que los duques de saboya les tenían ocupados, y otras galanterias como éstas, que todas tiraban a vna sola, que hera de punta en blanco [19] al ducado de Milán.

Y en lo que más trata nuestro Jobio i tanbién toca / algo d'ello la Y |storia Pontifical, que por no hauer sauido hazer la guerra el almirante de Francia [20], duque de saboya, en el Piamonte, le hubiera de costar después la vida, porque fue por ello acusado de traydor, y que fue asímesmo pribado del ofiçio y condenado en la haçienda, y que se perdiera del todo si, estando desterrado, no le hubiera lástima el rrey y le fauoreçiera, porque hera piadoso y tanbién porque hera deudo de su muger del mesmo almirante, digo que su señoría del señor obispo anda muy engañado. Porque la prisión del almirante, que fue y duró el año de treynta y nuebe y quarenta, no fue por lo que dize, sino por otra cosa más honda, y aquella fue la prinçipal (avnque tanbién se trató d'est'otra), y todas trayan origen del comienço de la guerra con el Emperador, començada en el año de treynta y seis. Y para que diga la berdad, el berdadero origen hera la pribança de musiur de Memoranççi, condestable de Françia, grande enemigo y émulo de Felipe / de Brión (que así se llamaba el almirante), avnque después tornó a dar otra buelta la rrueda en estas pribanças. Y en fin, la suma de que hera acusado el almirante hera vna traYçión derecha (sin andar por las rramas), diziendo que se avía dexado hablar de comisarios del Emperador en tiempo de la guerra, y que le [21] avían entrado a tratar con él por el condado de Borgoña, qu'estáçerca de çiertos lugares del almirante, en la frontera de Françia. Y esta prisión, la qual siempre tubo el almirante alrrededor de la corte, en lugares que para ello le fueron señalados, se acauó el año de quarenta, porque, rremitido el negnçio al parlamento de París y siendo Chançiller de Françia Guillermo Pojet (que avn este negnçio dizen que le costó después el priballe de aquel cargo), se sentençió haçiendo el rrey benir a Fuentenebleo, casa de plaçer suya, catorze leguas de París, donde le estaua todo el parlamento. Y la sentençia fue en çierta condenaçión de dineros, / y no en prihaçión del ofiçio, como el Jobio dize, ni tanpoco fue desterrado. Y quando el Emperador el año de quarenta pasó por Françia, rrogó por el almirante al rrey, que entonçes no estahan determinados sus negoçios, y metiera la mano en ello más de propósito, si no fuera por no desagradar al con destable, a quien estaua el Çésar (por el deseo de la paz) muy obligado; y todas las condenaçiones y suspensiones que al almirante le fueron hechas en çiertos capítulos de la sentençia, todas, acabadas de haçer, le fueron rremitidas por el rrey Françisco. Y esto no por la clemençia (avnquela tenía muy bastante, como el Jobio quenta), ni por el deudo que tema con su muger (como el mesmo Jobio dize), sino porque en aquella sazón un hermano del almirante casó con vna hermana de madama d'Etanpes, bien conoçida en aquellos tiempos por persona que tenía grande açepçión con el mesmo rrey, y que alcan. çaua grandemente su privança' Y así como se hian este casa- / miento, y esta dama tubo obligaçión de tomar a cargo los negoçios del almirante (que fue poco tiempo antes de la sentençia), ellos y él tuvieron otro lustre que hasta allí, y todo paró en bien y, ocho días después de sentençiado, le vimos buelto a su pribança, como antiguamente la solía tener, y dende [22] entonçes tanbién començó el condestable a caer de la suya, y de allí a pocos días se partió de la corte y se fue a sus estados.

Y dexado esto, y tratando del negoçio que quenta en otro capítulo, qu'es el beinte y seis, de cómo Barbarroxa, buelto Argel, tomó su derrota para Costantinopla, y saqueó a Maón en Menorca, y tomó vna nabe portuguesa, todo pasa así como él lo dize; y dende [23] allí, haçiendo el daño que pudo, se fue a Costantinopla adar quenta de su desgraçia a su amo. Pero en lo de la capitulaçión que se tomó en Nápoles |con veneçianos, sobre que defenderían el estado de Milán (agora [24] del Emperador), como quando hera del duque Esforçia, donde dize el Jobio que / quedó el Carlos de nonbrar señor particular para Lonbardía, digo que no pasó tal, ni el Emperador quedó por palabra, ni por escrito obligado a nada d'esto, sino solo dixo a esto [25] que se le pedía, qu'él tenía tantos con quien conplir, deudos y amigos y criados, que por fuerça abía vn día o otro de disponer, no solo de aquello, para cunplir lo que debía a gentes, mas avn de tierras más patrimoniales suyas. Y esta manera de dezir |no tiene que haçer con promesa, ni es prometimiento [26]. son estas palabras las que llaman los derechos enunçiatibas, que no disponen cosa ninguna. Y éstas, como digo, no se dieron a los enbaxadores, sino fueron rrespuesta del pedimiento; y así no hubo neçesidad d'escrebillas en la capitulaçión, porque si su Majestad diera la palabra de dar el estado de Milán [27] alguno, poco | se le diera al mesmo Çésar de [28] que s'eseribiera en el contrato, pues tan obligado estava en conçiençia y en ley de honrra a cunplir lo vno como lo otro.

Después de lo qual / gasta el Jobio los tres capítulos que quedan de aquel su libro, en alabar (y con grandísima rrazón, quan grande se puede encareçer) tres señalados barones, que fueron Blasco Núñez de Balboa, Adelantado de la Nueba Castilla, y Hernando Cortés, marqués del Baile, en la Nueba España, y Hernando Magallanes, descubridor del estrecho de su nonbre; y quenta asímesmo otras muchas cosas de las Yndias Oçidentales y Nuebo Mundo, que los españoles modernos poseen y an descubierto. Todo lo qual le fuera escusado al de Nochera, porque cosas tan grandes, tan ynportantes y tan sustançiales, y que pareçe vmanamente que no ay otras mayores en la tierra que poder escrebir -hablo de las de acá del mundo-, no debiera de tomallas tan suçintamente como las tomó Y en lo suçinto, no abía de yr tan confuso, y ya que (como amigo d'esto) quería confusióo, no avía d'escrebir muchas cosas de las Yndias (en aquello |poco qu'escribió d'ellas) [29], al rrebés de cómo pasaron. Y bastárale dezir / generalmente (ya que quiso tocar en esto), que en tal y en tal tiempo se descubrieron tal y tal probinçia, que heran abundantísimas de tal y tal cosa, y que las descubrieron y conquistaron tal Y tal persona, capitanes balerosos, y pasar adelante con ello y no deçender a más particularidades, porque fue dar con su Y |storia al trabés en lo tocante a aquel moderno orbe. Las quales faltas, si quisiese agora enmendar (y poner la mano en ellas), hera haçer yo vna muy grande a cosa que de suyo lo es tanto. Ystorias ay donde me puedo rremitir, que son las de Gonçalo Hernández de Oviedo y Pedro Çieça de León, y la de los muy doctos Françisco de Gómara y Agustín de Zárate. A ellos rremito a los deseosos letores de cosas de Yndias. Y con todo esto, avn espero que no a de negar Dios a este Nuevo Mundo lo que no a negado al biejo (aunque todo es un mundo debaxo de dos nombres), y que no an de faltar escritores que ynchan de popa a proa todo lo que conbiene en estas materias, como los / que he nonbrado la yncheron en aquellas particulares cosas que tomaron a cargo d'escribir. De manera que las faltas del Jobio para tan grande cosa, súplalas otro, pues no se pueden suplir yendo yo por la posta caminando por su |Ystoria. Y para solo hesto, hera menesrer libro particular, y ya podrá ser, si la ventura [30] me conçediere oportunidad o [31] bida para ello, que tanbién tome yo algún día a mis euestas vn pedaço d'este trauaxo, porque todo tomallo vno, y escrebir de todas las Yndias ystoria general, como se a hecho por algunos, no puede haçerse, sino con muchas menguas, como lo diximos y dimos a entender en los |Rratos de |suesca, en el quarto rrato, en el capítulo primero.

1 Add.: con los apuntamientos necessarios sobre la Historia del Jovio
2 Mut.: reformando.
3 Del.: asímesmo.
4 Mut.: fuimos he-rederos los...: fue heredero.
5 Mut.: en biendo: viendo.
6 Del.: si no tubiera a otro bibo.
7 Mut.: que como ninguno lo fuese: y aunque ninguno era bueno.
8 Del.: sino extremo.
9 Mut.: dçlamo estremo a éste: Digo que era el peor.
10 Mut.: francés.
11 Mut.: muy docto: doctor.
12 Transp.: también se va.
13 Mut.: duque.
14 Mut.: Angulema.
15 Mut.: quando.
16 Mut.: viniera.
17 Del.: que pues los beo...
18 Mut.: Así agora...: D'esta manera.
19 Transp.: de punta en blanco que era.
20 Add.: al.
21 Del.: le.
22 Mut.: desde.
23 Mut.: desde.
24 Mut (agora.): (que agora era..)
25 Mut.: sino solo dixo a esto: solo dixo a lo.
26 Add.: antes.
27 Add.: a.
28 Del.: al mesmo Çésar de.
29 Del.: de las Yndias...

30 Mut.: la ventura: Dios Nuestro señor.

31 Mut.: y.

Capítulo Treynta y Ocho

De cómo entró Carlos por Françia contra Françisco, y del propósito d'esta entrada, y de la pasada del marqués de Saluza al serviçio del Enperador y de la muerte de Françisco, Dolfín y prínçipe de Françia y de otras cosas [1].

Y para contar la guerra de Françia que aconteçió el año mill y quinientos y treinta y seis, entre Carlos / y Françisco, lo qual el Jobio trata en el libro treynta y çinco, comiença para hazello (y no mal) por la benida del Enperador a Rroma a verse con la sanctidad del Papa Paulo terçio, donde le fue hecho solenísimo rreçibimiento y con alegre ánimo de todos, avnqu'el Jobio y la |Pontifical digan otra cosa (si no fuesen los afiçionados a franςeses, qu'éstos está claro que de qualquiera manera qu'el Emperador entrara en aquella común çiudad les pesara). Y es cosa de ningún momento la qu'estos autores quentan, de dezir que tenían los rromanos memoria de la calamidad pasada y de honrrar y festexar a aquellos de quien avían rreçcuido tan mala obra. Por que los honbres comúnmente no se acuerdan tanto de los pesares pasados como de los plaçeres presentcs, ni de desgraçias para sentillas, como el Jobio, que la que particularmente padeçió entonçes en su persona (sin la que él quenta de sus libros), no me pareçe que la pudo olbidar toda la bida contra la naçión / española, pues tomópara esto por género de bengança adulterar su |Ystoria. En la qual, y en el artículo que agora vamos, dize él y también el docto [2] Yllescas, que eu la oraçión pública que hizo el Emperador ant'el Papa y cardenales, y corte y enbaxadores de prínçipes, que rrecontó allí muchas cosas sobre las causas de las diferençias qu'entr'él y el rrey de Françia pasaban y avían pasado, dende el tienpo y [3] antes que anvos avían començado [4] a rreynar. Y que entr'ellas dixo el Emperador que nunca los pasados del rrey de Françia ni él [5] avían guardado palabra, ni tratado verdad, ni cosa que vbiesen capitulado ni tratado con él ni con sus predeçesores. Lo qual es engaño notorio, y vien digo notorio [6], pues la oraçión qu'el Emperador hizo fue en público y la sustançia d'ella mandódar el mesmo Enperador y enbiar a su envaxador en Françia, para que se la rrefiriese al rrey, y la mesma oraçión está el traslado d'ella en muchas personas. Y así no sé cómo pudieron / herrar en esto el español ni el ytaliano, porqu'el Emperador no hera honbre que de los muertos ni de los que no se pueden defender avía de tratar sino muy modestamente, y los prínçipes quando hablan de otros prinçipes tienen otra obligaçión de la qu'el Jobio piensa. Y hablando del mesmo rrey Françisco habló en aquella plática el Emperador con toda moderaçión, sin los fieros y desgarros que r'epresentan estos autores. Y pues, como he rreferido, esta plática es biba y puesta en escrito, no ay que rresponder ni que confutar más lo que çerca d'ello el Jobio escribe, sino rremitirnos a la mesma obra donde se verá lo que he dicho.

Pero çiertamente el obispo de Nochera, queriendo escrebir esta guerra françesa que pasó en el año ya alegado, dexó en este | paso [7] d'escrebir la cosa más sustançial que podía ser, y a lo qu'él hera más obligado según buen ystoriador. Porqu'el [8] de Yllescas no tubo esta obligaçión, porque [9] pretendía más, y con ello salió muy bien / y açertadamente, de rrecopilar e yr sumando lo que avía pasado en los tiempos de cada pontífiçe. Y esta [10] falta que digo que le hallo al Jobio en este articulo, es que no puso el fundamento sobre que se armó todo el hedifiçio de la guerra y entrada del Carlos [11] por el rreino y tierra del [12] Françisco, lo qual pondré yo agora aqui muy por la posta, por ser cosa de pundonor de mi prinçipe, y que no la he visto tratada por nadie de los que an escrito cosas del tiempo presente. Y tanbién, avnque [13] lo pudiera rremitir a los |Anales y para [14] las otras corónicas ynperiales que abrá de más propósito [15], no lo quise haçer en quanto a este paso, porque me puedo morir antes (que ansí lo an d'esperar los de mi edad) y quedarse los |Anales en banda [16]. Y en [17] quanto a las |corónicas del Emperador no quise tanpoco de puro congoxoso dexallo para lo que yo no bea con mis ojos escrito

Digo pues qu'estando el Emperador en Nápoles, muerto ya el duque / Esforçia, començaron a andar los tratos entre el rrey y el Enperador sobre lo del ducado de Milán, pidiendo el vno al otro que le diese aquel estado para su hijo el de Vrliens, porque allende de que deçía perteneçerle por çierto derecho muy sabido ya de |todo género de gentes y de todos los ystoriadores. Y como no es muy derecho el camino de aquel derecho, deçia tanbién agora que rreçibiría particular veneffiçio en ello por quitar dependençias a sus hijos sobre lo del ducado de Bretaña. Porque quando se casó el rrey Luis doçeno con Ana, duquesa de Bretaña (que banse asiendo vnas materias de otras para qu'el letur padezca estas digresiones), fue el conçierto que así como el hijo mayor abía de heredar el rreyno de Françia heredase el segundo que fuese barón (en qualquier suçesión de las benideras que lo oviese) el ducado de Bretaña. Y como aquel rrey Luis no tubo hijos barones sino dos henbras, que ninguna d'ellas heredaba el rreyno de / Françia (porque no heredan las de aquel sexo aquel estado) [18] heredó solamente la mayor el ducado de Bretaña, y casóla su padre el duodézimo Ludibico con el que avía de heredar a Françia, qu'es este rrey Françisco moderno [19] de quien bamos tratando. El qua! tenía de su muger, que a esta sazón muchos años avía hera muerta, tres hijos por esta horden en hedad: Françisco, y Enrique [20], Carlos. El mayor, que hera el prínçipe heredero, o como los françeses le llaman, Dolfín, avía de heredar el rreino; el segundo hera duque de Vrliens, estado ya apropiado para los segundos hijos de Françia; el terçero hera duque de Angulema, estado de su agüelo paterno, porqu'éste fue el de su padre primero que fuese rrey, y después por falta de suçerión de Luys, heredó este Angulema el rreyno. Y por esta quenta venía el Enrrique de Vrliens a ser duque de Bretaña, estado muy neçesario para estar yngerido en [21] el mesmo rreyno, porque siendo de señor par- / ticular, estando a donde está qu'es rribera del mar oçéano, y teniendo otras calidades que tiene, puede correr algunas beçes trabaxo y rriesgo la mesma Françia, como lo corrió hartas en los tienpos de los rreyes françeses pasados. Y visto esto, para mayor estabilidad del mesmo rreyno avía yncorporado el [22] Françisco a Bretaña con Françia, con perjuiçio de su hijo segundo el Enrrique, el qual sienpre amenaçaha y daua a entender que cada y quando qu'ellos heredasen a su padre, que abía de trauaxar porque su hermano no se le quedase con Bretaña Y [23] éstas heran las diferençias que agora (muerto el duque Esforçia) dezía el françés y apuntaua que ataxase el Emperador, con dalle el ducado de Milán a su hijo Enrrique, porque con aquello alargaría el derecho de Bretaña.

Y a todo está el almirante de Françia con exérçito tomava en el Piamonte todas las tierras qu'él podía del duque de Saboya, / y el Emperador rrespondía (que todo esto pasó en Nápoles buelto de África) que él le hera neçesario el estado de Milán (dexado aparte los derechos que a él tenía) y que quando hubiese de disponer d'él y dallo a françeses, avía de ser al Carlos, hijo terçero del rrey, contentándose d'esto los potentados de Ytalia, y buscándose caminos y modos muy çiertos para qu'él quedase asegurado de que no abría nobedad jamás entre las cosas de França y suyas. Y abiendo platicado esto sin determinaçión ninguna con musiur de Beli, envaxador françés, vino el Emperador a Rroma y pasó, la bíspera de su partida, la oraçión y plática de que se a tratado, que ya he dicho qu'está por escrito y se puede ber a la larga todos los puntos d'ella. En la qual el Emperador, abiendo tratado todas las cosas suçedidas dende [24] qu'él y su émulo comenzaron a rreinar, y cómo sinenbargo de la rrenuçiaçión hecha en Madrid y Cambray a las cosas de Ytalia, cada vez que se le ofreçía co- / yuntura salia el françés con este pío de Milán, dixo al cabo de la plática (porque en esto está el punto que voy tratando) que por escusar tantos males como de la guerra podían subçeder a toda la christiandad, y tanta muerte de gentes, y tanta efusión de sangre christiana, que si el rrey de França quería que se ataxasen estos males con batalla singular de anvos prínçipes, que holgaría, pues se podían tomar medios y seguridades bastantes para que la plaça donde peleasen fuese segura, y que se acauase esto por este camino, y qu'el vençedor abría lo que pretendía Y qu'él se partía otro día camino de Lonbardía a defender las tierras del Sacro Ymperio, que heran las del duque de Saboya su cuñado, y a defender tanbién las suyas (que a él se le haçía la guerra con título ageno por ocupalle su estado de Milán), que si dentro de beinte días el rrey ynbiase rrespuesta como este particular desafío lo açebtaba para conbatir de persona a persona, qu'estaba / presto de alçar la mano de la guerra y que se concluyese por aquel camino.

A lo qual el françés rrespondió al Papa y cardenales otra plática por escrito satisfaçiendo (a su pareçer) a todos los puntos qu'el Emperador avía tratado en la suya. Y a lo del desafío que hera lo postrero (y |es lo de nuestro propósito), dixo en sustançia qu'él y el Emperador estaban muy lexos para tratar de semejante desafío particular de persona a persona; pero si la guerra los haçía açercarse el vno al otro (como se creía que haría), que en la vatalla quando se topasen no le negaría tres golpes de lança ni su persona. Y a esto rreplicó nuestro Carlos [25], después de hauer satisfecho a la rrespuesta de los otros artículos, que pues lo del desafío guardaba para en la guerra y vatalla general, y para entonçes rreserbaba lo de las personas de anbos, qu'él entraría por su rreyno y por su tierra, y estaría de asiento en ella treynta días alojado en canpaña (y después estubo / treynta y tres en Asaes, como lo prometió, esperando que biniese el rrey a dalle la batalla), donde se podían ver de persona a persnna, pues el rrey para entonçes lo dilataua. Y más qu'esto estubiera, y pasara adelante ocupando todo lo que pudiera en aquella probinçia, si las hanbres y enfermedades de su exérçito no le estorbaran (el pasar adelante y tornarse a salir como se salió) [26] de aquella probinçia y bolberse él a España desde Génoba, y su exérçito al Piamonte con el marqués del Gasto por general, que ya quedaua muerto en Françia Antonio de Leyva, para rrecuperar las tierras del duque de Saboya qu'el françés le avía tomado.

Bengo al propósito. El Emperador en Françia entró entonçes con yntençión de destruylla y ocupar en ella todo lo que pudiese como de tierras de su enemigo; pero prinçipalmente (y si no prinçipal, a lo menos muy parexo y muy par a par con lo prinçipal) [27] por cumplir lo que avía dicho, y por ganar aquel pundonor con su contrario, qu'es el mayor que se / puede ganar en la miliçia. Y en la miliçia (quando ya está la persona en ella metida) es la mayor honrra que se puede ymaginar el conseguir lo que se pretende y hauer la vitoria que se desea; y ésta es bitoria (como si lo bençiese) esperar el enemigo en el campo señalado y no benir dentro del término a la batalla. De manera qu'el Carlos [28] estubo esperando al Françisco treynta días como quedó, y algunos de [29] más, y no luégo en la entrada de Françia, sino más de quarenta leguas dentro d'ella. Y hecho esto y ganado esta honrra (que lo fue grandísima), vistas las yncomodidades de su canpo, se tornó a salir de Françia y lo rreduxo sano y salbo en Ytalia. Todo lo qual he dicho por causa de muchos (que no entienden más que las generalidades de las cosas) a los quales les pareçe que fue de poco fruto y de poca ynportançia la entrada que hizo aquel año el Emperador por la Prohença (probinçia françesa), y que fue muy dañosa y costosa, y sin hefecto ninguno de lo que se pretendía; y es, a mi juiçio, la mayor jornada y más / sustançial de quantas el Emperador hiço (con hauer hecho tantas y tan sustançiales), y donde más honrra ganó y mayor rreputaçión, y la que más perpetuada es rrazón que quede entre todas las que hizo, y la que sus basallos en memoria de aquel benditísimo su señor más abían de çelebrar, mientras este nonbre de honrra militar durase entre los honbres. Que según lo beo encaminado por nuestros pecados, quando ellos se acabaren, que será el postrer día d'ellos y del mundo, se acauará estotro que digo de la miliçia.

Volbamos al Jobio y bamos discantando snbr'él algunos pasos que serán de contenplaçión, pero para contenpiar sus cosas. Y en [30] quanto a lo que dize, que por negoçiaçión de Antonio de Leyva se pasó el marqués de Saluzo a serbir al Enperador, y en otras partes d'esta su |Ystoria, continuando esto, dize asímesmo qu'el trato que se traya para haçello apartar de Françia, y lo que Antonio de Leyba le prometió hera de casallo con vna hija suya, y de hazer con el Emperador que le constituyese/ general en el Piamonte, digo que todos estos son engaños de Paulo Jobio y niñerías suyas. Porque la pasada del de Saluza de vna afiçión a otra y de vn seruiçio a otro lo causó la pendençia que hubo entr'este marqués Françisco, que así le llamaba, y el almirante de Françia, quando éste enbió al otro a desazer çiertos ytalianos qu'estaban en Mondibi, puestos de guarniçión por Antonio de Leyva. Porque como se rretiró el marqués sin hazer el efecto a que fue enbiado, sin querelle enbiar el almirante çiertos alemanes que le hauía pedido de socorro, vbieron palabras, y sobre lo que se pasó entre ambos fue neçesario bolber el Saluza a Françia, y de allí bolber otra vez al Piamonte con nuevas comisiones del rrey, a tiempo qu'el almirante se bolbía a la corte françesa, donde de tal manera discantó de las cosas del marqués, qu'el rrey enbió al Piamonte a que lo prendiesen. Y çierto, corríera rriesgo su vida y honrra, si no le avisaran secretamente; y entonçes, y no antes, començó a tratar con Antonio / de Leyva, porque no podía menos, si no hera abenturan do su persona. Y engáñase el Jobio en dezir que la gente d'este marqués no quiso seguille y que lo desanpararon, porque antes pasa así: que dende Coni se fue a su estado y allí dio quenta a todos sus soldados de su determinaçión y de las causas que le mobían a ello, y les dixo cómo le pareçía que todos se bolbiesen a seruir al rrey de Françia pues llebavan su sueldo (de los quales muchos heran françeses que no podían haçer otra cosa), y que pluguiese a Dios que no conoçiese mejor el rrey sus seruiçios d'ellos que avía conoçido los d'él, y así los despidiómuy graçiosamente y les dio a los prinçipale, preseas y otras joyas, como [10] suelen haçer las otras personas semejantes qu'el marqués en semejantes ocasiones, y allíestubo algunos días hasta que bino ha Haste, que fue a beinte y vno de junio, ya conçertado con Antonio de Leyva, no secreta sino púhlicamente. Y esto avnque lo hiçiera sin cama, lo pudiera haçer sin cometer fealdad ninguna (pues / él no hera vasallo de la corona de Françia), antes la cometía en seruille, siendo él feudatario del ynperio, y por consiguiente vasallo del Emperador. Avnqu'el vn seruiçio y el otro le duró poco, pues murió en el año siguiente, como por fuerça lo contará el Jobio, y nosotros tanbién, si fuere menester añadir algo sobr'él [31]. Y después de hauer bien enlodado al marqués, torna a dalle otra buelta en el hecho de Fosán, quando el señor Antonio lo ganó a musiur de la Paliza que lo guardaua, diziendo que por no prober este marqués al de Paliza, como le estaua mandado, de vastimentos, se abía rrendido. Todo lo qual es falso, y de bastimentos [32] no tenían neçesidad ninguna [33] los sitiados, síno de ánimo, y este manjar no se lo podía prober Saluza. Avnqu'es berdad que fueron bien batidos, y tomado primero el monesterio de la Anunçiaçión qu'está çerca de Fosán, que fue rraçonablemente defendido por los enemigos, y que ymportaua para más breue despacho de aquel negoçio. Pero con todo heso [34] se pudieran defender / mejor y mástiempo.

Y vengamos agora a la determinaçión qu'el Enperador tomó de entrar por Françia, si fue açertada o no, qu'esta materia trata el Jobio en el capítulo segundo d'este su libro. Y para esto finge a dos ytalianos tener contrario pareçer de vn español: que los vnos son el marqués del Gasto y don Hernando de Gonzaga, y el otro Antonio de Leyva; éste que tenía por pareçer determinado que entrase el Enperador por la parte que entró en Françia, y los otros que no lo hiçiese, sino que rrecuperase lo que los françeses avían tomado en el Piamonte. Y este pareçer aprueba nuestro Paulo, y el del de Leyba rreprueba. Y la causa de rreproballo no es porqu'éllo entiende, sino por el suçeso que tubo el negoçio, que avnque no tubo ninguno malo de los enemigos, no lo tubo bueno, pues se salió de Françia sin haçer hefeto ninguno. De manera qu'el Jobio, por falta de buenos suçesos, quiso caer en la deprecaçión, o sea maldiçión, del otro poeta que la hechó sobre que le faltasen / a él los suyos buenos, quando juzgase por el acaeçimiento de las cosas auer sido la eleçión d'ellas buena o mala. Yo, çierto (fingiendo agora de mí, solo para este paso y propósito, que tengo autoridad para poder hablar en esto) [35], si en mi mano estubiera, aviendo d'entrar en Françia (como por lo que dixe en este mesmo capítulo se abía d'entrar ya por fuerça estando la palabra del Carlos

[36] en medio), no entrara en aquella probinçia por donde se entró y [37] saliera de Ytalia a busear otra parte, no tanpoco muy desbiado d'ella (avnque todabía harto) [38], para entrar por aquel rreino y poder dañar más cómoda y más sazonadamente a mi enemigo. Que en verdad que por la parte que yo señalo [39], no sé después de tantas guerras y entradas como en Françia se an hecho, cómo no se a escogido en alguna d'ellas la frontera de Françia que yo digo, y que no [40] nonbro porque no ay ya para qué. Graçias sean dadas y infinitas [41] al poderoso Dios, que lo hordenó de arte que pudiésemos ber lo que vemos en / nuestros días, y juntamente vna esperanza con ello de no avella xamás de guerra entre aquella y nuestra probinçia.

Pero avn no es éste el punto del Jobio, sino si hera más açertado haçerse la guerra en el Piamonte y rrecuperar [42] lo que el françés allí abía ocupado al saboyano, o haçelle, [43] guerra al mesmo [44] françés en las entrañas de su tierra. Y diérame el ovispo de Nochera dos cosas: la vna qu'el Carlos [45] no parara en Asaes tan de propósito, ni quisiera tener por frontera a Aviñón donde el rrey avía benido a haçer el cuerpo de su defensa, sino que tomara por otro camino sin tener neçesidad de pasar al Rródano hasta pasallo por León, que yo sé bien quán pocos d'este nonbre hubiera para defendello, según el miedo que avía en Françia entonçes, que no por otra falta ninguna, y si [46] allegado allí y saqueada aquella çiudad (que fuera vno de los buenos sacos y que hiçiera más alegres y orgullosos del mundo a los soldados), si [47] pudieta pasar adelante y sienpre muy çercano a tierras ymperiales, / dende [48] que se biera en León para rreduçirse en saluo a ellas, quando el tiempo y la coyuntura lo pidiera. La otra es que no hubiera muerto la gente que murió, y que no hubiera dado las emfermedades que dio, para que durara aquel bigor en aquel solo cuerpo del exérçito, porque en singular [49] no faltaba a ninguno de los que andavan sanos, pero sin aquellos cuerpos de cada vno, tiene otro cuerpo el exérçito entero (qu'es el de que se ha de haçer caso), y quando éste está enfermo o padeçe otras faltas, haze poco al caso el valor de los particulares en particular. Y [50] si éste que yo digo no padeçiera las calamidades que padeçía, todavía sin enbargo del Rródano ni de Aviñón se sabe bien por los que entienden esta algarauía, dónde estubieran de aquella vez puestas las águilas rromanas y los castillos y leones d'España. Pero no hera obligado Antonio de Leyva (como el Jobio lo adivina agora después de aconteçido el caso) a adivinar las hanbres y pestilençias que Dios tenía guardadas para aquel exérçito, / y rreseruadas para sí que no se supiesen [51]. Avnque no niego, ni se puede negar, que la otra opinión (dexemos la palabra dada por el Enperador aparte de entrar en Françia) de no se ocupar en otra cosa sino en rrecuperar [52] lo del Piamonte, que abía y ay hartas rrazones para que se siguiera aquel parecer [53] así como el de la otra parte; y son cosas puestas en diferentes pareçeres y juiçios, que muchas vezes aconteçe no ser malas las vnas ni las otras y escogerse lo peor, no porque lo fue lo que se escogió en quanto al juiçio humano. Y en lo demás que nota al señor Antonio de arrogante, |es dicho de vn arrogante italiano [54] y de vn desconçertado juiçio. Y lo que más trata del [55], que se avía hechado sobre Antonio de Leyba, que abía de morir en Françia y ser enterrado en San Dionís de París, quando se hubiese ganado aquel rreyno (esto todo no mereçe otro nombre sino de niñería) [56] Y lo qu'el pobre Paulo [57] Jobio oya por ay a soldados y gente común, y quizá a menos gente qu'ésta, luégo le pareçió que venía / a propósito de su |Ystoria. En la qual pone tanbién que mobióal Emperador la entrada por la Proença çierto trato que Antonio de Leyba trata en Marsella; lo qual no puedo afirmar ni negar, porque no sé lo que pasa en este ne. goçio, avnqu'es berdad que se sospechaba. Lo que sé es qu'el qu'estaha dentro es berdadero françés y que con mucha lealtad a seruido siempre a la casa de Françia.

Pero antes que se nos baya Antonio de Leyva d'entre las manos, es bien que vengamos a lo que más dize nuestro autor (avnqu'él tanbién lo tiene por burla, que en esto no trato yo contra él, sino contra frančeses, no contra los de agora sino contra los d'entonçes), qu'es lo de la muerte de Françisco, Dolfín de Françia (o prínçipe como en España le llamamos) [58], que murió en aquella sazón y se creyó que avía muerto de yerhas y atormentado. Aquel ytaliano de qu'el Jobio haze menção confesó avérselas dado, y que se lo mandó Antonio de Leyva y don Hernando de Gonçaga, que avn nos dio la vida para en quanto al / Jobio hauer metido en esta ensalada tanbién al don Hernando, porque de otra manera quizá, si del señor Antonio solamente hobiera dicho, no dexara este negoçio tan rreprouado como lo dexó. Y dexado aparte qu'es así la verdad çertísima que acabado el pobre moço de jugar a la pelota, y estando sudando de pies a cabeça, bebió un Xarro de agua fría con que luégo (como a otros muchos de la mesma ocasión les [59] aconteçido) se sintió malo y le dio [60] muy gentiles calenturas que le despacharon d'esta vida [61], síno que [62] supiésemos çierto que muriese [63] de yeruas, pregunto: ¿a qué propósito ningún ynperial se las abía de mandar dar? Pues dexado aparte la maldad y abominaçión del negoçio, y de que España está tan línpia quanto naçión ay en el mundo (y oxalá tanto la estubiera la del Jobio) [64], no avía prínçipe, dexado su hijo aparte, que tanto amase el Emperador como a este hijo de su enemigo, porque se esperaua de su condiçión no sello el moço del Carlos, antes [65] se sabía que hera su [66] afiçionadísimo [67] y lo tenía como a padre, y no avía cosa / en esta vida que más desease que casar en España, ni que más aborreçiese que la guerra que su padre avía movido en el Piamonte. Y avía en este negoçio otrass ynteligençias, amores y cosas, que no ay ya para qué rreferillas, a lo menos en este lugar. Y porque se digan berdades (qu'éstas no se an de dexar de deçir, pese a el diablo, en la ystoria) [68] muerto este prínçipe Françisco, no se esperauan tan buenos deseos (digo de la paz ni de las [69] cosas ynperiales) en el Enrrique, si a él viniese (como bino después a parar) la suçesión del rreino; porque tenía otros bríos, como después lo mostró, y llebaua su balor por otro camino. Y es verdad que si se presumiera la muerte tenprana del Françísco, que tengo por averiguado que después de la vida del prínçipe don Felipe, que oy vienabenturadamente es Rrey Nuestro Señor y de las de sus hermanas, por ninguna vida entiendo que rrogara más a Dios el mesmo Carlos, y los españoles lo mesmo, digo los que están obligados a entender estas cosas, que por la vida del prínçipe françés que entonçes murió [70]. He dicho / todo esto [71] por causa de que en aquellos hartos años de después, no hiçieran creer en la corte françesa a muchos de aquella naçión (avnque confieso que tanbién avía otros no de tan baxo entendimiento) síno que avía, muerto con ponçoña y poc parte de ynperiales. Y d'esta opinión no les sacaran quantos avía en el mundo, y es tanta la çeguedad de aquella naçión (ya e sacado los de mexor juiçio) que [72] no solamente lo deçian, pero algunos lo escrebían y escribieron en sus libros y ystorias, y entr'ellos Guillermo Paradíno, con gran cargo de su conçiençia en dexar semejante cosa escrita perpetuaente [73]. Pero no me espantaré d'eserituras françeras quando [74] entonçes con plumas dulçes y sabrosas lo escribían [75] contra españoles, nombre ynfetísimo para ellos [76].

1 Add.: con más los apuntamientos necessarios sobre la Historia del Jovio.

2 Mut.: dotor.

3 Mut.: dende el tiempo y: desde.

4 Mut.: avían començado: començssen.

5 Mut.: los pasados del rrey ...: el rey de Françia, ni sus antepassados.

6 Del.: y vien digo notorio.

7 Del.: en este paso.

8 Mut.: El.

9 Del.: porque.

10 Mut.: y esta: La.

11 Mut.: Emperador.

12 Add.: rey.

13 Mut.: y tanbién avnque: bien.

14 Mut.: a.

15 Mut.: que abrá de...: mas.

16 Mut.: en banda: sin publicar.

17 Del.: en.

18 Del.: (porque no...).

19 Del.: moderno.

20 Add.: y.

21 Mut.: yngerido en: vnido con.

22 Add.: rey.

23 Mut.: pues.

24 Mut.: desde.

25 Mut.: nuestro Carlos: el Emperador.

26 Mut.: le estorbaran...: se lo estorbaran y por esto uvo de salir.

27 Del.: (y si no prinçipal...).

28 Mut.: Emperador.

29 Del.: de.

30 Del.: y en.

31 Del.: sobr'él.

32 Mut.: y de bastimentos: porque.

33 Add.: de bastimentos.

34 Mut.: esto.

35 Del.: (fingiendo agora...).

36 Mut.: Emperador.
37 Mut.: mas.
38 Mut.: parte no tanpoco...: no poco desbiada d'ella.
39 Del.: que por la...
40 Mut.: y que no: aunque no la.
41 Del.: y ynfinitas.
42 Mut.: recobrar.
43 Mut.: haçer.
44 Del.: mesmo.
45 Mut.: Emperador...
46 Del.: que no por...
47 Mut.: se.
48 Mut.: desde.
49 Mut.: particular.
50 Del.: en particular. Y.
51 Del.: y rreseruadas...
52 Mut.: recobrar.
53 Del.: aquel pareçer.
54 Mut.: lombardo.
55 Add.: juyzio.
56 Add.: y vanidad.
57 Del.: Paulo.
58 Del.: (o pclnçipe ...)...
59 Add.: ha.
60 Mut.: causó.
61 Del.: d'esta vida.
62 Mut.: sino que : Pero si ya.
63 Mut .: murió
64 Del .: (y oxala)
65 M t. que: ero Si ya. ut.: muno. e .: y oxa a... u., no sello el...: y aun.
66 Del.: su.
67 Add.: del Emperador.
68 Del.: (qu'éstas no...).
69 Mut.: digo de la paz ni de las: quantc a la paz y.

70 Mut.: y es verdad que si...: y es cosa cierta que nc solo a todos los españoles tenían noticia de lo que tengo dichol pero al mismo Emperador pessó que elDelfín di Francia muriese.

71 Transp.: Todo esto he dicho.

72 Mut.: eçaquellos hartos...: duró muchos años después en la corte de Francia esta opinión que el Delfín avía muerto de ponzoña y por parte de imperiales, la qual opinión no les pudiera sacar todo el mundo y.

73 Del.: perpetuamente.

74 Mut.: porque io escrivían.

75 Del.: lo escribían.

76 Del.: nonbre ynfestísimo para ellos.

Capítulo Treynta y Nueve

De lo que al Enperador suçedió estando con exérçito en Françia, y de las correrías que se hizieron, y de los pueblos que tomó, y de la hanbre y pestilençia de su exérçito, y de la defensa de Perona y toma de Hedín por françeses, y de la muerte de Ana de Bolén que se yntitulaba rreyna de Yngalaterra, y de cómo el Carlos se salió de Françia y se vino a Génova [1].

Vengamos agora (ya que a mi juiçio está aprouada la jornada de Françia) a ver y entender lo que se hizo en ella, y [2] no según el Jobio, sino según la berdad aconteçida [3]. Y para esto, entiéndase [4] (pues ay testigos hartos de bista d'ello) qu'el Emperador con sus exérçitos, así de tierra como de mar, tomó más de treynta villas y çiudades en Françia, y todas d'estima y sustançia, y en muchas de las quales se puso guarniçión d'españoles, avnque después, quando el Carlos [5] se salió de aquella prouinçia, no tubo neçeridad de más guardallas. Y qué pueblos ayan sido éstos, y, qué ynportançia el de cada vno, será largamente visto en los |Anales; que agora, como otras beçes he dicho, no soy obligado a más que irme por los pasos del Jobio [6]. Y vengamos a vno, el qual primero que se quente, es bien que se sepa cómo el Emperador entró entonçes poderosamente en aquella prouinçia (como el ovispo dize), pero herró en el número de la gente. Y [7] en esto para su propósito ni para el mío no ba mucho, pero balo en que dexa de contar para los que no an andado aquella / tierra ni saben aquella comarca, vna cosa muy ymportante para el pundonor (qu'es lo que solo se sacó de aquella jornada), y hera sauer quánto camino entró el Emperador por las tierras del rrey, hasta haçer su asiento en Asaes, çiudad rraçonable y bien prinçipal, y tanto, que ay allí vn parlamento (o a nuestro huso chançilleria), de ocho o diez que ay en Françia, donde estuvo el Carlos [8] esperando al Francisco [9] en aquel asiento y en otros de aquella probinçia, los días y tiempo qu'está dicho en el capítulo pasado, y hallarse a que dende Niça' qu'es del duque de Saboya y donde luégo entra Françia, hasta Asaes (avnque los españoles muy más adelamte corrieron), ay quarenta o más leguas españolas.

Pero bengamos a las particulares cosas [10] que en esta entrada por Françia pasaron. Y sea la primera la que apunté agora que nuestro Nochera quenta, qu'es la tomada de Bruñola por don Hernando de Gonçaga, que yva por superior de la gente que llebaba. El qual desbarató a los capitanes Montejián y Boysi, y a otros muchos que consigo llebavan. / Y quéntalo d'esta manera: que don Hernando deseaba mucho haçer correrías y qu'el Emperador casi que se lo ynpedía, y que al fin, siendo avisado de la gente que estaba en Bruñola, le dio liçençiaque fuese a deshaçella. Y es lo donoso que da a entender muy gentilmente que le pesaba d'esto Antonio de Leyva [11] y le plaçia al marqués del Gasto, y que animaba al don Hernando, como si fuera menester poner ánimo al deGonzaga, o como si ellos dos, marqués y don Hernando, ytalianos (que avn lo del vno no se lo conçederemos) [12], estubieran mal y en emulaçión del señor Antonio, a lo menos para podella entender el de Nochera. Y aquí toca Otra vez de arrogante al de Leyba y Otras gentileças como éstas, Y que se lo quería mandar todo; y bien pudiera, y |yo sé de los dos qu'él dize y pone en la otra valança' que no tenian por bituperio ni por desgusto ser gouernados d'él en la miliçia. Y allí yva otro español entonçes que a mostrado después al mundo, y antes tanbién, su pedaço de [13] aprouechamiento en estos casos de la guerra, y que / llevaua cargo tan preeminente como qualquiera d'ellos, que [14] no solo no se despreçiaba de ser hordenado en lo que hiçiese por el señor Antonio, pero para más mostrar su valor y obidiençia (que la obidiençia es valor espeçialmente en la guerra y materia de que tratamos), sin mandallo el mesmo Leyva, mandando algunas vezes [15] en aquella jornada [16] a sus honbres de harmas o a otros particulares soldados, cuando se ofreçia la coyuntura o probeyendo él [17] alguna cosa, lo rrefería a probisión del señor Antonio, y deçia qu'él lo mandaua, diziendo y [18] adbirtiendo que hiçiesen lo que les dezía porque lo mandava así Antonio de Leyva.

Pero no se nos baya Bruñola de las manos. Dize, pues, que salió Gouzaga del campo del Emperador a esta correría con çierta gente de cauallo y con vna legión de alemanes, y que yendo corriendo los cauallos, antes de llegar al pueblo donde estaban los françeses, tuvieron éstos notiçia de los otros. Y que biéndose con mucha gente, cauallos e ynfantes no se qllisieron / rretirar, y que dos capitanes, albaneses griegos, entraron delante en el pueblo. Y luégo enbió don Hernando nuevas bandas de cauallos que hiziesen espaldas a los demás y que, en fin, después de hauer llegado todos y los françeses asímesmo, habiendo dado la horden de la vatalla en el campo, çerraron los vnos con los otros y fueron los françeses vençidos con muerte de dos capitanes ytalianos qu'él aquínombra, V que para acabar la vitoria fue neçesario que allegase Valerio Hvrsino y Çantelmo, conde de Popoli, con lo qual acabó de ser desbaratada la ynfantería françesa. Y que a la postre fueron tomados en prisión Montején y Boisy, el vno por un cauallero ytaliano de Bresa, y luégo tras esto fue saqueada Bruñola. Y con esto [19] acaba el quento de aquella correría.

Y pregunto al lector de su corónica [20] si según esta sustançia qu'está verdaderamente rreferida, si [21], entenderá que en esta correría vbo español ninguno [22]; porque a mi pareçer, si no m'engaño, todo el negoçio [23] según su / rrelaçión y los que hiçieron el hecho, todos fueron ytalianos, y no se gana poco en que así lo crea el lector, porque si allí avía españoles como él pinta el negoçio, fueron [24] los más para poco | del mundo, porque todo lo corrieron, y todo lo pelearon, y todo lo prendieron los de la naçión de Paulo Jobio. Pero es esto [25] según su escritura, y no según la verdad de lo que pasó, la qual se contará agora a la letra, pues ay entre las naçiones d'Evropa que allí yvan, hartos que son bibos y lo bieron, y no abía |yo de ser tan desbergonçado (como otros) [26] que en este tiempo osase afirmar lo que no abía pasado. Pues pasa [27] así: que don Hernando lleuó a esta jornada seis çientos cauallos, los más d'ellos españoles y los menos ytalianos, y nonbraré particularmente los vnos y los otros, para que se vea si soy |yo o el Jobio el que anda desatinado. Los españoles fueron los capitanes don Sancho de Leyva, Bega, Rrosales, Arze, Juan Yváñez, Moreno y la conpañía de Françisco / de Prado, que no yva él con ella sino su teniente. Los ytalianos capitanes fueron: el conde de Populo, el marqués de Ansise, Vfredo y otros dos o tres cuyos nonbres no tengo al presente en la memoria. Y el hecho pasó d'esta manera: qu'estando ya a dos millas de Bruñola, envió don Hernando a don Sancho de Leyva por superior, con otros capitanes españoles que corriesen y entrasen por los burgos de Bruñola y encomençasen la pelea, y envió otros que corriesen la canpaña alrrededor del pueblo, porque si los frančeses saliesen a ella para tomar la montaña no lo pudiesen hačer. Y así españoles comencaron la contienda y la mediaron y acabaron, hačiendo perder a los frančeses los burgos y salir fuera del lugar, donde Sanpedro, corço, capitán bien conočido, puso en horden la ynfantería, como el Jobio quenta, y avn de tal manera salió del lugar a ponella, que llevaua prisionero al conde de Populo, en quien haze el Jobio quenta que se rrematό / la vitoria. Sino que allegó luégo don Hernando con los demás cauallos por la canpaña y todos, los vnos y los otros, acabaron de rronper a cauallos e ynfantes frančeses y libertar al Conde, y catibar a los que quedaron bibos, que fueron todos los enemigos sin escaparse sino siete solos, de más de mili y trezientos que heran. Y luégo fue el lugar saqueado como el Jobio lo dize. La qual rrota frančesa pasó vn [28] viernes por la mañana, a los quatro de agosto de aquel año de treynta y seis; que preguntalle al Jobio por estos días y por las particularidades es escusado.

Y así bolbió el [29] Gonçaga y su gente vitoriosos al campo, el qual con su Emperador caminó [30] hasta Asaes, qu'es la çiudad qu'está dicha, y dende allí tomó el Carlos vn pedaço [31] de su exérçito y fue a dar vna [32] vista a Marsella. Y luego [33] después de considerada y bien vista, se bolbió a su puesto. Y espántase el Jobio, o dize que s'espantaron todos, no sabiendo ni pudiendo entender la causa por qué se avía / presentado delante de aquella çiudad. A lo qual le rrespondo que sí es berdad lo qu'él apunta en otros capítulos antes de la entrada de Françia, que Antonio de Leyva traya trato en Marsella, que sería su yda a entender la comodidad del trato. Pero avunque nada d'esto no hubiera, claro está que fue la causa de querella ver nuestro prínçipe, y ber [34] por sus ojos vna çiudad tan nombrada por fuerte e ynespunable, para con aquello que biese [35], conformarse con lo que debría de [36] hazer para sitiada o no. Porque antes d'esto [37], lleuar el exérçito a ella [38] a çercalla en forma y de propósito, hera temeridad hazello, perdiéndose todavía vn poco de punto, y no tan poco, mas de otro punto (que no más cantidad), si después se levantaua el sitio sin tomalla [39]. Y a esto, entiendo yo entendieron otros, que fue la ida del Emperador: a que Marsella le biese. Después de lo qual començáronse [40] a haçer por todo aquel territorio tantas correrías y tan sustançiales, que no ay para qué escrebillas, pues el Jobio no quiso haçello / porque heran hechas toda [41] la mayor parte d'ellas por españoles, hasta que cargaron las hanbres. Y éstas no bastaran, con ser la mayor pestilençia de los exérçitos, para no pasar adelante, si no sobrebiniera luégo la otra segunda de las enfermedades, que de la manera qu'éstas fueron, fue verdaderamente [42] pestilençia, y así se puedellamarr. Y más en la generalidad que comprehendió por todo el canpo, con la muerte sobre todo del que lo gouernaba, el qual antes de su muerte dexó dado por pareçer a su amo [43] que se saliese de Françia, pues ya avía cunplido con lo que hera obligado. Y el pareçer que pone nuestro lonbardo auctor [44] del marqués del Gasto para que sinembargo d'estas dificultades se pase adelante con la guerra, yo no lo sé si lo dio, pero sé que las rraçones que da aquí el Jobio para ello son muy flacas, y que si el del Gasto tubo esta opinión, que devió de dar otras más sufiçientes, avnque yo no sé ningunas que lo fuesen para semejante pareçer.

En fin, el Carlos [45] determinó / de salirse de aquella probinçia como lo hizo. Y dize el Jobio muy sin enpacho, que poco antes qu'el Emperador partiese de Asaes, bino Juan Pablo de Cherri con vna gruesa vanda de cauallos ytalianos y frànçeses y con ynfantería, y que pasando el rrío de Durença' se le ofreçió ocasión para haçer algún daño en los ymperiales que andavan esparçidos Y lo que pasa en esto es (para que se bea lo qu'este hombre quenta por daño, y qué materias escribe por caudalosas y sustançiales) qu'este capitán Cherri, hijo del ualeroso Rrençio (y el hijo lo fue harto), con çiertas bandas de caballos e ynfantes, pasó aquel rrío ya dicho y quemó vnos molinos que allí avía, y mató vnos doze soldados que alli estaban moliendo trigo, y prendió otros no sé quántos -lo qual pasó a veinte y nueve de agosto y tornó luégo a pasarse de la otra banda del agua y boluerse Aviñón; avnque ya el rrey con la masa de su exérçito, si no me engaño, se avía açercado a Caballón y / hera no açcrcarse según todavía querría estar desbiada del campo del Emperador. Y aquí se buelbe nuestro obispo contra el rrey de Françia, en esta rretirada, en no aver seguido en ella [46] a los ynperiales y haçelles todo el daño posible y decir [47] que el mesmo rrey le dixo después las causas que en su capítulo pone para no avello hecho. Y sé yo otra mayor, sin aquellas, y es que, avnque lo prouara, no hiçiera hefecto ninguno, y quiçá aventurara lo que no pensaua en ello. Porque la rretaguarda, sinenvargo dem las hanbres y enfermedades, fue sienpre muy fuerte, y todo yva tan apreçevido [48] sin hauer descuydo ningún día en cosa ninguna [49], que se ganara poco en ir siguiendo a los ynperiales.

Pero antes qu'el Carlos [50] salga de Françia, es menester de [51] dar quenta de otras dos guerras de que la da el Jobio (porque de la terçera que tanbién pasó en este tiempo, que fue la de Génoua, el auctor / la contó fielmente). La vna es la que pasó en el Piamonte, y la otra la que suçedió en Picardía y en el çerco de Perona. Quanto a la primera, el Enperador quando quiso entrar por Françia dexó en el Piamonte vna rrazonable copia de gente con dos marqueses que la gouernasen, que fueron el de Mariñano y el de Saluza. Dize, pues, nuestro nobocomo [52] que Marco Antonio Cusán, ytaliano, coronel de Françia, siendo enviado dende Turín a conbatir a Saviñán, y aviendo quemado una yglesia qu'estaua fuera (poco eçelente hecho para ytaliano), que trabó la vatalla con los ynperiales que vinieron al enquentro y los rrompió, y a Escalengo su coronel con ellos. Y que en mitad de la vitoria le dieron vn arcabuzazo al Cusán, de que murió Y dexado aparte qu'él hierra en el lugar donde pasóla contienda, / calló como diestro (si no contar la verdad es destreza en ystoria) [53] la falta de sus ytalianos de [54] aquel día. Y si no es falta, sea sobra de traición [55], porque de ocho banderas de ytalíanos que tenía el Escalengo consigo, y estando ya puestos a punto los vnos y los otros para arremeter, se pasaron de los ocho los çinco alférez [56] con sus compañías gritando: ¡Françia!, ¡Françia!, a los enemigos. Y avn los tres alferes [57] leales que quedaron corrieron harto peligro: el vno se escapó a uña de cauallo, y el otro salió mal herido, y el terçero su bandera hecha pedazos. Y a ésta, muy sin pena [58], llama vitoria el Jobio; y con todo eso no hubo hesas señales de vitoria qu'éste nuestro autor quenta, sino los vnos y los otros se rretiraron con poca pérdida de anvas partes, si no es al pareçer que suele engrandecer estos negocios cuansole pareçe.

Y en lo que toca a lo de perona y Picar-/día yo tengo poco qué deçir, porque asímesmo sé poco lo que allí pasó, más de saber que no se tomó Perona, avnque la çercó el conde Nasao. Pero [59] sé bien çierto, de personas que allí se hallaron, que no fue tan valiente la defensa como fue rruyn el conbate, avnque no por falta de general, sino de su gente, porque tuvieron la mejor batería que jamás casi [60] se vido, y en las arremetidas y vatallas se vbieron floxamente, y así se lehantó el sitio. Y no sé a qué propósito Dama a Floraoje (que tenía a cargo el pueblo) Gran Mariscal, porque en Françia no ay este nonbre de mayoría en los mariscales, avnqu'es el cargo dignísimo y de grande autoridad en aquella probinçia, y son quatro en todo aquel rreyno, personas de grande calidad, por ser el cargo muy preminente. Lo qual ya se va perdiendo en Castilla, y no sé por qué, si no es por ir corron- / piendo y tener en poco todas las cosas, por buscar otras mayores. Y ésta de que tratamos lo es muy grande, dende [61] que ay esta digoidad de Mariscal en nuestra probinçia, qu'es dende qu'el rrey don Enrrique, que llaman el Bastardo [62], rreynó en ella. Que como vino ayudado de Françia para litigar con su hermano, truxo de allá algunas dignidades, y entre otras ésta, para ynstituyllas en su rreyno, quando ya fue suyo, como las ynstituyó.

Y en lo que más dize el Jobio en este capítulo, qu'es el nobeno, que vn conde de Vermandoys que prendió en esta Perona a un rrey de Françia y lo tubo así hasta que murió en la prisión, no sé por quién lo dize, y creo que alega ystoria falsa, porque en Perona no sé ningún rrey que aya estado preso, si no es el onçeno Luduvico quando lo detuvo allí el conde Carlos, que después fue duque de Vorgoña, y de nuestro Emperador bisagüelo, / y esto fue solos dos o tres días, y ésta no se pudo llamar prisión sino vn forçalle a complir lo que avía con él [63] puesto, como lo leemos en las ystorias françesas y vorgoñonas. [Av]nque como voy tan [de] priessa no tengo espaçio para mi[r]allo en Rroberto [?] angui... o, o en Paulo Emilio que nos lo dixeran, [y] así no afirmo ni contradigo en esto al Jovio. Y en lo que dize en el capítulo dézimo, que después de todo esto, libre ya el rrey del miedo pasado, que fue con su [64] exérçito que tenía aparexado y tomó a Hedín, dize la berdad; porque la gente borgoñona que allí estaba de guarniçión se defendió muy mal, y no tenían neçesidad ninguna del socorro qu'el Jobio dize que les faltó, sin sauer lo que se dize, porqu'el pueblo hera fuerte y avía en él vastimentos y muniçiones conbinientemente, y la batcrfa de los enemigos muy rruyn, faltándoles solamente el ánimo a los sitiados.

Y concluye al fin nuestro autor su libro con la muerte de Ana de Volén, rreyna que llamavan de Yngalaterra, el qual caso pasa todo a la letra / como él lo quenta, mandando matar el rrey a su mugcr, y primero al cardenal eboraçense (justo castigo de Dios) que fue el autor de todas estas maldades, haçiendo desbariar a este rrey Enrrique. Pero así como ésta fue justa muerte, fue ynjustisima la de los nuevos mártires de la Yglesia Católica, Tomás Moro y el ovispo rrofense, a los quales nuestro autor haze, al vno, qu'es al Moro, secretario del rrey, y al rrofense cardenal, y es menester entender de cada vno vna palabra. Quanto al Moro, no era secretario, como él lo llama. Los cargos que tuvo, dichos así suzintamente fueron: del Consejo primero, y después thesorero, y vltimamente tuvo el mayor cargo que ay en Yngalaterra que fue chanziller de aquel rreyno. Y éste dexó él de su voluntad, o se lo hiçieron dexar contra la suya, teniéndole ya por sospechoso, y que fauoreçía a las cosas de la Yglesia y a la ovidiençia / del Summo Pontifiçe, la qual nuevamente se la avía quitado [65] en aquel rreyno. Y en quanto al ovispo, lo que pasa es qu'estando ya avía muchos días preso, teniéndole el nuevo hereje así, por la causa de [66] que deçía y confesava la ovidiençia del Papa, el nuebo electo que fue Paulo terçio, sabiendo su prisión, le enbió el capelo desde Rroma a la cárçel de Yngalaterra, que fue ocasión para que luégo se açelerase su muerte, la qual fue luégo hexecutada en su persona [67].

Y tornando a la rretirada del Emperador de Françia (donde se nos quebró el hilo), digo que así como el bendito Carlos [68] entró triunfante en aquella probinçia, salió d'ella de la mesma manera, sin rreçibir molestia ninguna. Y allegado a Génoba después de despachadas allí, y avn antes [69], algunas cosas, y entr'ellas elegido por capitán general para Milán y para la guerra del Piamonte al/marqués del Gasto, y hauiéndole mandado entregar la gente, visto que avía cunplido con su onor y con lo que al rrey de Françia avía prometido y lo que el mesmo rrey avía demostrado desear sin deseallo, según después pareçió, se envarcó en las galeras y se bolbió a España.

1 Add.: con los apuntamientos necessarios sobre la Historia del Jovio.

2 Mut.: ya que a mi juiçio ...: a entender lo que se hizo en aquella entrada de Françia, pues ya la dejamosaprobada, y esto...

3 Del.: aconteçida.

4 Mut.: es de saber.

5 Mut.: Emperador.

6 Del.: que agora...

7 Mut.: avnque.

8 Mut.: Emperador.

9 Mut.: rey de Francia.

10 Transp.: cosas particulares.

11 Mut.: Antonio de Ley-va: al señor Antonio.

12 Del.: ytalianos (que avn...).

13 Mut.: pe-daço...: valor y.

14 Mut.: el qual.

15 Mut.: y materia de que...: mas quando.

16 Add.: mandaba algo.

17 Del.: él. - ...

18 Del.: y deçía qu'él

19 Mut.: con esto: as sí.

20 Mut.: su corónica: la çorónica joviana.

21 Del.: si.

22 Mut.: alguno.

23 Del.: si no me...

24 Transp.: fueron como él pinta el negoçio.

25 Transp.: esto es.

26 Del.: (como otros).

27 Mut.: abía pasado. Pues pasa: passó. Es.

28 Del.: vn.

29 Del.: el.

30 Mut.: el qual...: y caminó con el Em-perador.

31 Mut.: Carlos vn pedaço: Emperador vna parte.

32 Del.: vna.

33 Del.: luégo.

34 Mut.: de querella...: querer ver.

35 Del.: con aquello que biese.

36 Del.: de.

37 Mut.: d'esto: de hazer esto fue-ra temeridad.

38 Del.: a ella.

39 Del.: hera temeridad...
40 Mut.: se començaron.
41 Mut.: todas o.
42 Transp.: verdaderamente fue.
43 Mut.: Majestad.
44 Del.: auctor.
45 Mut.: Emperador.
46 Del.: en ella.
47 Mut.: aun dize.
48 Mut.: aperçevido.
49 Del.: ninguna.
50 Mut.: Emperador.
51 Del.: de.
52 Mut.: Jovio.
53 Mut.: (si no contar...) : en no dezir verdad.
54 Del.: de. -,
55 Del.: y si no es fal-ta...
56 Mut.: alféreces.
57 Mut.: alférezes.
58 Del.: muy sin pe-na.
59 Mut.: y.
60 Transp.: casi jamás.
61 Mut.: desde.
62 Mut.: viejo.
63 Transp.: con él avía.
64 Mut.: el.
65 Transp.: se la avía quitado nuevamente.
66 Mut.: la causa de: causa.
67 Del.: la qual fue luégo...
68 Mut.: Emperador.
69 Del.: y avn antes.

Capítulo Quarenta

De dos jornadas que hizo el turco defendiéndose y ofendiendo, la vna en la provinçia de la Posega de Vngría, y la otra vinieodo en persona por mar y tierra contra Ytalia y de las cossas que en cada jornada d'éstas suçedieron [1].

Poco nos deternemos en el libro treynta y seis de nuestro autor, porque solamente trata en él de enpresas del turco, y en ellas, por hauer acertado [2] mejor que en otras cosas, las escribió no mal sino açertadamente [3]. Y avnque tratan [4] de muchas acontecidas [5] en aquel año (que avnqu'él no lo dize [6] fue el de treynta y siete y parte del de treinta y seis), solamente [7] pornemos pocas enmiendas, y hesas livianas [8], / en dos maneras de guerras qu'escribe que hizo el turco entonçes: la vna acometiendo a Ytalia, y la otra defendiendo a la Posega, probinçia en Vngría. Porque lo demás que quenta tanvién [9], de hauer acometido en estos mesmos tiempos a la Yndia y contrataçión qu'el rrey de Portugal tiene (con gran gloria suya) en el oriente, yo no tengo rrazón de lo que allí pasó, para podella dar, ni entender [10] si erró o no [11] nuestro Jobio en el quento d'ello, más de que sé a bulto y generalmente, como es notorio y [12] saven todos [13] que los portugueses en defensa de su çiudad de Dío y de las demás cosas de que fueron acometidos, se defendieron s valerosamente y ganaron grande honrra en su defensa coo los bárbaros, y hiçieron otras muchas eçelençias con que dieron grande estima de su naçión, como sienpre la an tenido.

Pero bolbiendo a las dos empresas que he dicho, esla primera [14] la qu'el Gran Turco quiso tomar aquel año qu'está / contado [15] de venir [16] sobre Ytalia, y de benir él en persona [17]. Y assí truxo grande armada de mar, con sus generales Barbarroxa y el de Galípoli, y [18] viniendo él por tierra, con aquella multitud de ynfedilidad con que suele venir a semejantes jornadas. Y así allegó hasta la Beloña, frontero de Ytalia, y sus galeras pasaron a Otranto y corrieron aquella costa, sin haçer cosa más notable de tomar a Castro, pueblo de aquella rribera, y lleuarse la gente d'él sinenbargo de averles asegurado, quando se le rrindieron, que no les llevarían catibos. Y en este comedio se desavinieron beneçianos y turcos por no auerse saludado çiertas galeras que se toparon con otras, acometiendo las christianas a las ynfieles, de adonde rresultó rromperse las antiguas treguas d'entre Veneçia y Turquía, y detenellas Solimano por rrotas. Y así mesmo, en esta coyuntura, Andrea Doria / con el armada ynperial andando buscando ocasión para haçer algún buen hecho en el armada turquesca, se topó con çiertas galeras de las de los turcos, y peleando con ellas y [19] muy bien, los vnos y los otros, el de Oria huvo la vitoria y tomó las galeras, con grande mortandad de los enemigos. Y en esta jornada asímesmo s'escapó el Gran Turco de vn gran desastre que restaua aparejado, de querello matar vnos zimeriotos, hasta llegar çerca de su pabellón. Y los acometedores d'esta terrible hazaña heran solos tres, que fueron por causa del vno sentidos; y tomado aquél y atormentado, y después hecho pedazos, escapó el bárbaro emperador de aquel peligro. El qual, teniendo ya grande odio a veneçianos, hizo que pasase Var barroja a Corfú, a ver si la podía lleuar de buelo, y no pudiéndolo baçer (después de tenella alguno! días sitia. da y no pudiéndola/tomar), rrouando la canpaña llevó de las aldeas de aquella ysla grande cantidad de eautivos, y se boluió donde estaba su amo, el qual sin haçer más hefecto, se bolbió a Costantinopla. Y avnqu'el Jobio, en el prinçipio de la narraçión d'esta ystoria, no dexa de contar cómo musiur de Fiores', envaxador del rrey de Françia estaba en Costantinopla, y da a entender el propósito para que estaua en aquella bárbara corte, pero dízelo muy al oydo, sin que se pueda entender de su ystoria lo que agora se dirá.

Es, pues, el caso que Antonio Rrincón, del qual adelante en esta ystoria se hará por fuerça mençión, bera envaxador hordinario del rrey de Françia en Costantinopla; que quando no ay negoçios particulares o ocasión de alguna cosa aconteçida, viene muy a propósito el tener negoçios cotidianos vn prínçipe chrisriano con vn ynfie [20]. Y estando así este embaxador en Tur- / quía envió otro particular el mesmo françés, qu'es Alfiorest, para solamente persuadille el Christianísimo (que así se yntitulan, como es notorio, los rreyes de Françia) [21] al Ynfidilísimo que pasase aquel año a molestar el rreyno de Nápoles por aquella parte de la Pulla, y así se hizo Y de qué manera vn prínçipe católico puede aprouecharse de vn ynfiel, para contra otro asímesmno [22] católieo en defensa suya, y no para ofender por otra parte sino por donde estuviere la guerra, y esto con [23] muchas limitaçiones que se contarán; otra será la parte y otro será el libro donde [24] se tratarán largamente. Pero no puedo dexar de gustar en este paso del Jobio, y de la Ysroria Pontifical asímesmo, que en amvos libros veo muy creydo por los autores d'ellos [25], qu'el Habrayn Vaxá, antes qu'el turco le matase, defendía mucho el hazer guerra a christianos. Cosa rridiculosa [26], porque en vida / de Habrayn y después d'él muerto, nunca dexó el Gran Turco de hazer guerra bordinaria a la christiandad, y conforme a su preçeto d'ellos (y si no es preçeto es costunbre antigua que tiene ya la misma fuerça), de tres en tres años (a lo menos) a de salir exérçito turquesco en canpaña contra los de agena ley. Y así, dende [27] qu'este turco Solimano heredó, que fue el año de veynte, lo hizo; y conforme a ello, el año veynte y vno bino y tomó a Belgrado; y el siguiente de veynte y dos y comienzo de veynte y tres, tomó a Rrodas; y el beinte y seis adelante, rrebolbió otra vez sobre Vngría y la tomó y mató al rrey d'ella; y el de beynte y nueve adelante, sobre Avstria y çercó a Viena; y el de treynta y dos más adelante, vino poderoso a las mesmas probinçias, quando el Enpera. dor le salió al enquentro y le ahuyentó. Y el de treynta y quatro siguiente, sinenvargo d'él estar ocupado en la guerra del Sofi que le / dava priesa, envió a Barbarroxa contra christianos y ginoueses espeçialmente, avnque no les acometió, lo qual le eostó al Habraín la vida, para que hecho esto pasase a Túnez; y en este tiempo fue la mllerte de Habrayn. Y no sé yo, y querría que me lo dixesen estos autores, pues esto es así y lo bimos, qué guerras fueron las que Habraín quitó y disuadió al turco para que no las hiçiese contra la christiandad; que las de allí adelante tanbién las hiremos biendo en esta escritura y en la del Jobio, para que se bea quán engañados biben los que han escrito la buena yntençión de Habrayn çerca de lo qu'está dicho. Que en lo demás, tocante a su vida moral, él hera vn honbre birtuoso, amigo de su palabra y de su honrra (cosa nueva para bárbaro), enemigo de ynjustiçias y sinrraçones, con otras cosas muchas buenas semejantes a éstas. Y quiero que sepan los avtores ya contados (qu'el no saver esto no es ynjuria / que se haze a su doctrina y a la eçelençia de sus letras), que tienen por más sancta guerra los turcos (hablo rregularmente sin deçender a casos espeçiales que justífiquen o no la guerra) la que se haçe eontra los sofistas [28] y persianos, que la que se haze contra la christiandad, avnque tenga ésta, como la tiene tamvién [29], por santísima. Así como nosotros también [30], conforme aquella sentençia católica, tenemos qu'es mejor no aver conoçido el buen camino, que después de avello conoçido apostatallo [31] y apartarse d'él; y por más açertado el castigo y guerra que se haçe a los herejes, qu'el que se baze contra los ynfieles puros [32]. Y así, avnque los de Persia y el Sofi guarden y biban debaxo del Alcorán de Mahoma, es con çiertas ynteligençias y nobedades que çerca [33] de los turcos lo hazen, y tienen [34] por herrejes en aquella suprestiçión [35]. Y mírese el odio que [36] tiene el católico al luterano, más [37] que al moro, / y [38] hese mesmo tiene el turco al de Persia, más que al ehristiano.

Pero dexado d'esto, digo qu'en lo qu'el Jobio más dize, que çiertas galeras beneçianas toparon con otras de turcos, y que por no haçer éstas la salba a las otras se trauó la pendençia y se abrió con aquello la d'entre veneçianos y turcos, digo que no fueron galeras, como el Jobio dize, sino sola vna, la acometida por Alexandro Contareno, y esto no bastara para abrir la guerra entre Solimán y la Señoría veneçiana, si no suçediera el caso de Janus Dragomán, de que tanbién el mesmo Jobio haze minçión, con que se acabó de rromper todo el negoçio.

Y en lo que más dize nuestro ovispo de Nochera, y lo mesmo el doctor Yllescas, que se encontró el príncipe Doria con çiertas galeras turquescas, y que las bençió y vbo vna rreñida vatalla, dizen la verdad, y dizen los mesmos asímesmo que heran doze solas. En esto se engañaron [39] en el número, porque heran diez y siete, eçepto / que las çinco no pelearon, que veuian en rretaguarda, y sin allegar [40] a la pelea se rretiraron d'él, avnque después dieron sus desculpas a Varuarroxa (que no sé yo si fueron justas). Pero las doçe que quedaron en la contienda pelearon tan bien, que las que se huyeron devieron de dar poder a las que quedaron para que peleasen por todas diez y siete, porque se defendieron maravillosamente, y hizieron todo lo que conbenía a vnos esforzados bárbaros, avnque peleavan con treynta y çinco galeras. Y no solamente hubo ventaja en el número (qu'ésta no más pone el Jobio), pero tanbién la tuvieron los christianos en otras muchas cosas, eomo fue en tener ya abiso los católicos [41] de los ynfieles, y abellos descubierto a prima noche antes, y los otros no a ellos. y tanvién como fue [42] ser de noche la vatalla, porque se començó dos oras antes que amaneçiese, y traer faroles, aunque de diuersa / manera, las galeras de los turcos, y no lleuar ningunos las de los christianos, ni la del general tanpoco, de astuçia, para que no fuesen vistos, como no lo fueron, hasta dar sobr'él los enemigos. Que aquel rrebato tan rrepentino y tan sin poder volber sobre sí (sino qu'el mesmo rrebato es el comienço de la pelea) [43], haze mucho al caso en las batallas, y avn en las contiendas particulares de persona a persona, avnque mucho más en lo primero [44].

Y en lo que toca a la conjuraçión hecha contra Solimán por los tres de Zimera, sin poner los avtores que e dicho otra causa para ello sino la voluntad de aquella rrústiea gente, tanvién es engaño, porque la eausa que les mobió para acometer aquella estrañidad [45], fue queya antes d'esto, el turco avía enbdo vn Sanjaco con mucha cantidad de gente a haçer guerra en aquellas montañas, contra toda aquella nación, como contra salteadores y enemigos del género / humano. Y en ella no avía [46] beinte días [47] los turcos avian muerto al [48] Da mián (que asi se llamó [49] el que tomaron en el hurto y aquartizaron) [50] tres hermanos [51], y le abian arruinado asímesmo otra gente de su parentela, cuya lástima y dolor le mobió a lo que quiso haçer. Pero es beldad que tomando d'esto el turco nueva ocasión, tornó a enbiar más gente contra aquel villanaxe y rrustizidad [52], y les mataron por esta causa muy más de propósito grande cantidad de aquella canalla. Y conclúyase este negoçio d'esta jornada turquesca, con que lo que quenta el Jobio, de que los cativos de Castro que los hizo bolber todos Solimán libres a su territorio, y que castigó a los quebrantadores de la palabra turquesca, que no pasa así, porque el castigo no fue el qu'él quenta, y quanto al bolber de los cautibos, no bolbieron todos. Y allá ynfidamente [53] se quedaron con mucha parte d'ellos, y de los que volbieron tampoco se deue/toda la gloria d'ello (si es gloria cunplir vno su palabra) [54] al turco, porque muchos d'estos Castriños los [55] tomó Andrea Doria a diez y siete de agosto de aquel año, en dos nauíos cargado de muniçiones de guerra, que pasada la desdicha de Castro, se bolbían tras su [56] Babuarroxa. Y esto es lo que ay que añadir en lo que toca aquella jornada, que fue tan temida y tan nonbrada y de tan poco hefecto, pues acauado [57] sin hazer ninguno contra Corfú, tanpoco como [58] contraYtalia, se bolbió el turco a su [59] Costantinopla.

Pero fuera vien que siquiera para dulçorar [60] esta entrada del turco y estas jornadas suyas en que gastó todo su libro, que pusiera lo que en este mesmo tiempo acon teçió en Niça a dozientos españoles con quatrozientos turcos que saltaron de ocho galeras en que venían / a rrobar la canpaña de aquel pueblo y a vn monesterio de frayles que está junto a la muralla, donde

[61] vna noche, savido por [62] los españoles que allí estavan de guarnición, la desenbarcada de los turcos, salieron la cantidad d'ellos que he dicho con su maestro de campo y capitán, Juan de Vargas, que allí avia quedado dende [63] qu'el Emperador salió de Françia, y dio en los ynfieles y los desbarató, y mató çincuenta y tantos, y catibó los demás, eçecto los que se pudieron huyr a la montaña, porque les abían ya tomado la marina por [64] que nn se embareasen; aunqu'éstos tamvién binieron a sus manos, sin que se pudiese después tornar a los navíos ninguno. Pero bien sé que a- / viendo pasado este negoçio por manos españolas, que avía de tener atadas las suyas el Jobio para no escrevillo ni haçer memoria d'ello [65], con ser rramo y dependençia de la guerra turquesca que a contado de aquel año de treynta y siete, porqu'estos navíos que aportaron a Niça se apartaron y derrotaron del armada a buscar sus abenturas, y según otros para traer çiertas cartas y rrecaudos a Françia.

Pero bengamos (pues me cupo mi suerte litigar con el Jobio que mereçía otro eompetidor más ynstruto que yo) [66] a la segunda guerra que pasó contra los mesmos turcos en Vngría, qu'es vna de las que más berdaderamente él escribió. Dize, pues, qu'este mesmo año qu'estácontado, viendo / el rrey don Hernando las correrías que le hazían los turcos dende la probinçia de Posega, la qual dize que rreseruó el turco para sí dende [67] la primcra vez que entró en Vngría; las quales haçian sinenvargo de çiertas treguas, porqu'es costunbre entre vngaros y turcos escaramuzar Y correr la canpaña, inemvargo d'ellas, por no entenderse aquellas [68] sino de exérçito en exérçito, que determinó de [69] enviar a ocupar aquella probinçia, y que así juntó de diuersas naçiones, alemanes, boemios, y de los de Avstria, y vnos pocos ytalianos, hasta diez y seis mili ynfantes y ocho mili cavallos. Y enbió por general d'este exérçito a Juan Cançianer, honbre no nada / diestro para aquel ofiçio, y que no fue el mesmo [70] rrey en persona a esta guerra, porque siguiendo vna costunbre no para rreprouar [71], solía por consejo de sus priuados y por secretos rrespectos suyos, no meterse en los peligros de las guerras y vatallas, prinçipalmente contra turcos, de quien muchos rreyes de Evropa, rrompidos sus exérçitos, an sido muertos en tiempos pasados. Y que así, no por miedo, sino movido de fatal ynfortunio de los prInçipes dichos, envió su capitán a esta jornada y se quedó él sin yr a ella, llevando por comisión aquella gente de yr a la prouinçia de Posega ya contada, y çercar y tomar a la çiudad de Exequio, qu'es la más fuerte de aquella prouinçia, y grande en cantidad de diez y seis mili vezinos. / Y después de otras cosas muchas que quenta en prosecuçión d'esto, hasta llegar a Exequio, dize eómo Mahometo, Sanxaco de aquella provinçia de Posega, determinó de meterse en el pueblo y esperar dentro en él a los ehristianos con gente vastante que metióde guarmiçión dentro [72], porque escribe qu'el Gran Turco, su amo, se lo avia así mandado, y que no pelease en canpaña con aperçebimiento que le costaria la vida de otra manera. Y dize asímesmo cómo salieron los báruaros a escaramuçar, y dize tanvién cómo esta escaramuza [73] fue notable, y que en ella huyeron los boemios y pelearon valerosamente los ytalianos (qu'esto ya se estaba claro siendo él el que lo escribía) [74], después de todo lo qual / quenta cómo los christianos levantaron el sitio por falta de vastimentos y hanbre que padeçían, y que en esta rretirada salió el Sanjaco con la gente que tenia, y que fue molestando los christianos, hasta que vna noche, diez millas de Valponio, tierra ya de christianos, su general Cançianer los desanparó y huyó, y otros muchos con él. Y venida la mañana, y visto los ynf, eles el desconçierto de los cbristianos, dieron sobr'ellos y los acabaron de desbaratar y matar, eativando a los que quisieron tomar vibos. Y entre los muertos fue el capitán Ludivico de Lodrón, persona notable, y que aviendo desanparado el Cançianer su campo, avía tomado el de Ladrón cuydado d'él; y ternélo yo agora pequeño en quanto a esta jornada de Exequio, porque como he dicho, el Jobio / la escriuió [75] açertadamente. Y lo que ay solo [76] que dezir çerca de su enmienda es que, quanto a lo primero, erró mucho en dezir qu'el turco rreseruó para sí dende la vatalla de Mogazo la probinçia de Posega. Y en esto haçertó mejor [77] la Ysroria Ponrifical, que quenta verdaderamente quándo esta rreseruaçión se hizo [78], que fue no quando el turco entró la primera vez en Vngría y mató al rrey d'ella, como el Jobio dize, sino quando después ganó segunda vez aquella probinçia y puso por rrey d'ella a Juan Sepus, porque la otra vez antes, si no fue en Velgrado que ya primero se tenían, no quedó en toda aquella probinçia turco ninguno de guarniçión en ninguna parte. Y en [79] quanto a la cantidad de la gente tamvién se engaña en anvos géneros d'ella [80], porque los ynfantes no heran tantos, / y esto es ansí sin duda, y los cauallos heran más de los que quenta. Y dize con astuçia que los ytalianos no heran más de vnas mangas d'ellos, porque suçedió la jornada ynfeliçemente, y porque no se les asiente a su quenta parte de aquel desbarato. Y heran verda deramente dos mili y quinientos ynfantes todos los lonbardos, y con [81] todos estos, no los haze más que mangas, aviendo en este número para faldas y todo. Que yo aseguro que si algunos españoles allí se hallaran, avnque no fueran sino dozientos solos, que Paulo Jobio hiçiera mençión d'ellos y dixera que por su causa se había todo perdido.

Pero en lo que más este autor dize, qu'el rrey don Fernando nn fue a esta guerra, porque por su pareçer y por el de sus priuados no quería ir a ninguna, espeçialmente contra turcos, y qu'este consejo no es de rreprouar por las / causas qu'él quenta, digo que en quanto a no l' el rrey de rromanos a esta guerra, no lo dejó por lo qu'él dize, tino porque no hera de ynportançia, avnque por otra parte tenía mucha. Y no avía de yr vn prínçipe semejante a no más que a çercar a Exequio, mayormente qu'esta entrada por tierra de los ynfieles, se baçía contra la tregua tomada con ellos, y no quería aquel prínçipe que tuviese aquella jornada más nonbre que de correría, avnque en hefecto fuese de más ymportançia. E yendo su persona no le quedaua escusa ninguna en lo de las treguas, ni para mí (porque diga la [82] verdad) tanpoco le quedó en esto del rronpimiento de ellas, ni jamás querría ver que se quebrantasen al ynfiel, tanpoco comn al fiel, porque se les da ocasión grandísima para nuestro aborreçimiento y para / que sobre sus bárvaras costunbres las tengan rrespecto de nosotros muy más bárbaras, y por otras muchas causas que no ay aquí para qué rreferillas, qu'están de suyo claras. Y otra vez lo [83] leemos hauerse quebrantado a esta mesma naçión, en guerra que tuviernn los mesmos vngaros con ellos, y suçedió ni más ni menos que agora en esta jornada, y temeré [84] lo mesmo cada vez que aconteçiese otro tanto. Pero tornando a lo de la persona del rrey don Her nando, no tiene rrazón el Jobio, porque quando alguna, vezes se le ofreçió guerra digna de su persona, no dexó de enpleaalla en semejante jornada [85], como fue vna contra el rrey Juan, quando la primera vez le hurtó el nonbr, de rrey de Vngría, y otras algunas semejantes. Y en lo que más el / ovispo dize çerca d'este punto, qu'este consejo de no meterse el prínçipe con su persona en las guerras, que no In rreprueba, imía feeln [86], yo sí; y daría muchas rrazones para mi opinión, sin envargo de lo que comúnmente se dize qu'el rrey vale por todo su exérçito, y que perdida su persona se pierde todo, porque lo mesmo es perdidos los exérçitos (o poco menos), y todo queda perdido y asolado avnque quede el rrey entero, Y quando en ello pudiese hauer rrecuperaçión, ha quedado el pundonor ya muy por el suelo. Y en fin, yo confieso qu'el rrey solo bale por todo su exérçito, y eso me haze tener más el pareçer que tengo, porque yendo el prínçipe en el campo lleva dos exérçitos / consigo para contra los enemigos: el suyo y el de su persona, porque vale tanto lo vno como lo otro, porque cada vn soldado de los que lleua son dos, o quizá dozientos, en el valor y coraxe. Y no se me a de negar [87] esta proposiçión: que después de lo de Dios, no ay cosa que más amemos ni más estimemos que a nllestro prínçipe. Y siendo esto así, está claro quánto miraremos por la cosa amada, teniéndola delante en la pelea, y qué fuerças sacaremos de las fuerças, y quando no las hubiese, de la flaqueza, para batallar y haçer lo que se nos mandare por nuestro prínçipe, cara a cara, saviendo que está entre nosotros con la espada en la mano.

Y en conclusión, dexemos las rrazones que ay para esto, que son muebas / y vengamos a los enxemplos. D'esta manera lo hizieron todos los magnánimos prínçipes pasados, y avn los presentes que quisieron dexar de sí ynmortal fama y ganar nombre senpiterno; y así comiénçese dende Jullio Çésar, y avn comiénçese desde muy atrás, y hallarse a que siguieron esta espeçialidad solos los que quisieron alcançar nonbre de balerosos. Alexandro d'esta manera lo hizo, Y quedárase sin el otro sobrenonbre de Maguo de otra manera; y algunos de sus subçesores llevaron la mesma derrota, y Augusto Çésar, y muchos de los suyos en el ynperio; lo mesmo Carlo Magno (porque vengamos a christianos), y hartos tanbién de sus deçendientes, caminaron por este mesmo camino. Pues si venimos / con esta quenta aquel que Dios tiene en su gloria, Carlos Quinto, sernos ha enxenplo (o por mejor dezir deçisión) de lo que tratamos. Hasta [88] las guerras del Testamento Viejo, así hechas por rreyes como por capitanes (antes que vbiese el otro nonbre entre los judíos) [89], todas o la mayor parte d'ellas, de Dabid y de los otros antes y después [90], se hiçieron por sus propias personas, sin cometellas a otros eapitanes ynferiores. Y çierto, quando la guerra lo mereçe (que no ba de ser en todas) no ereberé de [91] ningún prínçipe, de los qu'el mundo tiene por valerosos, que [92] niegue el valor de su persona a este exerçiçio, y más en [93] tiempos presentes, donde en las más de las guerras que se ofreçen se nos ofreçe la gloria del çielo, quando suçediese la muerte / de la tierra. Así que a qualquicr prínçipe y gran señor le está a mi juiçio muy bien, y él lo considera açertadamente, quando mete [94] su persona en semejantes trançes. Y doy agora en vn pensamiento, escriviendo esto: que no sería mal discurso (y quizá lo haré teniendo salud y tiempo para ello) de escrebir algún tratado sobre esta materia particular, por vía de diálogo, yntrudiziendo a Traxano y Adriano, emperadores suçesivos el vno del otro, que tuvieron (según por sus bidas lehemos) diferentes pareçeres en esto, teniendo el Traxano la vna opínión, y el Adriano la otra, y proseguir por este yntento hasta adonde el discurso del yngenio alcançare, si otras materias más plátieas no me estorvaren este propósito [95].

Y volbiendo al nuestro [96], digo / que en lo que más dize el Jobio çerca de la guerra de Exequio, qu'este lugar tenía diez y seis mili vezinos, o lo dize la Ystoria Pontifico/, digo que yo no estado en él, pero de quien a estado, y hombre çierto y de verdad, sé que no tiene siete mili; y en esto del número de vezinos en los pueblos, es vna de las cosas en que más engaño rreçiben las gentes. Y rreçibiólo el Jobio tanvién en el que le informóqu'el gran Solimán avía enbiado a mandar a Mahometo que no saliese de Exequio, y que ençerrado alli esperase a los christianos, porque en Costantinopla no se supo la jornada tan a tiempo que pudiesen de allá avisar la horden de la guerra, si no me mintió a mí Antonio Rríncón, envaxador del rrey de Françia en aquella corte ynfiel. Y esto / se pareçe claro, porque después de desçercada Exequio, no saliera aquel Sanjaco con toda su gente tras los christianos, siguiéndolos tantas jornadas y leguas, ni hiçiera más que enbiar a escaramuzar en su rretirada (como se suele hazer hordinariamente), y no seguillos por días continuados, aventurando contra el mandato de su señor a que rreuolbiesen los otros y esperasen la vatalla. Y d'este mismo jaez es lo que más dize al cabo el ovispo, qu'el turco mandó cortar las cavezas a todos los catibos de aquella presa, porque no es cosa que se suele haçer, avn entre aquellos báruaros, si no es qua! y qual persona de quien se tenga particular enojo, salvo si no tiró en esto al quebrantamiento de las treguas. Pero en esta particularidad / no tenía culpa la generalidad de los soldados, y así creo a mi ynformaçión, espeçialmente siendo tal persona como en sauer las cosas de la corte tur. quesca bera el que he nonbrado, y vno de los que me dieron rrelaçión d'esta jornada.

1 Add.: con los apuntamientos necessarios sobre la Historia del Jovio.

2 Mut.: y en ellas...: en las quales acertó.

3 Del.: las escribío

4 Mut.: trata.

5 Mut.: que acontecieron

6 Del.: avnqu'él no lo dize

7 Del.: solamente.

8 Del.: y hesas libianas.

9 Del.: tanvién.

10 Del.: ni entender.

11 Del.: o no.

12 Mut.: a bulto y...: en general ser notorio.

13 Mut.: se defendieron: lo hizieron.

14 Transp.: la primera es.

15 Del.: qu'está / contado.

16 Add.: en persona.

17 Del.: y de benir él en persona.

18 Del.: y.

19 Del.: con ellas y.

20 Del.: que quando no ay...

21 Del.: (que as{...}.

22 Mut.: príncipe.

23 Mut.: esto con: las.

24 Mut.: se contarán...: para esto son necessarias, en otro libro.

25 Del.: por los autores d'ellos.

26 Mut.: digna de mucha risa.

27 Mut.: desde.

28 Mut.: del Sophi.

29 Del.: tamvién.

30 Del.: también...

31 Mut.: avello conoçido, apostatallo: haverle conocido, apostatarle.

32 Mut.: paganos...

33 Mut.: por las cuales acerca.

34 Mut.: lo haz en y tienen: son tenidos.

35 Mut.: superstiçión.

36 Mut.: el odio que: quánto más odio.
37 Del.: más,
38 Mut.: que.
39 Mut.: En esto se engañaron: Engañáronse.
40 Mut.: llegar.
41 Mut.: fieles.
42 Del.: como fue.
43 Del.: (sino qu'el mesmo...).
44 Mut.: mucho más en lo primero: no tanto.
45 Mut.: hazaña.
46 Mut.: no av{a: avn no.
47 Add.: antes...
48 Mut.: al: a tres hermanos del.
49 Mut.: llamaba.
50 Mut.: le desquartizaron
51 Del.: tres hermanos.
52 Del.: y rrustizidad.
53 Mut.: y allá ynfidamente: Porque.
54 Del.: (si es gloria...).
55 Mut.: Castriños los: de Castro.
56 Del.: su.
57 Del.: acauado.
58 Mut.: tanpoco como: ni.
59 Del.: su.
60 Mut.: saborear.
61 Add, : sabien do.
62 Del.: savido por.
63 Mut.: desde.
64 Mut.: para.
65 Del.: ni haçer memoria d'ello.
66 Del.: (pues me cupo...).
67 Mut.: desde.
68 Mut.: por no entenderse aquellas: porque no las entienden.
69 Del.: de.

70 Del.: mesmo.

71 Mut.: para rreprouar: reprovada.

72 Del.: dentro.

73 Mut.: y dize tanvién...: y que la escaram uva.

74 Del.: (qu'esto ya se estaba...).

75 Mut.: y ternélo yo...: Esta jornada está escrita.

76 Del.: solo.

77 Transp.: mejor açerto en esto.

78 Transp.: se hizo esta reseruaçión.

79 Del.: y en.

80 Del.: en anvos...

81 Del.: con.

82 Mut.: ni para mí (porque diga la...) : y para mí, por dezir.

83 Del.: lo.

84 Mut.: yo temería.

85 Del.: en semejante jornada.

86 Del.: mía fee.

87 Mut.: a de negar: negará.

88 Del.: Hasta.

89 Del.: (antes que...).

90 Del.: de Dabid...

91 Mut.: que.

92 Del.: que.

93 Add.: estos.

94 Mut.: y él lo considera ...: meter.

95 Del.: y doy agora en vn pensamiento...

96 Mut.: propósito.

Capítulo Quarenta y Uno

De la venida de los tres prínçipes: Papa, y Enperador, y Rrey, a Niça: y de las treguas que de aquellass vistas rresultaron, y de la manera que pasaron dos motines d'españoles, vno en Lonbardía y otro en Çiçilia [1].

Çierto, yo me espanto |(y avnqueste espanto fuera dende más atrás no fuera mucho) [2] de ver lo que antiçipa y prepostera el Jobio, en lo qu'escribe dende [3] el prinçipio de su libro treynta y siete hasta el comienço del de treynta y nueve, y avn viene esto ya dende [4] el libro pasado de treynta y seys. Porque avnque otras vezes se hallan estas preposteraçiones y desconçiertos en su |Historia, es a pedazos, poniendo lo de tras adelante, pero quedándose el vestido entero; mas agora no ba el negoçio por esos términos, sino vn libro o dos enteros de los suyos, digo los acontecimientos [5] en / ellos contados, todos los pone [6] en diferentes lugares de adonde [7] avían de estar. Y no puedo entender el propósito a que se hizo, que si fuera porque se suelen ençarçar materias (y [8] quando el ystoriador quiere bolver la rrienda no puede, hasta hallar algún paradero), pasara; pero en lo que agora vamos es diferente, que sin hauerse engolfado en aconteçimiento ninguno que a ello |le obligase, haze lo que he dicho y [9] se ve por su |Historia

Y para que [10] se entienda lo que digo, es de sauer que salido el Emperador de Françia y el Carlos [11] benido a Génoba y enbiado por su general con el exérçito al marqués del Gasto, él [12] se enbarcó para España. Y el marqués benido al Piamonte, hizo vna muy buena guerra a franςeses, y tan buena, que entre muchas suyas echaría yo más ayna mano d'ésta que de otra ninguna [13]. En lo qual gastó lo poco que quedaua del año de treynta y seis, y [14] todo el de treynta y siete hasta çerca del cabo d'él, y [15] hasta que después de haver ganado el marqués casi toda la [16] probinçia, no quedando en ella a Françia otra cosa sino solo Turín y Piñarol, y a estas plaças teniéndolas, [17] çercadas / españoles [18], bino el rrey dende su [19] Françia con poderoso exérçito y gran cantidad de vastimentos a socorrellas, y las socorrió. Y [20] tras este socorro, inmediatamente [21] se, iguió que mediante dos rreynas, la de Françia y la viuda de Vngría (anvas hermanas del Carlos) [22], y avn tres, si la terçera lo fuera más que en el nombre, que [23] hera Margarita, rreyna que se yntitulaha [24] de Naua-rra, se juntaron en Canbrai (lugar que pareçe diputado de naturaleza para estas congregaçiones d'entre Borgoña y Françia), y asentaron vnas treguas de medio año, que luégo hizo sauer la vna a su marido y la otra a su hermano, avn estando todavía el françés en el Piamonte. Y sabido por el Françisco y por el Carlos, açetáronlas y [25] el Francisco [26] tornó a pasar los Alpes y se bolbió a su rreyno.

Después de todo lo qual [27], el Papa Paulo terçio, queriendo dar mayor asiento entr'estos dos prlnçipes (los mayores de la christiandad), los [28] quiso juntar [29] en Niça' yendo él en persona a [30] estas vistas, de las quales [31] rresultó que hiçiesen otras treguas más largas de diez años./Y después d'esto, avnque [32] en el prinçipio de aquel año (que fue el [33] de treynta y ocho se hizo la capitulaçión) [34] fue quando Paulo, Carlos y Venecia se juntaron y aliaron para hazer vna armada contra el turco, y se hizo, y pasó çerca de la Previça [35] entre la armada turquesca y christiana lo que ya se sabe; y después se tomó Castilnovo a los turcos, y después los soldados que vinieron del armada de Andrea Doria se amotinaron en Çiçilia, y en fin, después de todo esto, el año de treynta e nueve, se perdió Castilnobo, y luégo de allí a poco pasó el Emperador por Françia, teniendo ya al françés por grande amigo.

¿Dónde [36] comiença su libro treynta e nueve y qué haze agora el Jobio? Pone primero todas las cosas que hemos dicho, en las quales gasta todo su libro treynta y siete, y déxase la guerra del Piamonte, que fue lo primero, avnque toca antes por vía de sumario vn so, bo solo [37] d'ella para el libro treynta e ocho, de manera que primero pone las treguas y paz, que la guerra por cuya causa aquella paz se hizo. Y primero qu'esta guerra, pone asímesmo [38] la jornada contra el turco / y la toma de Castilnobo, y lo que es más, la pérdida asímesmo del mesmo [39] Castilnobo, que aconteçió el año de treynta y nueve, que la otra guerra françesa que aconteçió el de treinta y seis y treynta y siete, Y juntamente con esto, otras seisçientas cosas d'esta traza en estos tres libros que agora traemos entre las manos; lo qual todo histo y considerado, quise (poniendo cada cosa en su orden) ir yo corrigiendo [40] por la horden de los tiempos, y no por la del Jobio. Pero después me pareçió que no hera obligado sino ir por sus pasos y poner la correpçión en qualquier artículo qu'él me pusiese delante. Y por primero, y que así como él me los diese, así hera obligado yo a tomalos [41], [y] poner [orden en] donde hallase culpa, Y conforme a esto, vengo a lo que trata en este libro treynta y siete, que [42] son diversas materias, y [43] haremos mençión de solas aquellas en que fuere menestcr poner la mano.

Y viniendo a ellas [44], digo que en lo que dize y [45] toca de pasada, del socorro qu'el rrey Françisco hizo a lo que tenía en el Piamonte, con venir su persoua |y traer gente y vastimentos para ello, y [46] se buelbe luégo / a dar al mundo rrazón de las birtudes de aquel serenísimo rrey nuestro enemigo, él tubo [47] muy gran rrazón, porque hubo muchas en su persona. Pero no quisiera que lo alabara tanto de grandísima memoria, avnque la debía él de tener tal, siquiera porque no se fuera por [48] vn camino carretero (que me tiene ya enfadado) [49], que no a de hauer prínçipe en el mundo que no bea [50] alabado luego [51] de los suyos de hombre de admirable memoria; y de tener tanta graçia particular en esto, que a cabo de çien años que les hablen de vn negoçio se acuerdan d'él y conoçen al que lo trato, en biéndolo después de todo aquel tiempo, avnque nunca más lo ayan visto. Y an hecho ya [52] las gentes de cada probinçia, d'esto y de otras cosas así generales, vna cartilla, en que leamos las eçelençias de cada prínçipe de los [53] y que quieren alabar.

Pero bolbiendo a las particularidades del rrey Fransisco, es berdad que yo sé tan bien como el Jobio, que tuvo muchas y muy eçelentes, con [54] que le hiçieron vn todo [55], prínçipe baleroso, lo qual no mostró él poco (sino mucho) [56], en / esta jornada de que trata agora el ovispo, porque socorrió oportunamente a las cosas del Piamonte hasta que se hiçieron las treguas por la rreyna Leonor y María, cuya sustançia fue que en el entretanto que duravan cada vno d'estos dos prínçipes, rrey y Emperador, poseyesen en el Piamonte lo que cada vno tenía. Y llama

esto el docto [57] doctor Yllescas en su |Ystoria Pontifical partir entre anvos prínçipes [58] la capa del justo, y que le dexaron despojado. Y no sé a qué propósito ni el, qué se fundó, si no es en vn pasquín, en el qualle cupo al duque de Saboya aquellas palabras de la Pasión, quando hecharon suertes los ministros d'ella sobre la vistidura de Nuestro Rredemctor. Y el [59] pasquín semejante [60], si no había otro fundamento para aplicallo a este yntento, no lleva camino ninguno, ni se ha de haçer caso de aquellas graçias (que algunas vezes o las más son frialdades), ni sacar de aquellas cosas jocosas [61] materia para las graues. Porqu'es [62] así çierto, que si el Emperador no tomara aquellas tierras en el Piamonte que tomó / del duque de Saboya y las guarniçionara, qu'el pobre duque estaua oy sin la menor cosa del mundo en aquella probinçia Traspadana, y que no [63] hubieran benido los negoçios al estado en qu'están. Porque hechado [64] de todo el suyo Carlos [65] de Savoya, y de todas sus tierras piamontesas, ninguna paz (si consideramos solo la horden de las cosas que hemos visto) se pudiera hazer ni fraguar para poder bolber, andando el tiempo, al eçelente [66] duque don Manuel, su hijo, el [67] estado, avnque hubiera [68] proçedido las cosas de nuestro ynbitísimo prínçipe como an suçedido [69]. Porque más quisiera el françés todo el Piamonte y partir términos con el estado de Milán, que no algunos lugares (aunque ynportantes) que le fueron tomados en Françia, salbo si el daño no allegara a ser tan grande (como mediante la bentura philípica s'esperaua y se veía claramente que allegara) [70], qoe estimara más la haçienda propia, y qoisiera entonçes alargar [71] el agena. De manera que aquello que re tomó del saboyano en el Piamonte y se conservó, a hecho [72] que oy aya Piamonte en la casa de Saboya, porque aque- / llos lugares no los tomaua el Emperador para sí (¡probe de mí!) [73], sino que [74] le costaua [75] cada vno guardar [76] no solo más de lo que rrentaua, sino más de lo que valiera bendido en propiedad. Y demás d'esto, daua cada año al duque en rreconpensa de aquella rrenta (hasta que le fuese rrestituydo su estado, si no me acuerdo mal) quarenta mill ducados cada año, o a lo menos heran [77] pocos más o menos. Y con todo esto, cada Vez que se trataba de pazes, nunca otra cosa pretendía en ellas el Emperador sino la rrestituçión del duque, y en ella entraba los lugares qu'él poseya, la qual rrestituçión le costó, al que Dios tiene en su gloria, más de doze o quizás [78] más de veynte millones de oro, De todo lo qual rresulta ber [79] quán ynpropiamente está dicho que partieron Emperador y rrey la capa del justo de Saboya, y que tomando cada vno de los dos lo que le pareçió, le dexaron despoxado de su haçienda.

Y en [80] quanto a lo que nuestro Nochera trata, de las vistas [81] procuradas por el buen Pontífiçe Paulo, del Emperador y françés en Niça [82], donde se hefectuaron, ello pasa así todo como él lo quenta, / con sola vna adiçión que agora se dirá: y es que dize nuestro autor que avnqu'el Papa lo procuró, nunca los dos príncipes (con yntençión poco birtuosa y cortés, que por estas palabras lo dize) quisieron verse anbos juntos delante d'él, sino solamente cada vno solo, aparte, venían a hablar al Sumo Pontífiçe, sin tratar los negoçios todos tres juntos cara a cara. Y que d'esto se coligió que aquellas vistas no naçian de sençilla vertud, sino solo para sus yntereses particulares. Y no contentándose el Jobio de tratar d'este arte de la yntençión y obras d'estos dos poderosos rreyes de la christiandad (porque tanhién el terçero no quedase sin su salsa), da a entender, siguiéndole en esto la |Pontifical

Ysroria, qu'el Papa tanbién vino allí teniendo rrespeto a cosas particulares suyas y de su consistençia y prouecho [83], y no a las públicas y vien de la christiandad- Y es [84] engaño bien notorio lo vno y lo otro [85]. Porque en quanto a los dos rreyes, el no berse juntos delante del Sumo Pontífiçe no lo causa lo que dize, sino que negoçios tan gravísimos y de tanta ymportançia, y tanta multitud d'ellos, y entre tales personas, hera yn-/posible (aviéndolos hecho Dios a todos tres prínçipes, y no caldereros, para que a gritos y contençiones no se pudieran entender) [86] que se pudieran tratar por las mesmas personas propias, sino solamente por las de sus comisarios, como se trataron. Porque de otra manera, ¿qué pareçiera ver dar vozes a vnos y a otros, y justificar cada vno su causa con rrespuestas y rréplicas y altercaçiones, todo ageno de la grauedad d'este nombre de prínçipe? Y no se dexó de hazer esto por no dar contento al Papa, sino por no rreçebir tantos descontentos [87] ellos; y si lo dize el de Nochera porque pudieran verse amigablemente, como se vieron después en Aguas Muertas, avnque no se tratara de negoçios ningunos, porque éstos se pudieran después tratar por [88] sus delegados, rrespondo que antes de concluyrse paz o treguas no benía ello [89] a propósito; y quando se concluyeron, el vno enbió a dezir al otro que se bería con él a la vuelta para España, y así lo cunplió. Y demás d'esto, cada parte (que así se husa ya entre los prínçipes que no rreconoçen superior) quisiera en aquellas vistas delante del Papa preminençias y perro- / gativas [90] algunas, o que al otro no le fucran enteramente guardadas las de su altísima dignidad [91], o otras Cosas semejantes que delante del Padre Sancto neçesariamente se avían de pretender, que viéndose después particular y familiarmente, y no delante del viеario de Cristo, no avía para qué procurar ninguna de las partes para que se la guardasen. Y en [92] quanto a lo del mesmo Papa tanbién el Jobio se engaña, porque çierto, a mi juiçio, allí lo llebó [93] la buena yntençión suya y no otro ynterés particular [94]. Y estáse [95] claro, porque [96] las cosas que apunta el Jobio que podía pretender, la [97] vna d'ellas que [98] hera el casamiento de su nieto con Margarita de Austria, hija natural del Emperador [99], estaba ya concluyda, y conçertado [100] a esta sazón, y no abía para qué ir a Niça a ello; y la otra [101] hera el casamiento de Vandoma para la Otra nieta, no hera de tanto peso que no se pudiese tratar por legaçias. Y dexo tamvién en estas bistas de Niça de contar muchas cosas más que avía que deçir, sino que ya mi cansançio y [102] el poco tiempo que me queda hasta que se parta esta armada en que an de ir estos papeles, no me dan lugar / a ello [103] po venir a otras cosas más prinçipales para, [104] ser enmendadas.

Y sean las de agoran [105] dos motines d'españoles: el vno hecho [106] en Lonbardia y el otro en Çiçilia, de qu'el Jobio trata, y como él suele tratar, d'españoles. Y quanto al primero de Lombardía en que gasta dos capítulos por anpliar bien el odio, y porque los tiempos benideros tengan a la naçión española por el más perverso género de honbres que dende que los ay [107] en el mundo se pueda ymaginar, los pinta a vsadas [108] como conbiene a su propósito, pareçiéndole que como pneda salir con él, avnque le quede por enemiga la berdad no le le da [109] nada. Digo, pues, que si él se quisiera acordar, que bien se acordó, de lo que pasó en el Monferrar y en Otros lugares de aquella comarca, y de la muerte del capitán Charles, y de los alférez [110] de los capitanes Vargas y Lezcano, y de otros muchos soldados que murieron, sobre que en viendo acavada la guerra no les quisieron acoger en ningún lugar y se los defendían como [111] enemigos, sinenvargo de las patentes y alojamientos de los superiores a los mesmos que les avían [112] defendido a / ellos sus bidas y [113] personas y haçiendas, truxera más moderada la péñola el Jobio de lo que la truxo. Pues no teniendo casi que [114] dónde se alojar ni dónde mantenerse, ni vn rreal para este hefecto porque se les devían vn mundo de pagas y no se les davan ninguna, no sé yo lo que se avían de haçer ni qué rremedio tenían. Y los heçesos que dize [115] que hiçieron en este motín es todo falso; y en este paso me quisiera bolber de su talle del Jobio [116], para poder dezir por otras palabras lo tocante a esta falsedad. Pero los nonbres bituperiosos quédense para él, y no más para mí de [117] la orden que llevan los otros historiadores en guardar la honestidad común en estas cosas, sin bocablo injurioso. Y así nos quedaremos agora en boca del Jobio los españoles con el título de ladrones, y con los demás epítetos [118] que nos da vn [119] autor tan graue y que vienen muy a despropósito a su dignidad saçerdotal y episcopal [120]. Y afirmo yo [121] al vnyberso que nunca tan moderados anduvieron amotínados [122] níngunos (si no fuesen ytalianos, al pareçer del Jobío, quando se amotinan), y avn [123] para todas las otras cosas d'esta vida, como los españoles entonzes / anduvieron [124], estando fuera de la ovidiençia de sus banderas. De la qual conclusión se saque por corrolario [125] que los ynsultos que particularmente quenta el

Jobio que estos soldados alterados hiçieron, vieden más a propósito para componer vna fábula que para escrebir vna [126] ystoria, los quales soldados amotinados [127] después se apaçiguaron, con harto bien [128] pequeña paga, siendo muy grande la que se les devia.

Y para exagerar más este negoçio, finge (porque todo lo que quenta sea fengimiento) [129] vn çierto emvaxador, y mételo en esta farsa con vna plática dolorosa (para que ponga admiraçión al siguiente siglo contando las desbenturas que padeçian los milaneses) trasladada virtualmente de vn |Mareo Aurelio de rromançe (avnqu'él era latino) [130], que en aquel libro me acuerdo aver bisto otra plática semejante sobre el mesmo argumento, de vno que se yntitulaba |El uillallo del Danubio, eçeto qu'estotro no lo hera de rtío sino de lago [131]. Y en lo que más en este artículo diçe, que se rrebelaran los milaneses entonçes si allaran aparejo para ello, rrespondan ellos por sí al de su çiudad de Como; que como yo no soy de allí, ni milanés, no tengo por qué me ynjuriar d'esto, ni tampoco / de qu'el Jobio solo presuma saber los juiçios de Dios, y que a él solo esté rreseruado el secreto d'ellos. Porque [132] dize luégo çerca d'este motín [133] qu'estos amotinados, después de [134] rreduçidos a la ovidiençia, enbiando çierta parte d'ellos a Vngría, los soldados [135] se anegaron en dos nabíos por donde yvan por vn rrío, y que dieron [136] al traués en vnas peñas, y que escaparon pocos, y que fueron [137] maldiçiones de los de Lonvardía que les alcanzó [138], y que Dios Onipotente les avía dado la pena que sus maldades mereçian. Pero es todo esto [139] del alforja del de Nochera, porque ni él puede saber, ni los lonbardos tanpoco, la causa d'estos aconteçimientos quando aeonteçen; quánto más no aconteçiendo agora [140] lo qu'el Jobio dize. Porque [141] lo que pasa es que, por mandado del Emperador [142] de los soldados d'este terçio se mandaron hir dos mill a Vngría con sus capitanes don Juan de Guebara, don Juan de Viamonte, don Yñigo de Mendoza, Beltrán de Godoy, Martin de Toro, Mercado, Gonçalo Venítez, y por su maese de campo el capitán Morales, los quales navegando por el rrío qu'el autor quenta, y no el día que hera el de San Bartolomé, a beyn- / te y quatro de agosto, e yendo el rrío muy fuera de madre (avnque no tanto como las |Ysrorias de Paulo Jobio suelen ir), dio al traués la varca donde yva don Juan de Guevara y haogáronse çincuenta soldados españoles, demás de algunas mujeres y mozos suyos, sin peligrar otra persona de todos dos mill españoles. Y en el mesmo día se haogaron en otro rrío, que |fue en el Danuvio, de gente de guerra quinientos soldados alemanes, que nunca se avían amotinado en Lonbardía. Y [143] como éstos heran alemanes, no hechó juiçio el Jobio sobr'ellos, porqu'el suyo ni su astrologia no se extiende a hechallo más que sobre las esperias anbas, siendo la vna su fortuna y la otra su ynfortunio [144].

Y después de esto y [145] otras cosas, por continuar la materia de motines, escribe fuera de tiempo y sazón y quando no pasó, el de Rrandaço, en Çiçilia. En el qual, por anpliallo bien y que pareçiese vna cosa nonbradísima y digna de su |Hisroria, gastó tantas palabras que le fue menester al trasladador ynchir tres capítulos d'ellas, y ojalá gastara menos, con que fucran más berdaderas, Avnque [146] no niego qu'este motín de Rrendaço ser [147] vno de los nombrados que / avido; pero esto [148] no por causa del motín, sino por causa de la execuçión y justiçia que de los amotinadores se hizo, Y es lo bueno [149] que, por començar herrando (que ojalá fuera para acabar açertando) [150], dize en esta materia, luégo al prinçipio d'ella, y da a entender clarísimamente [151] que seys mill soldados españoles binieron de la Goleta a Çiçilia porque allá no les pagauan, y que allegados aquella ysla fueron éstos los que se amotinaron, comoquiera que de la Goleta no binieron mill y dozientos soldados. De ma' nera que los del terçio de Çiçilia y éstos fueron los que se alborotaron; pero no me espanto que heche los números tan largos quien dize en este mesmo libro, siguiéndolo [152] el |Ponrifical, que se envarcaron en el armada (para contra la del |turco) este mesmo año, çincuenta mill soldados de guerra, cosa de |rreyr. Pero no rriamos hasta que salgamos del lloro que causó el motín çiçiiano a los que verdaderamente entienden [153], no como el Jobio, lo que se a de llorar de [154] lo que allí pasó,

Digo, pues, que las crueldades y cosas que quenta el Jobio que en este motín pasaron, las más d'ellas no son berdaderas [155], y así no ay que tratar d'ellas. Pero yo aseguro que aunqu'el Jobio escriba çien / ystorias, que nunca ponga jamás la causa del motín, rreal y verdaderamente, ni quántas pagas se les devían a los soldados; que si él lo pusiera, vieran los que leyan su libro cómo vna gente, sin |tener de qué mantenerse, avia de buscar el comer hasta que les pagasen. Y ya se saue el caso d'estrema neçesidad de qué culpa le quita, [156] los derechos, puesto caso que [157] no niego sino [158] que pidiendo las pagas, para comer y mantenerse con la comida [159] se mezcla la disovidiençia con la neçesidad, y que es justo que se castigue. Pero en lo que dize que quando se rredruxeron estos amotinados y se hizo juramento por el general don Hernando de Gonçaga y los amotinados en Lingagrosa (que así se llama aquel lugar) para perdonarse, qu'el virrey don Hernando, jurando todos los demás en la Hostia consagrada el perdón, él callaua, hasta que Villalobos le rredarguyó de su silençio y entonçes lo enmendó, y dize nuestro auctor que entre sí juró de no pasar por aquel vergoçoso conçierto, y da a entender que aquello le escusaua, sabe muy mal Su Señoría Rreverendísima [160], siendo obligado a sabello mejor que ystorias, lo poco que haze al caso aquello, según los sacros cánones, para no que- / dar obligado. Y es lo bueno que llama vergoçoso conçierto al perdonar, aviéndole de llamar magnanimidad; y esto bien sabe él quán gloriosa cosa es; salbo que, según su pareçer, deve tener esta rregla por eçeçión [161], si no fuere a españoles hecho el perdón [162], qu'entonçes es bergüença de hazello [163]. Y así [164], conforme a esto, llama al castigo eçesibo, justa cólera, aviendo el pobre honbre de llamalle al [165] castigo ynjustisimo, por la demasía d'él. Pues después de perdonados y bueltos a la ovidiençia, mataron treçientos honbres o pocos menos, con dibersos géneros de muertes, y en dibersos días, y avn sin dexalles a muchos d'ellos confesar, siendo christianos, y siendo la condenaçión hecha por otros d'este nonbre, no considerando que quando semejantes sediçiones se suelen castigar, es en las cabeças solas de los motines y causa. dores d'ellos, y en los que después en la continuaçión del alboroto quisieron tener alguna espeçialidad en él [166]. Pero sin tener atençión al justo dolor que tenían (avnque con ynjusta causa, si se pudiese enbolber lo vno con lo otro) [167], hazer tantas demasías en el castigo fue dar scñal de que (como el otro emperador rromano) [168] / quisiera que todos seys mill españoles no tuvieran más de vna cabeça [169]. Porque lo que se lehe del [170] dezmar de [171] las legiones rromanas, quando se haçía (que hera [172] vien pocas beçes), hera por otros delitos diferentísimos d'éste y muy más ynormes, y no por dezir como aquí [173]: «no me pagan lo que me deven, no quiero estar sin comer, sino [174] buscar donde lo hallare».

Y con todo esto es cosa muy allegada a rrazón que se castiguen los prinçipales tumultuadores, pero deçender con la justiçia (que ya no lo es, sino crueza) [175] a castigar (que tampoco es castigo, sino ynhumanidad) a la comunidad de los soldados, es vna rrabia de vengança que ojalá me fuera líçito (no siendo tomada por tan eçelente persona) dalle otro nombre. Avnque qualquiera que se le diera, no saliera yo del término de la rrazón, que no me suele envorrachar mi cólera, ni haçerme dezir desatinos mi pluma; ni avn quando he sido juez, en paz o en guerra, me a lleuado el desatino o el deseo de vengança a hazer cosa que se note de mi que fue pasión y no justiçia la que hize [176]. Yo a lo menos sé vna cosa, y sábelo todo el mundo (biniendo a acabar [177] lo del motin de Çiçilia): que los castigadores de aquel delito/ y que cometieron aquel eçeso en el castigo, después de aquello, en puntos o pundonores, o como lo, quisiéremos llamar, y en guerras de que después tubieron cargo, y en otras muchas cosas (que son la flor de lo que los honbres desean en esta vida, después de lo de la otra) [178], le suçedió andando el tiempo tan al rreués de lo que deseaban (a algunos d'ellos, digo, y no a todos) [179], que pareçe (si me fuese líçito haçer lo que haze el lobio) creer en esto [180] que mostró Dios en aquellos castigos la vengança del qu'ellos hiçieron en lo de Rrendaço. Pcro en fin (avnque eçelente persona y digna de la memoria de los siglos benideros) [181], sabemos [182] qu'el virrey don Hernando de Gonçaga [183] estava disfamadu de no estar [184] vien con la naçión española, Si con causa o sin ella, no lo sé, pero yo aconsejaría que nunca él tomase para descargo d'esto el motín de Rrendaço. Y a lo que vltimamente çerca d'esta materia trata nucstro Jovio, que le agradó a nuestro Çsar aquel castigo, çiertamente yo en esto no creo al Jobio, ni creheré jamás que vn prínçipe clementísirno como el que Dios nos lleuó (por llevallo para sí), le pareçiese bien [185] / semejante manera de pena y castigo. Y si otra cosa d'esto [186] dixo [187] (como el Jobio quenta, que yo no sé si es así), haríalo como eçelente Emperador y juez supremo, qu'está obligado a mostrar aquello [188], ya qu'el daño está echo, para espantar con aquel aplaçimiento suyo [189], Y prevenir a los males benideros, y [190] para que no pierda [191] su crédito vn tan baleroso capitán, cobrándolo de [192] cruel; pero no para que en su coraçón y entendimiento cupiese qu'estaua vien echo lo que se hizo entonçes en Çiçilia,

1 Add.: con los apuntamientos necessarios sobre la Historia del Jobio.

2 Mut.: (y avnqu'este ...) : como ya otras vezes he dicho.

3 Mut.: desde.

4 Mut.: desde.

5 Add.: que.

6 Mut.: contados to-dos los pone: se tratan, los pone todos.
7 Mut.: como.
8 Mut.: de manera que.
9 Mut.: como.
10 Add.: mejor.
11 Del.: el Carlos.
12 Del.: él.
13 Mut.: echarla yo más aylla ...: escogería yo ésta por principal.
14 Add.: casi.
15 Del.: hasta çerca...
16 Mut.: casi toda la: toda aquella.
17 Mut.: a estas plaças teniéndolas: teniendo españoles estas plaças.
18 Del.: españoles.
19 Mut.: dende su: des-de.
20 Mut.: Luégo.
21 Del.: ynmediatamente.
22 Mut.: Emperador.
23 Mut.: la qual. 230
24 Transp.: que se yntitulaba reina.
25 Mut.: y sabido por...: y fueron por ellos aceptadas por lo qual.
26 Mut.: francés.
27 Mut.: lo qual: esto.
28 Del.: los mayores...
29 Add.: los.
30 Mut.: yendo él en persona a: y de.
31 Del.: de las quales.
32 Del.: avnque.
33 Del.: que fue el.
34 Add.: que.
35 Transp.: l;erca de la Previça passo.
36 Mut.: y de aquí.
37 Mut.: sorbo solo: poco.
38 Del.: así mesmo.
39 Mut.: así mesmo del mesmo: de.

40 Mut.: (poniendo...): en estas correcciones [pro]ce-der.

41 Del.: y por primero...

42 Mut.: y aunque.

43 Del.: y.

44 Mut.: y viniendo a ellas: Pues.

45 Del.: dize y.

46 Del.: y.

47 Mut.: él tubo: tubo en ello.

48 Mut.: por que no se fuera por: por dejar.

49 Mut.: (que me tiene...) : que tiene ya a todos enfa-dadoç, y es.

50 Mut.: sea.

51 Del.: luégo.

52 Del.: ya.

53 Del.: de los.

54 Del.: con.

55 Del.: todo.

56 Del.: (sino mucho).

57 Del.: docto.

58 Del.: prínçipes.

59 Mut.: aquel.

60 Del.: semejante.

61 Mut.: de burlas.

62 Mut.: es.

63 Mut.: y que no: sin que.

64 Add.: el duque.

65 Mut.: el suyo Carlos: punto.

66 Mut.: al eçelente: el.

67 Mut.: al.

68 Mut.: hubieran.

69 Mut.: an suçedido: sabemos.

70 Del.: (como mediante...).

71 Mut.: y quisiera enton-çes alargar: que tener.

72 Mut.: a hecho: fue causa.

73 Del.: (probe de mí).

74 Mut.: sino que: antes.
75 Add.: la guarda de.
76 Del.: guardar.
77 Del.: cada año, o a lo menos heran.
78 Del.: más de doze o quizá.
79 Mut.: De todo lo qual rresulta ber: De todo esto re-sulta.
80 Del.: y en.
81 Add.: del Emperador y rey en Niça.
82 Del.: del Emperador y frangés en Niça.
83 Del.: y de su consis-tençia y prouecho.
84 Mut.: y es: Lo v no y lo otro.
85 Del.: lo v no y lo otro.
86 Del.: (aviéndolos hecho...).
87 Add.: él y.
88 Mut.: porque éstos...: dexándolos para.
89 Del.: ello. -s.
90 Mut.: prerro- / gativa
91 Del.: las de su altísima dignidad.
92 Mut.: pro-curar ninguna...: tratar de ellas.
93 Del.: allí lo llebó.
94 Add.: le llevó.
95 Mut.: está.
96 Add.: de.
97 Del.: la.
98 Del.: que.
99 Mut.: hija...: la qual.
100 Del.: y conçertado.
101 Add.: que.
102 Mut.: y dexo tamvién...: Muchas cosas dexo yo de tratar de estas bistas
103 Mut.: no me dan lugar a ello: y.
104 Mut.: para: que han menester.
105 Mut.: de agora: primeras.
106 Del.: hecho.
107 Mut.: el más perberso géne-ro...: la más perversa que desde que ay

108 Mut.: los pinta a vsadas: píntalos.

109 Mut.: se le da: importa.

110 Mut.: alférezes.

111 Add.: a.

112 Mut.: a los mesmos que les avían: avién-doles.

113 Del.: bidas y.

114 Del.: casi que.

115 Mut.: escribe.

116 Del.: del Jobio.

117 Mut.: no más para mí de: yo seguiré.

118 Mut.: renombres.

119 Add.: tal.

120 Mut.: tan graue...: qual es el Jovio.

121 Tran.(p.: yo afirmo.

122 Del.: amotinados.

123 Del.: (si no fuesen...).

124 Del.: anduvieron.

125 Del.: por corrolario.

126 Del.: vna.

127 Del.: soldados amotinados.

128 Del.: bien.

129 (por que todo...).

130 Del.: (avnqu'él hera latino).

131 Del.: eçeto qu'estotro...

132 Del.: que como yo no soy...

133 Add.: que después.

134 Mut.: después de: fueron.

135 Del.: los solda-dos.

136 Mut.: por donde y van ...: en vn rrío dando.

137 Mut.: fueron: esto fue por.

138 Mut.: a lcançaron.

139 Mut.: Pero es todo esto: Todo esto es.

140 Mut.: no aconteçiendo agora: que no aconteçió.

141 Del.: Porque.

142 Del.: por mandado del Emperador.

143 Mut.: Mas.

144 Del.: porqu'el suyo ni su...

145 Add.: de.

146 Del.: ojala gastara.

147 Del.: fue.

148 Del.: esto.

149 Transp.: 10 bueno es.

150 Del.: (que ojalá fuera...).

151 Del.: y da a entender clarísimamente.

152 Mut.: siguiéndole.

153 Add.: y.

154 Del.: lo que se a de llorar de.

155 Mut.: no son berdaderas: son falsas y fingidas.

156 Mut.: de qué culpa le quita: la facultad que tiene según.

157 Del.: puesto caso que.

158 Del.: sino.

159 Del.: con la comida.

160 Del.: rreverendísima.

161 Mut.: salbo que según...: sino que su parecer es regla se entiende.

162 Transp.: hecho el perdón a españoles.

163 Mut.: de haz ello: perdonar.

164 Del.: y así.

165 Mut.: llamaJle al: llamar al tal.

166 Del.: en el.

167 Mut.: que tenían (avnque ...) : de aquella gente.

168 Del.: (como el otro...).

169 Add.: como decía el otro tirano de Roma.

170 Mut.: lo que se lehe del: el.

171 Del.: de.

172 Mut.: quando se haçía (que hera...): que se hazía.

173 Del.: como aquí.

174 Mut.: no quiero estar...: y no tengo qué comer, quiérolo.

175 Mut.: crueldad.

176 Mut.: ojalá me fuera lîçito...: merece otros peores nombres.

177 Mut.: a concluir.

178 Del.: después de lo de la otra.

179 Del.: (a algunos...).

180 Del.: creer en esto.

181 Del.: Pero en fin...

182 Mut.: sábese a lo menos.

183 Add.: no.

184 Del.: disfamado de no estar.

185 Mut.: que Dios nos llevó...: Emperador le pareciese bien.

186 Del.: otra cosa d'esto.

187 Add.: que le plazía.

188 Mut.: mostrar aquello: hacer aquella demostración.

189 Mut.: espantar con...: sacar algún provecho d'él.

190 Add.: también.

191 Mut.: perdiesse.

192 Mut.: cobrándolo de...: cobrando nombre de injusto y.

Capítulo Quarenta y Dos

De lo que suçedió cabe la Previça a las harmadas ynfiel |y christiana, |y de la toma de Castilnobo, |y de la guarnición de españoles que allí quedó |y de la pérdida después del mesmo pueblo, tornado a rrecuperar de los turcos [1].

Vengamos agora a lo rrestante del libro jobiano treynta y siete, que comiença dende el capítulo quinze hasta el fin d'él, donde se tratan tres jornadas en que se yncluyen [2] la primera la que llaman de la Previça, quando aquel año de treynta y ocho se toparon las armadas christianas con la de Varbarroja y con él, y la segunda de la toma de Castilnovo por los fieles, / y la terçera la pérdiaa del mesmo pueblo quando los turcos lo tornaron a cobrar.

Y quanto a lo primero, de la Preuiça, no ay que dudar sino que Paulo Jobio quenta vien y [3] fielmente lo que allí pasó a la letra, sin que sea neçesario enmienda ninguna. Solamente en lo de la nao de Macltín de Mongula andubo muy corto, por ser español; porque si las gentes no se conçiertan todas para haçer agrauio a vno solo, pero no creo que abrá tantos |Jobios en el mundo, mientras lo vbiere [4], durará la fama de aquel capitán [5]; pues no sé yo en qué se pueda ella mejor enplear, para andar derramándolo entre las naçiones de todos los siglos [6], que en dar poblicando por todos ellos [7] que vna nave |y vn capitán con treçientos de su naçión, españo les, se defendiesen casi vn día entero, y vatallasen, y saiesen con la vitoria, de çiento y çincuenta galcras de turcos. Y es lo bucno que dize el Jobio [8] en este articulo [9] que mataron los turcos muchos españoles y marineros del nauío, porque [10] como heran pocos los muertos (que no pasaron de treynta y siete o treynta y ocho), pareçióle / que rredundaua en gran gloria de aquel baleroso vizcayno y no oso [11] poner el número çierto, sino dixo abulto que le avían muerto muchos españoles, siendo tan pocos, como he dicho. Pero espantado estoy, y agradézcoselo mucho al ovispo, que en este negoçio ynfelize de la Previça no atribuyo siquiera alguna culpa a los españoles, avnqu'estobiesen metidos en las naues, o como no los hallo allí amotinados, o que no quisieron pelear, y otras gentilezas de las que suele dezir d'ellos. Y solo [12] quiso poner la culpa al [13] prinçipe Andrea Doria [14], y quizá, si el general de vna jornada se puede rrelebar de alguna, no tiene tanta como todos le ponen. Pero |esto mejor lo dirán los |Añales que yo agora; para entonçes se quede. En el entretanto, digo que quiero que se sepa [15] que no fue grande varraganía, a lo menos no tan por lo subido [16] como lo hazen todas las gentes [17], que hizo Barbarroja en salir en busca de nuestra armada; ni se piense que fue aquello más de vn rrepiquete de broquel, a manera de levada, jugando muy a lo seguro, y si no a lo seguro, a lo menos no con mucho peligro [18]. Porque por donde él tomo el a- / cometimiento, que fue por la vanda [19] de la tierra, y haziendo espaldas seguras d'ella, y que a vna neçesidad forçosa, quando no le fuera víen en la batalla, podía tomar a la mesma [20] tierra por manparo, abenturando no más de los cascos [21], no se puede dezir aquello salir del puerto a ofreçer la vatalla, sino costear la rribera e ir mirando el suçeso de las cosas con algún [22] peligro, del qual quedaron libres [23] con la deshnrden del armada catolica, y pudieron hazer aquellos acomctimientos fáçiles [24]; espeçialmente que avía en |esto otro primor y secreto (y no trato [25] dela floxedad que atribuyen al armada veneçiana), que m'es forçado rreserballo para los |Anales, y para entonçes se quede [26] lo que más ay que dezir de aquel día, que fue, sin ponello el Jobio

[27], el día de Sant Cosmc y de Sant Damián, a vcynte y siete de setiembre de aquel año de treynta y ocho.

Y trátese agora solamente [28] de lo de Castilnobo. Y pasa [29] así, que después de pasados los enquentros de las armadas así cabe [30] la Previça, como otra çierta muestra de lo mesmo que pasó cabe [31] Corfú, determinaron los cristianos de ir a tomar (enmendando lo pasado) [32] algún lugar [33], haziendo algún echo notable en tierra de hencmigos [34]. Y después de muchos / acuerdos, pusieron los ojos (los quales después les costaron) [35] en Castilnobo, pueblo en el golfo de Cataro; y no sé para qué, aviendo pocos años antes alargado a Corron, que no ay más diferençia de lo vno a lo otro para propósito christiano y frontena contra turcos, que In ay de lo bueno a lo malo o de lo prieto a lo blanco [36]; y demás d'esto, a causa de algunos padrastos [37], el lugar no es nada fuer |te. Y açerca de la toma d'esta plaza dize el Jobio mili hierros, y si no son tantos en cantidad, la calidad los haçe valer por más qu'el número que e dicho. Dize, pues [38], quanto a lo primero [39] que dexado los vezinos, no avía soldados turcos en aquel pueblo, sino vnos pocos de guarniçion en la guarda de los dos castillos que aquella tierra tiene. Y engañose Nochera en esto, y la |Ystoria Pontifical tanbién, arrimándose a vn árbol no de muy buena sombra para ello [40], porque dexado aparte que en los castillos avía guarniçion [41] bastante, avía trezientos y çinquenta soldados turcos de guarniçion dende fin del año pasado de treynta y siete y comienço del de treynta y ocho. En el qual tiempo el Gran Turco Solimano envió a fortificar (sabiendo la liga / del Papa y del Emperador y veneçianos que contra él se hazia) todas las fuerças de sus dos costas, así de la Greçia como de la Suria, y así de Evropa como de Asia. Y entr'ellas se avía guarniçionado a [42] Castilnnbo, quánto más que sin esto, acudióluégo mucha gente de todas aquellas aldeas y villages de la comarca, que con ella, y con los veçinos del lugar y gente de guarniçion, se pudieran defender más de lo que se defendieron. Y así fueron vastantes para salir a escaramuzar y defender el allegar al pueblo a los christianos [43], y matar al capitán Bocanegra y a otros, el qual murio en esta escaramuça (y no en el asalto, como el Jobio y la |Pontifical dizen). Y en fin, el pueblo [44] se tomo no çierto con mucha defensa, pero guardándoles la palabra que se les dio en su rrendimiento, y no quebrantándosela, como nuestro ovispo dize, el qual sin sauello [45], quenta que se les prometio libertad; y no fue así, sino solamente las vidas fueron las prometidas [46].

Pero en lo que mayor hierro, y tras el hierro mayor pasion, cometió y mostro nuestro avispo [47], fue en dezir que no se les guardaron [48] a los / veneçianos lo contratado en Rroma (aunqu'es berdad que Veneçia sintióse d'ello, pero sin rrazón), en dezir [49] que heran obligados a entregar a Castilnovo a aquella Rrepública [50] porque si se mira el capítulo del contrato, no [51] diçe sino [52] que se les entregaran todos los lugares de Greçia y de Almaçia que vbieron en otro tiempo sido de aquella Señona, y esto [53] no estaba muy [54] líquido; y hasta averiguarse y consultar a las cabeças, no sé yo qué ynjuria se haçla a ninguna de las partes. Pero no se niegue no estar preçioso el Jobio en lo que dize, que se apoderaron dellugar los españoles, como si se hubieran entrado en él por su propia autoridad y contra la boluntad de sus superiores y fuera de la ovidiençia d'ellos, por no poner mácula ninguna (que no se la ponía en esto) [55] a dos pnnçipes ytalianos, deuajo de cuya mano yvan los soldados, que heran el de Oria y el de Gonçaga, que les mandaron allí quedar, que oxalá nunca lo obieran mandado. Pero porque de toda su narraçion saliésemos con pérdida, dize y da a entender [56] que vinieron en ello los generales por rrazón de hechar de Ytalia a los / españoles, temiendo su condiçión d'ellos que son deseosos de ynperio y mando y husados a rrouos y malifiçios, y que tanbién fue causa para que sospechasen los veneçianos de tan malos vezinos que les avían de tomar a Cataro. En quanto al deseo de ynperio, engáñase el señor Nochera, porque si tan grande lo tuvieran, tiempo tuvieron y ternán siempre (plaziendo al que le plugo, lo demás qu'ellos an alcançado) [57] para que ningún prínçipe, sino el suyo, tubiese en Ytalia almena ninguna. Pero como no se avía de medir esto con su boluntad, sino con la de su rrey, y pareçiéndole a él otra cosa, alargo [58] y dio estados y a echo [59] señonos de nuevo en aquella probinçia, y otros conseruado [60], no queriéndolos para sí ni [61] sus españoles tanpoco (avnqu'el Jobio contra berdad diga lo contrario); que pareçe, si no se mirase más de a bulto, demasía de magnifiçiençia que liberalidad venida al justo, y como esto no lo es, el Jobio piensa que todos son de su condiçion y así [62] dize luégo que son los españoles husados a rrobos y malifiçios. A la qual ynjuria, si agora [63] le rrespondiésemos con otra, hera / baxeza; y si le tubiésemos vn falso y le conçediésemos lo que dize [64], rredundaua en grande perjuiçio suyo y de su Ytalia, pues vnos ladrones, rrobadores tantas vezes, los an bençido y ganado grandes estados de su probinçia. Y así, mirando por la honrra del Jobio y por la mía, qu'es de no tratar ynjuriosamente de nadie, pasaremos adelante por esto, dexándole al Jobio en su posesion, con solo dezir çerca d'esto, qu'el mundo sabe bien las condiçiones de todas las naçiones, como nadie no juzgue la suya mesma; y así, esta pendençia yo la dexo en mano de todas ellas, para que juzguen [65] los rrobos y las otras malas artes de los españoles y de los ytalianos, y den [66] la ventaja en esto a quien les [67] pareçiere.

Y en el [68] entretanto, trátese de lo que más dize este rreberendísimo [69], siguiéndole el doctor Yllescas, que quedaron en Castilnobo quatro o çinco mili españoles, abiendo quedado solos dos mili y quinientos, y avn d'éstos crco que son çiento o dozientos menos. Y porque los dichos avtores no se nos escapen por otro camino, sepan que con ellos no quedo soldado de naçion ninguna, si no fueron / albaneses, ochenta de a pie y beinte y çinco de a cauallo, con sus capitanes Lázaro, y Andrea, y Pinti, y Jorge Copos. De manera que toda la guarniçión fue d'españoles, y no más del número que he dicho, con sus capitanes Machín de Monguía, Masquefa, Luis de Haro, Juan Vizcayno, Mendoça, Silba, Sancho de Frias, Cusán, Zambrana, Zinbron, Arriarán, Pero Ruiz Galle go, don Pedro de Sotomayor que suçedió en la conpañía de Bocanegra, y sobre todos quedo Françisco Sarmiento, con su compañía, por superior y maestre de campo de aquella gente. Y como vn hierro [70] llama a otro (y así se han encadenando para no poderse desasir), dize tanbién el Jobio qu'estos soldados (que según se a de presumir guardo Dios después para mártires de su Yglesia muriendo por ella y por nuestra fee), que fueron los que se amotinaron en Lonvardía y destruyeron la tierra de Galera, y síguele en esto muy sin pena la |Pontifieal. Y es [71] engaño notorio, porque aquellos soldados de Lonvardía fueron los dos mili a Vngría, y otros tantos o pocos menos quedaron de guarniçión en aquel estado, y solos mili de aquel terçio se envarcaron para esta jornada de levante, / y d'éstos avían ya faltado hartos en el biaxe. Y así, no quedaron allí ochozientos soldados de los que dize el Jobio, ni más conpañías de las de Juan Vizcayno y Silva, y la de Gallego que sirbía la de Luis de Alcoçer, qu'estaua avsente y fue capitán de los qu'estauan en Lonbardía. Pero quando hubiera sido así qu'estos soldados de Castilnobo fueran todos o los más los de Lonbardía (como estos dos señalados barones quieren que sea), otros mayores rrouos por ventura abía echo vno de los ladrones que cruzificaron con el Rredemetor del mundo, y después le guardo el mesmo Dios para el estado que ya se saue; y asi agora, según el Jobio, muchos ladrones me pareçe que tenía Dios guardado para el mesmo estado.

Pero dexemos el suyo y vengamos al del Jobio [72]. Dize [73], por postrera cosa de las de Castilnobo, que los beneçianos, visto que no les entregauan el lugar, se arrepintieron de hauer enprendido esta guerra, y que luégo pidieron treguas a Solimán y se las otorgú beninamente, porque Antonio Rrincon, embajador del rrey de Françia en Costantinopla, ynformo que la liga que los beneçianos hizieron con el / Emperador en Nápoles se avía echo contra boluntad de la mayor parte del Senado, y qu'esta nueva guerra se avía enprendido contra voluntad de todos ellos; que todo esto mezclado es el mayor disparate, hablando en rromançe [74], que se puede ymaginar. Porque, quanto a lo primero, las treguas que dize no se otorgaron benina sino asperísimamente, y d'ellas rresultodespués vna paz bergonçosa a los beneçianos y digna de gran vituperio, pues la compraron por trezientos mill escudos, y por Nápoles de Rromania, y Malvasia, y otras tierras que entregaron al turco. Y la ynformaçion de Rrincón, echa en Costantinopla sobre la liga del Emperador y veneçianos echa [75] en Nápoles, es, [76] diferente d'esta materia. Que aquella hízose [77] para la paz de Ytalia y no contra el turco, y entonçes hubo [78] diuersos pareçeres entre los beneçianos [79]; pero para contra ésta del turco todos estuvieron de vna opinion, sin faltar ninguno, porque [80] avnque quisieran, no pudieran hazer otra cosa. Porque la guerra no la començaron ellos, sino su contrario y el de todos los christianos, y por heso es d'espantar [81], / como se arrojo este honbre a dezir cnsas que traen no solo contradiçion consigo, sino manifiesto desatino. Porque dize qu'esta nueva guerra contra el turco se avía enprendido contra la voluntad de todos los beneçianos, como si los pobres [82] fueran ellos [83] los acometedores y los que començaron la guerra; abiendo sido el turco el quebrantador de la paz que tenia con ellos, queriéndoles tomar a Corfú, y haziéndoles los otros daños qu'el Jobio quenta en su libro de treynta y seis pasado.

Pero pues hemosbisto [84] ganado a Castilnobo, démonos priesa y [85] veámoslo perdido bien prestamente; y veamos asímesmo nuevamente lleno el çielo de nuevos moradores [86], quedando sus cuerpos tendidos en las calles de Castilnobo. Digo, pues, que visto por el Gran Turco la pérdida de su Castilnobo, acordo el año siguiente de treynta y nueve de enbiar sobre él por agua y tierra. Y así enbio por la vna parte a Barbarroxa y por la otra al Sanxaco Vlamagno, con grande cantidad de gentes, muniçiones y artillena. Y el Baruarroxa envio delante a Dragut con treynta y seis galeras / a rreconoçer. Y dize el Jouio que salieron, a éstos que desenvarcaron para el rreconoçimiento, el capitán Machín de Monguía y el capitán Lázaro, albanés; y que matando algunos turcos, los hiçieron emvarcar. Y lo mesmo dize nuestra moderna |Ystoria Pontifical, sin tener rrazón de callar los demás que salieron contra los turcos aquel día (que, callándolo el Jobio [87], fue a doze de jullio del año de treynta y nueve), y fueron [88] el capitán Vizcayno y Luis de Alcoçer. Pero anvos autores callan tanbién otra segunda vez qu'este mesmo día a la tarde (porqu'estotro [89] fue a la mañana) que salieron y [90] desenbarcaron los turcos a lo mesmo, y [91] salieron segunda vez de Castilnobo a estorballo el mesmo capitán Juan Vizcayno, y Mendoça, y Garçiméndez de Sotomayor, alférez del maestre de campo Françisco Sarmiento, y dieron a los turcos vna braua carga, con la qual mataron a muchos y prendieron algunos y los hizieron segunda vez tornar a envarcar, hasta que de allí a tres días, / que fue a quinze del mesmo mes, allegú [92] Baruarroxa con toda su llota, y en el mesmo día allego asímesmo [93] el Sanxaco con su exérçito por tierra. Y después se asento la vatena por tres partes, estando a beynte y tres de jullio, todo puesto a punto para començar a batir la tierra.

Y déxase [94] de contar aquí, por guardallo para los |Anales, los rrequiebros que pasaron entre B, ruarroxa y Françisco Sarmiento, primero que se començase el negoçio de la guerra. Pero lo que se me haze más lástima (y eslo, çierto, muy grande), que venga Paulo Jobio, en Vna ystoria suya tan [95] prinçipal, a callar las batallas que se dieron a Castilnobo. Porque no quenta más de las baterlas, sin contar más de vna hez que binieron a las manos, que fue el día que se entró en la tierra, y pasa con silençio las demás batallas, que fueron seis por todas, por no dezir quán valerosamente fueron defendidas. Y ya que tanta açedia le causaba la gloria española, acordár[a]se de la de Jesuchristo, que hera la prinçipal, y [96] contara [97] cómo se / derramaba aquella sangre espérica por su sancta fee y nonbre [98].

Estas batallas que se dieron a la tierra, sin podella entrar los enemigos, fueron: la vna a veinte y quatro dc jullio; y la otra el día siguiente en que çelebra la Yglesia Catolica la fiesta de nuestro patron Sanctiago; la otra a quatro de agosto, quando ya el castillo de arriba, y casamata y trabeses, estaua todo desecho; y otra el día siguiente, a çinco de aquel mes; y la otra fue otro día a seis de agosto, quando ya no avía muralla en Castilnobo, sino tan abierto lo de dentro como lo de fuera, y tan campo llano donde solia aver muralla, como la canpaña de fuéra; y la vltima fue a siete de agosto, quaundo fue entrado cl pueblo de los bárbaros, porqu'este día fue, y no el día antes, como la Y |storia Pontifical dize, y la jobiana trata [99] en este paso; vna gran maldad (téngola de llamar asi) [100].

Dize, pues, en el penúltimo capítulo d'este mesmo libro, que los milaneses, quando supieron la pérdida d'este Castilnobo, se alegraron grandemente de la muerte de los españoles, y que yvan a los altares de San Donato, porque en aquel día aria sido la toma de Castilnobo, / a dar graçias al bienaventurado sancto porque por su ynterçesion se auía alcançado vengança de aquellos rrobadores, lleuando el pago de sus malefiçios. Lo qual yo no creo de los milaneses, porque ay entr'ellos muy buenos christianos, ya que'el Jobio no lo fuese para escrebir semejante cosa. Y son las qu'este honbre dize de manera qúe, ya hartn de llamarnos rrobadores y otros nonbres vituperiosos, le pareçe que si no busca nuevas maneras dc dezir mal y de ynbentallo [101], que no cumple con el odio que tiene a nuestra probinçia [102], hasta querer [103] meter a los sanctos en su pasion y çeguedad. Pero, tornando a lo que se trataua, digo que en aquellas batallas que he rreferido, hizieron los españnles en defensa de Castilnobo tales cosas y tan señaladas y nunca vistas, quales para siempre serán çelebradas por gloriosas en la tierra y en el çielo, nunca quiriéndose rrendir [104], jamás; y [105] mientras más se acababan, estavan más fuertes. Y aconteçía en compañías de dozientos y trezientos honbres quedar doze o quinze no más, y aquellos solos estauan, [106] enteros, como quando estauan aconpañados de los demás qu'estauan ya en la gloria, / llamando a los otros poquitos compañeros que les quedaban en la tierra. Y con toda la puxança de los bárvaros, no pudieran tomar la tierra, si vn artillero esclabón no se saliera por la muralla y se pasara a los enemigos, el qualles dio el abiso de la proveza [107] de las muniçiones de la tierra, y de cómo les conbenía deshazer el castillo y la casamata que cabe él estava, y como no podían sin esto tomar jamás el pueblo. Y en lo que dize nuestro autor de la mina que hizieron los christianos para volar vn torreón qu'estaua ocupado de turcos, y que después, dándole fuego, por estar la pólbora húmeda hizo hefecro contrario, y que rrebolbio haçia los christianos y quemo muchos, digo que la pólbora [108] no estubo el daño d'ella [109] en la humidad [110] sino en una vena de agua que se descubrio y rronpio en la mesma mina y aquel ataxo del agua hizo rrebolber atrás el fuego.

En fin, el pueblo fue entrado para gloria senpiterna d'españoles, sin quedar vençidos / ni bibos de todos los defensores más de hasta trezientos y setenta soldados Y los demás (que por todos fueron hasta seiszientos, y no ochoçientos, como el Jobio dize) heran mujeres y moços de soldados, y mercaderes, y otras semejantes personas. Los trezientos de los quales estauan en el castillo debaxo metidos con los heridos que allí estauan, y los otros trezientos se prendieron alrrededor de las puertas del mesmo castillo por los geníçaros y gente de guerra, que aconteçio a ser tan buena vanda d'ellos, que con defenderse valientemente aquellos trezientos, no los mataron, avnque matauan ellos hartos turcos. Y entre ellos fue vno el maestre de campo Françisco Sarmiento, avnqu'éste no tubo la bentura por mayor suya que otros, porque allí, matando enemigos, fue muerto. Al qual tanbién por todo el estremo posible le quisieron saluar y rrendir los turcos; pero vnos que acababan de matar al capitán Juan Vizcayno, sin podello rrendir avn- / que se lo rrogaron, como Otros asímesmo estaban rrogando lo mesmo a Françisco Sarmiento sin aprovechalles su rruego, le acudieron por detrás y le mataron. ¿Y que con todo esto aya tan poca bergüença en vn autor ytaliano cómo el nuéstro [111], que se pare públicamente a dezir en este su libro [112], que después d'entrados los turcos en el pueblo, y andando ya enpapados con la vitoria por las calles echando ánimas al çielo [113], que vbo desygualdad en el balor de vnos más que en otros, quando todos andauan matando turcos, y que no con la mesma fortaleça fueron muertos todos en aquellas calles, porque vnos pelearon mejor que otros, y que los pocos de cabe el castillo arrojando las armas se avían rrendido? Que quando todo esto fuera, no abía para qué mezclar entre tan admirable obra la particularidad de pocos que se rrendiesen ni peleasen no tan bien como otros, ni todo vn hedefíçio puede estar ygualmente aventaxado. Pero es falso, y no será esto deçir que en esto estubo el ovispo falto de conçiençia / y de christiandad, pues le allego la cólera (o sea enbidia) a tanto, que le hiziese poner en semejante paso, y tan piadoso, cosas tan ynpías y contra verdad escritas [114]. Porque todos los que quedaron bibos después d'entrado el pueblo, y tuvieron lugar y oportunidad para pelear por las calles (si no fueron los qu'estauan en el castillo de abaxo, a quien les falto esta comodidad y así se entregaron en poder de los turcos) [115] todos los demás [116] murieron peleando, y los que no [117], catibáronlos peleando sin hauer rrendimiento ninguno, y sin arroxar las armas, como falsamente el falso [118] Jobio dize. Y ya yo beo que me boy descomidiendo y faltando a lo que soy obligado; y será neçesario, porque mi calor no me lleue más adelante, que avnque avía más cosas que dezir y que enmendar sobre las que pasaron en Castilnobo, no pase a ello, porque no estoy para hablar más çerca d'esta materia y no quiero, tratándola, perder nada de lo que debo a honbre de bien, avnque me dé más ocasioncs a ello Paulo Jobio. Quédese [119] / lo demás d'esta historia, [120] para las coronicas dcl Emperador quinto Carlos y para los |Añales del mesmo, donde se berá todo lo de Castilnobo, según se a d'esperar de sus coronistas, como conbiene.

1 Add.: con los apuntamientos necessarios sobre la Historia del Jovio.

2 Del.: en que se yncluyen.

3 Del.: vien y.

4 Del.: en el mundo mientras lo vbiere.

5 Add.: quanto el mundo durare.

6 Del.: para andar...

7 Mut.: dar publicando...: publicar por todas naciones. : .

8 Del.: y es lo bueno...

9 Add.: dize el Jovio.

10 Del.: porque.

11 Mut.: no osó: por esto no quiso.

12 Mut.: siendo tan pocos...: con todo esto es de agradecer al Jovio que en aquel ngocio desastroso.

13 Mut.: solo el.

14 Add.: sin cargar a nuestra nación.

15 Del.: que quiero que se sepa.

16 Mut.: grande varragania...: tan grande varragama.

17 Mut.: lo haz en todas...: la haz en todas las gentes la.

18 Del.: y si no a lo seguro...

19 Mut.: parte.

20 Mut.: a la mesma: la.

21 Mut.: vasos.

22 Mut.: poco.

23 Mut.: quedaron libres: quedó libre.

24 Mut.: católica y pudieron...: christiana.

25 Mut.: y no trato: sin tratar.

26 Mut.: que m'es fort;ado...: el qual reservo para los Anales con.

27 Del.: sin ponello el Jobio.

28 Del.: solamente.

29 Mut.: y pasa: Es.

30 Mut.: cabo...

31 Mut.: cabo.

32 Del.: (enmendando lo pasado).

33 Add.: para que.

34 Add.: se emendasse lo passado.

35 Del.: (loS quales...).

36 Del.: 0 de lo prieto a lo blanco.

37 Mut.: padrastros.

38 Del.: Dize pues.

39 Add.: dize.

40 Del.: para ello.

41 Mut.: que en los castillos...: la guarnición de los castillos que era.

42 Mut.: se avía guarnit;ionado a: se guarnicionó.

43 Mut.: el allegar...: a los christianos el llegar al pueblo.

44 Mut.: lugar.

45 Mut.: lo saber.

46 Mut.: fue así...: se les prometió más de las vidas.

47 Mut.: y tras el hierro...: cometió y mostró mayor pasión.

48 Mut.: guardó.

49 Mut.: aunqu'es berdad: por.

50 Add.: as sí que aquella república se sintió d'esto pero sin razón.

51 Del.: no.

52 Del.: sino.

53 Mut.: y esto: lo qual.

54 Del.: muy.

55 Mut.: por no poner...: parecíale poner mácula en esto.

56 Del.: y da a entender.

57 Del.: y ternán sienpre...

58 Add.: la mano liberalmente.

59 Mut.: y ç echo: y hizo.

60 Mut.: conseruó.

61 Add.: parç.

62 Mut.: que paret;e si no...: quien esto mirase a bulto sin otra consideraciónantes juzgarla ser prodigalidad que liberalidad.

63 Mut.: malifit;ios. A la qual...: maleficios. Si a esta injuria.

64 Del.: y si le tubiésemos...

65 Mut.: con solo dezir ...: Mejor es dejar esto para que el mundo, pues sabe bien las condit;iones de todas las naciones, y ninguno conoce sus faltas propias, juzgue.

66 Mut.: dé.

67 Mut.: le.

68 Del.: y en el.

69 Mut.: este rreberendísimo: el Jobio.

70 Mut.: error.

71 Mut.: y es: siendo.

72 Del.: (como estos dos...). [La nota del corrector que reemplaza este párrafo y está al margen es ilegible].

73 Add.: el Jovio.

74 Del.: hablando en rromant;e.

75 Mut.: que passó.

76 Add.: mui.

77 Mut.: Que aquella hízose: Porque aquella sç hizo.

78 Add.: los.

79 Add.: que dize el Jovio.

80 Mut.: y.

81 Mut.: su contrario...: el turco. Cierto que es mucho de maravillar.

82 Add.: venecianos.

83 Del.: ellos.

84 Mut.: hemos bisto: vimos.

85 Del.: démonos priesa y.

86 Mut.: bien prçstamente y...: y el t;ielo ganado nuevos mártyres.

87 Del.: callándolo el JooJJbio.

88 Add.: éstos.

89 Mut.: porque lo otro.

90 Del.: salieron y.

91 Del.: a lo mesmo y.

92 Mut.: llegó.

93 Mut.: allegó asÍmesmo: llegó.

94 Mut.: y déxase: Dexó.

95 Mut.: suya tan: que él tiene por tan.

96 Del.: y ya que tanta...

97 Add.: a lo menos, pues era christiano y obispo.

98 Mut.: espérica por su...: de españoles por la sancta fee de nuestro Redentor.

99 Del.: y la jobiana trata.

100 Mut.: vna gran...: trata vna gran maldad la Historia Joviana, porque as sÍ la tengo de llamar 0.

101 Del.: y de ynbentallo.

102 Mut.: nación.

103 Del.: querer.

104 Mut.: quiriéndose rrendir: quiriendo rendirse.

105 Mut.: antes.

106 Mut.: solos estauan: pocos eSo tar tan.

107 Mut.: pobreza.

108 Del.: la pólbora.

109 Del.: d'ella.

110 Add.: de la pólvora.

111 Mut.: ytaliano como el nuéstro: lombardo.

112 Del.: en este su libro.

113 Del.: y andando ya enpapados...

114 Mut.: que quando todo esto... (fol. ant.) : lo qual es muy falso.

115 Del.: (si no fueron los que...).

116 Del.: los demás.

117 Add.: murieron.

118 Del.: el falso.

119 Mut.: y ya yo beo...: y es que estavan en el castillo de abaxo no teniendo comadidad para poder pelear,

120 Add.: se quedará.

Capítulo Quarenta y Tres

De cómo el Enperador sentençió lo del marquesado de Mooferrar, y de cómo fue adjudicado al duque de Mantua, y de la toma y muerte de gente de Caralle, y del sitio de Quer y de la pérdida y rrecuperaçión de Casal de Monferrar y de otras cosa [1]

Aviendo Paulo Jobio allegado con su |Historia hasta los meses vltimos del año de treynta y nuebe, rrebuelbe en su libro treinta y ocho, que agora hiremos acotando, a tratar de cosas tan quedadas atrás, que pasaron el año de treynta y siete y avn parte dcl de treynta y seis, como agora lo beremos. Y vinicndo al Jobio, digo que en el primer capítulo de aqueste libro treynta y ocho que he dicho [2], diçe [3] que el Emperador en Génoba, salido de Françia, antes que partiese para España, sentençió y determinó sobr'el marquesado de Monferrar, / adjudicando aquel estado a Federico, duque de Mantua, que hera vno de tres que letigavan sobr'él en el tribunal ynperial, sin poner la dezendençia y parte que los otros oonpetidores -que heran el marquez de Saluzo y el duque de Saboya- tenían en la sangre y casta [4] Paleóloga para pretender aquel señorío. Y pues éllo dexó por dezir en su |Historia, no tengo yo [5] para qué sacallo de la mía para trasplantauo en la agena, sino rcmitiuo donde sienpre me suelo rremitir qu'es a los |Añales. Y así digo que alli se verá [6] los fundamentos de cada vno de los tres pretensores, de los quales [7] rresultará la justificaçión dc la sentençia de la magestad del Carlos, sin haver agora qué dezir ni añadir en este paso sobr'el Jobio, más de cumplir oon vna [8] falta hordinaria suya [9] que, como e dicho otras beçes [10], no señala los días de las cosas aoonteçidas [11]. Y esta suya fue dada a tres de nobienbre de aquel año de treinta y seis pasado [12]. Y en lo que más dize en estc capítulo primero sobre lo del casteuano de Milán, tuvo rrazón, y no [13] ninguna la |Historia Pontifical / en dezir qu'el alcayde, que en esta sazón fue nonbrado para el señalado [14] castillo de Milán, fuese don Juan de Luna, porque éste no lo fue hasta después andando el tiempo, que avn primero pasó por otro ofiçio d'esta mesma suerte, que fue tener a cargo la fortaleza de Florcnçia. Y agora quien [15] nonbró el Emperador para estotra [16] que dezimos, fue no don Juan, sino [17] don Albaro de Luna. Con esta adiçión y con qu'el Emperador se emvarcó para España a catorze de nobiembre, no ay más que tocar en este capítulo primero.

Y viniendo al segundo, que trata de los comienços [18] de la guerra qu'el marqués del Gasto hizo a los françeses en el Piamonte, digo que, quanto a lo primero [19], híerra el Jobio en dezir que la muestra que tomó el dicho marqués a su gente fue Enpucrín, porque no [20] se tomó sino [21] antes d'esto en Arbenga, y fue a los doze de otubre de aquel año. Pero biniendo a lo que más haze al caso, qu'es a los hechos de la guerra [22], dize tanbíén en el mesmo capítulo qu'el marqués puso sitio a Quier, lugar distante pocas millas de Turín, donde hera la caueza de la guerra françesa. Y paréçeme que fuera [23] / rrazón, que primero que tratara d'esto, dixera (pues oomençaua a escrebir vna guerra que después tanto duró) lo qu'el françés poseya y hauía ocupado en el Piamonte, y qué lugares estauan por el Emperador y por la casa de Saboya en la mesma probinçia, y la manera que los françeses tuvieron en ganar cada pueblo de los que abían tomado, y [24] fuera esta cosa [25] grande negoçio para ynteligençia de la historia y de aquclla guerra. Pero pues él no lo quiso hazer y dexó este cargo a otros coronistas e ystoriadores, fuera rrazón que le [26] dixera siquiera d'este pueblo de Quier, qu'cl marqués (en su historia d'él) [27] agora sitiaba, y si lo hubiera echo, y contado la trayçión de Bartolomé Grabaldo y de Bartolomé de Zepo, se pudiera mejor entender quánta rrazón tuvo el marqués de començar la guerra por el sitio d'este pueblo más que por otro ninguno. Pero quédese todo para los lugares que tengo alegados. Dize, pues, en lo que toca a este sitio, qu'el marqués luégo que lo puso, en començando la vatería se rretiró y levantó de sobre aqucl pueblo, porque le mataron a su maestre de campo Rrodrigo de Rripalda oon vna pieça de artiuería. Y digo que / no estoy yo tampoco muy fuera del pareçer del Jobio en este negoçio, y que me pareçe, y pareçió a muchos, que todos nos podemos engañar en euo, qu'el del Gasto se lebantó temprano de sobre Quer y que le pudiera, al pareçer de los que e dicho, dalle [28] vna bataua, y según ellos se cree que se entrara la tierra. Pero no tiene rrazón nuestro autor en dezir que no se avía dado del todo la batería, porque se dio y hizo muy buen hefecto por [29] dos partes que se vatió el pueblo, e yendo a rrcoonoçer la vatería el macatre de campo que hemos dicho, con el sargento del capitán Arriarán, y oon el del capitán charles d'Esparça' arremetió con solos éstos dos y quedó él y vno de los dos sargentos muertos de dos arcabuçazos en el camino. Y el sargento del capitán Asriarán, que quedó solo, todavía uegó y rreconoçió la vatería y vio las trinchcas y rreparos que se haçían y las qu'estavan hechas, y conoçió ser dificultosa la entrada. Y esto causó la rretirada del marqués, teniendo por ynçierta la empresa, y no / la qu'el Jobio quenta. Y no mataron, oomo él mesmo dize, en aqueua jornada, a solo el maestre de campo, porque sin los que e dicho, murieron y mataron [30] otros muchos muy prinçipales soldados, y entr'euos al sargento del capitán Morales, y hirieron asímesmo a su alférez, y a otros hartos, como e dicho. En fin, el marqués se rretiró y rrepartió su gente por los lugares del Piamonte qu'estauan a su deboçión y obidiençia, avnque duró pocos días este rreposo.

Y en lo que más dize el Jobio del marqués de Saluzo en este capítulo, ya en el capítulo trcinta y ocho pasado hemos dicho [31] lo que ay que dezir çerca d'esto, sín que sea neçesario tornallo a rrepetir, ni sin que los testimonios d'este Nochera basten a hazernos caer en semexante prolixidad. Quédese él con la suya en este caso muy en buen ora, que a mi creer, no le balió poco, en escudos dcl Sol pagada [32], la qu'él llama trayçión saluzana, para que la escribiese por tal en su |Historia. Y porque en eua se abían pasado dos capítulos sin dezir mal d'españoles, acordó de encaxar en éste en que / agora vamos lo que no aconteçió en este tiempo, que fue lo de Caralle, o Carallo oomo él lo uama, ni contando [33] la verdad oomo hera obligado a contalla; y [34] por levantar vn [35] testimonio al de Saluzzo (agora que se halló a mano) [36] levantó también muchos a españoles, donde [37] dize qu'este marqués y euos, aviendo bençido a Torregiano (que avía de llamar Torresán) que [38] avía traydo vna multitud de viuanos y entrádose con euos en Carallo, que fueron entrados y vcnçidos por los españoles, y que hiçieron vna crudelísima matanza en los enemigos, porqu'el marqués Françisco les deçía que matasen hasta hartar de aqueua miserable turba. De lo qual había suçedido que gran muchedunbre de honbres (alavándolo el Saluzo) avían sido muertos (avnquc húmillmente pedían merçed de la vida), cosa que no ay memoria qu'en lugar ninguno ayan jamás echo ningunos rrabiosos báruaros, todo lo qual [38] falso. Y el caso de Carauo pasa d'esta manera: qu'el Torisán, con honze vanderas de ynfantcría françesa e ytaliana, se avía / entrado en aquel lugar, pareçiéndole acomodado para su propósito, y avicndo el de Saluzo hido con çierta parte de la ynfantería española e ytaliana por comisión del del Gasto haçia la villa del Çendal, rrepararon en Caralle por berlo ocupado y fortificado de enemigos. E yerra el Jobio en dezir que en esta sazón estobiese auí el Torrijano (como él lo llama), porque ocupado el pueblo, se avía hido d'él [39] a Turín. Y avn de aquella vez pasó en Françia y quedó allí por superior de aquellas honze vanderas vn ytaliano calabrés, que si no estoy mal en euo, se uamaua Fulano Cola. Y así se sitió el lugar primero, rrequiriéndoles que se rrindiesen y no lo quisieron hazer; y avnqu'es berdad, porque se diga todo, que sí [40] se rrcndían, pero no con las condiçiones que Françisco Saluzano querría, que heran en hefecto a discreçión suya. Y estando así sitiados los françeses, tomóse alojamiento en los burgos. Los quales [41] françeses, la noche antes que se perdiesen, hecharon muchas alcançías de fuego sobre las casas del burgo, y quemáronse hartas, que heran todas de paja, y con la / claridad del fuego hiziéron muy gran daño en los españoles, tirándoles oomo dizen al terrero. Y otro día, con solas dos medias culebrinas, fue vatido el pueblo y dádole vatalla por tres partes: por la vna ytalianos y por las dos españoles. Y fue entrado y saqueado, y muerta gente harta de los encmigos, porque se defendían. Y avnque no se defendieran, avía vna çierta causa para cllo que los generales y gente de guerra suelen tener por justa, qu'es querer castigar quando vn pueblo o vna fuerça no mereçe scr defcndida, y quieren oon ostinaçión, sinenvargo de la flaqueza de su fuerte, estallo ellos demasiadamente. Y no por que lo están, sino porque lo quieren estar, y no por ganar honrra tanpoco, sino porqu'éstos tales son como los que desesperan y se matan, que dizcn muy bien nuestros teólogos que lo hazen de puro cobardes; así los semejantes, de pura vileza, y de no dárscles nada de rrendirse después oon bituperiosas oondiçioncs, y creyendo que no se les ha de negar porque otorgarán todas las que quisieren, atrébense a defenderse sin propósito y sin plaza que lo |merezca, / que quando lo ay y [42] la ay, muy justa es la defensa, y mientras más flaca es la fuerça' obran de más esforçados en defendella. Y con todo esto, no se castigan después de rrendidos los semejantes obstinados, sino quando an hecho alguna matança en persona o persona' señaladas, que mereçían morir en otra vatalla de más tomo que en la que morían; como fue en estc caso de Carallo, que mataron aquellos de dentro el día antes de su perdimiento a christóbal Arias, sargento mayor del exérçito, persona notable y en grande manera amado de todos, y muy scñalado por su antigüedad y valor, y por el mucho tienpo que avía que seruía en los exérçitos de Su Magestad. Y asímesmo fueron allí muertos otros algunos soldados muy estimados. De mancra que yo querría que en estas cosas qu'el ovispo no entiende, que las dexase para otros y que supiese qué diferençia ay entre |esfuerço y ostinaçión, y de dos maneras de obstinaçiones que ay en la guerra, que se verán escritas en los |Añales ya muchas veçcs alegados, sobre la muerte del baleroso Garçilaso de la Vega, quando vnos pocos de villanos quisieron rresistir la subida de vna / torre en la rretirada de la guerra pasada de Françia, y mataron aquel cauauero, mereçedor (si la ventura quisiera) de otra muerte, venida de otras más nobles y csforçadas manos.

Y oon todo esto qu'está dicho, sepa el ovispo qu'este día (qu'él no dize que fue a los beynte y nueve de henero del año de treynta y siete), no fueron los muertos tantos oomo él lo encareçe, y los que murieron allí serían hasta mill honbres a lo largo, o çiento, o dozientos menos cn esecuçión de la vitoria. Y todos los demás se escaparon, vnos huydos por otras puertas del lugar, y otros rrendidos. Y estos muertos no sé yo porqu'el Jobio los asienta más a la quenta de los españoles que a la de los ytalianos, pues vnos y otros entraron en la tierra; que |yo aseguro que si euo se pudiera saber al justo, como se sabe a bulto, que no se hallarían çiento, muertos a manos españolas. Pero no por esto digo que muriesen a las ytalianas, porque sé que la mayor parte de aquella gente que allí fue muerta, lo fue por los villanos del mesmo pueblo que andauan por las calles, ni más ni menos que los soldados, matando a los que / avían tenido de guarniçión. Porque en solo diez y siete días que allí avían estado, bavían cometido los frančeses tantos ynsultos y eçesos; y los ytalianos de la mesma guarniçión tan abominables lujurias y tan fuera de poderse [43] escrebir con péñola christiana, que casi no quedó honbre ni muger que no quedase contaminado de aquellas maldades [44]. Y así los mesmos viuanos abrían algunos d'ellos y les sacaban los hígados y entrañas, y davan bocados en euos de pura rrabia, y juntamente oon esto [45] dando bozes, que no lo hazian por haçienda que les hubiesen tomado (avnque se la abían tomado toda), sino por las otras maldades ynefables que oontra euos y sus mujeres y hijos abían oometido. Y esto no es solamente [46] ablar al sabor del [47] paladar, sino lo que pasó a la letra y se puso por escrito, porqu'el oonde Guido Rrangón (general entouzes en el Piamonte por Françia) escribió al marqués del Gasto sobre lo de Carallo, quetiéndosela cargar y diziendo que la guerra no se avía de hazer de aquella manera ni oon aquellas crueldades, y el marqués se descargó / vastantemente d'ello, |y se averiguó por fees y testimonios lo que está dicho hauer todo pasado así oomo estácontado. Sino qu'el ovispo (que a ser españoles sus ovejas, los hauara lobos) pareçióle [48] buen propósito, sin hauer para ello ninguno [49], uamar a los españoles de Carallo báruaros y crudelísimos y los otros epítetos de que los arrea. Que si por crueldades oometidas en rrendidos y vençidos se hubiese de ueuar lo del baruarismo, bien sé yo, y lo sabe asímesmo [50] Françia y España, qué nación es más báruara (avnqu'entren en ello turcos e yndios) que quantas ay en la rredondez de la tierra. Pero vengamos al terzer capítulo del libro que agora vamos apostilando [51], donde quenta el caso de Casal, pueblo y caueça del estado de Monferrar, el qual, en suma, se rrebeló contra el nuevo señor qu'cl Emperador les avía dado, y por horden |y trato de vn Guillcrmo de Biandra, rreçibieron a musiur de Buria con guarníçióu françesa dentro, |y pusieron el pueblo por Françia. Lo qual/ sauido por el marqués del Gasto, que estaua a la sazón en Aste, fue incontinente [52] allá, y peleando brabísimamente oon los enemigos, tornó a ganar la tierra y ganóla a veinte y |tres de noviembre del año de treynta y scis), aviendo estado solo vn día, que fue el pasado beinte y dos del mesmo [53] mes, cn poder de françeses. Y el del Gasto lleuó [54] para esta jornada solos españoles, |y auegó a Casal después buen rrato [55] de salido el Sol, y fue vna de las bicn rreñidas cosas que aconteçieron cn toda aquella guerra y de más ymportançia, y donde los españoles obraron muy esforçadamente. Porque aviendo rreçeuido algunos d'ellos en el castiuo, que estaua por ymperiales, y otros por otras partes de la muralla, acometieron a escala vista al pueblo qu'estaua (espeçialmente haçia [55] la parte del castiuo) fortísimamente abestionado con çinco vestiones de demasiada defensa; y asípor todas partes fueron acometidos, y avnque en el prinçipio fucron muertos algunos españoles, de dozientos / que por la parte del castillo arrcmetieron en la primera vatalla (y entr'euos fueron muertos [57] don Gerónimo de Mcndoza, maestro de campo, y don Yugo de Moncada, hijo del otro d'estc nombre, birrey dc Nápoles, y herido el capitán Jaén), salió luégo de golpe toda la demás gente, y peleando valientísimamente con los enemigos, los hiçieron desanparar sus fuertes, y fue entrado el lugar y saqueado, como el Jobio dize, contándose por dichoso el Casal (avnque aquel día fue desdichado) pues en birtud suya (o no sé dc quien) el Jobio contó la vatalla que se le dio muy verdadcramente, sin que tengamos neçesidad de añadir ni enmcndar sino dos o tres pasos, no de mucha ymportançia.

Y es el primero [58] lo que quenta en este caso de la puente que se quebró por pasar ençima d'ella vn tiro de artilleria, que ynpidió el salir tan presto los soldados Y no fue así, sino que los mesmos enemigos pusieron fuego a la puente, que hera de madera, y ésta fue la / falta de la puente, y no qucbrada, como el Jobio lo quenta. Y en lo que más dizc, qu'entrado el pueblo, que así los güelfos como lo; sevellinos [59] (qu'es tanto como dezir los ymperiales y frantçeses), que todos fueron presos y rrescatados por los españoles, digo que se engaña y quc no quenta fielmente lo que pasa. Porque en diziendo vno que hera del bando ymperial, y aberiguándolo ant'el marqués del gasto, que hera fáçil de averiguar, luégo le mandaua soltar sin rrescate ninguno, avnque fuese prisionero del más prinçipal soldado. Y así cl musiur de Buria, superior de aqueua cmpresa, y otro, pocos franceses y güelfos, fueron solos los presos. Y todabía, por no olbidar lo pasado, se le olbidaron al ovíspo dos cosas en esto de Casal, que ya que no aoonteçieron arrededor dentro del pueblo, aconteçieron arrededor [60] d'él en el mesmo día. Y la vna fue que saliendo el capitán Malacarne (que así hera llamado) con çien soldados huyendo de casa!, / quando ya hera entrado, e yendo a la buelta de Turín, topó con treynta soldados españoles en la canpaña, y los treynta acometieron a los çiento, y pelcando anvas partes balerosamente, y estando así trauados, acudió el capitán Luis Piçano que venía por la posta de Milán, y vicndo lo que pasaua, se apeó y animando a los treinta de su nación, hizo que la otra contraria fuese vençida oon muerte y huyda de toda aqueua gente.

La otra es otro buen hecho de ytalianos, qu'en su olbido los quiso ygualar con los españoles, que no es poco d'espantar; pero no los olbidaré yo, ni aquí ni cn otra parte más de propósito. Y fue qu'el mesmo día el conde Ludibico, con vn Alexandro, milanés, teniente del capitán Vilorte, oon sus conpañías ytalianas, fueron al paso del Po junto a la villa de chivas y deshiçieron otra gran cantidad de françeses alcabuçeros [61] qu'en aquel pueblo se avían rrecogido y se yvan cada hora rrecogiendo dc los perdidos en Casal, y matando a hartos [62] y desvalijando a/todos no quedó françés (avnque se defendieron bien vn rrato) en toda aquella oomarca.

1 |Add.: con los apuntamientos necessarios sobre la |Historia del Jovio.

2 |Del.: y viniendo...

3 |Add.: en el primer capítulo.

4 |Del.: y casta.

5 |Mut.: tengo yo: ay.

6 |Mut.: sacallo de la mía...: tratarolo aquí. As sí se quedará para los |Anales donde se verán.

7 |Mut.: los quales: donde.

8 |Mut.: Carlos sin haver...: Emperador, suopliendo la.

9 |Mut.: del Jovio.

10 |Del.: como e dicho...

11 |Mut.: de las cosas aconteçidas: en que las cosas acontecieron.

12 |Del.: paosado.

13 |Del.: no.

14 |Del.: señalado.

15 |Del.: quien.

16 |Mut.: ésta.

17 |Mut.: fue no don Juan sino: a.

18 |Mut.: principios.

19 |Del.: quanto a lo primero.

20 |Del.: no.

21 |Del.: sino.

22 |Del.: Pero bioniendo...

23 |Del.: la caueza de la guerra...

24 |Mut.: que.

25 |Del.: esta cosa.
26 |Mut.: 10. ()
27 |Del.: (en su historia d'él).
28 |Mut.: dar.
29 |Add.: las.
30 |Del.: y mataron.
31 |Mut.: hemos dicho: diximos.
32 |Mut.: que a mi creer...: pues no le balió pocos escuodos del Sol.
33 |Mut.: y sin contar.
34 |Del.: a con talla y.
35 |Add.: falso.
36 |Del.: (agora que se halló a mano).
37 |Del.: donde. o
38 |Mut.: el qual.
39 |Del.: d'él.
40 |Del.: sí, o
41 |Del.: quales.
42 |Del.: lo ay y.
43 |Mut.: y tan fuera de poderse: que no se pucoden.
44 |Del.: que casi no quedó...
45 |Del.: y juntamente con esto. o
46 |Del.: solamente.
47 |Mut.: al sabor del: a sabor de.
48 |Mut.: qu'el ovispo...: que al ovispo le pareió.
49 |Mut.: sin hauer ...: para.
50 |Del.: asímesmo.
51 |Mut.: del libro...: de este libro.
52 |Mut.: luégo.
53 |Mut.: dicho.
54 |Transp.: llevó el del Gasto.
55 |Transp.: buen rato después.
56 |Mut.: a.
57 |Del.: muertos.
58 |Trnsp.: el primero es.

59 |Mut.: gevellinos.

60 |Mut.: arrededordentro...: dentro del pueblo aconteieron en torno.

61 |Mut.: arcaobuçeros.

62 |Mut.: a hartos: muchos. o

Capítulo Quarenta y Quatro

De la toma de muchos lugares que los çesarianos hizieron en el Piamonte, y de la venida de musivr de Humieres por general de Françia a la mesma provinçia, y de cómo no pudo tomar a Busca ni a Arte que tubo çercadas, y de cómo el marqués del Gasto tomó a Quier, a Quirasco y Alba, y del desbarato que dio el duque de Florençia a los Estroçis [1].

Entra tras lo ya contado [2] el Jobio, desde el capítulo quarto hasta fin del noveno, contando [3] las cosas de Florençia y la muerte de [4] Alexandro de Médizis, duque d'ella [5] y la eleçión del nuevo señor y duque Cosme, pariente del muerto, y la confírmaçión del Emperador y todas las otras cosas tocantes a los [6] duques amvos, muerto y vibo. Y como [7] dixe otra bez, que las cosas de la Toscana y de aquel estado lloren tino las escribió el Jobio muy bien y açertadamente, mientras no hubiese [8] españoles en aquella probinçia, así ni más ni menos digo agora [9] lo mesmo, porque çiertamente es así qu'esta muerte, y la eleçión del nuevo duque, y todas las otras cosa, aderentes a esto, se escribieron con toda verdad y sençillez, y sin borrón / ninguno. Y por no echallo yo sobre tan buena escritura [10], pasaré adelante a otras materias d'este mesmo [11] libro treynta y ocho que son la continuaçión de la guerra del Piamonte.

Y asl, en el capítulo dézimo dize que en la guerra d'esta probinçia, que los françeses y españoles tratavan, los daños y pérdidas de anbas partes fueron yguales por çierta consideraçión (, in considerar lo que dize) [12] qu'escribe en el prinçipio del capítulo. Y después pasa a contar la, muertes del marqués de Saluzo y del conde Aníbal de Nobelara, el vno ymperial y el otro françés, y trata del marqués lo que suele, por no perdonalle en la muerte tanpoco [13] como en la vida. Y dend'esto biene a contar la benida del musiur de Humieres, qu'el trasladador llamó Humero, al Piamonte, por general del rrey de Françia, en lugar del conde Guido Rrangón, que no quiso estar devaxo de su mano. Y quenta asímesmo çierta pendeuçia d'entre Canín de Gonzaga y Çésar Fragoso, françeses de afiçión, / y eu naçión ytalianos. Y quenta [14] cómo avía puesto el vno carteles contra el otro para lidiar en batalla singular y particular, que dize qu'es costumbre de que solameute vsan los ytalianos y no ninguna de las [15] otras uaçioues. Después de lo qual da vn xaque al Humieres, que si no se los diera mejores el del Gasto (hasta no teuer más de vna o dos cosas en todo el tablero del Piamonte donde se rrecoxer), huía poco al caso el que le da el Jobio, notándolo de tímido y de poco ánimo. Y después d'esto deçiende a echos particulares suyos, y de cómo puso çerco a la çiudad de Haste, sin hauer gente deutro, teniéndola dou Antonio de Aragón a su cargo, porqu'el marqués del Gasto estaua fuera ocupado con el exérçito en otras cosas. Y dize eómo en este sitio no hizo el françés uiuguna [16] cosa de valor y cómo se levantó d'él sin causa ninguua (auuque Paulo, hijo de Rrençio, se lo coutradezía) por hauer entradu en Aste Françisco Rruiz, con media / coupañía d'españoles en socorro del pueblo. Después de lo qual escribe cómo Humero tomó a Alba y cómo vinieron çiertos alemanes, que fuerou dos legioues d'ellas, en fauor de los ynperiales, y de cómo el Humero o Humieres, biendu e'to, guarniçionó a Quirasco, y a Alba, y a Quier, dexando en el primero a Çésar Fragoso, y dando cargo de segundo a Jullio Vrsino; y en Quier, que hera el terçero, puso por superior al cauallero Azal, y que con esto se bolbió a Françia. Y qu'el marqués, de allí a pocos día, puso segunda vez çerco sobre Quier, y después de çiertas baterías y batallas, lo tomó por fuerça de armas. Y quenta cómo el maestro de campo Diego de Arze tomó todas las joyas de las mujeres del pu, blo en vna torre donde se avían rrecogido, y que saquearon las easas, y que prendieron y rrescataron a los dueños d'ella. Después de lo qual dize qu'el marqués fue con su campo, obre Quirasco, dond'estaua Fragoso, y que después de dadas çiertas vaterías y vatallas, y de hauerse defendido los / de dentro, se rrindió el Çésar con çiertas, ondiçiones qu'él pone en su capítulo.

Y quenta más: que ganada así Quirasco, fue el marqués y su campo sobre Alba, y que pusieron dos baterías, vna de ytalianos y otra d'españoles, y qu'el marqués avía rrepreendido a [17] algunos españoles porque se avían puestoe en lo de Quirasco vnas banderetas en las eaueças, y no penachos como es costunbre, para ser mejor conoçidos en, asalto, y para que se biese la diferençia que huían los ytalianos. Y que después no se abian mostrado tan animosos como avían dicho, y que por esta rreprehensión abían propuesto que lo que no abían podido hazer en Quirasco lo avían de enmendar en Alba. Y que los ytalianos se enoxaron d'esta preçelençia que los españoles querían sobr'ellos, lo qual fue eausa de que después en la vatalla, sin estar echa buena batería, y faltando otras comodidades, arremetiesen muchos alférez ytalianos por ganar esta honrra, y así fueron rrebatidos / y muertos y presos muchos d'ellos, los nombres de los quales quenta muy despaçio. Después de hauer contado e, te caso y otros que aconteçieron sobre Alba, dize cómo se rrindió Jullio Vrsino con las condiçiones de Fragoso, avnque dize que no fue tan benturoso porque los capitane, y cauallos que le fueron a poner en, albo (entre los quales quenta dos españoles, y vn borgoñón, y vn albanés, sin contar ningún ytaliano), le rrobaron y desbalixaron. Y concluye que dende allí fue el marqués sobre Piñarol con yntençión -pue, no hera pueblo para aprouechar la fuerça- de ganar a él y a Turín con apretado y largo sitio. Y con esto, y con alabanças del marqués del Gasto, como si no hubiera más qué contar de la guerra piamontesa, y como si lo hubiera contado fiel y verdaderamente, pone fin y rremate a las cosas del Piamonte, no queriendo que hubiese más qué tratar d'ellas, o como si él lo huviera contado todo.

Pero tratemos agora de solamente [18] lo qu'él contó, pues a esto no más estoy / obligado. Y en el prinçipio de su quento hierra grandemente en dezir que los daños de la guerra d'este año fueron yguales los de ambas partes. Lo qual [19] no sé cómo lo pudo dezír, porque dende el prinçipio del año de treynta y siete hasta casi el fin d'él, qu'el rrey pasó los montes a socorrer sus cosas por su propia persona, y antes qu'esto, en el fin de treynta y seis, nunea hizieron los ymperiales otra cosa, y su marqués del Gasto [20], sino ganar plaças fuertes e ynportantes, sin dexar al eabo sino dos o tres françeses, que fueron Turín, y Piñarol, y Seviñán y otra alguna. Y con pasar esto así, dize que no se ganaron sino dos lugares de cada parte. Y sobre todo, lo mejor que haze es contar a Arraconis por lugar ganado por françeses en la guerra de aquel año, aviéndolo tornado a ganar luégo los españoles. Sin el qual pueblo de Arraconis ganaron los mesmos ymperiales en aquel tiempo grande multitud do pueblos de ynportançia, sin los que poseían cada vna de la, partes; que no de todo / se puede la persona acordar, pero diré algunos: Caralle, Linzo, Votillera, Carmenola, Parpalla, Rreconis, que ya está contado, Casal de Monferrar,

Casal Graso, Ponterol, Canbia, Saluza, Rriba de Quier, Haye, Chiuas, Monealbo, Moncaler, Cariñán, Vigón, Cabián, Quier, Quirasco, Alba y otros muchos.

Lám. [8];
TÍTULO Y COMIENZO DEL PRIMER Capítulo (Fol. [1] r)
Es el primer folio numerado del Ms. La letra es del ammanuense de Quesada y la nota marginal del corrector

Pero no bengamos a tratar sino de los particulares qu'el Jobio trata; y la toma de los demás lugares se quede para otros que tengan más euydado de no hurtar a los españoles, ni a ninguna naçión, su gloria. Y viniendo a lo de Carmenola, cuenta nuestro autor que, avnque se tomó el lugar y castillo, fue muerto allí de vna pelota de hartilleria el marqués de Saluza, para que acabando la vida, acauase ya el Jobio de dezir mal d'él, aunque en el paso de la mllerte tanbién lo hizo. Y tanto quiso quedar deviendo al ánima del saluzano (que olbidando el ofiçio de ovispo) acordó de deçille por rresponso que le avían muerto con rrazón, y otros males con que no pudo dañar al alma / del marqués sino a la suya. Y para ygualar la 'angre, pone por contrape'o d'esta muert, la del conde Aníbal de la Nobelara, no debiéndolos de emparexar, pues avía tanta desbentaxa de lo vno a lo otro, ablo en estado y en ealidad, que no trato de otra cosa, siendo en estas dos cosas muy aventaxada la persona del marqués. Y díze qu'este conde fue muerto cabe [21] vn lugar llamado Busea; y dize la berdad, pero cállala en lo tocante a este mesmo negoçio, por no contar sesenta glorias de sesenta españoles que defendieron aquel pueblo a musiur de Humieres, y a todo el campo de Françia, con ser el pueblo no muy fuerte. Pue, pasa así, qu'en aquesta tierra estaua vn soldado español, llamado Pedro de los Sanetos, que por causa de çierta enfermedad que tubo quando el Emperador entró en Françia, se quedó allí a eurar, y aviendo rrecogido consigo los sesenta españoles que he dicho, que yvan vna correría hazia tierra del Delfinado (que pareçe que la ventura los truxo por allí en aquel tiempo), suçedió que Humieres/vino a, itiallo, y no digo bien, sino [22] a tomallo y a entregarse d'él porque por tomado lo tenía, no abiendo guarniçión dentro. Pero avnque le batieron y asaltaron, fue tan valerosamente de solos sesenta defendido, que no les pudieron entrar en aquella vatalla, ni en otra que después le, dieron, haziendo aquellos pocos españoles vna manera de muchas marauillas, con que dexaron espantados en aquel tiempo a todas aquellas comarcas, y en el de después a todas aquellas naçiones que tubieron notiçia de aqueste easo. En las quales dos batallas murieron, no solo el conde qu'el Jobio dize, sino otros muchos capitanes y alférez y personas de quenta, y entr'ellas vn baleroso eapitán, que çierto lo hera, llamado Marcozo de Aseuli, y otra grande cantidad de gente. Y sobre todo, perdieron dos bandcras los frañçeses que quedaron en poder de los sesenta españoles. Y llama, con todo e'to, a Busea lugarejo (como la otra llamó eadenilla a la que le dieron para que s'estimase en poco el preçio d'ella), porque tanbién esto s'estimase de la mesma manera.

Y aeauado lo de Busca sin hallalla, Humieres [23] / se volvió [24] a Françia, dexando muy prinçipalmente guarniçionados los lugares qu'el Jobio quenta, que son: Quier, y Quirasco, y Alba; y a Seviñán, de que [25] no se le acordó al mesmo [26] autor. Pero antes d'esto avía puesto sitio a Haste, de que baze mençión nuestro ovispo [27]; mas primero dize sobre çierto desafío de Canín de Gonçaga y César Fragoso, que solos los ytalianos, y no las naçiones estrangeras, tienen esta costunbre de desafiarse en eampo o, como ellos lo llaman, en estaeado, para concluir las diferençias y devates de persona a persona. Y estoy espantado que se atreua vn honbre, con nombre de coronista [28], a dezir semejante cosa. Esto quanto a los tiempos pasados, y quanto a honbre de berdad, se atreba a dezillo en [29] los presentes; pues por nuestros ojos y cada día se be lo contrario, o se a visto ynfinitas beçes, y en su mesma probinçia de Ytalia, donde en estacado conbaten e'pañoles para averiguar pendençias particulares. Y quán valerosamente ayan conbatido hartos [30] d'ellos, no ay aquí para qué tratallo. Y acordaráse el Jobio qu'él mesmo escribió en la |Vida del Gran Capitán el convate / de honze españoles y honze françeses, y el de treze d'esta naçión con otros treze ytalianos. Y no sé yo ninguna generaçión de gente que no tenga la mesma costunbre que la que quiso apliear el Jobio a sola Ytalia, en la qual confieso que se trata más esto de particulares desafíos en eampo çerrado qu'en otra parte; lo vno por causa de la guerra hordinaria que suele aver en aquella probinçia, y lo otro porque Ytalia está dividida por [31] muchos señores que tienen prebillegio para dar semejantes campos, lo que no tienen otras muchas [32] probinçias que no pueden dar autoridad a semejantes [33] desafíos, si no son los rreyes, y éstos rehusándolo [34] en gran manera, si no es con grande [35] causa y para estorbar mayor mal. Y acordaráse también el Jobio de quántos libros abrá visto escritos sobr'estas materias, en español y en otras lenguas, y que no es solo su duelo el con que nos puede hazer fierros [36] (demás y aliende qu'es cosa tra tada en derecho y tocada y deelarada por los doctores de aquella profesión) para hazer a solos ytalianos grandes honbres, y solos ellos los vnicos, y no otra nación ninguna, de matarse por carteles en batalla particular. Y si no / quiso crer al tiempo presente, ipese al diablol, ereyera a todos quantos tiempos a avido, dende que Adán, a pocos tiempos después, fue hechado del parayso terrenal. Y ninguna hedad hubo en que las naçiones de aquel rtempo no conbatiesen singularmente, con aprobaçión del superior de la probinçia. Y debiósele çiertamente de olbidar, con mcterse tanto en la historia, lo de la Sageada Esecitura: pues allí hallará aquel tan nombrado desafío de Dauid y Goliás. Y si d'éste se acordó y quiso disimular con la Sagrada Escritura, no se le deviera de olbidar la Historía, pues no se acordó del desafío de Codamano con el Armenio, ni del de Tito Manlio con el françés, ni del de Marco Valerio en la mesma guerra, ni del de Poliniçes y Etcocles y de otros ynfinitos. Y en fin, como es notorio (si no e' el Jobio), todas las naçione, an vsado y vsan, quando hallan quién les dé el campo, y más los españoles (avnque no quiera el ovispo de Nochera), el desafiarse y matarse particularmente de persona a persona sobre ynjurias y agrauios particulares, hasta que vltimamente / nuestro sancto y vnibersal Conçilio Tridentino lo a sanetísimamente rreprobado y proybido.

Pero volvamos a la varraganada [37] de Haste. Es así, como el Jobio dize, qu'el capitán general Humieres fue con su exérçito y lo sitió, y sin hazer cosa que lo baliese, como el mesmo Jobio lo quenta [38], se lebantó de aquel çerco a diez de jullio, aviéndolo puesto a sicte del mesmo mes (que d'estos días no ay memoria en el Jobio) [39], y a la rretirada mataron muchos tudescos que venían en la coronelía de Guillermo de Fustenvergo, que quedaron aquel día al rrctirarse de rretaguarda. Todo lo qual [40] le pareçió al Jobio que hera bien eallallo [41], con no ser ytalianos los muertos; y aun foxalá lo eallara, y no añidiera lo que no pasó, diziendo que su, [42] Paulo de Cherri avía rrefrenado la furia de los ymperiales (aviéndosela echo acreçentar) [43]. Y en este negoçio de Haste (porque no'se me olbide), dize nuestro Nochera que avía poca gente en Ha, te con don Antonio de Aragón; y tiene grande rrazón en ello, pero no en dezir que sola media conpañía d'españoles con el / eapitán Françisco Rruiz, le entró de socorro; porque avnqu'esto rredundaua en alavança española, pero [44] en qualquier negoçio, y más en los semejantes de ystoria, se a de contar la berdad a la letra. Y así digo que los que entraron al socorro de Haste, fueron muy buenos trezientos arcabuçeros, y no cou solo el eapitán Françisco Rruiz (como el Jobio lo [45] dize), sino tanbién fue allí en aquel socorro, [46] el capitán Luys Quixada, anvos capitanes ynduzidos [47] para ello por Sancho Brauo, que por ausençia del marqués, qu'estaua en Milán, y vino luégo por la posta quando supo el easo de Haste, mandaba mucho en el exérçito. Y después d'esto el françés fue sobre Alba y se apoderó d'ella, avnque duró poco en sus manos, que casi se puede dezir que, con estar en Alba, nunca vido el día. Y como acabé agora poco ha de decir [48], después de todo esto el Humieres se boluió en Françia, dexando bastantíssima guarniçión en los lugares que poseía, y en cada vno d'ellos vna señallada persona, que son todas [49] las que en prinçipio d'este capítulo contamos, sumando el del / Jobio. Y el marqués en |este comedio (dexando otras muehas cossas que primero pasaron, por contar solamente las que trata nuestro auetor) fue cou su eampo sobre Quier, y allegó [50] a él a veinte y tres de agosto. Y pasados çiertos rrequie bros primero entre él y el cauallero Azal, que tenía a cargo el pueblo, se asentó luégo la batería, y se dio después la batalla furiosamente acometida y de la mesma manera defendida. Pero en fin se entró la tierra ganándolo valerosamente los ymperiales. Y çierto, estoi admirado cómo el Jobio en este paso, contando otras Veçes otras [51] cosas de menos sustançia, no contó cómo el primero que subió a la vatería y entró en el pueblo fue vn alférez de ytalianos. Pero no debió de cabello, que no es honbre a quien se le queda nada d'estas cosas en el tintero quando be la suya, sino qu'el pobre obispo vela pocas bezes, y como le falta esta vista, finge en su entendimiento cossas que no pasaron para escreuirlas [52]. Y tras el [53] alférez ytaliano que he dicho entró Juan de Solís, alférez de Rrui Sánchez de Bargas, el qual yba herido, y por eso no pudo subir con la ligereza qu'el otro; y luégo en pos d'este alférez Solís [54], entró Arze, alférez del maestre de campo del mesmo nonbre.

Pero vengamos a lo que apunta este [55] Jouio / de que el capitán y maestre de campo Arze saqueó todas las joyas de las mujeres, que se auían acogido a vna torre. Y dize la verdad en çierta forma que algunas mujeres (y no todas como el cuenta) abiéndose alli metido, topó Arce con ellas y con la torre [56] y se aprouechó de aquellas joias. En lo qual [57] ellas fueron muy diehosas, en que como dieron con ellas españoles, no diesen [58] otra nasçión de las que allí abía; lo qual si suçedería, bien séque no fueran solas las joias las perdidas, sino quiçátambién las personas. A lo menos yo çertifico, que si se tardaran en quitar las axoreas, que por despachar más presto el negoçio que se les cortaran las manos, y se hiziera qualquiera otra carniçería para abreuiar más ayna, sin perdonar al sexo ni a otra cossa ninguna [59]. Y con ser estas cosas notorias y puestas en la plaça de las gentes, que está el mundo lleno d'ello y de las erueldades y piedad de cada nasçión, y de lo que cada vna en general (que de lo partieular no hablamos) es ynelinada, nos quiere pintar el Jouio, a pesar de nuestra naturaleza, por muy crueles y báruaros, y con los otros galanos nombres de que nos adorna. Como si fuera algún gran mal, en vn saco de vn pueblo, tomado por fuerça de las [60] armas (en este propósito de la guerra hablo) [61], tomar todo el prouecho que se les biniese / a las manos. Pues por eso se llama saco, y con ese ynteuto se entra en él con aquel rrigor, ya qu'el despojo en todas las guerras a sido el vno de los frutos de la bitoria. Y dize más [62] en este mesmo negoçio: que los d, más soldados rrepartieron entre sí los barrios y casas y las saquearon, y prendieron a sus dueños, haziendo que les diesen dineros por su libertad. Y dize la verdad, pero no él [63] en rrepreendello, porque como agora aeauamos de dezir [64], esto es lo que se sigue de los bençimientos, y lo vno anda asido con lo otro, espeçialmente en los pueblos totalmente enemigos, como Quier lo hera. Porque no avía pueblo más françés en el Piamonte, y con aver todos los otros lugares saboyanos rresçeuido, por fuerça o de miedo, guarniçión françesa, solos los d'este pueblo hizieron vna çebil traiçiÓn (avnque nunea puede aver lo vno sin lo otro), pero ésta lo fue çebilíssima: que embiaron a busear françeses a quié, entregarse contra su propio señor, y truxieron vn trato con ellos para entregárseles, como se entregaron, en sus manos, entregando también a su pueblo a su devoçión. Y así el marqués, luégo ganada esta tierra, mandó prender a Bartolomé de Çepo, prinçipal persona de aquella villa, y después de atormenrado para saber d'él çierto subçeso / de la conjuraçión, lo hizo ahorear ynnminiosa mente. Y meresçió mucha más pena en esta cossa la gente de la tierra que la de guerra, porque esta vlrima no tenía más pena de la que meresçe el ser [65] bençido, y la primera meresçia muchas por su traiçión y maldades.

Pero dexemos a Quier tomado y saqueado a beinte y seis de agosto, y bamos a Quirasco, para donde, de alli a pocos días, se partió el marqués. Y puesta la batería, y no queriéndose rrendir César Fragoso (a cuio cargo estaua el pueblo), se dio la batería y batalla brauamente, y fue gentilmente defendida por los de dentro, pero no con esos enearesçimientos que el Jouio haze, que son cossas las más [66] d'ellas rridiculosas [67] y que, quitados sus encaresçimientos y esageraçiones, no les queda cossa de sustançia. Que pues no la ay, no [68] ay para qué paremos más en esto; pare el Jobio más de lo que paró, si quisiere. Y así no u ay en ello más que decir sino que |este César (que si le fuera posible al Jouio lo pusiera más adelante que al primero d'este nombre) [69], sin esperarse segunda batalla, se rrendió a los diez y siete de setiembre y desde alli el marqués con 'u campo y exérçito ffue sobre Alba, gouernada y a cargo de Jullio Vrsino, con bastante guarniçión que tenía dentro, / como las demás que se auían tomado la tenían. Pero antes d'esto le paresçió al Jouio que hera bien contar cómo los españoles se auían arrogantemente alabado en Quirasco, que auían de subir prímero a la muralla que otra nínguna nasçión, y que después no se auían mostrado tan animosos, y que dezian que lo que no abían podido hazer en Quirasco lo auían de enmendar en Alua, y que el marqués les reprehendió esto, y que los ytalianos se enojaron de ver que los españoles querían para sí solos la honrra. De todo qual [70] podemos colegir y sacar [71] quán gentil rretórico hizo Dios a este nuestro autor, que para descargar a los de su nasçión de vna bandera que perdieron en e, ta batalla, y les fue tomada por los de dentro, y para ottras desgraçias bien geandes que [72] les acontesçieron, supo buscar vna causa para ello [73], diziendo que arremetieron aviendo rruin batería. Y d'esta causa saea primero este cómico [74] vna ocasión, que es de aver querido los ytalianos abenta- / jarse a los españoles por lo que abían dicho y que por esto les suçedió mal en el asalto de Alba, porque no aya cossa ni se haga sin culpa de [75] españoles.

Es el caso, çierta y suçintamente [76], que nada de lo que quenta entre españoles e ytalianos pasó, ni tal se hallará que acontesçió, y son todas [77] cossas e ynuençiones [78] de la farsa [79] del Jobio. Y as [80], lo que ay que dezir en esto es que la vatalla se dio a los de Alua por españoles e ytalianos, y brauamente dada, pero con singular defensa de los de dentro, que también los más d'ellos heran ytallianos, peleando tan balerosamente ambas partes, que hartos ya de arcabuzazos y de los otros ynstrumentos de guerra (enemigos de las ffuerças y balentía, e ymbentados por el demonio en este postrer terçio del mundo para destruiçión del género humano), binieron a las espadas y a los braços vnos con otros, y andar abraçados y asidos **81**. Y en este trançe y comedio ffue la pérdida / 1 de la bandera ytaliana y otros desastres como éste, que suelen andar pegados con aquel exerçiçio de las armas. En fin, el pueblo fue defendido y no entrado, pero visto por Julio Vrsino que se le aparejaba otra segunda batalla, no lo osó esperar, y así se rrindió a los veinte y tres de setiembre de aquel año de treinta y siete. Y el marqués ganó la tierra, puso guarniçión en Alua y se partió de aquel pueblo, dejando muerto en el combate de aquella tierra a vn harto buen soldado español y digno de eseritura más prinçipal que ésta, que fue el capitán Jaén, con otros muehos españoles que murieron en aquella pelea.

Con éste haçe el Jobio final a las cosas del Piamonte, dejando de contar otra, muy prinçipales que antes y después aconteçieron; en los |Anales y en las corónicas çesáreas serán vistas. Baste agora saber, en el propósito e yntento que llevamos, que después de esto, que solamente es lo que Jobio quiso contar, suçedió que el marqués fue a poner sitio y a apretar a Piñarol y a Turín, que heran dos plazas que solas (con / otras algunas pocas) quedauan a los françeses y teniéndolas tan apretadas, quanto en otros lugares e historias, a su tiempo y sazón, será visto, vino el rrey de Françia con exérçito y socorro y mantenimientos, y suçedió todo lo que el Jouio dexa ya contado en el libro pasado auiéndolo de contar agora. Y así el françés desçercó y desapretó aquellos lugares que estauan ocupados por él. Y demás d'esto tomó a Moncaler, de'pués de lo qual allegó la nueua de las treguas hechas por las rreinas de Françia y de Vngría, de que el Jouio dio quenta antes que la diese de la guerra de la qual auían suçedido estas treguas. Y así el rrey se boluió **82** a su Françia, dexando proveídos los lugares que estauan a su deboçión, y el

1 Este folio falta en la película de la cual hemos hecho la transcripción. Lo damos según la copia mecanografiada tomada en España, pero acomodando el lenguaje y la ortografía a los del resto de la obra. N. de E.

marqués asímesmo, poniendo la horden y gente que convenía para los que el Enperador poseía.

Y acavada esta guerra piamontesa torna el Jouio, para dar fin a este su libro treinta y ocho, a contar otra que se hizo en este tiempo en la Toscana, de los desterrados de Florençia, contra el nueuo duque d'ella. Y como otras vezes tengo dicho, en cossas de aquella / tierra Paulo Jouio las eseriue tan açertadamente, que no tengo yo ni ninguna en qué poner la mano, si no es quando se mezclan españoles en los acontesçimientos, que aunque sean toscanos, como esto aya, es eseusado que dexe de dezir alguna gentileza. Esta guerra, pues [83], que digo, y con qu'el Jouio aeaua su libro, es de quando Felipo y Pedro Estroçio, su hijo, y otros çiudadanos desterrados de Florençia, que [84] aborresçiendo la seruidumbre d'ella y procurando de rreduzilla en la liuertad primera, hizieron, como hombres rricos, gente y exérçitó en Bolonia y en las comareas, y pasando las montañas, desçendieron o quisieron desçender a la Toscana; lo qual, avido por el nueuo señor Cosme de Médizis (que ya estaua confirmado por el Enperador en el estado), juntó asímismo gente para su defensa de ytallianos, y también de dos mill españoles que consigo tenía debaxo de la superioridad de Françisco Sarmiento, que el marqués del Gasto dende Lombardía le avía enbiado. Y así el duque, juntada su gente por la orden y manera que el Jobio lo escriue, la enbió contra los enemigos, los quales fueron desbaratados y los que d'ellos / se rrecogieron a Monte Murlo (vn castillo çereado de adonde fue la contienda) fueron presos y entre ellos Felipe Estroçio, que después, estando pre, o en la fortaleza de Fflorençia, se mató a sí propio [85]; y otros muchos ffueron descaueçados haziéndose d'ellos justiçia públieamente.

Pero dize el Jouio que en este rrenquentro, que lleuaban los españoles la rretaguarda por conserballos todo lo posible, porque en ellos consistía el bien y salud del duque, y aunque esto es honrra que se haze a aquellos españoles, por |otra parte quítasela [86] (como buen maestro de su perjuizio) [87] en paresçer que aquel día no pelearon. Y la verdad de lo que pasa es que es así, que los españoles quedaron en rretaguarda por la rrazón que el Jobio dize, pero no todos como él lo cuenta [88], porque a trezientos españoles se les mandó que fuesen en la vanguardia y que fuesen con los que antes, que rronpiesen con los aduersarios. Y asl lo hizieron, que los primeros que mataron enemigos fueron ellos, y los primeros que los rrompieron, avnque por eso no dexaron sus compañeros los ytallianos de pelear muy bien, sin que los españoles les hiziesen ventaja ninguna. Y los contrarios no pelearon / tan mal como el Jouío apunta, porque aquella gente que benía con los Estrozis se tuuicron vn rrato y avn vn par de rratos bien con sus contrarios. Y después d'esta rrota dize nuestro obispo que se rretruxieron los que pudieron a Monte Murlo, y que Alexandro Bitelo se quería boluer con la vitoria a Florençia, sin yr aeabar los de Monte Murlo, porque no viniese a yrseles la vitoria d'entre las manos. Porque aquellos desbaratados esperauan más gente en su socorro con su capitán Bernaldo de Saluiate, y que si no fuera por Pirro Colona (que él llama Estipiçiano) y Oto Monteaeuto, que le fueron a la mano y le hizieron yr a Monte Murlo, donde tomando aquella easa fuerte prendieron a Felipe Estrozís y a los que con él se auian rrecogido, que se boluían con la primera vitoria solamente a Florençia. Todo lo qual quenta este rreuerendo padre [89] por quitar su gloria a Ffrançisco Sarmíento que fue el que les ympuso a todos ellos y el que les forçó, podemos dezir, a que fuesen a Monte Murlo y acabasen enteramente de conseguir la vitoria. / Y si no |fuera por sus persuasiones, y gritos y bozes, fauoresçiendo esta opinión también el Pirro, no crco que huieran ydo allá y se huuieran buelto, con sola m, dia vitoria, a Florençia. Todo lo qual acontesçió al vltimo de jullio, y no en agosto, como el Jouio dize; y aunque huuiera acontesÇido quando él lo quenta, no tenía más que ber con lo de llsar Agusto que él dize, ni tenía que ver [90] el vn día con el otro, más [91] qu'el Jouio tiene que ber con Suetonio Tranquillo.

1 Add.: con los apuntamientos necessarios sobre la Historia del Jovio.

2 Mut.: Entra tras lo ya contado: Cuenta.

3 Del.: contando.

4 Mut.: del duque.

5 Del.: duque d'ella.

6 Add.: dichos.

7 Mut.: anvos ...: Ya.

8 Mut.: mientras no hubiese: si no es cuando haya.

9 Mut.: así ni más ni menos...: y agora digo.

10 Mut.: y sençillez y sin borrón... (fol. ant.) : As sí.

11 Del.: mesmo.

12 Del.: (sin...).
13 Del.: tanpoco.
14 Del.: quenta.
15 Del.: ninguna de las.
16 Del.: ninguna.
17 Mut.: repreheçidido a.
18 Transp.: solamente de.
19 Mut.: Que.
20 Mut.: otra cosa...: y el marqués del Gasto otra cosa.
21 Mut.: cabo.
22 Mut.: y no digo bien sino: o por mejor dezir.
23 Mut.: como la otra...: por que se tenga en menos. Acauado lo de Busca.
24 Add.: Humieres.
25 Mut.: quien.
26 Mut.: dicho.
27 Del.: nuestro ovispo.
28 Mut.: vn honbre...: tal vn honbre.
29 Del.: honbre de berdad ...
30 Mut.: muchos.
31 Mut.: entre.
32 Del.: muchas.
33 Mut.: tales.
34 Mut.: lo rehusan.
35 Mut.: gran.
36 Mut.: fieros.
37 Mut.: la varraganada: 10.
38 Del.: como el mesmo...
39 Del.: (que d'estos días...).
40 Mut.: lo qual: esto.
41 Mut.: callar.
42 Del.: su.
43 Mut.: (...echo acreçentar): (... acrecentado).
44 Mut.: española pero: de españoles.
45 Del.: lo.

46 Mut.: fue allí ...: con.
47 Transp.: induzidos anvos capitanes.
48 Del.: y como acabé...
49 Del.: todas.
50 Mut.: llegó.
51 Del.: otras.
52 Del.: pero no debió de...
53 Mut.: este.
54 Del.: alférez Solís.
55 Mut.: el.
56 Del.: y con la torre.
57 Mut.: En lo qual: Cierto que.
58 Mut.: como dieron con ellas... : fuesen españoles los que las hallaron,
59 Del.: sin perdonar al...
60 Del.: las.
61 Del.: (en este...).
62 Mut.: también.
63 Del.: él.
64 Del.: como agora...
65 Del.: ser.
66 Transp.: las más cosas.
67 Mut.: ridículas...
68 Mut.: Que pues no...: No.
69 Del.: (que si le fuera...).
70 Del.: De todo lo qual.
71 Add.: de todo esto.
72 Add.: allí.
73 Del.: para ello.
74 Del.: este cómico.
75 Mut.: en.
76 Mut.: Es el caso...: El caso çierta y brevemente es.
77 Transp.: todas son.
78 Del.: e ynuençiones.
79 Mut.: fantasía.

80 Del.: y así.
81 Del.: y andar...
82 Transp.: se boluió el rrey.
83 Del.: pues.
84 Del.: que.
85 Del.:
86 mut. : se la quita
87 Del.: (como buen..)
88 Mut.: a SI propio. ut.: se a quita. e .: como uen ... ut.: dice.
89 Mut.: este rreuerendo padre: el Jovio.
90 Del.: tenía que ver.
91 Del.: más.

Capítulo Quarenta y Çinco

De cómo el Enperador don Carlos pasó por Françia a sus estados de Flandes, y del castigo que hizo en la ciudad de Gante, y de la paz que bizieron veneçianos con el turco, y de las controversia, de entre el Emperador y Guillermo, duque de Clebes, y de la constançia del mesmo Enperador sobre la rreprobaçión de las herejías de Alemania [1].

Dexado el Piamonte, da consigo Paulo Jobio en la rasada que el Emperador hizo por Françia en fin del año de treinta y nueve, tomando por ocasión para ella la rrevelión de los de Gante (çiudad prinçipalísima de aquella Baxa Alemaña) que poco abía que, cometiendo el detestable delito de trayçión, se auía rrebelado a su se |ñor natural. / Donde dize nuestro autor que el Enperador fio su persona de la de su enemigo, y dize la verdad; pero de qué manera fue este pasaje y el propósito d'esta fiança, otro lugar lo dirá más de propósito. Solamente se dirá agora de pasada vna enmienda que es menester ponerse en la doctíssima |ystoria Pontifical, en la qual se quenta que Carlos [2] pidió paso al [3] Françisco para pasar por su rreigno a Flandes; y es cossa que tal no pasó (avnque le pasó por el entendimiento al mesmo Carlos [4] (según se a de ereer) la pasada por Françia). Y demás d'esto, erco yo partieularmente [5] que la deseaua mucho, y lo que me haçe creer | esto, también será contado en otra parte ffuera d'esta obra. Pero en lo demás lo que pasa es que, sabido lo de Gante en Françia y en España, el Emperador determinó de pasar al rremedio y a otras cossas que tenía que hazer en aquellos estados, de lo qual dio quenta al [6] Françisco (que como se saue y está visto estauan en treguas deçenales), y el mismo rrey francés [7] le eseriuió rrogándole (no digo bien, sino muy [8] ymportunándole) que la pasada / fuese por Ffrançia, y que no tomase el camino por la mar, como otras vezes lo hazía. Y dándole para esto muchas rrazones, y entre otras que aquella junta, vista por el mundo, auía de rresçeuir d'ello grande alegría y hera dársela a quien estaua tan trauajado con las diferençias pasadas; y en fin, hera dar vna muestra grande de que se esperada paz entre ambos cuñados. Y no solo ffue esta ymportunidad (llámese así) con cartas del rrey, pero ni más ni menos su muger, la rreina doña Lconor, escriuió a su hermano de 'u propia letra lo mesmo, con las quales cartas e ymportunidades (otra vez las torno a llamar así) [9] el Carlos [10] se determinó de pasar por la prouinçia françesa en prosecuçión de su víaje [11].

De manera que no huuo saluoconduto, como la |Ponriffical apunta, ni hera cossa que auía de venir a esos términos, porque aquellas liçençias o saluocondutos danse a personas particulares y no de un prínçipe a otro. Y |porque agora también digamos [12] de pasada lo que más en la mesma |Ystoria / |Pantifical se dize, que no |cree que en aquella pasada el Emperador prometiese al françés, como los françeses dizen, el ducado de Millán, el doctíssimo [13] Yllescas cree lo çierto, pero engañóse en lo que más serca d'esto quiso creer, que auía dado el Emperador buena esperança d'ello por palabras generales. Porque ni por particulares ni por generales, ni por vía de esperança' ni por otra ninguna manera, se trató del ducado de Millán, ni de otra cosa que supiese más que a rregoçijos, y [14] fiestas y plazeres. Y en esto bien lo açertó el Jouio, porque así pasó, que no se habló en otra cossa míentras el Emperador estuuo en Françia, y nunca jamás a françeses oy otra cossa en contrario d'esto (hablo de personas que puedan hablar en ello), antes el mesmo rrey francés [15] estullo en eso tan generoso (mejor crco que dixiera valeroso, pero ambas cossas quadran bien en este propósito) [16], que nunca primitió [17] jamás que se tratase de cossa ninguna de negoçios; porque en rrealídad de verdad ello paresçiera muy mal, sinembargo de que el Enperador, tratando así familialmente con el condestable, le díxo alguna / vez que hera ya rrazón que los negoçios de entre Ffrançia y él no ffuesen por via de treguas, y que pensaua hallar, plaziendo a Dios, algún camino para constituir vna perpetua paz entre él y su hermano (que así se llamauan siempre), y que para esto, y para comunicallo con él, auía enbiado a dezir a su hermano el rrey de rromanos que abaxase a Fflandes.

Lám. [9]

Nota marginal de letra de Quesada (fol. 32 V.)

En el texto impreso (pág. [91]) se incluye entre asteriscos.

En ffin, el Emperador pasó por França con las dcmostraeíones de alegría y rregozijo que se le pudieron hazer; pero con todo eso, es bien que sepan las gentes que en esto siguió el Carlos [18] solo su paresçer, en lo qual (digo en seguir su paresçer solo, muchas veçes contra el de su consejo), ffue vno de los más venturosos prínçipes que dende que ay hombres lo huvo entre ellos [19], que çiertamente, mirado con consideraçión, paresçía cossa de más alto ser, que guiada por humana sabiduría. Porque hartas vezes (que no tanpoco sienpre) [20] si siguiera el paresçer de sus consejeros (que en la verdad [21] hera lo que más paresçia allegado a rrazón) lo herrava, y siguiendo lo que no lleuaua camino tan derecho (sino [22] solo el de su juizio), dava de punta en blanco en mitad del açer tamiento. Digolo a propósito que contra el voto de todos aquellos que a él le podían / hablar y aconsejar en esto, sino solo por el suyo, hizo esta jornada; porque claro está que considerado con el entendimiento común. no hera más pa, ar por França entonçes, que poner los dados y el ducado de Milán ençima de vn tablero. Avnque suçediera rrebés alguno, no fuera jugar a Lombardía, porque en ffin del juego se esperaua lo vno o lo otro, sino perdella del todo para siempre [23]. Y en este artículo y que fue lo que movió al Carlos [24] a vna extrañeza semejante, también tengo guardadas mis çíertas conjecturas y [25] pensamíentos ymperiales, y las rrazones por donde las pruevo, que por fuerça (por estarme los |Anales tirando de la halda) [26] las he de dexar para entonçes.

Boluamos a nuestro Jobio. Dize, pues, más adelante [27], en el capítulo primero del libro treynta y nueve, que les pesó a los beneçianos por la liga que avían hecho con el Enperador (y esto ya se lo he oydo a este hombre [28] otras dos o tres vezes en estos sus libros), y no sé a qué propósito. Porque si trata de la liga de Nápoles, yo |no sé allí qué perjuizio se les pudo seguir, sino muchos prouechos muy notables a los de Veneçia; y si dize por la confederaçión de Rroma contra el turco, / no tenían más 'razón de congojarse d'esto por causa del Emperador que del Sumo Pontífize, que también fue contrayente prinçipal de la liga. Y en ella (dexado aparte la causa maior, que es la de la rreligión, y hazer guerra al enemigo de |la nuéstra) la prinçipal por que se ligaron Paulo |y Carlos, ffue por socorrer a los veneçianos, a quien ya, [1] turco Solimán, dende el año pasado de treinta y siete, quebrando las treguas, les hazía guerra y les çereó a Corfu, y agora les tenía sitiado a Nápoles de Rromania, en la Morea y otros lugares, y sobre todo les avía lleuado más de diez y seís mil ánímas cautibas a Costantinopla. Y dezir que de todo esto se arrepentían agora los de Veneçia, hera como [29] vn hombre çercado de enemigos si [30] le pesase que viniese nadie a socorrelle. Y en quanto a las treguas que dize el Jouio en el mismo capítulo que alcançó de Solimán el rrey Ffrançísco para los veneçianos, porque deseaua apartarlos de la liga del Emperador para qu'el armada de Andrea Doria, siendo desygual a la turquesca ffuese fforçada a dexar libre la posesión de la mar a Barbarroxa, digo que yo [31] conffieso aquella posición [32] al obispo; nunca rriñamos por eso, y la creo como él la dize [33], y avn añado más: / que de avelle quedado tan libre la mar al cosario Baruarroja, perdió en ello la christiandad entonçes vn ynffinito casi [34] número de ánímas que se llevó a su [35] Turquía. Pero dize tras esto el Jouio, y también la |Hissoria Pontiffical, que el tiempo d'estas treguas se yua ya acabando, y que estauan ya en peligro y con congoja los veneçianos, no sabiendo qué se haçer, espeçialmente que les faltaua trigo para el bastimento de su çiudad; y que el Enperador no se lo dexaua sacar de Siçilia sin que le pagasen çierto derecho, el qual hera tan grande como el presçio del trigo y de la traída, y que d'esta manera no podían boluer los ojos sino a Solimán. El qual pocos años antes, en otra ffalta de trigo, les socorrió liberalmente, deziendo, no como bárbaro, que hera cossa ynhumana esperar ganançia de trauajo ageno, y qu'él quería dar de comer a los que estavan en miserable peligro de la vida. Todo lo qual es hablar [36] el de Nochera con mucha desenboltura, de lo | qual se sigue muchas veçes la poca conçiençia. Y aquí çiertamente [37] huuo lo vno y lo otro, porque en lo del portazgu de Çiçilia no fue ympusiçión nueua ninguna, hecha para este effecto, ni / para otro ninguno, y quando Dios a sido seruido de enbiar alguna hambre en España, de aquellas mesmas partes se a socorrido, cargando aquel grano con los derechos que se pagan en Çiçilia. Y pues para [38] sus mesmos basallos y para mantenellos [39] se a de sacar (como es costumbre) con los derechos ordinarios, no sé cómo quiere el Jonio que a los estraños, y no basallos sino aliados [40], tengan más preuilegio que los naturales, y que con ellos se quebranten todas las leyes y constituçiones de aquella parte donde se saca el trigo. El qual con todos estos derechos no sale tan caro ni la mitad de lo que el Jonio dize, y es levantamiento de los [41] acostunbrados suios. Y aquel mesmo año de que él ba tratando, que es el de quarenta, se cargó ynfinito trigo para Beneçia, y si son (como él da a entender) menos graues |y menos derechos los turquesco, que los çiçilianos, vaya él y cargue quanto quisiere, como carga a su |Hisroria de ottras cossas de harto menos preçio qu'el trigo [42].

Y no save el cuitado [43] qué es la rrazón (y si la sabe no la quiso de maliçia poner) por qué sea la causa de que [44] el trigo tenga menos ympusiçiones en Greçia |y Dalmaçia / que en Çiçilia; comoquiera que en toda, las otras mercadurías y contrataçiones sean más yncomportables las ympusiçiones turquescas que, no solo entre christianos, pero entre ningunos báruaros jamás se an hallado. Y oluidado de todo esto párase [45] a alabar al turco, y [46] no solo en este paso, pero [47] otras veçes lo a hecho [48] y emos pasado por ello. Y según su entendímiento él lo compone [49] vn hombre muy blando y muy vmano, no [50] nada rriguroso, y con otras calidades muy suaves, siendo como fue vn bároaro de los ynicos [51] y maluados que ha avido, aunque no niego que entre los otomanos hubo otros pcores. Y toda el alabança d'este artículo [52] es por que dexó sacar trigo de adonde a él [53] le rresultaua harto prouecho, sin considerar el Jouio que lo hazía para que en sus puertos vbiese la carga ordinaria de aquel vastimento que ay en Ziçilia, y para desaperrochar aquella ysla d'esta contrataçión si pudiese [54].

Pero vengamos a lo que más dize, que los beneçianos estavan tristes y con gran duda si harían paz con el turco, y que los que tenían la parte afirmatiua traían por su [55] opinión que el Emperador pretendía hazerse señor de toda Ytalia/ y después de toda Europa, aunque lo disimulaua, y que por eso le pesaua con la paz de Beneçia y Turquía, porque estando gastadas las haziendas veneçianas huuiese oportuno tiempo para el Emperador acometer aquella rrepública, que sola hera la que le podía yr a la mano, porque ya todo lo demás de Ytalia le estaua subjeto. Todo lo qual es artifiçio d'este hidalgo [56] no más de para que quede en escripto semejantes cossas; porque si el Emperador pretcodiera lo que el Jobio dize, notorio es (como todo el mundo vido elaramente si no es el Jobio) [57] que otros mejores tiempos y más a propósito tuuo para ello que el año de quarenta, como fue quando estando él [58] en Ytalia, y ante, (trato de la primera vez que estuvo en aquella prouinçia) [59], estando Françia estonçes humillada, tuuo toda Ytalia y los estados d'ella en sus manos para poder disponer d'ella, auiendo antes d'este tiempo, y después d'él, dado estados tan grandes en aquella prouinçia [60], que se hio bien en ello [61] si quería hazerse señor de Ytalia o no. De manera que estas consideraçiones no son de nínguno del senado de Veneçia, sino del Jouio solamente, o de quien / tuuiese su mesmo espíritu |y entendimiento, |y si ffuera d'éstos huviese alguno, sería de quien estuuiese tan apasionado como él [62].

Y dize asímesmo, por continuar su materia, que los que tenían esta opinión dezían que hera bien hazer paz con el turco y que se avían de rreçelar de los ambiguos consejos del Emperador. Que [63] yo no sé en qué consiste esta ambigüedad, como si fuera aquel benditissimo prínçipe (espejo de todos los que an pasado d'este nombre desde que el mesmo nombre ay entre los mortales) [64] alguna cautelosa persona o algún hombre doblado, pérfido o engañoso, o otras cossas [65] semejantes. Y parésçeme esto a lo que dize luégo en el capítulo, iguiente: que abiendo ydo el marqués del Gasto y musiur de Anibau, generales ambos en Ytalia, por sus amos [66] a Veneçia, para persuadir que no hizíesen paz con el turco los de aquella rrepública, dize [67], tenían los que estauan de la parte ffrançesa aquello por artifiçio del Enperador, y que para su prouecho los quería engañar. Y aunque / dize luégo que el artifiçio consistía en que con esperança de liga vnibersal no prorrogasen las treguas ni hiziesen paz con el turco, yo no entiendo el artifiçio con todo esto, avnque lo he leído en latín y en rromançe, porque la embaxada hera para aquello mesmo, y aquello mesmo hera lo [68] que se les proponía; luégo no sé yo qué artifiçio auía debaxo de aquello, porque según mi quenta, el artifiçio y lo artifiçiado todo se hera vna cossa sin cautela ninguna.

Pero lo vueno es que casi acaba el capítulo primero con tornar a tratar lo que otras vezes a dicho, que la liga de Nápoles, hecha entre Beneçia y Carlos [69], fue la cosa más dañosa que pudo suçeder para toda Ytalia, como si en aquella liga se huuiera tratado otra cosa más (que ésta ffue la prinçipal de todas ellas) de que los beneçianos se obligauan a defender el estado de Millán. Y en verdad que me pesa, quando pude saber esto del Jouio, con [70] otros pasos de su |Hisroria (no de los / que me admiran, que éstos son ynfinitos, sino de los que me desatinan), no auello sabido y entender de aquel prinçipal historiador [71] en qué 'e fundó para dezir y dexar escrito semejantes cosas [72]. En conelusión, la paz se hizo entre Veneçia y Turquía aquel año de quarenta, con bergonçossas condiçiones y no dignas del nombre christiano, como lo dirán todas las escripturas sempiternas del mundo, pues la compraron los veneçianos [73] con trezíentos mili ducados que dieron por ella, y con Nápoles de Rromania, y Malbasía, prinçipales plaças de la Morea, y que en la mesma prouinçia poseya aquella rrepública. Pero es lo vueno, [74] que la traiçión de Constantino Cabazo, secretario veneçiauo, y de otros de aquella rrepública (cossa muy nueua en ella), dize que/ naçió de los diferentes paresçeres que auía entre aquellos senadores, vnos teniendo la parte ymperial y otros la rreal. Y haze ffin en esto (para que se vea su mala christiandad), siu querer añadir lo que todo el mundo y lo que en todas las ystorias está escripto: cómo aquel Cabazo y los otros cómplizes del delito heran en afiçión françeses. Y aquel secretario descubrió el negoçio a Guillermo Pelliçer, embaxador ordinario del françés en Beneçia, y el Guillermo lo descubrió a quien auía que descubrillo en su Ffrançia, y a quien convenla para que se supiese en Turquia. Y así, mediante todo esto, vino el turco a querer matar a Ludibico Badoaro, embaxador de veneçianos en Costantinopla, porque no exeeutaua toda la comisión que lleuaua, y así la executó y entregó a Nápoles / y a Maluazia al turco, sin el dinero de lo qual el Vadoarn abisó a su rrepública, admirándose del deseubrimiento del secreto, que ffue causa que el Cabazo y otros consortes se huiesen a Ffrançia, y de otros se hiçiese justiçia, Y avn ffue neçesario çercar la casa del embaxador ffrançés para que entregase algunos d'ellos. Y con ser todo esto así y pasado por los ojos de los hombres, no quiso Paulo Jouio sino que quedase en duda para el tiempo venidero, si auian sido çesarianos o frančeses los que corronpieron con dineros parte de aquel senado de Beneçia..

Dende lo qual [75], alta el Jobio a contar, en el capítulo quarto, el castigo que Carlos [76] mandó bazer en su villa de Gante, después ayer pasado por Françia y allegado a Fflandes, en el qual negoçio es menester que se pongan algunas emiendas. Quanto a lo primero, hierra Paulo Jouio en dezir / que después de rresçebido al [77] Emperador en aquel pueblo, se arrepintieron los d'él de avello [78] resçeuido de paz, porque lo quisieran aver hecho con las armas en las manos. A cuio propósito dizetambién la |Hisroria Ponrifical otra cosa contraria a ésta, y e, que los ganteses le rreçibieron de paz a su prínçipe porque no pudieron hazer menos sino disimular, a causa de que no estauan aperçebidos. Y ambos [79] son dos conosçidos engaños; lo que pasa es [80] que la rrebelión de Gante (que rrebelión ffue en rrealidad de verdad y así lo dize y declara el Emperador en su sentençia) no ffue desobidiençia cognosçidamente para querer tomar otro señor, ni rrebelarse contra el suio, sino como la rregna María de Vngría, gouernadora de aquellos estados, rrepartiese con consentimiento de los tres miembros de Fflandes quatroçientos mili cárolos (cada / cárolo vale dozientos marauedís de nuestra España) para la guerra que 'e trataua con Françia y para yr sobre Teruana (como se fue y no se pudo tomar entonçes), de la qual jornada lleuó cargo el condo Nasao, nunca los ganteses quisieron admitir este seruiçio, ni [81] la parte que d'ello les cauía pagallo [82], y pusiéronse en armas para que les fuesen guardados sus preuilegios, que sin otros que tenían, heran tres tocantes a |este negoçio. Y así, después se truxo muy brauo pleito sobre si lo que hizieron ffue deslealtad o no, pero al fin se determinó contra ellos. Vengo al propósito: nunca los ganteses pensaron jamás, ni con disimulaçión ni tin ella, defender la entrada de su señor en su pueblo; ni después tampoco se a de entender que les pesó de avello [83] rresçeuido, porque heran culpantes solas cabezas, y éstas pudieran ser que no fueran parte para alterar toda la comunidad / del pueblo. Y así, comforme a |esto, saviendo que el César ttraía para su acompañamiento, alliende de su |corte, quatro mili alemanes y seisçientas lanças, le enbiaron a dezir que para qué Su Majestad haçía semejante nouedad, y a ellos semejante agrauio, en benir con gente de guerra' su pueblo, pues no tenía él más leales vasallos que ellos le heran, no solo en los estados de Fflandes, pero en quantos rreigoos y señoríos tenía, y otras grandes palabras semejantes a éstas.

Y demás d'esta enmienda ay hierro en el número de los ajustiçiados porque, sin los nueue primeros, no se hizo justiçia de más de otros çinco, y no diez y seis, como estos autores dizen, y d'estas muertes no se les dio mucho a los de Gante. Lo que sintieron por extremo, y |hera cosa a que no podían poner paçiençia ni consuelo, ffue el hazelles salir / desnudos y con sogas a las gargantas a los jurados y pensionarios (que son las personas de su Cabildo), e yr así a la plaça ante el cadaalso del Emperador y de su hermana la rreina María, pedir perdón de su |yerro. Lo qual que lo hiziesen asi [84] se les mandó por sentencia [85], allende de que ffueron condenados en lo que les eauía de aquel seruiçio que se rrepartió, y más en otrros çiento y çineuenta mili cárolos por el desacato y priuaçión de çiertas açequias yaguas, que les fue a ellos cossa más ynportante que todo, en quanto al ynterese, juntamente con el rronpimiento de sus preuillegios; porque también por la dicha sentençia quedaron cassados y anulados para siempre. Pero a nadie paresçió mal ni rrezio castigo (como el Jouio dize) / el que el Carlos [86] hizo [87] en su patria y naturaleza, antes por ser esto, Gante tuuo mayor culpa y meresçía maior pena; y no ay ninguno (hablo de los que no son ningunos) que tuviese por duro aquel castigo exemplar que se hizo [88]. Y a lo que dize que las çibdades ffrancas de Alemania lo rreprouaron, y que si al César suçediera algún rrebés binieran presto a socorrer a los de Gante y a ponerlos en su libertad, [89] testímonio que el Jobio lleuanta a los alemanes, porque es cossa que [90] no les pasó por pensamiento a los pueblos en general que él dize, ni a la generalidad d'ellos se les acordó de la sentençia de Gante ni del castigo, ni son hombres que en sus cabildos ni cossas públicas (y en los particu- / lares a pocos) se les aeuerda de negoçios agenos y tan apartados de sus casas, y son ymaginaçiones e ínbençiones jouianas.

Y porque a su paresçer abía rrato (con no aver auido ninguno según auía de poco tiempo) que no auía dicho maliçias (que más son qu'esto las que algunas vezes diçe) [91], quenta agora, contando el castigo de Gante, que en España, sobre esto de pedir seruiçios a los pueblos, auian dicho algunas palabras libres los de las Cortes. Lo qual es ffalso, porque si lo dize por las de treinta y nueue en Toledo, allí no huuo palabra que no se pudiese deçir del [92] súdito a su señor, con aquella fidelidad y lealtad que siempre los e'pañoles lo hazen. Y si lo dize por lo del condestable don Pero Hernández de Belasco, es cossa qu'él, pecador, estando en Rroma no lo entiende; y [93] allí no vbo / cossa que supiese a palabra libre, sino a mucha obidiençia y acatamiento. Y por el mismo tenor se ba en lo de Milán, que dize que los lombardos estauan tan cargados de tributos y seruiçios, y los de Nápoles lo mesmo |(y Çiçilia más que todos) con nueuas aleavalas en el trigo, y destruída de tener, ymbierno y berano, apo'entados en guarniçión a los españoles. De manera que paresçía que no les ffaltaua voluntad a todas estas prouinçias, síno ocasión para rrebelarse; a lo menos sé yo dezir que a él no le faltaua la suya para desear ver cumplido lo que dize, pues con ffundamentos tan ffalsos, osa affirmar vna proposición [93]a tan contra la honrra de todas aquellas tres prouinçias. Como si en Milán huuiera abido nouedad, ni en / Nápole, ni en Çiçilia tanpoco, en la cossa de los seruiçios y derechos de cada vno de aquellos rreynos. Y no es bueno tanbién que ponga el Jouio por cavsa a los çiÇilianos de su tristeza y conguja [94] tener españoles de guarn'çión, como si e'tuviesen allí a otra cossa, ni fuesen para más enbiados en aquella ysla, que para defendella de los cosarios turcos, o como si aquella guarniçión faltase y avn teniéndola [95] no corriese grauíssimo peligro aquell rreigno, y tan grande quanto es notorio [96]; de manera que a la quenta jouiana es destruimíento de Zizilia guardar de turcos a Çiçilia [97].

Pero tras esto, dexando a, í sabrosos (a su paresçer) los ánímos de los oyentes, con dexallos bien ympuestos en exçesibos seruiçios ymperiales, qu'es tanto como poner al prínÇipe de quien trata no muy lexos de la terribilidad y de lo inconportable, / pasa al capítulo quarto a contar dos o tres géneros de cossas. Y la vna es el negoçio del duque de Cleues, que diferençiaua con el Emperador sobre el ducado de Güeldres, siendo el señor de allí muerto poco auia. Esto hera (avnque él no lo dize), el año de treinta y ocho a postrero de julio, y él se llamaua Carlos, duque de aquel estado güeldresco. Y dize agora nuestro obispo que el de Cleues ffue ynstituído del Carlos por heredero de Güeldres, como si solo este derecho ffuera el qu'el Guilermo pretendía para quedar con Güeldres, y éste que dize de la herençia, hera el menor. En ffin, el el duque vino a Gante, porque como el Emperador pretendía que hera suio lo de Güeldres, venía con saluoconducto a ver si se podía tomar medio con la Majestad sobre aquel estado, / y no pudo, y así se bolbió; porque la rresuliçión que se tomó húltima fue que se rremitía todo a las |Cortes o Dicta que se avía de hazer en Alemania porque Geldres es feudo del Ymperio- para que los prínçipes y çiudades botantes en Cortes determinasen |esta difcrençia. Lo qual después no se cunplió, porque el duque de Clebes, que tanvién se yntitulava de Güeldres y lo poseya, quiso más fortificar las tierras güeldresas qu'estar a la ovidiençia del ynperio. Pero éste es vn negoçio y vna materia que no se puede bien tratar agora, espeçialmente que sabemos que nos a de ofreçer esra mesma |Historia del Jobio lugar más aparejado qu'éste (avnqu'éste lo es harto) para contar çerca d'este paso lo que aquí faltare. Para entouzes se quede lo demás; con que agora se digan dos engaños del Jobio

El vno es que como mal diestro en vna de las partes de historiador, y qu'es harto neçesario a los d'este nombre, haze al rrey de França pariente del duque de Clebes y grande amigo, y que tenía tratos y negoçios con él, no aviendo ninguna cosa d'éstas, porque ninguna amistad, trato ni negoçio, había / entre [98] Françisco y [99] Guilliermo, hasta que començó agora éste a diferençiar con el Carlos [100] sobre el hecho de Güeldres. Y avn con todo esto, en este tiempo por donde agora corre la |Historia del Jobio, con hauer començado estas diferençias. nn se avía desbergonçadn a tratar en França hasta después adelante, el año siguiente de quarenta y vno, que vino en busca del rrey a entrársele por las puertas; el qualle tomó en su ami, tad y le caso con hija vnica del señor de Labrid, que se yntitulaba rrey de Nauarra.

Y en quanto al parentesco con el rrey de França, no tenía ninguno el de Cleues; porque vea el señor Jobio quán mal diestro está en las cosas de las genalogía, de prínçipes. Con sus hijos se [101] tenía vn poco de deudo, y vien poco, porque su visagüelo Carlos de parte de su madre, hijo de Ludibico, duque de Vrliens, que mató el duque de Vorgoña a puñaladas (negoçio ya muy sabido en las historias françesas), casó con Margarita de Clebes, que por esta quenta venían a estar los hijos del françés en terçero grado con el duque. Aqueste Carlos, bisagúelo d'estos mozos, fue padre de Luis, duodézimo / rrey de França, y hermano de Juan, primer conde de Angulema. De manera que por la vía del Juan, de adonde deçendía este Françisco, moderno rrey de França, no le tocaua sangre de Cienes ninguna, sino a sus hijos por la otra banda del Carlos, hermano de Juan de Angulema, su hagüelo. Porque como este Françisco casó con Clauda, hija del duodézimo Ludibico, y este Ludibico hera hijo de mujer clebesa, consistía en esto el parentesco que avía en Françia con Clebes. Y no sé a qué propósito, hablando todavla en |esto, dize el ovispo vn gentil desconçierto: que la diferençia de Geldres hera qu'el Carlos [102] quería como Emperador eligir duque, y que lo fuese por su mano el Guillermo, y no de otra manera. El quallo tomara, no de la mano del Emperador, sino de qualquier otro que le dexara con el estado güeldresco. El caso, en fin [103], es que así el Carlos [104] como el Guillermo (dexado aparte el que el Carlos tenía como Emperador) [105] pretendían tener derechos particulares cada vno al estado de Güeldres, y el año pasado / de treynta y nuebe declaró su derecho el Guilliermo a los prínçipes de Alemania, en la Dieta de aquel año; y el siguiente de quarenta y vno deelaró el Emperador el suyo a los mesmos prínçiper en la Dieta de Rratisbona.

Pero prosiguiendo más adelante las cosas del Jobio, digo que [106] dize en el mismo capítulo quinto y lo da a entender [107], y la |Hísroria Pontifical lo dize tanvién por palabras bien claras, que sintió grandemente el turco la muestra de amistad entre Carlos y [108] Françisco, y las muestras de amistad con que avía pasado el vno por las tierras del otro; y que Antonio Rrincón, emvaxador del rrey de Françia en Costantinopla, tuvo tanto temor, que si no tomara vn bergantín y se fuera secretamente de Costantinopla, se cree que lo matara. Y en quanto al pesar del turco, yo también lo crco, pero no lo demás de huírse el envaxador (si soy obligado a creher a él mesmo), el qual [109] me lo contó de allí a nueve o diez meses, después que avía pasado la Magestad ymperial por Françia. Antes preguntándole yo de / mi cosecha eómo se avía tomado este negoçio, me dixo çiertamente e, ta particularidad: qu'el turco, él creya [110], por las señales que avía bisto, que lo abía tomado [111] mal; pero que a él nunca le pasó por ymaginaçión de [112] dexar de tener aquel contento y sosiego que siempre en aquella corte báruara tenía. Así qu'esto del bergantín, y el hauerse huydo por temor de la muerte, es consideraçión de la caueza del Jobio, y engaño de la |Historia Ponrifical en querer seguille. Pero pregunto yo al ovispo: si es así como él dize, que si no se huyera Rrincón le mataran, ¿cómo o por qué causa alava al turco de humano, y de otras muchas birtudes morales, cada vez que se le ofreçe a hablar d'él [113]? Pues no puede ymaginarse mayor ynhumanidad, o a lo menos es vna de las grandes ymaginables [114], quebrantar el derecho de lo, envaxadores que son enbiados a algún prínçipe; quánto más que aquí hera el negoçio más qu'esto, que mataua al envaxador por lo que nuevamente su amo haçía allá en su tierra, que no se podía ygualar / crueldad a ésta, al parezer humano [114]a.

Pero bengamos agora, poco a poco y con paçiençia (porque yendo con ympetu y con presteza aquel movimiento y calor lebantará la eólera y çegarnos a para no saber rresponder), a oyr vna grande maldad, y no sé si le diga vellaquería en rromançe, d'este Nochera, que sin, acordarse de su dignidad ni de la verdad de su |Historia la corronpió y adulteró diziendo [115] lo que dize: qu'es [116] qu'el Emperador mandó a los prínçipes y çiudades francas de Alemania que le enviasen sus nuçios a Haganoa para que disputasen çiertos errores de los del [117] Lutero, con pensamiento que se juntase de'pués más de propósito, como después [118] se hizo, congregaçión en Bormes para propósito de [119] que se confutasen aquellas opiniones luteranas. Y hast'aquí dize verdad, y [120] no en todo lo que más dize çerca d'este propósito, qu'es qu'el Emperador avnqu'esta color [121] hera muy honrrada, pero que [122] en lo secreto, demás de rremediar la Yglesia pretendía [123], quando otra cosa no pudiese ser, rregalar y disímular las heregías y malas costumbres de los prínçipes alemanes, porque d'esta manera vernían a su seruiçio y / 'e apartarían del amistad del rrey de Françia y desharían las ligas secretas que con él tenían, y d'esta manera [124] Françia quedaría sin su gran ayuda.

¡O palabras, ya no ytalianas ni de autor ytaliano, sino ynfernales y de autor del ynfierno! ¡Bendicto prinçipe mío, que no te acabó otra cosa la vida sino las heregías de Alemania y por rremediallas (y no por disimulallas) pasaste diez y seis bezes la mar! Y que sea tinta la soltura de vn desbergonçado lonbardo, que diga, en vn libro puesto en molde, que disimulabas las eregías alemanas por causa de apartar algunos de aquella naçión de la amistad françesal! Que de todo lo que Dios y naturaleza te dio, en lo que toca a la tierra, te apartaras, antes que disimular heregías porque se apartaran o no de la liga con Françial Y este autor la deve tener con, [1] demonio, pues semejantes cosas se atreue a dezir de un prínçipe, no digo bien, sino de vn corrco que andubo por el mundo por la posta sin descansar, buscando por todo él maneras y rruegos y persuasiones, y después al cabo guerras y batallas, derramando su salud por toda Evropa / y su sangre en las batallas, para qu'estos herrores y heregías modernas se rremediasen. Y en esto no ay otra cosa que dezir, pues tienen todas las gentes del siglo presente los coraçones llenos y los ojos mojados, cada vez que nos acordamos d'ello, de lo qu'el Emperador hizo sobre esta materia. Lo qual se berá bien largamente escrito en todas las corónicas del mundo hasta en las de los enemigos del mesmo Carlos, si no es en la del Jobio sola [125].

1 Add.: con los apuntamientos necessarios sobre la Historia del Jovio.

2 Mut.: el Emperador.

3 Add.: rrey.

4 Mut.: Emperador.

5 Del.: particularmente.

6 Add.: rrey.

7 Del.: frant;és.

8 Mut.: no digo bien sino muy: y aun.

9 Del.: e ymportunidades...

10 Mut.: Emperador.

11 Mut.: la prouinçia ...: Francia.

12 Mut.: notemos.

13 Mut.: dottor.

14 Del.: rregoçijos y.

15 Del.: ffrançés.

16 Mut.: mejor crco que dixiera ...: y de tanto valor.

17 Mut.: permitió.

18 Mut.: Emperador.

19 Mut.: ffue v no de los...: venturossíssimo prínçipe.

20 Mut.: hartas veçes...: muchas vezes.

21 Del.: en la verdad.

22 Mut.: herrava y siguiendo...: herrara y siguiendo.

23 Mut.: porque claro está que...: en la qual parecía poner al estado de Milán y Lombardía a ventura de perderla para siempre.

24 Mut.: Emperador.

25 Mut.: de los.

26 Del.: (por estarme...).

27 Mut.: entonçes. Boluamos...: mis Anales. Dize más adelante el Jovio.

28 Mut.: y esto ya...: lo cual ha dicho.
29 Add.: si a.
30 Del.: si.
31 Add.: se lo.
32 Del.: aquella posiçión.
33 Del.: nunca rriñamos...
34 Transp.: casi vn ynfinito.
35 Del.: su.
36 Mut.: lo qual es hablar: esto habla.
37 Transp.: çiertamente aquí.
38 Add.: mantener.
39 Del.: y para mantenellos.
40 Mut.: a los estraños...: los estraños por ser aliados.
41 Mut.: levantamiento de los: de los levantamientos.
42 Del.: como carga...
43 Mut.: Jovio.
44 Del.: sea la causa de que.
45 Mut.: se pone.
46 Mut.: lo cual haze.
47 Add.: algunas.
48 Del.: lo a hecho.
49 Mut.: lo compone: le imagina.
50 Mut.: y.
51 Mut.: injustos.
52 Mut.: y toda el...: toda esta alabança.
53 Mut.: adonde a él: donde.
54 Mut.: pudiera.
55 Mut.: traían por su: tenían por.
56 Mut.: d'este hidalgo: suyo.
57 Del.: (como todo el mundo...).
58 Mut.: estando él: estuvo la primera vez.
59 Del.: (trato de la primera...).
60 Add.: en.
61 Del.: en ello.

62 Del.: y si ffuera de éstos...

63 Del.: Que.

64 Del.: (espejo de todos...).

65 Mut.: o otras cossas: con otras calidades.

66 Mut.: señores.

67 Add.: que.

68 Del.: y aquello mesmo...

69 Mut.: Beneçia y Carlos: el Emperador y Venecia.

70 Mut.: quando pude...: que pudiera saber esto del mismo Jouio y.

71 Mut.: no auello sabido...: y preguntarle.

72 Add.: no cay entonces en la cuenta.

73 Del.: Jos veneçianos.

74 Mut.: Pero es lo bueno: Lo bueno es.

75 Mut.: Dende lo qual: De aquí.

76 Mut.: Emperador.

77 Mut.: el.

78 Mut.: avello: le aver.

79 Mut.: y ambos: Lo uno y lo otro.

80 Mut.: lo que pasa es: passa así.

81 Add.: pagar.

82 Del.: pagallo.

83 Mut.: averle.

84 Del.: que lo hiziesen así.

85 Add.: que as sí lo hiziessen.

86 Mut.: Emperador.

87 Add.: exemplarmente.

88 Mut.: ser esto...: todo esto tuvo Cante maior culpa y meresçía mayor pena.

89 Add.: falso.

90 Del.: y porque a su paresçer ...

91 Del.: Y porque a su parecer

92 Mut.: el.

93 Mut.: pecador estando ...: Jovio no entendió.

93a Mut.: cosa.

94 Mut.: y no es bueno...: tanbién es bueno que ponga el Jouio por cavsa de la tristeza y congoxa de los sicilianos.

95 Del.: y avn teniéndola.

96 Del.: y tan grande quanto es notorio.

97 Mut.: guardar...: guardarla de turcos.

98 Add.: el rey.

99 Add.: el duque.

100 Mut.: Emperador.

101 Del.: se.

102 Mut.: Emperador.

103 Transp.: en fin el caso.

104 Mut.: Emperador.

105 Del.: (dexado...).

106 Del.: digo que.

107 Del.: y lo da a entender.

108 Mut.: darlos y: el Emperador y rey.

109 Mut.: que.

110 Del.: él creya.

111 Mut.: que lo abía tomado: lo tomó.

112 Del.: de.

113 Del.: a hablar d'él.

114 Del.: ymaginables. 114a Del.: al parezer humano.

115 Mut.: poco a poco ...: a.

116 Del.: qu'es.

117 Mut.: de los del: de.

118 Del.: después.

119 Del.: propósito de.

120 Mut.: pero.

121 Add.: de remediar la Iglesia.

122 Mut.: pero que: pretendía.

123 Del.: de más de...

124 Del.: d'esta manera.

125 Mut.: ¡O palabras, ya no yta lianas... (fol. ant.) : Estos son los discursos de Italia y los juyzios que hacen por sus mismos coraçones. El mundo todo y el cielo y el infierno testifican

agora y testificarán para siempçe que lo dicho por el Jovio es gran maldad. Diez y seis veces passó el Emperador el mar océano con propósito principal de hazer quanto en sí fuesse para remediar las herejías de Alemania. Puso su persona a la ventura y casos de la guerra como qualquiera particular soldado. Sufrió las nieves y fríos de aquella región en lo duro del invierno. Cobró muchas enfermedades que le abreviaron la vida. Gastó grandes thesoros sin mucha gente prinçipal que murieron sobre esta demanda, que era restituir la verdadera religión en aquella principal parte de su Imperio. Siendo esto gran verdad, ¿qué nombre se puede dar que responda al atrevimiento y desvergüença del Jovio? ¿O qué pena merecía su locura? Gentil contrapeso de faltar a la religión christiana, por la qual muriera el Emperador mil muertes, pone el Jovio que era apartar los alemanes de las ligas y inteligencias que podían tener con el rey de Francia. Si por este premio le parece al Jovio que vn príncipe deve dexar la religión y hermanarse [con herejes], buenas letras devió tener y buena constancia en la fe. No se puede tanto dezir en esto que no sea [ilegible] del Emperador y por esto es muy mejor dexarlo. / Todas las gentes del siglo presente tienen los corazones llenos de las aventuras y trabajos a que el Emperador se puso sobre esta empresa y los ojos mojados cada vez que se acuerdan de lo que vieron y oyeron; y lo mismo harán en los siglos venideros quando lean las historias de tan cathólico príncipe que se escribirán en largamente no solo por sus coronistas sino por todos los del mundo hasta por los enemigos del mesmo Emperador, sino por solo el Jovio que era su vassallo.

Capítulo Quarenta y Siete

De la continuaçión de las cortes de Rratisbona, y de lo que en ella se concluyó para contra el turco, y de la partida del Enperador para Ytalia y jornada de Argel, y de la muerte de Çésar Fragoso Y Antonio Rrincón y de otras cossas [1].

Acábaseme el tiempo, que si éste no se acabara (con la partida de las naos, qu'es el término que tengo puesto a este libro) mucho más me hubiera estendido y vbiera mostrado al mundo quán inmundo [2] anduvo el Jobio contra la naçión española. Pero avn con haver hido hasta aquí harto breue, tengo por fuerça de abrebiar más en lo que me queda por causa de lo que tengo dicho. Y así, viniendo al libro quarenta jobiano, digo que los primeros capítulos d'él tratan de lo que Solimán hizo después de llegado a Vngría y cómo yncorporó en su ynperio aquel desdichado rreyno, dexando solamente al niño y a la madre con la província de la Trasilbania, que le dio para sus alimentos. Y aquí el Jobio en esta materia haze vn grande discurso y pone / vna oraçión que hizo vn baxá a su amo, persuadiéndole a que se quedase con Vngría y lo quitase al hijo del Bayvoda. Que si él estuvo en el serrallo de Costantinopla o en el palaçio de Buda ha uérsela hazer, no tiene poco buena memoria en avelle quedado así en ella para podeua escrebir en sus Hislo, ias. En fin, lo que ay que dezir en esto es, breuemente, qu'este Solimán, después de hauer hecho a Vngría (que solía ser frontería contra turcos) frontera contra christianos y contra Avstria, y dexado probeydo todo lo que hera menester, y lo que se suele probeer para quien tiene por vezinos a sus enemigos, se volbió a su asiento de Traçia. Después de lo qual, suçedió la prisión de Maylato, gouernadnr de la Trasilvania. Y luégo haze nuestro autor vna grande digresión sobre lo tocante a las provinçias de Valachia y Trasilvania, que no ay para qué ni en qué poder estribar en el propósito que uevamos, y así no ay que tratar de nada de aqueuo, ni de vnos envaxadores qu'el rrey don Fernando envió al turco, pues ninguna cosa de lo tocante a aqueua emvaxada ovo hefecro. Y así viniendo a lo que / haze al caso, y a las enmiendas de lo que queda por enmendar en este lsibro quarenta, digo que, acavado de contar por el Jobio lo qu'está dicho, rrebuelbe con gran ynpetu sobre Alemania y sobre su Emperador, qu'estava haziendo Cortes en Rratisbona, y después de hauer contado lo que en ellas se determinó, quenta en el capítulo diez y seis la determinaçión que el Emperador tomóde ir aquel año sobre Argel, lugar vien sabido de nuestras desgraçias y desbenturas [3]. Sobre lo qual dize el Jobio, en el mesmo capítulo, que murmuraban muchos en Alemania, diziendo que no hera de esforçado ni valeroso Emperador dexar al enemigo cara a cara y junto a él (como el turco entonzes lo estava en Vngría), y bolbiendo las espaldas, yr a buscar otros enemigos más lejos, como los de Argel, avnque tanbién turcos, pero nu el señor prinçipal, como acá estaua, siuo vn evnuco, baxa persoua y de baxos fundamentos. Y quenta tanvién vn dicho de Felipe Lasgraue sobre este propósito, que al avtor le cayó en graçia, sin pensar yo qu'el vno las savía dezir ni que el otro hera tan amigo de oyuas [4]. Y asímismo va el mesmo Paulo / discantando sobr'esta materia otras muchas cosas, y poniendo en ella diversas opiniones, y haze nuestro auctor, como buen maestro d'esta cosa que para fundar su opinión pone la contraria, harmada de flacas y desbenturadas harmas, para que la suya se muestre más vitoriosa.

Pero agora se dirán algunas rrazones para lo contrario, para que modere más [5] el Jobio su bençimiento, y no lo tenga [6] por tan claro, que si él tiene [7] el juiçio d'este arte, verá [8] no solamente cómo bibe [9] engañado él y todos los demás a quien no pareçió vien la partida de Alemania y jornada de Argel, y confesarán claramente ser su opinión de poco hefecto y de vaxo entendimiento. Y la duda es (porque pongamos la conclusión y proposiçión primero) [10] si el Carlos [11] hizo conforme a diziplína de guerra, y al valor de animoso Emperador, estando el turco en Vngría (o viniendo ya a eua) haziendo guerra a su hermano, dexar la probinçia de Alemania, vezina de la mesma Vngría, e irse a la conquista de Argel, çiudad famosa oyen todo el mundo, y puesta y fortificada en parte donde haze el más notable daño a la christiandad que si Costantínopla estuvicra / en Çiçilia. Para lo qual digo que (como el mesmo Jobio dize en su libro treynta y nueve pasado) luégo qu'el Emperador supo la benida de los turcos a Buda, y el favor que començaban a dar al niño Esteuan y a su madre, probeyó bastantemente de dineros al hermano para que hiçiese gran copia de ynfantería, como la hizo, y ofendiese y se defendiese [12] vastantemcnte. Y demás d'esto, en la conclusión y reçeso de las cortes de Rrastisbona, prometió Alemania (de lo qual el Jobio no se le acordó palabra) de [13] que si el turco pasase de Buda y prosiguiese la guerra aquel año, de dar çierta gente de a cavallo e ynfantes en buena cantidad para la defensa de aquel común enemigo, y avn el Emperador pidió el dinero por más breuedad para, si el peligro lo rrequiriese, hazer la gente más de presto. Y avnque en esto ubo alguna dificultad, en fin se lo conçedieron, y así está visto que en quanto a gente de guerra, ynfantes y cauauos, la rresistençia del turco y la defensa de Avstria, quedaua vastantemente todo proveydo.

Pero es de ver si hera mejor (qu'ésta es la duda) irse a meter el Carlos, [14] en Vngría o yr sobre Argel. Y no rreçibe el negoçio duda ninguna, / sino que fue mayor grandeza y valor (avnque le pese al Jobio y a su opinión) prober a la mayor neçesidad, si nuestros pecados no lo estorvaran, e yr a tomar la fuerça de África que rresistir a la del turco. Y avnque pareçe esto [15] extraño, pruévase claramente, porque (auende de lo que se dirá) vna por vna no se me puede negar que fue vsar de mayor grandeça tener en tan poco al enemigo y dársele tan poco por él, que sin hazer caso de su entrada, bolbiese la proa a otros negoçios del mesmo jaez, mostrando ningún miedo al daño que podía hazer su contrario. Pero dexemos esto de su grandeça y vengamos a lo que toca a la diçiplina militar. Ya se save aqueua común rregla, puesta en execuçión por los rromanos contra cartagineses, que quando vno está apretado de su enemigo en su mesma tierra, es gentil preçepto de guerra ir a hazérsela a él en la suya, para apartalle de la ajena. Y si se me dixere a esto que aquí es diferente caso, y que no hera Argel tan propia tierra del turco como Avstria del Carlos [16], ni se le haçía tanto daño en hazer guerra en África, ni se le dava tanto por ello como se le avía de dar al Carlos [17] de que se la hiçiese al [18] otro en Vngría, rrespondo / que esto le avía de causar mayor miedo al turco, como por ventura se lo causó, porque de neçesario se le avía de enbaraçar el entendimiento con aquella novedad ynperial, considerando debaxo de aquello grandes misterios de vn honbre [19] tan tenido por honbre de guerra como el Emperador. Porque no solo avía Solimán de creer la yda a Argel (y quiçá no la creya), pero considerar que en qualquier suçeso podía el armada carlesca [20] correr la Greçia, y avn la Suria, y hazer y ocupar plazas ynportantes, espeçialmente estando ya el mesmo turco lastimado de otro tanto en el tienpo que se aparexaban en la mesma Avstria los dos exérçitos, christiano e ynfiel, a darse la vatalla. Y avn [21] digo más: que avnqu'el Emperador no tubiera yntençión de ir a Argel aquel año, ni de hazer armada por mar, lo abía de fingir e irse haçia Ytalia para poner mayor espanto, y esto no hera dexar el enemigo a las espaldas, como el Jobio literalmente piensa, ynorando las alegorías de la guerra, sino acometeue e ir cara a cara derechamente contra él. Juntávase con esto que a esta sazón heran muertos Çésar Fragoso y Antonio Rrincón en Lonvardía, con grande açedía / del rrey de Françia (de lo qual de aquí a poco [22] trataremos), el qual françés avía tomado tan pesadamente estas muertes, que luégo se començó a preparar para la guerra y tomando al Emperador armado como le tomava en Ytalia, o en qualquiera otra parte de África çercana a España, avía poco que temeue; y avía mucho si el Carlos [23] se metiera en Vngria, que según el estado de las Cosas d'entonzes, lo que podía hazer hera defender vna o dos plaças a su enemigo y aventurar (enbaraçándose en ello) todas o la mayor parte de las que tenía en Ytalia y en algunas fronteras de las [24] d'España. Y por defender vna fuerça o dos quiçá, perdía vna provinçia, espeçialmente qu'estas plaças que digo que se podían defender, les dexaua vastantemente la defensa probeyda, como queda dicho, porque de vatalla vnibersal no ay que tratar, qu'el Emperador no estaua aparejado ni se podía aparejar en lo que quedaua de aquel verano para daua, ni esperalla del enemigo. Lo que más pudiera hazer fuera canpear con él, pero con gran bentaja de los contrarios, aviendo de perder en los aloxamientos sienpre muchos, que no se podían hazer de parte del Carlos, sino con grandes / rresguardos, los quales suelen serbir muchas vezes de muy gentil miedo en la gente de guerra. Pues hablar en venir a çercar a Viena, çiudad prinçipal, hera escusado por lo que luégo diremos; demás y [25] auende de quedar muy bien probeydo todo el negoçio tocante a la defensa, con harto mejor aparexo para euo que quando se defendió del mesmo enemigo el año de veynte y nueve.

Y si con todo esto el Jobio es tan profiado que no se me [26] rrinda, no lo puede dexar de hazer con lo que agora diré, y es qu'el Emperador partió de Rratisbona mediando el mes de agosto de aquel año de quarenta y vno, y en fin del mesmo mes llegó el turco çerca de Buda, y en prinçipio del siguiente se apoderó de aquella çiudad, y vbo menesterlo todo entero para aconchar todas las cosas de Vngría y hechar de allí al niño y madre. Todo el qual tiempo, medido por el Emperador (y no por el juiçio del Jobio, que no mide estas cosas, sino por los juiçios bulgares) estávase [27] claro qu'el turco no podía dañar más adelante aquel año a cosa ninguna christiana, y que no le hera poca ventura si antes que cargasen las aguas y çerrarse de todo el ynbierno, podía bolver seguro / a su rresidençia, como rrealmente bolbió a eua con harto trauaxo de los rríos. Pues si quisiera ynvernar en Buda, allende de ser contra las hordenaçiones otománicas (que como fuese con esperança de ganançia çierta no hera mucho quebrantauas), pero demás d'esto muriera de hambre él y su hexérçito, porque estaua toda aqueua comarca destruyda (dexado aparte que aquel año fue neçesitado en Vngría) de la guerra y hexérçito del rrey don Fernando, quando su general Guillermo de Rrocandolfo, y primero Leonardo Belsio, avían tenido çercada a Buda y echo guerra en toda aqueua provinçia, de manera que fuera conoçidamente perderse. Y esto causó al Emperador salir de Alemania para su empresa de Argel, y no las frialdades y disparates que quenta nuestro Nochera; entre las quales es vna que me a caydo muy en graçia, harto más que a él el dicho de Lasgraue, que [28] diçe que en aquel tiempo que Alemania había menester hazer gente de guerra, le sacava la ynfantería para Argel, y hera toda la ynfantería seys mili alemanes solos [29] que sacó para aquella jornada. Para que se vea quién tal dize [30] de vna probinçia, / la más triste y estéril de gente que vbiera en el mundo, quánto más de Alemania [31], la más fértil d'esto, y que más ynnundaçiones hecha de gente de sí [32] de quantas ay, en aquellas con quien tenemos trato en Vropa para este exerçiçio de la guerra. Y en esto se berá hasta dónde se estiende el entendimiento militar del Jobio, que en el otro del aprobechamiento de sus çiençias yo no trato agora [33]; y de lo que tratemos sea [34] | de cómo salido el Emperador de Alemania, vino a Ytalia para su camino de Argel.

Y dize çerca d'esto nuestro avtor en el capítulo diez y siete, que al Carlos [35] se le hizo en Milán grandísimo reçevimiento, y sí hizo por çierto harto bueno. Y da a entender que se hizo con muchas costas de las çiudades de aquel estado, queriendo dezir así en pocas palabras, y de pasada, que fue escusado aquel rreÇibimiento. Y harto más escusada es su Hislo, ia en este paso, pues no entiende que aviendo entrado otras vezes el Carlos en Milán sin aquel trunfo (avnque siempre con muestra conviniente a la persona ynperial), y entrando agora con aqueua / nueva manera (persuadido y rrogado para ello por los senadores de Milán), qne tenía todo esto algún misterio; el qual es (pues no lo quiso poner el Jobio) que avnque otras vezes avía entrado el Carlos [36] en Lonbardía, feudataria suya como Emperador, pero hera ésta la primera vez que entraua en Milán como señor particular de aquel estado, porque después de la muerte del duque Esforçia no avía entrado en aquella çiudad. Y es ya muy sabido en todo el mundo lo que se husa en él [37], quando algún prínçipe poderoso o otro su semejante [38] entra en alguna tierra suya (qu'es notable y cabeça de probinçia), rreçibille con semejantes fiestas y aplausos y las demás cosas que se suelen hazer en semejantes rrcçibimientos. Pero vna cosa y vn yntento quería que lleuase el lector jobiano para considerar las cosas de su autor [39], y es que con yr atentado en dezir mal de prínçipes, como quien haçía vna historia no más de para lesongiallos [40] a todos, avnque fuesen vnos enemigos de otros, solo en vn género de cosa se atrebió a deziuo muy descaradamente / del Emperador, esto es en lo que toca a los derechos y tributos del estado de Milán, contando vexaçiones y trauaxos de los milaneses, que reçibían con semejantes ynpusiçiones. Lo qual muchas vezes rrepite [41] en su Historia, y agora en este capítulo diez y siete lo mesmo

[42], diziendo que fueron los de aquel senado a suplicalle afloxase y moderase más aquellos derechos y tributos, a lo qualllama este avtor justas quereuas; y qu'el Carlos [43] no lo quiso hazer, vsando de poca clemençia y dexando aqueuos miserables (como él los uama) sin esperança ninguna de rremedio. Todo lo qual haze y dize (que en esto no vbo padre ni conpadre, ni se le dio nada de la lisonxa su conpañera) porque él hera de Como, çiudad de aquel estado, y miró más (si hubiera dicho berdad en ello) a la vtilidad de su tierra que a la de su señor. Avnque en aqueua probinçia otras bezes hemos bisto algunos d'ella no mirar a lo vno ni a lo otro; y çiertamente este comysta, según las palabras lastimeras que dize en este paso, pensó de hazer uorar a sus [44] lectores, que dizí- / pulos los iva a dezir, sino que me acordé que avnque bale el Jobio mucho para muchas cosas, vale poco para maestro, espeçialmente de hisiorias modernas. Lo qual pruebo con muchos, y con este paso de agora, pues [45] nunca el Emperador avía echado en aquel tiempo, ni echó xamás, quando no hubiese guerra [46], eapitán suyo ninguno nuevos tributos en aquel estado [47]. Y los hordinarios con que se mantiene y sustenta los mesmos estados no se pueden alargar por los señores d'ellos, si quieren conseruarlos y ser prínçipes de aqueuas tierras. Espeçialmente hera menester esto en aquel tiempo, donde ya se beya la tenpestad de la guerra venir apuntando dende lexos, como que venía a descargar sobre aquel mesmo estado de Milán.

Y así çerca d'este capítulo, y del que se sigue, en el qual se contiene cómo el Emperador envió a pedir bistas al Papa en la çiudad y señoría de Luca, y cómo el Sumo Pontífiçe las açebtó y partió de Rroma para ello, no ay qué dezir ni qué menear al Jobio en esto, sino pasar a la muerte qu'escribe de Antonio Rrincón y de César Fragoso, / que el vno es español y el otro ytaliano y anbos, en devoçión y seruiçio françeses. De los quales, como se saue (aunqu'el Jobio no pone ninguna particularidad d'éstas), el Rrincón avía muchos años que serbía al rrey de Françia y muchos d'ellos de enbaxador en Turquía por el mesmo Rrey. Y cada vez que venía de la corte de Solimán a la de [48] Françisco, avisaba luégo dende Veneçia y siempre le enbiavan luégo, [49] para aconpañador suyo al Fragoso, que como es notorio, hera capitán de honbres de armas del françés. Avnque hartas vezes tanbién el Rrincón pasava disimulado por tierras del Emperador, hasta pasar hecho barbero y haziendo baruas y tresquilando, y otras veçes frayle y de otras diferentes maneras, hasta que auegaua a tierras de su amo. Pero cuando yva por tierra esguízara, sienpre le cabía al Fragoso el cargo de acompañaue hasta Françia. Y agora avía poco tiempo, que serían como seis meses, qu'él avía benido a comunicar çiertos negoçios de su delegaçión con su rrey, y no / huiendo del turco como la Pontífical dize, sino muy fauoreçido d'él y avn aprouechado con vn bien rrico diamante y vn sanxaco de oro no mazizo que aquel báruaro le dio; lo qual quenta, [n]o por [vi]çio si ...adad [s]ino para que se vea el engaño de los que escriben que se vino huyendo antes y traxo consigo otro envajador del turco, pero ytaliano, el qual fue despachado brebemente. Y el Rrincón se quedó el tiempo que digo, porque yva más de propósito que nunca avía ydo a Turquía, y tan de arrancada, que yva con él toda su casa, muger e hijo y suegra, que todo esto uevaua. Y auegado a Turín, y hecho allí alto algunos días con el Çésar Fragoso, su hordinario aeonpañador, cayó doliente, y no de rrevmas como dize el Jobio, sino de vna pierna, qu'esto le hizo aborreçer los Alpes y la tierra fragosa, no podiendo sin alguna lástima y dolor ir bien a cauallo. Y asíse determinó hazer el camino por agua hasta Veneçia, como cosa de más descanso, pero contra el l, areçer del Çésar. Y para esto, dexando su muger y casa en Turín, / para no ir tan conoçidos, y enbiando primero los despachos que uevaua para el turco y todos sus papeles con vna posta (para que se los guardase el emvaxador de Françia que rresidía en Veneçia, se metieron Çésar Fragoso y el Rrincón en barcos. En el qual viaje les suçediólo que ya es notorio y se saue, y cómo salieron otras barcas y los despacharon, sin hauerse sabido más d'euos, y no reçibe duda ninguna sino que se hizo y hordenó todo por comisión y mandamiento del marqués del Gasto; porque avnque al prinçipio se pudo dudar y ponerse en disputa, ya después acá no la tiene el negoçio. Pero ayla en si este negoçio fue primero por el marqués comunicado por cartas con el Emperador, que a la sazón estaua en Alemania, aviendo como hubo mucho tiempo para esta comunicaçión dende qu'el Antonio Rrincón se supo estar en Françia y qu'estaua despachado para bolber a Costantinopla. Y si balen presunçiones y congeturas, y si asímesmo tengo de deçir la verdad de lo que sospecho y siento, / yo creo qu'el del Gasto no acometiera este echo sin comunicallo con su amo, y que comunicado con él lo hizo. Y [50] si así fue, fue vna de las cosas más justas y onestas qu'el Emperador consintió en el discurso de su vida, ni que el marqués del Gasto hizo en la suya, por lo que luégo diré, quando responda [51] a lo que diçe el Jobio que le [52] dezía César Fragoso al Rrincón, que no devía (avnque abía treguas) fiar de la condiçión de los españoles los negoçios del rrey ni de su bida. Como si la condiçión de aquellos qu'él dize fuese tan bárbara y tan mala, y de tan ynhumanas costunbres, eomo él querría que fuesen, o como si devaxo de las treguas de Niça no se pudiera castigar vn honbre dado al bando [53] d'España, desnaturado de su tierra, no conforme a las leyes d'eua, sino a hurtadas y sin liçençia de su rrey, dado y publicado por traydor en su probinçia y en todas las de su amo [54], y lo mesmo el César Fragoso, dado lanvién por traydor de su patria, prometido premio a quien le matase o pudiese matar, como honbre que dos O tres vezes avía ido con gente de guerra / contra eua, preiendiendo hazella esclaua, siendo libre. Y a esto llaman las historias modernas aver dibersas opiniones, que como no fuesen françeses, o sus afiçionados, todos los demás tuvieron el echo, como de justiçia y rrazón heran obligados a teneuo, por muy onesto y muy bueno. Y a lo que se dize de matauos a traYçión y huyendo la cara, esto se hizo (porque lo sepa el Jobio) para que vn prínçipe tan puesto de puntillas en las cosas de la paz, como el françés lo estaua, no tomase ocasión d'este echo para quebrantalla, ni las treguas que corrían; y con todo esto no se pudo obtener [55] lo que se deseaua, con hauer sido la muerte de arte que se pudiera sospechar avér sido más avna muertos por rroballes que por condenar delinquentes y buscar todos los modos posibles para que por vna parte la justiçia no quedase ofendida y tanbién [56] juntamente para que las treguas no se rrompiesen y la guerra çesase. No es hazer las cosas / a trayçionadamente, sino obrallas [56a] con vn suave modo para que çesen tantas muertes de christianos y para que no se abra lo muy fino del ynfierno con la guerra. Y con todo esto digo que sospecho que si el Carlos [57] y el Alonso de Águalos [58] entendieran qué tan molestamente avía de tomar el françés aqueste [59]

negoçio, queriendo creer a solas presunçiones, que si son berdaderas las mías y ellos lo hiçieron [60], que antes consintieran quedar aquellos grauísimos delitos sin castigo, que disponer las cosas de harte qu'el mundo quedase con guerra, puesto caso que (avnqu'el Jobio y otros historiadores lo yñoran) de aquel castigo se siguió no solo la puniçión del delito, más exemplar que quanto a delitos públicos entonçes se savían en Evropa, pero otras muchas cosas ynportantísimas y de grande peso y calidad, conbinientes en grande manera a la christiana rrepública. De lo quallos Anales tocarán la parte de que se çufriere dalla en aquel propósito de la historia. /

Pero es cosa no poco de rreyr lo que dize este nuestro Jobio, que es congetura delicada, si quando prendieron a estos Fragoso y Rrincón los mataron luégo o no, o si les dieron primero tormento para sacalles los secretos de la embaxada, y que por ser cosa tan sutil lo den por dudoso. Como si hubiera duda en lo que se suele hazer con los malechores de aquella traza, quando ay que saber d'euos y no bastan las probanças para su condenaçión. Y a lo que más trata que algunos hubo a quien pareçió vien la muerte de Rrincón, por uebar embaxadas malbadas al turco, pero que la del César Fragoso pareçió mal a todos, porque lo hizieron por enemistad y enbidia que le tenían, no ay que rresponder a ello como cosa rridiculosa [61]. Y en todo género es de mucho gusto dezir que los españoles (si lo dize por euos), o el marqués (si lo dize por él), tenían enemistad y enbidia al Fragoso, no aviendo causa para lo vno ni para lo otro. Porque quanto a la primera, qu'es lo de la enemistad, / su tierra se la tenía, como rrebelde a eua, que no otro ninguno. Y quanto a la enbidia, en verdad yo no tengo ninguna al Jobio de velle escrebir esto, ni creo que nadie se la temía al otro tanpoco, porque no avían sido los echos tan eroycos, ni puestos tan en la cunbre o tan en las nuves, si no es en vna, avnque con todo lo que digo no es nube sino pluma, y con ésta tanbién se echan borrones como buena escritura [62], para que tubiese nadie enbidia de los echos de César Fragoso. Al qua! todos conoçimos ser vn ca ballero harto prinçipal y mereçedor de harto buen lugar en la miliçia, como ay otros muchos que mereçen el mesmo, así de la vanda [63] françesa como de la española.

Y la causa de la muerte del Rrincón (que la del César ya queda atrás dicha) no solamente (como el Jobio dize) fue por uebar al turco comisiones y enbaxadas del rrey de Françia, porque si esto solo fuera, y como las uebaua vn español las uebara vn françés, tengo creydo para mí (vien puede ser que me engañe, /y creo que no hago) que durante las treguas no se tocara a su persona ni despachos, y que pudiera pasar muy seguro. Pero hera el que llebaua esta embajadavn español, vasauo de aquel contra quien la uevaba, y que avía ya metido yenbiado turcos y armadas d'ellos a Poniente, y vn hombre que, sin guardar las leyes de Castilla, se desnaturó y avsentó de su patria y fue a serbir a rrey estraño, sin hauer dexado el suyo por la horden que las dichas leyes disponen. Aunqu'él (porque lo digamos todo) negaua constantemente esto, y dezía que quando el Carlos [64] pasó por Yngalaterra el año veinte y dos, le avía pedido liçençia, sintiéndose por agrauiado de Su Magestad, y qu'el maestre Mota, qu'entonzes hera ovispo de Palençia a quien estaua rremetido el negoçio, le rrespondió que podía hazer lo que quisiese, y que, conforme a esta rrespuesta, se pasó a serbir a Françia. Pero, si como él lo dezía, bien lo mostrara así por escritura como las leyes / mesmas [65] lo quieren, no fuera malo, pero hera aqueuo hablar al sabor de su prouecho y paladar para descargarse de tan rruyn carga como traya; y como su palabra no bastase, ni vasta a ninguno qu, lo diga si no lo prueba, y se sabía lo contrario, no avía que parar en esto. Y la causa porqu'el Rrincón aborreçió su naturaleza y a quien ella le mandava ovedeçer y serbir, no ay para qué tratallo aquí. Sirba este paso solo de rreportorio, rremitiéndonos en él a los Añales, donde se berá largamente escrita la causa de sus desgustos ynjustamente tomados. Solamente, para fin d'este capítulo, se sepa que si con ser todo esto así como lo es, fuera el Antonio Rrincón envaxador del françés açerca del Emperador, como lo hera del turco, que bien pudiera ser (y así creo que se hiziera), que el Carlos [66] no le dexara executar su comisión y enbiar a rrequerir al que lo enbiaba, que probeyese de otro para aqueuos negoçios, pero que no se tocara en su persona, / por rrazón de lo que toca a ser ynbiolables los envaxadores. Pero quando no es a ellos la envaxada dirigida no entran devaxo de aquella seguridad, la qual como preuillegio personal se entiende con aqueuos prínçipes solamente ante cuyo acatamiento son envaxadores.

1 Add.: con los apuntamientos necessarios sobre la Historia del Jovio.

2 Mut.: injusto.

3 Del.: y desbenturas.

4 Del.: sin pensar yo...

5 Mut.: para que modere más: por las quales pudiera moderar.

6 Mut.: tuviera.

7 Mut.: tuviera.

8 Mut.: viera.

9 Mut.: vivió.

10 Del.: (porque pongamos...).

11 Mut.: Emperador.

12 Transp.: se defendiese y ofendiesse.

13 Del.: de.

14 Mut.: Emperador.

15 Transp.: esto pareçe.

16 Mut.: Emperador.

17 Mut.: Emperador.

18 Mut.: el.

19 Mut.: vn honbre: quien era.

20 Mut.: imperial.

21 Del.: y avn.

22 Mut.: de lo qual de aquí a poco...: como luégo.

23 Mut.: Emperador.

24 Del.: de las.

25 Del.: demás y.

26 Del.: me.

27 Mut.: estava.

28 Mut.: que me a caydo...: bien graciosa.

29 Transp.: solos seis mill alemanes.

30 Mut.: Para que se vea...: No se dixera esto si se sacara este número.

31 Add.: que es.

32 Del.: de sí.

33 Del.: que en el otro...

34 Del.: sea.

35 Mut.: Emperador.

36 Mut.: Emperador.

37 Del.: en él.

38 Del.: o otro su semejante.

39 Mut.: las cosas de su avtor: sus cosas.

40 Mut.: lisogeallos.

41 Mut.: Lo qual muchas vezes rrepite: y esto repite muchas vezes.

42 Del.: lo mesmo.

43 Mut.: Emperador.

44 Mut.: los.

45 Del.: que dizí / pulos los yva a dezir...

46 Del.: quando no hubiese guerra.
47 [Al margen, nota ilegible del corrector].
48 Mut.: del rey.
49 Del.: tuégo.
50 Mut.: amo y que...: señor.
51 Mut.: quanto rresponda: cómo haya respondido.
52 Del.: le.
53 Del.: dado al bando.
54 Mut.: señor.
55 Mut.: alcançar.
56 Del.: y tanbién.
56a Del.: obrallas.
57 Mut.: Emperador.
58 Mut.: Alonso de Aualos: Marqués.
59 Mut.: este.
60 Mut.: queriendo...: que si ellos lo hizieron conforme a mis presunciones.
61 Mut.: ridícula.
62 Del.: si no es en vna...
63 Mut.: parte.
64 Mut.: Emperador.
65 Del.: mcsmas.
66 Mut.: Emperador.

Capítulo Quarenta y Ocho

De lo que hizo el Enperador en Ytalia, y de las vistas que tubo en Luca con el Papa, y de las cossas que en ella se trataron, y de las causas que abía para no dar el Carlos al Françisco el ducado de Milán, y de la partida del Enperador para Argel, y de lo que suçedió en aquella jornada hasta bolver el Carlos a España [1].

Tratemos agora de lo que trata Paulo Jobio, qu'es de la jornada de Argel, y primero de las bistas que tuvieron Papa y Emperador en Luca, antes qu'el vno se enbarcase para su enpresa. Digo, pues, que el Jobio quenta que en esta junta el Sumo Pontífiçe travajó de persuadir al Carlos a la paz por muchas palabras muy lastimosas, qu'el aucror aquí quenta, ofreçiendo muy buenos medios de parte del françés a el Emperador, y que las condiçiones heran / tales, con que se olgaua mucho el duque de Saboya; por cuya causa se avía lebantado la guerra pasada, y que demás de aquello, prometía el françés de ayudar al Carlos [2] contra el turco con todas las rriquezas de Françia. Y así dize otras palabras como éstas, todas a este fin [3] encaminadas no más ni para ntro efecto y ésta es la prinçipal prerensión del Jobio en toda su |Historia [4] |- de para cargar al Carlos [5] toda la culpa de las guerras. Y para esto dexa manca y troncada la misma |Hisroria suya [6] y quando escribe estas lástimas, y otras cosas semejantes, dexa artificiosamente de contar fielmente las rrespuestas del Emperador, y en lo que consistía el punto para no hefectuarse la paz; como si el Carlos [7] (xamás que se trató d'esto) dejó de ofreçer sienpre el ducado de Milán a su enemigo para su hijo vltimo. Pero estaua la dificultad en que se buscase modo, qu'esto hera solo lo qu'el Emperador pedía, como él se asegurase, quedando el françés con Lonbardía, y para esto vnas beçes / (para que viese que no lo avía por el prouecho), alargaua el vsofruto; otras (para que entendiese el mundo que tanpoco tenía deseo de quedarse con la propiedad), conçedia tanbién el estado, con que se le quedasen solamente en su poder las fuerças para su seguridad; y mill legaçías se enviaron a diversos Sumos Pontífiçes, a veneçianos y a otros potentados de Ytalia, para que se buscase forma y modo de [8] que la paz sería çierta y segura, alargando el Carlos lo vno o lo otro [9]. Porque para dexallo de otra manera hera mejor ahorrar tiempo, y juntamente con Lonvardía alargar, [10] asimesmo a Nápoles y a Siçilia, y esto (tornado a rreçibir en Françia) tanvién se pudiera después alargar [11] España, porque no lleua términos el apetito de aquella naçión.

De otra manera esto pareçe claro y tenemos bien notiçia de la condiçión de aquella gente, dende que nuestros pasados fueron sus amigos y dende que nosotros, los españoles modernos, fuymos sus enemigos. Que si vien se considera / en las corónicas escritas, y en las de bulto de [12] nuestra memoria, se aliará que los françeses (que por otras muchas maneras mereçen ser muy alabados) nunca se contentaron con lo que primero pretendieron, sino después de hauido buscauan otros achaques para irse más alargando. Y así pregunto yo al Jobio (porque bolbarnos a nuestro propósito): ¿qué'sperança de paz çierta se podía dar (dando el ducado de Milán) a quien por tres capitulaçiones tenía jurado y [13] prometido y capitulado [14], la rrenunçiaçión de aquel derecho? ¿No estaua claro que dándole después elmesmo estado (qu'él avía prometido de no pedir), que de allí a algunos años (que tanbién confieso que no fuera luégo ni allegara a tanto el desenpacho) que luego [15] avía de rrebibir el derecho que França pretende a Nápoles tan cojo y tan arrimado a vn bordón de deseo de guerra como el de Milán? [16]. Y dexo de dezir las yuteligençias, las tramas y las otras cosas que se avían de traer en biéndose en Milán con las potençias ytalianas, que / de suyo (hablando con rreberençia del Jobio) son [17] algunas d'ellas [18] amigas d'estas nobedades y sirben solo a su yutento y a lo que les conbiene para su prouecho. Y quando tuvieran a Nápoles los franÇeses, ¿no se avían de acordar por fuerza de Juan de Proçida [19], el de Çiçilia, y de la çerbatana [20] que, fingiéndose loco, truxo en la mano para trauaxar de auer aquella ysla y litigar ya la causa no con Çervatanas [21], sino con los que lo pareçen que son los arcabuçes? ¿Y no está claro tanbién que cada vez que no le suçedieran las cosas conforme a este apetito y se les diera todo lo que quisieran, que nos avían de haçer cocos con el turco para dalle puertos en Çiçilia, como se los dieron en la Proençia? En berdad que no creo otra cosa, sino que teniendo ya a toda Ytalia, procuraran tanbién de despertar a Rruysellón y después a Barçelona, por virtud de çiertos librillos llenos de historias falsas que andan entr'ellos, donde se rrecopila todo lo que otro tiempo tuvo França. Y para qué's más alargar ni ir d'escalón en escajón, sino osar afirmar, / como lo afirma, que poco a poco en dos o tres generaçiones, como se le fuera dando a França como a niño que llora por alguna cosa que su madre tenga en la mano o esté comiendo, que comido aquello avía de llorar por más, y después otra vez por más, y así poco a poco, hasta que no le queda golosina a la pobre madre en el plato, así tanbién avía de ir todo hasta que no vbiera más que dalle a França [22]. [1] Y por tanto, benditísimo [23] Emperador, entendiste [24] muy vien las cosas de França y del mundol El qual [25] hizo muy bien y [26] açertadamente en poner la guerra (ya qu'ésta avía de benir por fuerça) [27], lo más lejos que ser pudiese y estrechar al enemigo todo lo posible para que no [28] estendiese sus alas por campos agenos, como quien sabía que no haziendo esto le avía de benir la guerra enzima y venir a tenella en lo yntimo y en lo más açendrado de su consistençia. Y con todo esto, como honbre que no quería más de la seguridad, y el quitar este ynconviniente de sí y apartar la guerra de la prinçipal parte del género humano [29], ofreçía siempre lo / que tengo dicho, no pidiendo más que la seguridad que he contado; pero ninguna cosa le contentaua al rrey Françisco, sino que libremente se lo avían de dexar todo. Y si el Carlos [30] dezía que quería rretener las fuerças, dezia él [31] que tanbién quería él rretener las del Piamonte, y dexar solamente al de Saboya el husofruto, como si la cosa fuera ygual en los derechos de anvos, y como si no hubiera diferençia ninguna de la violençia echa en Saboya, a la rrazón con que se poseya Milán.

Y a lo que dize el Jobio que holgaua el duque de Saboya con las condiçiones, yo lo creo sin qu'élme lo diga (pues d'ellas rresultaua bolbelle a él su estado), no solo a costa del [32] del Emperador, sino andando el tiempo, a costa de todos los [33] que tenía el mesmo Carlos [34]. Pero, lo Jobio, cómo te tengo yo bien entendidol Dígolo [35] porque toda su persuasión es [36] dar a entender al mundo venidero [37] qu'el françés se justíficó siempre mucho, y que por vn Milán que porfió el Emperador a rretener, se dexaron de hazer grandísimos hefectos y juntarse Françia y España contra el turco. Que quánto esto sea verdad, otro que entienda más qu'el Jobio d'estas cosas, y qu'esté / menos çiego qu'él, lo puede juzgar vien. Y en quanto a lo qu'este honbre [38] dize que vino por aquel tiempo a Ytalia musiur Munini, que el trasladador llamó Moninio, a quexarse al Papa del Emperador, y al Emperador del marqués, y de avelle muerto sus enbaxadorcs, dize la verdad, pero siempre quenta cste obispo no más de [39] la mitad de las cosas [40]. Y así dexa agora de contar las justíficaçiones, las ofertas y las sumisiones qu'el Carlos [41] envió a hazer al francés [42] en rrespuesta de sus quexas, y a dalle parte de su pasada en Argel con don Françisco Manrrique, que después fue ovispo de Orense, a que [43] para este caso particular envió a Françia.

Y en lo que más trata de [44] qu'el Papa persuadía al Emperador que, e quedase aquel ynbierno en Ytalia, tanvién tiene rrazón, pero de cómo no se podía hazer y cómo hera mejor horden la presupuesta, ya está contado arriba, sin hauer de qué tratar más en el capítulo donde esto trata el Jobio, qu'es en el beyutieno [45], si no es, de lo que dize del conçilio qu'el Emperador pidió al Papa para rremedio de Alemania, y el Papa se lo conçedió para el año siguiente. Pero dize (como si / el Carlos dixera otra cosa sino la mesma), [46] que muchos dezían que hera cosa contra rrazón y expiriençia de lo visto, convocar conçilio aviendo guerra entre los prínçipes. A lo qual digo que los qu'esto trataban dezían muy gran verdad; pero entendía el Emperador, quando lo suplicaua al Silmo Pontífiçe, que avía de hauer esta paz, y presuponiendo ésta si la oviese [47], pedía el Emperador el conçilio, con forme a lo que avía prometido a Alemaña [48] en las cortes de Rratisbona, o | porque no avía de [49] adevinar el Carlos [50] que el françés avía de abrir las puertas de la guerra o. Y así después el año adelante, quando el Sumo Pontífiçe dio la bula de yndiçión para el conçilio, estando ya la guerra avierta entre España |y Françia, rrespondió a la notíficaçión el Carlos [51] lo mesmo que aquí dize el ovispo, diziendo muchas cosas |y [52] dando muchas rrazones por donde no se podía efecruar lo del conçilio. Y a esta quenta no tiene que culpar el Jobio al Emperador por avello pedido en tiempo de paz, ni avn al Papa tanpoco, avnque dio la bula en tiempo de guerra, porque lo hizo con yntençión sanctísima y por ver si podía diberti, aquellos prinçipes / de las armas.

Pero biniendo a lo postrero del libro jobiano, que trata de la jornada |y enpresa de Argel, digo que ay poto que apostilar [53] sobr'ello, |y lo poco que huviere se dirá [54] breuemente' Y en [55] quanto a lo primero, es cosa donosa que, contando este honbre [56] los aparejos y gente qu'el Emperador hizo para aquella expediçión, no quenta español en ello, ni trata de que ninguno de aquella naçión fuese aperçebido en Ytalia yen Çiçilia para ello, sino [57] solo haze minçión de los españoles visoños que partieron d'España a este negoçio. Y con contar [58] después durante el vine cómo allegú don Hernando de Gonçaga, virrey de Çiçilia, a Mallorca con çiento y çinquenta nabíos, donde halló el armada del Emperador, no dize que venían en ellos los españoles pláticos de aquella tierra, no más de [59] para diminuir todas las cosas tocantes a la naçión española. Y esta culpa ciertamente [60] tanvién la tubo la |Hisroria Pontifical en no declarallo, por irse así [61] siguiendo en quanto a esto [62] a vn honbre de quien antes se abía de huír d'él, que trasladallo [63]. Pues es así qu'el Emperador llevó para esta jornada, a sueldo suyo, solos / diez y ocho mili honbres, seis mill de cada naçión de las tres que le suelen serbir en las guerras, y los españoles heran exerçitadísimos del terçio de Çiçilia y de Nápoles. Y con solos estos diez y ocho mili ynfantes, después de despedido del Papa en Luca, se partió y enbarcó para su jornada, y no con veinte mili, como estos auctores dizen, ni con veinte dos mili como escribió Nicolao Villagog, cauallero de la horden de San |Juan, qu'escribió esta expediçión. Y de los que vinieron d'España, abría en quanto a ynfantes otros mill y quinientos o dos mili, y no más, pero éstos sin sueldo ninguno. Y tanbién en las otras quentas de cauallos ligeros y honbres de armas ay tanbién [64] error en la tratança d'ello, que haze poco al caso el rreferillo [65].

Y en lo que anbos autores dizen, de que se sacó por discreçión en Mallorca aver ya pasado a Argel don Bernaldino con sus galeras y el duque d'Alba con su armada, es cosa sin fundamento dicha [66], porque no partiera el Emperador de aquella ysla sin çertificaçión d'ello, y así le llegó primero bergantín |y mensajero que de allí partiese. En conclusión, el Emperador allegó a África a veynte y tres de otubre / de aquel año de quarenta y vno |y en tiempo que no pudo casi dar comienzo a su enpresa por rrazón de la tormenta, vien notoria ya en el mundo, que les suçedió a veynte y ocho del mesmo [67] mes, estando ya toda la gente desenvarcada y no la [68] hartillería, ni muniçiones, ni vastimentos, ni las otras cosas todas que heran neçesanas, así para hazer la guerra como para alimentar el exérçito. La qual tormenta fue tan rreçia y tan braua, siendo aquella costa de Argel falta de puertos seguros, que binieron más de çiento y çinquenta nabíos a la costa, y tanbién muchas galeras, quedando el campo en tierra sin muniçiones ni artillería con qué pelear, y sin bastimento ninguno qué comer. Y así, aviendo avido [69] en aquellos dos o tres días çiertas escaramuzas con los del Argel, le fue forçado al Carlos [70], con los nabíos y galeras que le avían quedado; dexar la empresa para otro tiempo más conviniente y llebar la gente al cabo de Matafús, donde avía vn poco de más abrigo para los navíos y, enbarcando la gente (dexando harta perdida de la fortuna quando las nabes binieron a la costa), se envarcó y aportó en [71] Buxía, y de alli / a España, tornando primero a enbiar la gente a sus guarniçiones.

Y la pérdida çierto [72] fue grande, cosa en fin de Dios, para qu'el Carlos se acordase (o por mejor deçir no se olbidase) qu'el preuillegio que le dio Dios para no poder ser vençido de los hombres (como berdaderamente pareçe que lo tubo según se bio siempre en el discurso de su vida) s'entendiese y entendía que lo podía ser de Dios cada vez que Su Magestad Divina quisiese y fuese seruido. Y en fin, fue bien (pues Dios lo hordenó asi) que conoçiese el señor de casi toda la tierra cómo no lo hera tanbién de la mar ni del agua [73]. Pero en aquellos quatro ocho días que el exérçito estuvo en África, vbo algunas cosas que tubieron historiadores neçesidad de contallas, y [74] por guardar su costumbre, el Jobio [75] acordó de adul |terar parte d'ellas. Quanto a lo primero, dize que en el sitio, que mejor se dirá [76] alojamiento (que entonzes [77] hasta tener echos rreparos no se podrá dezir estar Argel sitiada), quen [78] los ytalianos tenían lo más çerca de la çiudad; y dize la verdad si añidiera cómo aquello hera lo menos peligroso, y cómo lo berdaderamente / trauajoso lo tenían los españoles, que hera defender los altos que cayan sobre Argel, de adonde heran acometidos de grandes muchedunbres de báruaros, alárabes y moros. Y quán vien se defendieron, aquel negoçio ya se saue, pues no solo hizieron esta defensa [79], pero ofendieron de tal manera a los enemigos, que subiendo enzima de lo más alto, los echaron de aquellas cunbres y los ahuyentaron defendiéndose vna noche |y ofendiendo otro día por la mañana |y subiendo por aquellas montañas [80]. Y hierra tanbién el Jobio en poner dentro en Argel solos ochozientos turcos, porque avía largos mill y quinientos, sin siete mill moros que heran çiudadanos de aquella tierra, tan diestros en la guerra y en el exerçiçio de las armas, y avn más que los turcos. Y lo' que dize que la causa de hauer tan pocos geníçaros heran las rrotas que se avían dado a Dragud |y a Caramani, cosarios, el vno rroto por Juanitín Dolia y el otro por don Bernaldino de Mendoza, y que otros estavan haziendo guerra en el estrecho a las plaças que allí poseen portugueses, en ninguna d'estas tres cosas save lo que se dize; porque / la poca gente que perdió Dragud, no hera de la guarniçión de Argel sino turcos, que dende el origen de Dragud, digo dende que començo [81] a andar de corso, andaban con él benidos de Turquía, y otros que avía rrecoxido en fronteras de ynfieles, así de la [82] Verbería como de Greçia |y como [83] de otras partes. Y en lo que toca a la vitoria de don Bernaldino, avnque algunos turcos yban con aquel cosario, pero todo lo grueso de la gente heran moros y la mayor parte d'ella christianos rrenegados. Y en [84] quanto a lo terçero, en aquel tiempo qu'el Emperador estaua en África, no auía ni se haçía guerra por los de Argel en el estrecho, y fue engaño del Jobio, y de la |Pontifieal, que le quiso seguir, añadiendo qu'estos turcos servían al Xarifee, rrey de Maruecos y de Suz, que agora no sé lo que pasa [85], ni sé cómo han suçedido las cosas d'estos báruaros, pero entonces hera el Xarifee grande enemigo de turcos, y tan enemigo que antes se ayudara de qualquier generaçión, avnque fuera contraria en rreligión a la suya [86], que no d'ellos. Y en lo que más quenta elmesmo Paulo [87] /, Jobio de aver peleado mal los ytalianos quando salieron los argelinos y turcos a dar en ellos, no tengo otra cosa que dezir sino que m'espanto cómo lo quiso dexar escrito y cómo no se quiso aprouechar de algún arte de rretórica para disimulaçión del negoçio. Pero halló luégo coyuntura aparexada para descargo d'esta huída; y no vna sino muchas halló el Jobio [88], y sin qu'éllas dixera en este paso, ni en ninguno, no alabará él tanto aquella [89] su naçión [90], cada vez que convenga y sea rrazón hazello, como yo lo haré (y [91] no por lisonja y falsamente) todas las vezes que me viniere a lanze, y vernáme muchas, según que otras tantas [92] an aprouado bien en la guerra los modernos y antiguos ytalianos.

1 Add.: con los apuntamientos necessarios sobre la Historia del Jovio.

2 Mut.: Emperador.

3 Del.: a este fin.

4 Del.: y ésta es la prin..ipal...

5 Mut.: Emperador.

6 Mut.: la misma historia suya: su historia.

7 Mut.: Emperador.

8 Del.: de.

9 Del.: alargando...

10 Mut.: dar.

11 Mut.: dar.

12 Mut.: de bulto de: que están en.

13 Del.: jurado y.

14 Add.: y jurado.

15 Del.: (que tanbién confieso...).

16 Del.: tan cojo y tan arrimado...

17 Del.: (hablando con rreberen..ia del Jobio) son.

18 Add.: son.

19 Mut.: Procia.

20 Mut.: cebratana.

21 Mut.: cebratanas.

22 Del.: y para qué's más alargar... (fol. ant.).

23 Mut.: el prudentísimo.

24 Mut.: entendió.

25 Mut.: y.
26 Del.: bien y.
27 Del.: (ya qu'ésta ...).
28 Add.ç se.
29 Mut.: sus alas por campos.. : Con todo esto.
30 Mut.: Emperador.
31 Mut.: dezía él: respondía.
32 Mut.: de aquel estado.
33 Add.: otros.
34 Del.: el mesmo Carlos.
35 Mut.: o Jobio cómo...: yo tengo bien en-tendido al Jovio.
36 Mut.: toda...: todas sus persuasiones son para.
37 Del.: benidero.
38 Del.: este honbre.
39 Mut.: este obispo no más de: el Jovio.
40 Add.: y no más.
41 Mut.: Emperador.
42 Mut.: Rey de Francia.
43 Mut.: quien.
44 Del.: de.
45 Del.: en el capítulo donde...
46 Del.: (como si el Carlos...).
47 Mut.: presuponiendo ésta si la oviese: con este presupuesto.
48 Mut.: los alemanes.
49 Mut.: avía de: podía.
50 Mut.: Emperador.
51 Mut.: Emperador.
52 Mut.: ovispo diziendo...: Jovio.
53 Mut.: tratar.
54 Mut.: lo poco que huviere se dirá: por esto se concluirá.
55 Del.: y en.
56 Del.: este honbre.
57 Del.: para ello sino.
58 Mut.: escrivir.

59 Mut.: no más de: Este es su acostumbrado artificio.

60 Del.: çiertamente.

61 Del.: así.

62 Del.: en quanto a esto.

63 Mut.: se abía de huír ...: abía de huír que trasladar su escritura.

64 Del.: tanbién.

65 Del.: en la tratança d'ello...

66 Transp.: dicha sin fundamento.

67 Mut.: dicho.

68 Mut.: el.

69 Mut.: y así...: Por esto aviendo passado.

70 Mut.: Emperador.

71 Mut.: al.

72 Mut.: y la pérdida çierto: Cierto la perdida

73 Del.: cosa en fin de Dios...

74 Add.: el Jovio.

75 Del.: el Jobio.

76 Mut.: se dirá: dixera.

77 Mut.: que etonzes: pues.

78 Del.: que.

79 Add.: los españoles.

80 Del.: y subiendo por...

81 Mut.: dende el origen...: desde que Dragud començo.

82 Del.: la.

83 Del.: como.

84 Del.: y en.

85 Mut.: Suz que ago-ra...: Fez. No sé lo que passa agora.

86 Del.: a la suya.

87 Del.: mesmo Paulo.

88 Del.: hallo el Jobio.

89 Mut.: aquella: a.

90 Add.: como yo.

91 Mut.: como yo lo haré (y...) : y esto.

92 Mut.: y fal-samcnte todas...: sino porque muchas vez es.

Capítulo Quarenta y Nueve

De las diferentes ynteligençias qu'el françés buscó en diferentes partes de Evropa para començar nueba guerra con el Enperador, y cómo la començó él y sus confederados, y del suceso de los negoçios del condestable de Françia [1].

En çierta manera sacó Dios vn gran prouecho de la tormenta de Argel (como muchas vezes Su Magestad / Divina lo haze, sacando de los males bienes). El prouecho fue que sacase el mundo en linpio la yntençión de los frannçeses y su poto poder contra el Carlos [2] pues juntándose con él muchos prínçipes de la christiandad y el mayor de la ynfedilidad, y estando el Emperador falto de gente y destroçado de la fortuna pasada, ni el desbarato de lo vno, ni la junta y confederaçión de lo otro |, vastó para dañar, en cosa que tubiese sustançia, al Emperador. Sacóse tamvién otro | segundo bien, que fue sacar de lo acaesçido vna consideraçión para nuestra vtilidad, que es considerar nuestra flaqueça y miseria, que allega tanto en algunos que quando les çiega la pasión, no ay cosa que se les ponga delante, avnque sea apartarse del vnico bien qu'en la tierra tenemos, qu'es nuestra sancra fee católica e Yglesia Rromana; de lo qual han proçedido las herejías de Alemaña y la çeguedad y abominaçión de Francia en lo de meter turcos en la christiandad, que casi va frisando el vn delito con el otro [3]. Y por ventura a permitido Dios que de lo menos, y [4] de averse consentido semejante / crueza, y a sido seruido que cayese en aquella probinçia (por otra bía en otras cosas muy dichosa) [5] la plaga que vemos al presente pasar por ella, siendo antes vna de las [6] christianísima gente y naçión que Evropa tenía [7]. Todo esto para que nunca cansemos ni cansen ningunos vasallos de alavar a Dios ynfinitas vezes, quando les a dado prínçipe quieto, a quien no le llebe el deseo de vengança a hecharse por despeñaderos ynrremediables, para que aquel sosiego sea aforro del coraje y de la cólera y desasosiego, porque siendo así y estando ençerrado lo vno en lo otro, quando más desenfrenado andubiere esto, a de encontrar neçesariamente con aquello, sin dexalle salir a buscar desastrados términos de vengança [8].

Y [9] viniendo a dar rrazón de la causa porqu'esto se dize, digo que en el libro quarenta y vno del Jobio, en el qual en este capítulo iremos dándole [10] caça, se trata lo de la guerra que començó Françia contra España el año quarenta y dos, para lo qual, y para entender al Jobio, es menester presuponer que después de la muerte / de Çésar y Rrincón, el françés quedó muy estomagado y muy aperçibiéndose para, en viendo la suya, hazer lo que Otras vezes solía, que hera abrir la guerra quando le pareçía, como honbre que tenía la llave d'ella tan tenida, que salió d'ello el rrefrán que anda ya como tal por el mundo, quando alguna cosa se haze y deshaze a voluntad de otro, dezirle y [11] compararle al rrey de Françia, que cuando quiere paz, da paz, y quando guerra, guerra. Y para esto enbióle [12] la ventura vn caso de los qu'ella suele tener aparejados quando quiere, que fue la tormenta y desbarato de Argel, donde se perdió mucha gente y se esparçió otra por diuersas partes sin poder tornar a rrespirar de allí a mucho tiempo. Pues como el rrey Françisco vido la coyuntura qu'él deseaba, avnque ya, desde lo de Rrincón, que aria pasado algunos meses antes, avía començado [13] a entender en ello, pero agora muy más de propósito, se dio a buscar ynteligençias en todas las parte' que pudo, para poder dañar más de golpe al Emperador, hasta illas a buscar a Costantinopla. Por que avn- / que antes tenia trato y tratança [14] con el turco, y [15] los de aquella naçión [16] savían ya muy bien a la Prohença, y [17] el año de treynta y siete avía avidu turcos en ella y su armada y nabíos, pero agura fue quando más de propósito puso el christíano [18] sus negoçios en las manos del ynfiel, rrogándole que enviase armada gruesa muy mayor que la otra vez primera, en daño de la christiandad (como luégo el Jobio y yo daremos quenta). Y no contentándose con esta ayuda sola, anduvo en tratos (bien según mi juiçio a despropósito) [19] con el rrey de Dignamarca [20], y içieron allá vna liga, la sustançia de la qual, avnqo'entonçes no estava yo lejos de aquella tierra, no a venido a mi notiçia. Y ni más ni menos el mesmo rrey francés [21] concluyó [22] más de propósito las cosas que le convenían con el duque de Cleues, que litigaua con el Carlos [23] (como otras vezes está dicho) sobre Güeldres, a cuya emulaçión el de Cleues [24] avía benido a Françia, y allá [25] le avían dado vna muger emprestada [26], de que adelante trata el Jobio. Y en Ytalia buscó asimesmo otras negoçiaçiones, y lo que más es d'espantar, y lo [27] que menos / a venido a notiçia de historiadores, es que hasta en Portugal buscó ynteligençias, pero allí donde digo [28] no descubiertamente, porque pasara de desenvoltura, sabiendo el deildo y hermandad que ay entre Castilla y Portugal, y entre los naturales de anvos rreynos, no abiendo difirençia en amor de vnos a otros, sino buscólo y echólo [29] por unos rrodeos estraños, para lo qualle enbió vn obispo (cuyo nonbre en la priesa que llevo no se me ofreçe avnque lo savía bien) [30] con esta particular envaxada, la qual (eomo el lusitano no picó en el anzuelo) [31], fue de ningún hefecto y el françés quedó vien entendido.

Solas dos naçiones de fuera d'España estuvieron cuerdos, sin bastalles a mober amonestaçiones françesas, que fueron veneçianos e yngleses, porqu'estos vltimos dixeron, aunque ereges y apartados del mienbro de la Yglesia [32], que hera abominaçión dar oydos a gente que tenían tratos hordinarios y amistad y aliança / con los turcos; y los primeros, avnque llevaron el negoçio por otra vía, tanpoto vinieron en declararse con el Emperador ni en ayudar al françés, por otras consideraçiones que para ello tuvieron, que no son d'este propósito. Pues echas todas las confederaçiones que e dicho, y otras que se quedan por dezir, y esperando todos los confederados, conforme a lo conçertado, qu'el françés, como vicario de frayles (quando quieren començar las oras), diese la palmada que suele dar para que todos comienzen a cantar y a dezir el ofiçio, estauan de la mesma manera esperando qu'el francés [33] hiziese la señal que he dicho [34]. Y estando ya todo aparexado, y tornando al Carlos [35] no solo desaperçebido y sin gente, pero descarnado [36] de lo de Argel y con otras ynfinitas yncomodidades (espeçialmente con la seguridad que tenía de lo eontrario, y que cada ora por todas partes, y [37] espeçialmente por la vía del Piamonte, a cada paso y cada vez que en ello se tratava [38], dezía su general de allí [39], musiur Delange, que quería / guardar las treguas de Niça), comiença elmesmo [40] françés la guerra por quatro partes: por Flandes haçia Teruana, de que tornó cargo musiur de Bandoma; por Luçenburgeg, de que fue superior Carlos de Vrliens, hijo segundo del rrey de Françia; por el Piamonte, y ésta estaua a cargo del gouernador de allí que emos dicho; y por la parte d'España para acometer a Perpiñán y condado de Rruysellón. Y ésta, como más prinçipal, la cometió el françés a su hijo mayor Enrrique; y començado en vn mesmo tienpo y días [41] estas quatro guerras juntas contra solo vn honbre desaperçebido, y que avn todabía estaua mojado de la mar, que avn no se avía enjugado del todo el agua [42] de las olas de Argel, comienzan todos los otros confederados por las otras partes que les estauan de antes señaladas. El de Dinamarca con armadas de mar a hazer guerra en las probinçias marítimas de Flandes, y el Cleues, mediante vn su capitán Martín Banrrosen, con gente por la tierra a hazer la guerra, de la / qual y de todas las que e dicho, comienza el Jobio a dar quenta en este su libro que agora yremos rremirando.

Y dize [43] por primera cosa (como quien no dize nada, [44] en las primeras palabras del primer capítulo) que viéndose el rrey frustrado de su esperança, y de la que tenía de la paz, que le pareçió que convenía bengar sus ynjurias, como si el Emperador le truxera en palabras de oy para mañana o otra cosa semejante, y no vbiera, [45] dende antes que partiese d'España para pasar por Françia, y en Flandes después de pasado lo mesmo, ofreçido al françés todo aquello [46], que ningún honbre en esta vida pudiera ymaginar qu'el Carlos [47] xamás no [48] se atreviera a apartar de sí, sin querer [49] otra cosa sino a Milán, y éste sin condiçión ninguna, sino llana y rrasamente, sin más aseguraçión de lo de adelante. Y con ser esto así, y con dexallo escrito o a lo menos apuntado [50] elmesmo Jobio atrás, entra su libro quarenta y vno con tan buen comienço, para que se espere el fin de la mesma manera. Y conforme a esto dize más / adelante que dexó el mesmo [51] françés, con la mesma [52] esperança de la paz, pasar muy buenas coyunturas y eçelentes ocasiones para hazer efectos muy prinçipales contra el Carlos [53]. Lo qual todo es falso, y no solo falso sino [54] falsísimo, salvo si no lo dize por aquel tiempo quando pasó el Emperador por Françia, que entonzes yo confieso que haziendo vna muy gentil traYçión y alebosía, y confiándose el Carlos [55] de sus yuportunaçiones y rrequesta, que pudiera tomar al Carlos [56] en la jaula. Y si ésta llama el Jobio ocasión (que no creo que lo dize por esto), tanvién pudiera hazer lo mesmo en Aguas Muertas, y el Emperador tanbién se pudiera aprovechar de lo mesmo en su galera capitana, cuando el françés lo [57] entró a ver en ella; pero si no avía de auer más fee ni rreligión ni palabra, y se avían de quebrantar todas las cosas divinas y humanas por los honbres [58], bien pudiera tener ocasión el françés para dañar al Carlos [59]; mas fuera [60] esto, nunca tuvo ninguna mejor que la que agora, quando començó la guerra. Y para enpeçalla / tanbién a contar, el Jobio haze mençión del caso del condestable de Françia y no mal hecha, porque difiere poto del negoçio como pasó; y de como la Ponrifical lo quenta difiere mucho, porque dize el doctor Yllescas qu'el rrey se quexaba de musiur de Memorançi, su condestable, de que fauoreçía secretamente las cosas del Emperador, de adonde vino a tener d'él grandes sospechas y quexas, juntándose con estos otros odios particulares que la madre del rrey le tenía, y qu'estuvo muy çerca de mandalle cortarla cabeça, y que le quitó quanto tenía, y le hizo bibir pobremente y sin honrra en vna grangería suya. Todo esto da gritos, y no pequeños, por correçión y no pequeña.

El caso del condestable (tornando enprestado para este quento algo de lo qu'estádicho atrás) [61] es éste: este [62] musiur de Memorançi fue dende su moçedad gran priuado del rrey Françisco, y en elmesmo grado, o a lo menos lo hera harto, musiur de Brión; y conforme a la pribança de anvos, su amo, andando los tiempos, hizo al vno almirante y al otro | condestable. / Pero siempre caminaron cada vno d'estos dos por su pribança con ernulaçión del otro (costunbre de priuados |y hordinaria), hasta que suçedió la guerra que se comenzó el año de treynta y seis, en la qual pasaron palabras bien azedas |y más de lo que se sufría en semexante lugar, que bera delante su amo y su consejo de guerra, entr'el condestable, que disuadía aquella guerra y la rreprobava y maldeçía, y entre el almirante que la persuadía y la aprouaba. Y conforme a este su pareçer se començó, y pasó gente los montes con el almirante, y tornaron en el Piamonte los lugares del duque de Saboya, que ya atrás queda dicho. Y como después el Emperador cargú sobre Françia y pisó aquel rreyno en grandísimo miedo (que le puso çierto muy grande), toda la salud de aquella probinçia y la defensa d'ella la puso el rrey en manos del condestable, dándole totalm, nte cargo de aquella guerra, y así lo hizo muy bien / y muy açertadamente, hasta qu'el Emperador se rretiró y se salió de Françia, estando a todo esto el almirante, su conpetidor, vn [63] poco (y no poco sino harto) [64] desfauoreçido, a causa de auerse havido floxamente en lo del Piamonte y dado causa, con su floxedad, a que se rrecuperase [65] Fosán. Y otras cosas de que le ymputauan, que le causó andar abatido y rretirado de corte. Y estando en vn lugar suyo, durando la guerra de treynta y siete, qilieren dezir malas lenguas que por comisión del Emperador |o de la rreyna María, gouernadora de Flandes, le enviaron secretamente persona a ofreçer partidos convinientes para desnaturalle del seruiçio rreal, de todo lo qual, así de lo del Piamonte como de hauer dado oydos a estotro negoçio (digo de no hauer avisado d'ello), fue después acusado, |y andubo preso harto tienpo alderredor de la corte françesa, hasta qu'el año de quarenta |o quarenta y vno, Se determinó su negoçio, teniendo ya él tramado otro, que fue hauer tomado vn hermano suyo [66] / deudo con madama d'Etanpes, persona grandemente açeta del [67] mesmo rrey, casando vn hermano del vno con hermana de la otra. Y el negoçio se determinó vn poto rrigurosamente contra el almirante, pero acabado de sentençiar, le rremitió el rrey todas las penas en que avía sido condenado y bolbió a su ofiçio y privança como de primero, puesto caso que avía muy gran diferençia entre la vondad del Memorançi a la condiçión del Brión. Porque hera el condestahle amiçísimo de paz, enemigo de la guerra, con tener harta causa (según la heçelençia de su persona en las armas) para no sello, y todo su yntento y pribança la gastaua en persuadir sienpre esto a su amo. Y por el contrario, el almirante fu, e sienpre grandísimo amigo de nobedades, y que su amo sienpre las buscase, y sinenvargo de qualesquier capitulaçiones |y juramentos, tornase a la guerra cada vez que hallase aparexo para ello. Y a éste atribuyen la yuvençión de acometer a las tierras del duque de Saboya para colorar la guerra, que virtual- / mente se hazía al Emperador |y avn tanbién para por esta bía, dar molestia a su adbersario el condestable, cuya muger hera de aquella casa saboyana, hija, si no me acuerdo mal, de Rrenato, hermano del duque, que por otro nonbre llamavan El Bastardo de Saboya.

Pero tornando al propósito, como el condestable vido a su contrario enterado en su primera priuança y que mediante la perdiçión del mundo (que son las mujeres, quiçá me lo deven el dezir d'ellas esto) [68] la llevaua zimentada, pareçióle al condestable (como lo dize muy vien el Jobio) de [69] dexar la corte y rretirarse d'ella [70], no pudiendo sufrir de [71] ver a su contrario en su prístino [72] estado y que tenía por ánima para su pribança a la que casi se puede dezir que lo [73] hera la del rrey. Y así estando la corte françesa en Xatelarao (que toda esta particularidad se puede dezir en ello), acabado el duque de Cleues de bolberse dende [74] Françia donde avía benido [75] a su estado, pidió el condestable la liçençia que tengo dicha y se rretiró a su villa de Zentelia, con grande pesar de delfín / Henrrique, qu'estaba muy vien con el condestable y le amaua mucho y le pesaua grandemente de los disfauores que su padre le daua. Que si no fuera por encadenar materias en ynfinito, tanbién dixera la causa d'esta venibolençia [76] que quiçá tanbién [77] la causavan mujeres.

De manera que, rresurniendo este artículo, la causa de la despriuança del Memorançi es [78] la priuança de su contrario, y todo lo qu'está dicho, y no de que sospechase el rrey que ocultamente fauoreçía las cosas del Emperador (como el doctísimo [79] Yllescas dize), ni tanpoto corrió el rriesgo de cortalle la calleça, como él mesmo quenta, ni le quitó lo que tenía, ni el ofiçio, ni le hizo bibir probemente ni en granja ninguna, como la |Historia Pontificallo trata. Que no sé a dónde halló tantas cosas el doctísimo doctor [80] para discordar del Jobio, siguiéndole tanto en casi todas las demás de su |Hisroria, ni tanpoco, como el mesmo doctor dize (que fue el más señalado hierro d'esta materia), no tenía ningunos [81] odios particulares la madre del rrey con el condestable, porque a esta sazón / avía diez años que hera muerta esta señora, porque murió el año de treyuta y vno a catorze del mes de otubre. Y así, como he dicho [82], el condestable salió de su voluntad de la corte por no ber contra ella la priuança suma de su hémulo y que [83] yendo por donde yva, abía de creçer, y la suya disminuyr, y avn después de disminuyda, quiçá quedar tan flaca que no la conoçieran los que la abían visto primero, los quales sospechaban que yendo las cosas como yvan abían de venir a parar no solo en lo qu'está dicho sino en desprivança [84] Y contando el Jobio (bolvamos a él) [85] los preparamentos d'esta guerra [86], en el año quarenta y dos començada [87], dize que muchos pueblos de los del Piamonte, donde avía guarniçión de çesarianos, estavan para rrevelarse y no esperauan sino la ocasión de la guerra para ello, por causa de [88] que tenían ybierno y verano los soldados en sus casas y a esta causa estavan muy probes [89]. Y quisiera que me dixera el Jobio si después de rrevelados, si avían d'estar sin guarniçión / de frânçeses todo el año, y si comen más los españoles y son más tragones y más borrachos que los frânçeses para gastar más a sus huéspedes; porque si esto es así, pareçe que tenían ocasión de rrevelarse y creheremos al Jobio; y si no, es disparate suyo no más de puesto en su |Hisroria para que no se pase hoja de su libro sin que haya escrito mal d'españoles en ella, y [90] son sus cosas y su yntençión, que con esto está dicho todo.

1 Add.: con los apuntamientos necessarios sobre la Historia del Jovio.

2 Mut.: Emperador.

3 Del.: que casi va...

4 Del.: de lomenos y.

5 Del.: (por otra bía...).

6 Del, : de las

7 Del.: y naçión que Evropa tenía.

8 Mut.: ynrremediables para que aquel...: saliendo.

9 Mut.: Pues.

10 Mut.: iremos dándole: le iremos dando la.

11 Del.: dezirle y.

12 Mut.: le enbió.

13 Mut.: avía començado: començó.

14 Del.: y tratança.

15 Add;: con.

16 Add.: que.

17 Mut.: pues.

18 Mut.: christianíssimo.

19 Del.: (bien según mi juiçio...)...

20 Mut.: Dinamarca;

21 Del.: y ni más ni menos...

22 Add.: también el francés.

23 Mut.: Emperador. :

24 Mut.: a cuya emulación el de Cleues: y para mejor valerse.

25 Mut.: y allá: donde.

26 Mut.: prestada.

27 Del.: lo.

28 Del.: allí donde digo.

29 Del.: buscolo y echolo.

30 Del.: (cuyo nonbre...).

31 Del.: (como el lusitano ...).

32 Del: y apartados...

33 Del.: como vicario de fray les...

34 Mut.: que e dicho: para salir en público.

35 Mut.: Emperador.

36 Mut.: lastimado.

37 Del.: y.
38 Del.: a cada paso...
39 Del.: de allí.
40 Del.: el mesmo.
41 Del.: y días.
42 Del.: de la mar que...
43 Add.: pues.
44 Mut.: como quien no dize nada: y.
45 Add.: ofrecido lo mismo al francés.
46 Mut.: lo mesmo ...: lo qual fue tanto.
47 Mut.: Emperador.
48 Del.: no.
49 Mut.: a apartar de sí sin querer: a apartarlo de sí, pero el francés no quería.
50 Del.: o a lo menos apuntado.
51 Del.: mesmo.
52 Mut.: dicha.
53 Mut.: Emperador.
54 Del.: falso y no solo...
55 Mut.: Emperador.
56 Mut.: Emperador.
57 Mut.: le.
58 Del.: por los honbres.
59 Mut.: Emperador.
60 Add.: de.
61 Del.: (tomando emprestado).
62 Del.: este.
63 Mut.: no.
64 Del.: (y no poco sino harto).
65 Mut.: recobrasse.
66 Del.: vn hermano suyo.
67 Mut.: al.
68 Mut.: la perdiçion del mundo...: mujeres.
69 Del.: de.
70 Del.: d'ella.

71 Del.: de.
72 Del.: lo.
73 Del. : lo.
74 Mut.: de.
75 Del.: donde avía benido.
76 Del.: tanbién.
77
78 Mut.: fue.
79 Mut.: dottor.
80 Del.: el doctísimo doctor.
81 Mut.: no tenía ningunos: tenía.
82 Mut.: y así, como e dicho: De manera que.
83 Mut.: contra ella...: la gran priuanza de su contrario la qual.
84 Del.: los quales sospechaban...
85 Del.: (bolvamos a él).
86 Add.: que se començó.
87 Del.: començada:
88 Del.: de.
89 Mut.: pobres.
90 Mut.: en ella y: Al fin estas.

Capítulo Çinquenta

De las partes por donde començó el rrey de Françia la guerra, y de lo que hizo Carlos, su hijo segundo, en el estado de Luçenburg, y del sitio, y de lo que en él suçedió, de Perpiñán, viniendo a sitiallo Enrrique, hijo mayo, del françés, con poderoso exérçito, y de las enbaxadas qu'el mesmo rrey de Françia enbió al turco para que enbiase harmada contra el Enperado y christndad, y de las cossas y rresuluçión que sobresto pasaron, y de la guerra del Piamonte entre frančeses e ynpiriales, y de la ynvençión que los mesmos çesarianos husaron para poder tomar a Turín con ella [1].

Comiença [2] Paulo Jobio a contar [3] todaslas partes pordonde començó a hazer guerra el françés y sus confederados, y comiença [4] en el capítulo segundo a tratar [5] de la del Piamonte, y sin dezir (a lo menos claramente) cómo a hurtadas y sin rronper la guerra, antes diziendo cada ora que quería guardar las treguas, musiur de Lange, general del Piamonte por el françés, / començo la guerra por aquella parte, primero a hurto y después público [6] se para a contalla, y | en lo del hurto dize cómo los françeses (estando descuydados los çesarianos) hurtaron a Quirasco, y cómn la mesma noche quisieron hurtar otra vanda d'ellos a Alba, y no pudieron porque oyeron el rrebato y fue valerosamente defendido, y cómo asímesmo aquella mesma ora y aquel mesmo día (que avnqu'el Jobio no lo señala fue día de San Bartolomé a veinte y quatro de agosto de aquel año de quarenta y dos), los mesmos françeses desbarataron vna banda de cauallos ymperiales qu'estaua en Beruca, sin guarda ninguna y sin rrecato, mediante estar atreguados los vnos con los otros. Y en lo de Quirasco, qu'es lo que haze al caso (pues vbo hefecto el trato), dize que Gerónimo de Sangro, qu'estava dentro en Quirasco por el marqués del Gasto, quando sintió el rruydo fue algo tarde, y que, mediante el descuydo de las treguas, lo vbo en la guardia y que así fue tomado el pueblo, y que visto Cómo ya hera entrado por los françeses, el Sangro se rretruxo al castillo, donde después / de dos días |lo rrindió a los que ya heran enemigos, con çiertas condiçiones. Y dize que hizo esto este capitán ytaliano por no tener mantenimiento' en el castillo, avnque befa çiertas bestias cargadas de mantenimiento [7] que con escolta vastante pasavan el rrío | Tanaro, enbdas en su socorro por Pirro Colona.

Y dize más, que viendo el marqués del Gasto en Milán que las treguas heran rrompidas y la guerra descubierta, que se partió luégo al Piamonte y que con gente de alemanes que hizo para juntalla con los soldados biejos, sacó de las guarniçiones toda la gente y tornó | doze lugares de los françeses, sin nonbrar sino solas tres o quatro; y con todo | esto dize que no fue ygual el daño que rreçibieron los de Françia, avnque les fueron tomados tantos lugares, al que rreçibieron los españoles con sola la pérdida de Quirasco, y con esto haze fin el trasladador al capítulo segundo, en el qual ay harto que emmendar. A lo de Gerónimo de Sangro en Quirasco, como | mal suçeso y echo por ytaliano, no contó a la letra lo que pasaua. Y es el caso que después de rretirado / al castillo y sauido por Pirro Colona, en avsençia del marqués, la pérdida del pueblo y el ençerramiento del Gerónimo en el castillo, mandó a vn español llamado Salzedo, que con la más gente que pudiese tornar de las guarniçiones vezinas fuese a socorrer el castillo, llevando los bastimentos neçesarios para que se detuviese y para que por él (medizote estar el castillo por españoles) se pudiese tomar a ganar la tierra. Y llegado Salzedo con gente vastante y vastimentos, llega a la mesma puerta de la fuerça y se habla con Gerónimo de Sangro (que todo esto calla el Jobio) y no le quiso abrir, diziendo que no podía rromper çierta palabra que avía dado a los françeses, y el Salzedo le rreplicó [8] que se saliese él del castillo para que no la quebrase, y que le dexase y entregase a él con la gente que tenía, qu'éllo defendería. Y paréçeme qu'este Gerónimo (que no lo fue sino Françisco, pues estando tan pobre no quiso rreçebir lo que avía menester) [9] que tuvo más quenta con su palabra qu'el françés con la de sus treguas, pues tan rrecatado estuvo en no querer tornar los bastimentos / para defenderse, sin acordarse de que al que quebranta la fee se le puede quebrantar. Finalmente, dando y tomando y porfiando el Savzedo con el Sangro, bino el español a derramar por sus mesmas manos vn saco de harina a la puerta del castillo, para que le fuese testimonio cómo avía llegado allí con el socorro y vastimentos con tiempo y sazón. Y así dio la buelta a Aste y el Gerónimo a entregar el castillo, que si él quisiera guardallo con la gente y vastimento que le venía, fuera façillísima cosa por allí [10] tornar a ganar el pueblo.

Y viniendo a los que ganaron los ynperiales, biendo ya la guerra en las manos, no quenta el ovispo más de Villanueva y Arraconis, y a Carmiñola y a Caramaña, y pues él no quiso contar más qu'éstos, contémoslos nosotros. Y sin los dichos, digo que ganaron los españoles los siguientes: Castilnobo, Botillera, Gaso, Castellón, Canbia, Cariñán, Orfañela, Monbaruzi, Seto, Chiuas, Brandicor, Rrondicón, Gavián y otros hartos. Pero lo qu'es de notar es que / diga el Jobio que todo esto no fue ygual a la pérdida de Quirasco, comoquiera que Villanueva de Aste y otras dos o tres plaças de las tornadas a françeses ymportaban grandísimamente mucho para podellas ygualar con Quirasco. Pero lo que más es de notar d'este gentil honbre es que, aviendo ganado los françeses a solo Quirasco, quenta la torna del pueblo con sus çircustançias y aderentes y toda la manera como pasó el negoçio, sin faltalle letra, y en doze pueblos tomados por la naçión española, ni siquiera [11] los que se tornaron por fuerça de harmas, dexemos los rrendidos que fueron quatro o çinco d'ellos, no alió qué contar, ni la manera con que algunos d'estos pueblos fueron tomados, ni la osadía y haçaña d'estos negoçios, que quiçá fueron tan de contar como la de Quirasco, y no devaxo de treguas, como aquello, sino ya la guerra abierta y rronpida.

Pero pasemos a lo demás de las otras pllles por donde el françés envió gente a tierras del Carlos [12]. Y quenta para esto el Jobio, en el capítulo terçero, / el rrepartimiento que hizo de sus hijos el rrey Françisco, y de lo que el vno d'ellos, que fue el duque de Vrliens, hizo con la gente que su padre le dio en el estado de Luçenburg; y para esto alava primero a estos moços, y con rrazón. Pero yva mucha diferençia dclmayor (que lo hera en todas las cosas, así como en la hedad) al segundo, el qual Carlos, que así se llamava el de Vrliens, hera vn moço desenbuelto, más que convenía a prínçipe, y no hera tan hermoso como él le haze, que dize que hera como vna rrosa. Y hallólo tanbién liberal, y héralo çierto, pero hera menester que lo fuese para que el Jobio escribiese esto, y dejóle de pintar de otras buenas partes que tenía, por ponelle algunas que no le convenían. Porque en lo de avisado yo no lo sé, ni se puede sauer, avnque huviese tenido con él dos o tres negoçios, sobre que fue menester / hablalle otras tantas vezes. Pero en lo de sençillo, y que quería ser más temido que amado (como lo quenta el ovispo), çierto yo no creo [13] tan por el cabo heso [14], antes me acuerdo qu'estando su padre en Anbuesa, y aviendo echo no sé qué trabesuras çiertas noches, y muerto él y los que yvan en su compañía [15] otros algunos [16], gente comund que toparon por las calles, y [17] se acuchiliaron vnos con otros [18] sin conoçerse, y avn demás d'esto, si no me acuerdo mal, hecharon de la puente avaxo en el rrío caudaloso que por allí pasa, otro alguno la [19] mesma noche, tornando ocasión del mesmo rruydo y [20] venido [21] a notiçia de su padre, lo [22] llamó y le dio vna braba rreprehensión y le trató con palabras vien hazedas, y entr'ellas le dixo qu'él no hera vien que se llamase el / duque de Vrliens, sino el duque Valentín, pues bivía a su talle y manera. Y todo lo contrario tenía el Enrrique, gran valor, gran avtoridad, gran ser, eçelente rreposo, avnque éste a la françesa, y otras partes ynfinitas con las quales el mundo perdió muncho en perdello. Pero, bolviendo a su hermano, digo que | después de hauer ymaginado a su sabor el ovispo las perfiçiones naturales y morales d'este duque Carlos, pinta luégo sus echos y házenoslos [23] muy guerrero. Y fue el negoçio todo [24] qu'estando devaxo de treguas (todas las tierras del Emperador), entrase, [25] con mucha gente de guerra y que [26] con musiur de Guisa, capitán famoso que llevaba consigo, y acometiese [27] a las tierras que de suyo no tienen defensa ninguna, a lo menos no la tenían entonzes, ni por harte ni por natura, ni guarniçión de gente, y començase [28] a devastar y a destruyr a su plaçer en aquellos pobres pueblos y pobre gente, que viéndolos labradores [29], / y otra gente semejante no [30] de guerra, más me pareçe que hera [31] cosa vergonçosa que no de honrra [32]. Solo a vn pueblo acometió, que a éste se puede dezir aver tornado, qu'es Aybodio, que nuestro trasladador llamó Envosio, porque estaua bien fortificado, y tenía gente de guarniçión dentro y se pudiera defender más de lo que se defendió, avnque a los prinçipios no se defendió mal, pero después afloxaron viendo la pertinaçia del duque. De modo que tanto y más por floxedad de los de dentro como [33] por ánimo [34] de los de fuera (que no fue sino vna costançia o porfía [35] sabiendo que no podía el pueblo [36] ser socorrido), vino a rrendírseles el lugar. Lo qual echo y acavado, el d'Vrliens se bolbió adonde estaila su padre.

Pero demos la buelta sobre lo prin- / çipal, Y donde estaua el meollo d'esta guerra, que es sobre Perpiñán, a quien el delfín tenía çercada. Mas antes que contemos esto como [37] pasó, es menester (por seguir las pisadas del Jobio) contar lo que hizo el duque de Cleues, confederado con Françia, y su capitán Martín van Rrosen. Enlo qual ay muy poco que dezir, si no son [38] solas dos palabras: la vna es no [39] menos de rreyr que quantas a dicho este avtor d'este talle en todo lo passado, y es que contando las naçiones que defendieron a Enberes de [40] los tratantes que en aquella çiudad de todas las probinçias de Evropa rresiden, quenta [41] entr'ellas a los portugueses particularmente, sin nombrar otros españoles, porque la naçión española no entrase en la parte de la gloria de avella defendido, no quiriendo consi- / derar, de pura maliçia, que Anberes heran muy poquitos los portugueses, que [42] no serían çinquenta; no, çiertamente [43], hablo en aquel tiempo de entonçes y españoles son tantos los [44] que allí rresiden, qu'estoy por dezir que son más que los naturales del mesmo pueblo, y que más pareçe andar por pueblo d'España que andar por Amberes [45], según los muchos mercaderes y hombres que se an allí avezindado y por otras muchas bías, de nuestra naçión. Y dize luégo, para el [46] rremate de todo este negoçio de Martín Rrosen, que hubo fama que de secreto fue corronpido aquel capitán para que no prosiguiese adelante aquel sitio. Y aquesta [47] fama es sola del Jobio que de [48] otro no [49] ninguno; y si de otro alguno fuere o fue [50], sería del mesmo entendimiento o de la mesma yntençión, porque en ello no hubo otro trato para levantarse de sobre aquel pueblo, sino el ver aparejados los / brazos para la defensa y de hauer ya començado los de dentro a poner en obra su propósito.

Y prosiguiendo el nuéstro y viniendo al caso de Perpiñán, qu'es donde acudió todo el exérçito françés, que serían çinquenta mili honbres poto más a menos, porque heran doze mili tudescos y diez y ocho mill esguíçaros, y ocho mili gascones, y siete mili ytalianos, y çinco mili honbres de a cavallo, sin gran cantidad de abentureros, porque como la guerra hera en casa acudió gran cantidad [51] de françeses, digo qu'es así como el Jobio lo dize, qu'el delfín, que después fue rrey Enrrique segundo de Françia, vino a sitiar aquel pueblo; pero de la manera qu'éllo cuenta ay un millón de hierros en ello. El primero sea que dize [52] que pareçiera mal ir el delfín Enrrique sobre Perpiñán, si no hubiera sido primero de / los rreyes de Françia, como si declarada ya la guerra ynjusta de parte del françés (pero teniéndola él por justa o queriéndolo dar así a entender al mundo avnque sintiese otra cosa) [53], no fuese líçito acometer a los lugares que le pareçiesen avnque no tubiese otro derecho a ellos sino el de la guerra, o como si los prínçipes presentes y avn los pasados mirasen en estas menudençias, después de auerse bestido las armas para pelear con sus enemigos. Y pegado a este hierro dize otro no menor, qu'es eontar diferentemente de como pasó la rrestituçión hecha por Carlos, otauo rrey de Françia, al [54] Católico, de los lugares de Perpiñán y Salsas.

Pero éste quédese agora por explicar (pues no es este lugar aparexado para esta materia), y pasemos a lo que dize que el delfín hizo jornadas perezosas / quando vino en aquella enpresa, y que dio con esto lugar a que los de Perpiñán se fortificasen. Y que conforme a esto el duque de Alba fue en aquella çiudad, y la dexó probeyda vastantemente, dexando en ella a Machuca, y çerbellón, y a Mendoça, maestre de campo, todos soldados biejos, y a Beçerra, capitán tanvién en aquel negoçio. Todo lo qual, no entendiendo lo que dize ni de la manera que pasó, es falso, porque la venida de los françeses fue prestísima, y con gran diligençia puesta en hexecuçión, porque avnque se tenía notiçia qu'en Françia, hazia [55] la parte de León, se haçía gente y venían çuysos a más andar en aquella comarca, sienpre se pensó, y así andava la voz general d'ello, que hera para pasar en el Piamonte, / hasta que ya començaron a marchar la buelta d'España. Y quánto lugar puede quedar dende León o Aviñón, o de otro lugar de aquella comarca, para forteficarse la frontera antes de llegar el exérçito, quienquiera que supiere la vna probinçia y la otra y el no mucho [56] camino, lo podrá ver bien claro; quánto más que, después de hauer buelto el delfín con su exérçito la cara haçia España, avn tubo otra disimulaçión, que fue publicar que yva sobre Nauarra, y así se creyó por las muestras que hizo d'ello para más descuydar a las gentes, hasta que ya le vieron lleuar la derrota derecha de Rruysellón. Y es berdad que entonçes, en aquel poquito de tiempo que rrestava, que casi no avía lugar para hazer una trinchea (a modo [57] de / dezir), entró el duque d' Alba a prouer en aquella plaça lo que pudiese, y así lo hizo, dexando en ella por governador y prinçipal persona sobre todas a don Juan de Acuña, de quien fuera rrazón que se acordara el Jobio, como se acordó de otros capitanes. Y no puedo pensar a quién llama el ovispo el capitán Mendoza y le haze maestre de campo, porque si yo no tengo olvidado todo quanto ay en el mundo, no avía allí [58] en Perpiñán capitán ni maestre de campo d'este nonbre, tampoco como otro que la |Historia Ponrifical llamó Machicao en esta mesma defensa, en la qual, como digo, no vbo tal capi- / tán, porque el d'este nonbre ya quedava muerto años avía en la Morea. Y sospecho qu'el vno llamó Mendoza a don Vernaldino, el general de las galeras, que vino entonçes a Colibre a traer çiertas pieças de hartillería para meter en Perpiñán, y es muy bueno, si por él lo dixo, llamalle el capitán Mendoça y hazelle maestre de campo; y el otro devió de llamar Machicao al capitán Machuca, engañado por la semexança del nonbre. Es pues el easo [59] que, según la gran breuedad del tiempo, Perpiñán casi no se pudo fortifiear ninguna cosa, ni proverse de gente vastantemente, avnqu'el duque / hizo todas las diligençias posibles; pero el Jouio, por quitarnos la gloria de la defensa, o moderárnosla, finge todas estas cossas. Y para que se bea que no hablamos al sabor del paladar, digo que en Perpiñán, çiudad bien grande y que ha menester mucha gente de defensa, y entonçes mucha más por no estar tan fortificada como agora, no quedaron más de los capitanes y gente siguiente: el don Juan, goilernador que está dicho, y luégo, como su coajutor y segunda persona, quedó don Juan çerbellón, y ninguno d'estos dos caualleros tenía gente ninguna más de sus cargos. Y sin ellos auía seis capitanes d'esta manera: Antón Moreno, maestre de campo, tenía quatroçientos soldados; y el capitán Moreno, su hijo, dozientos y çinquenta; y Machuca, otros tantos; y Bezerra, trezientos; y Juan Sánchez de Padilla, dozientos e çinquenta; y Pagán, dozientos, que son por todos mill y seisçientos y çinquenta; y esta sola gente es la que deffendió a Perpeñán, y no huvo vn soldado más ni menos. Que en la gente del/pueblo no auía que hazer caso, porque mucha d'ella se auía salido y la otra no estaua aperçebida de armas, ni de lo que más hera menester para poderse llamar soldados de guerra en aquella sazón, espeçialmente estando tantos tiempos avía deshusados de las armas.

Pero sobre todo pido atençión para vn exçelente paso del Jouio, donde dize qu'el Emperador embió a mandar que se le embiase a España para Perpiñán, o el marqués del Gasto lo embió de suio, vn çierto socorro de quatro mili alemanes y de çierta cantidad de españoles, y que asimesmo don Hernando de Gonçaga embió el terçio de españoles de Çiçilia para el mesmo effecto, y que, bisto todo esto por mosiur de Anibao y los demás capitanes françeses, aconsejaron al delfín que se lleuantase de sobre Perpiñán y no llevase adelante aquella empresa, dando a entender en esto este galán ytaliano [60] que aquel socorro, o socorros, llegaron a Perpiñán a buen tiempo y que / (juntamente con la demás) aquella gente defendió a Perpiñán. Solo para que se bea, o se crea, por mejor dezir, en tiempo venidero (que [61] en el presente bien saven todos lo que pasó), que quando Perpiñán estuuo çercada, estaua muy fortificada de grande número de gente, siendo todo falsísimo; porque quando los alema nes y los de Zizilia llegaron, abía más de treinta días (y acortéme mucho que [62] creo que heran más de quarenta) que los françeses se auían rretirado de sobre aquella plaza y se auían buelto a su Françia.

Y dize después de todo esto cómo los çercados, digo çiertos soldados d'ellos, durando el sitio, salieron a enclauar el artillería de los enemigos y la enclauaron. Pero quenta este hecho maluadamente y no como pasó; porque quanto a lo primero, dize que estaua el artillería sin guarda porque dize que como hera medio día, abíase ydo y no benido [63] la que auía de suçeder en su lugar [64]. Lo qual es falso, porque allí estauan dos mili e quinientos gascones, a quien / quinientos españoles solos con sus capitanes Machuca y Bezerra desbarataron, y ganaron y clauaron honze pieças de artillería, de treze que en aquella parte estauan. Y dize más (este gentil honbre de Como), que les suçedió mal esto a los españoles, porque queriendo lleuar el artillería, acudieron gran cantidad de gascones e ytallianos, que metieron con sangre a los españoles en la çiudad, lo qual es de la mesma harina (porque husemos vn bocablo latino, que mejor dexiera saluado o affrecho) [65] que lo pasado. Porque nunca aquellos españoles quisieron lleuar el artillería, ni se pusieron en ello, que con el arma que se dio en el campo ffrançés cargaua tanta gente, que heran ymposible aguardar más en la campaña, que si no cargaran, ellos truxieran el artillería al fosso; pero no la auían los españoles por ella, sino por lo que hizieron que hera enclavalla y dexalla yuvtil, como lo hizieron, que es en lo que consiste la honrra y la hazaña de a- / quel negoçio, que fue vna de las cossas buenas que hartos años atrás se auía hecho y de las más afamadas. Y dize luégo más adelante el mesmo [66] nuestro autor que la osadía de los espa ñoles se rrefrenó con ygual daño del que rresçebieron los franceses, porque los hizieron rretirar, como si abían d'estar en la campaña solos quinientos españoles contra çinquenta mili, después que auían hecho el negoçio a que salieron. Y dize asimesmo [67] muy sin enpacho, no teniendo ninguno en su pluma [68], que rresçebieron ygual daño los españoles que los françeses. Y que sea [69] posible que vn obispo y saçerdote se atreua, [70] a escreuir esto en el [71] tiempo que ello pasó!¡Y qué hiziera en |otro tiempo adelante! Y es así que después de aver muerto muchos françeses, los que salieron a lo del artillería se boluieron todos sanos y saluos a la çiudad, sin faltar sino solos ttres hombres, y el vno se cree piadosamente que no lo mataron los enemigos del campo, sino vno particular [72] suio que allí también [73] yba en aquel hecho, a quien el/muerto tenía cargado con çierta pesada ynjuria. Y después d'esto, párase [74] a contar vn escaramuça de San Pedro Corço, el quallo fue aquel día en el huír y en el rretirarse [75]. Con todo eso, dize que le dieron vn collar de oro porque lo hizo muy bien; y bien es que auiendo cada día su escaramuça y [76] escaramuças, donde se ganaua y se perdía, como se vsa en aquel exerçiçio, quente [77] sola ésta, porque a tan buen batallador como a [78] San Pedro Corço hera menester tan buen [79] ystoriador para ello [80] como Paulo Jobio.

En ffin [81], el caso es que el delfín se rretiró y lleuantó el sitio de sobre Perpiñán, porque también, a pesar de las guardas y rrecaudo, auía entrado socorro a los çercados, avnque vna vez que lo probaron no pudieron. Pero segunda vez que yntentaron este negoçio, salieron con ello y ottra terçcra noche lo mesmo, y entraron los capitanes Pero Mingo, y Cueto, y Rrobledo, y Juan de Alamos y Bolíuar. Pero antes Que se nos baia el delffín de Perpiñán, es bien que demos quenta, / así por la posta, del hecho que dize nuestro autor que hizo [82] Paulo Cherrl, yendo a Elna, donde dize que [83] topó | dozientos españoles en el camino y los desbarató. Sin contar [84] cómo llevava este capitán ytalliano más de quatroçientos cauallos [85] y llama desbaratar sallir al capitán Salazar (que éste hera el que [86] tenía cuidado de aquellos españoles) con solos çinquenta y siete honbres [87], a escaramuçar al campo con los enemigos y después de aver durado la escaramuça vn rrato y muértose algunos de vna parte y otra, boluerse al pueblo; y a esto llama dozientos hombres que quiçá les pareçieron a sus contrarios más que esos en número [88].

En conclusión, como he dicho [89], el delfín y sus capitanes Anybao y Paulo y musiur de Tampe, (a quien dize nuestro autor que le dieron el generalato de los çuyzos por honrra, que no lo creo |yo así sino que ffue por deshonrra), todos con su general y prínçipe Enrrique [90] se lleuantaron y se boluieron a su prouinçia, dexando la nuéstra sana y salua y todas las demás del Emperador / con tan poto daño que casi quc se puede dezir lo mismo de todas las ymperiales [91]. Después de lo qual, por fruta de postre del negoçio perpiñanesco dize el Jouio que çiertos alemanes, a quien prendió Virginio Vrsino con sus galeras, que avían dado al traués con tormenta cabe [92] Marsella, los mandó el rrei liberalmente soltar, |lo qual se tuuo por gran elemençia, porque los ymperiales avían hechado con grande ynjuria a algunos frančeses (a quien avían prendido en la guerra del Piamonte) a galeras, como si no silpiese |este autor (que bien lo saue bien sauido) [93] qilé es [94] la causa de aquella liberalidad, y que si fueran españoles, se [95] estuuieran al rremo o no [96] los que no fueran de rrescate. Y como si los frančeses no hechasen semejantemente [97] a los çesarianos en galeras, y [98] como si solos los españoles [99] huvieran hecho [100] en el Piamonte, y como si esta ynvençión de hechar enemigos a galeras ffuera el origen [101] de españoles a [102] ffrançeses, y no de ffrançeses a [103] es- / pañoles dende [104] antes que el |rrey Françisco ffuese preso, y como si esto no fuera vna de las dificultades que huuo el año de veinte e ocho entre Carlos [105] y el [106] FrançiscoPero el Jouio por encaxárnosla todas las vezes que pudiere hará todo su posible; y haziendo nosotros el nuéstro [107], en lo demás que ay que contar, digo que nuestro autor gasta tres capítulos, que son dézimo y vndézimo y duodézimo, sobre la embaxada que el françés, enbió al Gran Turco Solimán, para que él enbiase a Barbarroja con su armada a poniente en daño de las cossas del Emperador; y para esto dize que enbió a Polino, el qual estuuo con el turco potos días (sin saver él [108] la causa de la buelta d'este embaxador a Ffrançia sin [109] armada |turquesca consigo) con largas y diligençias, que no truxo otra cosa [110]. Y la causa fue tres dificultades que el |turco ponía, | sin hazer mençión de ninguna el Jobio. La vna pedía que su armada y galeras se abrigasen en Marsella y tuviesen aquel puerto desenbarazado, y [111] no hera tal ni tan bueno el de Tolón que se les offresçía. Y esto hera cossa de gran pesadunbre y peligro para Françia. Y la / segunda demanda turquesca hera la paga de las galeras, no contentándose (por yndustria de Baruarroja a lo que se |cree) con seis mili escudos por cada vna, sin que se le diesen tantos mill ducados más de rrespecro, que también [112] hera presçio [113] yntolerable. Y héralo tanto (que en fin esta segunda cossa conçedióselo a Baruarroja) [114] que si el armada, quando después vino, estuviera más meses en Françia de lo que aquella vez estuuo, bastaua solo aquel sueldo a dexar de tal manera pobre a Françia que todas las rriquezas d'ella quedaran trasladadas en [115] Constantinopla. La terçera cosa hera vna niñería de plIle del báruaro [116] que pedía [117] que por los estados de Françia fuese aprouado y se hiziese liga y hermandad perpetua con la cassa de los otomanos. Y avnque llamé niñería a esto, la ynteligençia hera muy honda, y con sello tanto le hallaremos [118] suelo quando sondemos este negoçio en el lugar que conviene. Como quiera que sea, el Polino se boluió sin el armada, pero luégo [119] tornó a despachar el [120] Ffrançisco otra vez a Constantinopla, con resoluçión de los tres / artículos en que diferían, que el vno solamente como he dicho se concluió y a los otros dos se dieron muy buenas palabras.

Y tras el Polino enbió el rrey otro embaxador, que llama Dexio nuestro autor [121], comendador de San Juam, para que se vea quám bien cumplía el voto que profesó, quando juró y prometió, [122] de ser siempre enemigo y hazer guerra a turcos, yendo agora por enbaxador al báruaro |y a traer su armada contra la christiandad. A cuio propósito tengo de contar (avnque lo hurte de lo de más secreto de los |Anales) vn dicho que, [123] Baruarroja dixo [124] a este caballero de San Juan (ya no de aquella orden santa, sino del ynfierno, aunque tenía la otra que auía tomado). Es pues el casso que, [125] este | Dexio (por la vergüença e ymfamia que se le causara, avn entre aque llos báruaros), traía durante la legaçía su cruz blanca de San Juan encuvierta y metida en los pechos, sin que, [126] en capa ni en [127] sayo truxese [128] la señal de aquella bendita orden. Y Baruarroja [129], grande enemigo de françeses (que esto nadie creo que lo creerá) [130] y que todas las vezes que / les benía a seruir, hera contra su boluntad y por cumplir la de su amo, |y siempre [131] en los consejos |y paresçeres [132] les hera contrario, supo de christianos latinos (o sea francos como aquellos báruaros nos llaman) [133], que aquel Dexio hera comendador de la orden del bienauenturado [134] San) uam Bautista [135] y topándole vna bez, cabe, [136] las ataraçanas de Constantinopla, llegúse a él y con gran bergúença de aquel que se llamaua comendador, le hechó mano de la çinta que traía al cuello y le sacó la cruz blanca affuera, y le dixo estas palabras: dezid, mal cauallero, ¿vos no auéis bergüença' siendo nuestro enemigo y aviendo jurado |y profesado esta enemistad, de veniros aquí a la presençia del gran señor tan sin enpacho?; porque [137], o vos sois muy desbergonçado, o tenéis en poco el juramento que hizistes y la orden que profesastes. Con lo qual [138] quedó tan corrido el musiur de Dexi que no supo / dar otra rrespuesta sino callar, |y despacharlo [139] con breuedad el Polino y tornarlo a enbihar [140] con negoçios a Françia. Después de lo qual, por ser ya pasado gran parte del berano, no pudo aver lugar lo que el françés pedía avnquelo pedía con harto [141] grande ynstançia, tanto que ya amohinaua; pero no pudo sacar otro despacho sino que el año benidero abaxaría el armada temprano |y bernía a poniente, como en rrealidad de verdad así bino [142].

Y aquí quenta [143] en este paso [144] el Jouio çiertas molestias que rreçeuían los turcos con la pesadunbre del Polino, sobre lo qual escriue que le hizieron vna oraçión los bajáes, la qual es apócrifa [145], como las demás de su |Ystoria. Y salido d'esto torna a tratar la guerra del Pmonte, |y cómo fue musiur de Anibao en aquella prouinçia y sitió a Coni (que el Nochera llama Cunio), sin poderlo tomar; en lo qual no ay que tratar, porque pasó así como / él lo escriue a la letra. Y por postrero [146] de su libro trata de la invençión de çiertos carros con que los çesarianos pretendieron tornar a Turín, yendo escondidos en ellos debaxo de vnas compuertas, las quales yban eubiertas y los carros paresçian yr cargados de feno, lo qual no huuo lugar por lo que se dirá en los |Anales y no por lo que aquí escriue el Jouio, que alliende de no contar esto en el lugar conueniente (porque pasó ello [147] por hebrero del año de quarenta y tres siguiente), quenta sus çientos hierros [148] que no pasaron en aquel negoçio; lo qual se contará adonde tengo dicho muy como [149] pasó, y en qué estuuo la desgraçia de los ymperiales (avnque graçia para los françeses), [150] para no tornarse aquel día el pueblo. Y en aquello [151] no se halló [152] ningún capitán Mendoza (como el Jouio escriue), avnque se halló en las enboscadas traseras [153], que quedaron cabe [154] el rrío. Pero çiertos soldados / de los que yuan en [155] su compañía, heran algunos de los carros [156] ni menos ningún [157] herrero | [158] de Turín descubrió la traYçión, como el mesmo lo quenta, ni estuuo en otra cossa la mohina (o a lo menos ésta fue vna de las prinçipales), sino en que vn çapatero, que estaua tendiendo vnos cueros en la muralla, y vido la rrebuelta que andaua [159] abaxo, peleando balientemente los ytalianos |y españoles, que avían salido de los carros, y no mal como dize el Jouio, dexó caer la sarraçina de la puerta del pueblo, de manera que quando llegaron los primeros emboscados, que estauan para el socorro, no pudieron entrar. Y pelearon tan bien y tan marauillosamente los de los carros, que huuo algunos d'ellos, que fue Antonio de Herrera, que entró más de trezientos pasos por la çiudad adentro, y con él Alexand, o de Mayno, ytaliano; y [160] como he dicho, para los |Anales se guarde el rresto del quento d'este negoçio, donde se berán quántos hierros sobre / tan poco quento quiso poner Paulo Jouio en este paso.

1 Add.: con los apuntamientos necessarios sobre la Historia del Jovio.

2 Mut.: cuenta.

3 Del.: a contar.

4 Del.: comien\a.

5 Mut.: a tratar: trata.

6 Del.: primero a hurto y después público.

7 Mut.: bastimento.

8 Mut.: replicó.

9 Del.: (que no lo fue sino...).

10 Del.: por allí.

11 Mut.: ni siquiera: siquiera en.

12 Mut.: Emperador.

13 Add.: que fuesse.

14 Del.: heso.

15 Add.: a.

16 Add.: de.

17 Add.: con quien.

18 Del.: v nos con otros.

19 Mut.: aquella.

20 Mut.: mesmo rruydo y: ruydo que tengo dicho, pues.

21 Add.: esta.

22 Mut.: le.

23 Mut.: haciéndonosle.

24 Transp.: todo el negO\io fue.

25 Mut.: entró.

26 Del.: que.

27 Mut.: acometió.

28 Mut.: comen\ó.

29 Mut.: y pobre gente que viéndolos labradores: Por cierto que siendo, como eran, labradores.

30 Mut.: y otra gente semejante no: y no gente.

31 Mut.: fue.

32 Mut.: honra.

33 Mut.: que.

34 Add.: o porfía.

35 Del.: que no fue sino vna costan\ia o porfía.

36 Del.: el pueblo.

37 Transp.: como esto.

38 Mut.: ay muy poco que dezir si no son: diré.

39 Mut.: es no: de las quales no es.

40 Mut.: y.

41 Mut.: cuenta.

42 Add.: ciertamente.

43 Mut.: no \iertamente: en aquella sazón.

44 Transp.: y son tantos los españoles.

45 Mut.: andar por Anberes: de Flandes.

46 Del.: el.

47 Mut.: y aquesta: Esta.

48 Mut.: que de: y no de.

49 Del.: no.

50 Mut.: fuere o fue: fue.

51 Mut.: número.

52 Mut.: sea que dize: es dezir.

53 Mut.: ynjusta de parte del...: por justa al parecer del Jovio, aunque injusta según la verdad.

54 Add.: rey.

55 Mut.: a.

56 Mut.: no mucho: poco.

57 Mut.: manera.

58 Del.: allí.

59 Transp.: pues el caso es.

60 Mut.: lombardo.

61 Mut.: porque

62 Mut.: acortéme mucho que: aun.

63 Mut.: abíase y do y no benido: se abía y do y.

64 Add.: no era venida.

65 Del.: (porque husemos...).

66 Del.: el mesmo.

67 Delut.: más.

68 Del.: no teniendo ninguno en su plu

69 Mut.: y que eran muchos más de los qu.el Jovio dize.

70 Mut d ...: mismo.

71 Add.: ma. ut.: que sea: es. ut.: esverguence.

72 Mut.: v no particular: un particular enemigo.

73 Del.: también.

74 Mut.: párase: se para.

75 Del.: en el rretirarse.

76 Add.: aun.

77 Mut.: cuente.

78 Del.: a.

79 Mut.: tan buen: tal.

80 Del.: para ello.

81 Del.: En ffin.

82 Del.: hizo.

83 Mut.: donde dize que: hizo, y es que.

84 Mut.: sin contar: y olvídasele a nuestro amigo de escrivir.

85 Add.: ya los nuéstros que eran cincuenta y siete solos los haze dozientos y puede ser que a su contrario pareciesse

86 Del.: éste hera el que.

87 Mut.: con solos \inquenta y siete honbres: que tengo dicho.

88 Del.: ya esto llama...

89 Del.: como he dicho.

90 Del.: todos con su...

91 Mut.: las imperiales: ellas.

92 Mut.: cabo.

93 Del.: (que bien...).

94 Mut.: fue.

95 Del.: se.

96 Del.: no.

97 Del.: semejantemente.

98 Mut.: o.

99 Del.: lo.

100 Add.: esto.

101 Del.: el origen.

102 Mut.: contra.

103 Mut.: contra.

104 Mut.: desde.

105 Mut.: el Emperador.

106 Add.: rey.

107 Mut.: por encaxárnosla todas...: siempre es el que suele.

108 Add.: Jovio.

109 Add.: traer.

110 Del.: (... consigo) con largas...

111 Mut.: porque.

112 Mut.: que también: lo qual se le concedió aunque.

113 Add.: tan.

114 Del.: y héralo tanto...

115 Mut.: a.

116 Del.: hera vna niñería...

117 Add.: era.

118 Mut.: y avnque llamé niñería...: Era la ynteligençia de esta condición muy honda pero hallarémosle.

119 Mut.: le.

120 Add.: rey.

121 Transp.: nuestro autor llama Dexio.

122 Del.: y prometió.

123 Mut.: (avnque lo hurte...): 0 que dixo).

124 Del.: dixo.

125 Del.: (ya no de aquella orden...).

126 Mut.: traer.

127 Del.: en.

128 Del.: truxese.

129 Add.: que era.

130 Mut.: esto nadie creo que lo creerá: (parece que nadie lo creerá).

131 Del.: y siempre.

132 Add.: siempre. s.

133 Mut.: sea francos...) : que ellos llaman franco

134 Del.: de la orden...

135 Del.: Bautista.

136 Mut.: cabo.

137 Del.: porque.

138 Mut.: lo qual: esto.

139 Mur.: y procuró que.

140 Mur.: y tornarlo a enbiar: le despachase.

141 Mur.: avnque lo pedía con harto: con mui.

142 Mur.: como en rrealidad...: y as sí se hizo.

143 Mut.: cuenta.

144 Del.: en este paso.

145 Mur.: fingida.

146 Mur.: fin.

147 Del.: ello.

148 Mut.: sus çientos hierros: cientos yerros suyos.

149 Mur.: lo qual se contará...: Lo que.

150 Del.: (avnque graçia...).

151 Mur.: y en aquello: se dirá fielmente donde tengo dicho y.

152 Add.: en ello.

153 Del.: traseras.

154 Mur.: cabo.

155 Add.: los carros eran de.

156 Del.: heran algunos...

157 Del.: menos ningún.

158 Add.: ninguno.

159 Mut.: que andaua: y como andauan.

160 Mut.: mas.

Capítulo cincuenta y Vno

De cómo el Papa mandó çelebrar conçilio vniversal en la çiudad de Trento de Alemaña, y del propósito con que se hizo, y de la causa por qu'el Enperador se ayudó del rrey de Yngalaterra, y de cómo el mesmo Enperador se enbarçó en España para yr a Flandes contra sus enemigos [1].

De la ynfeliçe jornada y exérçito con el qual Alemaña tornó a su cargo la conquista de Buda para tornarla a rrecuperar [2] del turco y entregalla a su dueño, que hera el de rromanos (de que fue por general Joachín, marqués de Barandaburg, en que gasta el Jouio casi todo su libro quarenta y dos), yo no trataré palabra, porque las que trató nuestro autor fueron muy leal y fielmente tratadas y con grande verdad escriptas, sin auer cossa de sustançia que enmendar [3]. Y así este libro pudiéramos pasar en blanco con él, dexándole con su bírgínidad y [4] honrra, si no me tomara gana de ser trauieso, por ver [5] dos o tres cossas que dize al cabo, que tienen grande [6] nesçesidad de enmienda. /

La vna d'ellas es las cossas del Conçilio, que en |este tiempo y coiuntura el Papa dio bula para que se abriese y se çelebrase en la çiudad de Trento, fin de Ytalia y prinçipio de Alemaña, sobre lo qual dize nuestro Paulo, y más claramente la |Ponrifical que lo siguió, que esto se hizo a rrequisiçión del Emperador y que así lo embió a pedir al Summo Pomtífiçe, y después que con él se vido en Luca trauajó asimesmo con Su Santidad, obre lo del Conçilio, porque así lo dexaua prometido a las órdenes del ymperio en Rratisbona. Y es hierro grande dezir que después de abierta la guerra embiase la Magestad a la Santidad a suplicarle [7] que indixese conçilio, porque nunca tal hizo antes, como está dicho en otro capítulo atrás; quando el Papa con santa yntençión, y por ver si podría por este camino apartar a estos dos prínçipes de la guerra, yudixó conçilio y le notificaron la bula al Carlos [8], rrespondió que no hera tiempo oportuno para / conçilio, y estando las cossas como estauan, y que se espantaua de Su Santidad creer que, yendo los negoçios como yuan, se pudiese zelebrar aquella vnibersal congregaçión, pero que como hijo obediente y defensor de la ffe, haría lo que fuese obligado a hazer [9]. Y demás d'esto, como el Papa asimesmo [10] procurase por todas vías dibirtir a los dos enemigos de las armas, les envió a cada vno vn cardenal, persuadiéndoles a este negoçio; y el que cupo a España, que fue el Cardenal de Biseo, boluiéndose después de su legaçía a Françia, y viéndose con el rrey, le dixo el françés al de Biseo [11] con muy grandes palabras y muy buscadas para este propósito, que muy bien se podría hazer el conçilio sinenbargo de las guerras de entrambos, lo qual dezía por solo tener el paresçer contrario del [12] Emperador; que [13] quánto sea esto verdad [14] o no, el mesmo [15] nuestro autor lo muestra aquí en pocos rrenglones bien claramente [16]. / Porque, çierto, como él dize, es así que [17] hera imposible hazerse el conçilio vnibersal de todas las naçiones, aviendo guerra entre Françia y España y Alemania. De manera (porque rresumamos el yntento) [18] que no solo el Emperador después que fue abierta la guerra no pidió el conçilio (como estos dos senaliados barones [19] dizen), mas [20] antes tuvo Carlos [21] el mesmo paresçer que ellos, y así lo rrespondió a la bula quando le ffue notifficada, cuia notificaçión y rrespuesta se porná para este propósito a la letra en los |Anales. Y porque acabemos de un golpe [22] esta materia del comçilio, digo que los mesmos dos autores, Jouio y |Pontifical, dizen que Su Majestad embió a musiur de Granvela, y a su hijo, el obispo de Rraz a Trento, a que se hallasen en el comienço del conçilio y a dezir a los conçiliantes cómo él se hallaría en / persona en él si conviniese. Que a qué propósito esto se hizo, y el Enperador lo embió a dezir, y qué yutento tuuo, otro lugar será el que lo contará [23].

Digo que [24] dizen ambos autores [25] gran verdad, y en lo de la oraçión que hizo su hijo del Granbela, lo mesmo. Y con todo esto, no quisieron los legados del Papa dar por abierto el conçilio, por donde se bec que la imtençión de Su Santidad (que los legados siguían) [26] no hera más de para ver si con aquel ynduzimiento de [27] conçilio podía desuiar la guerra, porque aviéndola, sintía lo mesmo que el Emperador, y que no se podía zelebrar vnibersalmente estando armados los rreiguos de Françia y España [28]. Pero en lo demás que estos dos graues avtores quentan, que acavado esto Granvela pasó en Alemaña a negoçios del Empe- / rador, y que fue a las Cortes de Nuranuerga, donde se estaua tratando de la expediçión contra el turco, y que pasó a otros negoçios adelante en la mesma Alemania, digo que si mis [29] memorias que me an dado (y la que Dios me dio a mí en particular) no me engaña, que creo que estos dos solenes [30] autores son los que se engañaron; porque Granvela, acavado lo de Trento, boluió a Rroma a hazer çiertos autos ante el Sumrno Pontífize, y echo esto vino a Sena a apaçiguar çiertas differençias, y a otras cossas que allí le fueron cometidas por su amo [31], y acavado aquello se boluió a Génoba y se embarcó en galeras, y se vino a España a dar quenta a su Carlos [32] de sus comisiones, y después passó con él el verano siguíente- De manera que a mi juizio, si éste después acá no se me a trocado, / de aquella Vez Granbela no pasó de Trento, y si allegó asta Nuranverga (que no lo sé ni lo creo) boluió luégo a Trento [33], todo lo qual es contra lo que los dichos autores dizen. Pero estoi espantado (que Nuranverga me ha hecho acordar d' ello) cómo vn escriptor tan diligente [34] como Paulo Jouio, escriuiendo las Cortes que allí en Nuranberga se hizieron, y el effecto para que ffueron hechas, y que fue para socorro de Vngría y toma de Buda, como [35] no escribió de las Cortes de Espira, que elmesmo año y para el mesmo effecto fueron hechas en aquella çiudad. Lo qual [36] por no se haber podido allí concluir del todo, se hizieron luego [37] de allí a poto las segundas Cortes en Nuranberga, donde se effectuó la guerra contra el turco, que [38] no huviera sido inepto [39] para la ver- / dad yeluçidaçión [40] de la historia, aver desmembrado esta particularidad en dos pares de cortes, como ello pasó a la letra.

Pero véngase agora a [41] la segunda cossa enmendable d'este libro que agora bamos eluzidando, donde en el capítulo honze diçe nuestro autor [42], y lo sigue muy gentilmente la |Pontifical, que aviéndose el Emperador en este tienpo ligado con el rrey Enrrique de Y ngalaterra a daño de ffrançeses, que se enojó de esto el Pontíffiçe, Paulo terçio por auer tornado capitulaçión el Emperador con vn hereje, enemigo de la Yglesia, y ambos autores dizen que avía murmuraçión sobr'esto entre las gentes, las quales se espantauan d'ello. Y si hablan de murmuraçión particular, yo no lo sé, pero si hablan de la general, quando la maior parte de las gentes vienen en el consentimiento de vna cossa, ellos se engañaron, porque tal murmu- / raçión no huuo ni auía fundamento para qué avella. Y si el Papa Paulo beatíssimo se enojó d'esto, cnojóse a mi juizio y al de ottros ymfinitos mejores que el mío, contra rrazón; porque, ¿quién no se enojaua, y si se enojaua lo desimulaua, de que el françés metiese turcos en la christiandad y no solamente hizicsen daño en los bassallos del Emperador, sino en todas las tierras de christianos (quitado Françia aparte), y que se lleuasen aquellos báruaros de veinte en vcinte mill ánimas cada vez cautibas, la maior parte de las quales negauan después la ffee de Jesuchristo? No sé con qué color podía rresçevir enojo de quc el Emperador se ayudase de Yngalaterra contra sus enemigos, no pretendiendo de los yngleses otra cossa sino tener más campos y más gente en campo contra sus aduersarios para su ayuda. Y qué diferençia va del daño [43] / que Barbuarroja hazía [44] al que podian hazer los yngleses [45], la desdichada esperiençia (que oxalá no nos lo vuiera tanto enseñado) nos lo mostró bien claramente, saluo si por ventura solo el yuglés y no el turco es enemigo de la Yglesia. Y si a esto se me dixiere (lo que en rrealidad de verdad es asſ) que es más malo y más de abominar el hereje que el ynfiel, según aquella bulgar rregla que es mejor no coguosçer el camíno del Señor quc después dc conosçido apartarse d'él y apostatallo, rrespondo que es aquello para otros effectos, como es para los grados de sus condenaçiones eternas y para otras cossas semejantes a ésta; pero para ayudarse en guerra temporal de vn turco o de vn hereje, meticndo ymfíeles entre la ynoçente christiandad, júzguelo qualquiera que quisicre hazello; quánto más que si por ser herejes los yngleses, se enojaua el Papa Paulo de que se ayudase d'ellos el Carlos, ¿por qué no se sintía / también de que el Françisco se ayudase de otros herejes contra el Emperador, como hcran los çuiços? Porque de aquella señoría y cantones (que así los llaman y lo sollían ser ellos de la fee, aunque no por esta causa tuuicron estc nombre y agora están todos caídos en el suelo de la herejía) se ayuda el ffrançés sicmpre, y d'éstos es la prinçipal masa de su exérçito; así también como el Emperador dc sus alemanes, en los quales también hay arios herejes. Pero es diferente, que el Enperador ayudáuase de sus basallos y el françés de ayuda agena de herejes. De suerte que esto es ya cossa común y ordinaria llamar estos dos rreyes quando peleaban y buscavan ayudas, avnque fuesen de apóstatas en su fauor de sus vezinos çercanos contra sus enemigos. Pero traeer cl turco de leuante a poniente, y metello por mitad de las entrañas dc la christiandad, y rreboluer todas estas entrañas que digo, dando causa a que ynfinitos millares / de gentes se aparten de nuestra cathólica ffee y resçiban aquella pérfida superstisçión y se siguan Otros ynumerables daños que aún ponen horror al entendimiento el voluellos a la memoria, sé qué differente cossa es lo vno de lo ottro, como lo blanco de lo prieto, y así querelle culpar el Jouio en esto a Carlos y también seguirle la |Pontiffical, ffue engaño d'estos dos exçelentíssimos harones. Y si se me desculparen con dezir que no hazen más de rreferir la murmuraçión, digo que tal no vbo, porque fuera grande yerro del juizio común de las gentes, quánto más que leyendo en ellos este paso se vee bien si tenían ellos la mesma opinión que los [que] ellos alegan [46].

Y pasando más adelante, digo que çerca d'este libro quarenta y dos, que no ay más que dezir, sino quc es como Jouio dize [47], que el Emperador proueyó, antes de su partida para Flandes, muchas cossas en España neçesarias [48], pero / dexa otras en el tintero más prinçipales, ya que se quiso meter en contar las cosas españolas de aquel tiempo, como fueron los casamientos que el Emperador dexó conçertados de sus hijos, y concluídos; que el vno, que fue el del pnnçipe, se puso de allí a poco en exeçución [49]. Y asimesmo quenta otras cossas que en el Mesmo [50] tiempo y antes aconteçieron, entre las quales pone el hecho del duque del yufantazgo con el alguazil en Toledo, que aunque pasó así como él lo escriue asta quedar el alguazill herido, lo de más adelante que dize, que se fueron los grandes de España a la cassa del duque para deffendello contra la guarda ymperial si lo quisiese prender, es juzgar báruaramente de los señores de España y de su ser, valor y autoridad y obediençia. Y conforme a esto dize otras cossas çerca d'ello que meresçen muy gentil [51] nombre de disparate, y así no ay que / tratar d'ello más de que es así: que acauado el Carlos todo lo que tenía que hazer en España, se emharcó en Barçelona la primauera de aqueel año, que ffue el de quarenta y tres. Y soi [52] marauillado de lo que çerca d'esto dize nuestra nueua |Ysroria Pontifical, que lleuó consigo entonçes el Emperador a don Fernand' Aluarez de Toledo, duque de Alua, lo qual no fue así, porque lo [53] dexó el Carlos [54] aquella vez en el acompañamiento de su hijo y por capitán general de España. Y estoi espantado que en vna cossa tan fresca y pasada por los ojos de todas las gentes, huuiese hierro en ella [55]. Los [56] que el Emperador lleuó entonçes consigo de grandes de su España [57] fueron a [58] don Pedro de Córdoua, conde de Feria, a [59] don Marrique de Lara, duque de Nájara, a [60] don Beltrán de la Cueua, duque de Alburqueque, y avn éste partió primero, él y Gran-Vela juntos [61], quando fue a lo del conçilio para esperar en Ytalia a su prínçipe, como lo hizo. Y de [62] perlados ffueron / el Arçobispo de Santiago don Gaspar de Abalos, y los obispos de Jaém y Güéscar.

1 Add.: con los apuntamientos necessarios sobre la Historia del Jovio.

2 Mut.: recobrar.

3 Del.: sin auer cossa de sustançia que enmendar.

4 Del.: birginidad y.

5 Mut.: ser trauieso por ver: averiguar.

6 Mut.: gran.

7 Mut.: la Magestad a la Santidad a suplicarle: el Emperador a suplicar al Papa.

8 Mut.: Emperador y.

9 Del.: a hazer.

10 Del.: asímesmo.

11 Del.: al de Biseo.

12 Mut.: al.

13 Del.: que.

14 Mut.: sea esto verdad: tenga esto de verdad.

15 Mut.: o no el mesmo: aun.

16 Del.: aquí en pocos rrenglones bien claramente.

17 Del.: es así que.

18 Del.: (por que rresumamos el intento).

19 Mut.: senaliados barones: coronistas.

20 Del.: mas.

21 Del.: Carlos.

22 Mut.: que acabemos de vn golpe: concluir.

23 Mut.: Que a qué propósito...: el propósito con que esto embió a dezir el Emperador y qué yntento tuuo en otro lugar se

24 Mut.: contará. Digo que: Basta que.

25 Del.: ambos autores.

26 Del.: (que los legados siguían).

27 Mut.: aquel ynduzimiento de: aquella indición

28 Mut.: aviéndola, sintía ...: no pudiendo, sin tía lo mesmo que el Emperador.

29 Mut.: las.

30 Del.: solenes.

31 Mut.: señor.

32 Mut.: a su Carlos: al Emperador.

33 Del.: y si allegó asta Nuranverga...

34 Del.: (que Nuranverga me ha hecho...).

35 Del.: como.

36 Mut.: que.

37 Del.: luégo.

38 Mut.: lo qual.

39 Mut.: sin propósito.

40 Mut.: claridad.

41 Del.: pero véngase agora a.

42 Mut.: enmendable d'este libro que agora...: que ha menester emienda es la [que dice] nuestro autor en el capítulo onze de estç libro.

43 Mut.: . ¿Quién no hiziera lo que Emperador, metiendo el rçy de Francia turcos en las entrañas de la christiandad, y haziendo daños inçstimables y afrentas abominables y suziedades que rehuye el entendlmlenl: «referirlas, y sobre todo llevándose aquellos infieles de veintc en veinte mill ánimas cada vez cautibas, la maior parte de las quales renegaua después la ffeede Jesuchristo? De creer es que el Santo Padre siempre le pesara quc los príncipes christianos y cathoicos se ayudcn de paganos o hereges, agora sean ingleses, agora de cuyos cantones y señoría es siempre la principal massa del exército francés; mas por esto no dexa el Papa de entender la diferencia que ay del daño que Barbarroxa hizo».

44 Del.: que Baruarroja hazía.

45 Add.: pues.

46 Del.: saluo si por ventura... (véase fol. 399 r.).

47 Mut.: digo que çerca d'este libro...: dize el Jovio en este libro XLII.

48 Add.: y dize verdad.

49 Del.: que el v no que fue...

50 Mut.: en el mesmo: en aquel.

51 Del.: muy gentil.

52 Mut.: y soi: Estoy.

53 Mut.: le.

54 Mut.: Emperador.

55 Del.: y estoi espantado...

56 Add.: grandes de su España

57 Del.: de grandes de España.

58 Del.: a.

59 Del.: a.

60 Del.: a.

61 Mut.: primero él y Granvela juntos: primero junto con Granvela.

62 Mut.: y de: Los.

Capítulo Çinquenta y Dos

De cómo el Enperador llegó a Ytalia y se bido con el Papa Paulo terçioio en Buxeto, lugar de Lonbadía, y de las cossas que allí trataron, y de cómo después el mesmo Carlos se partió a su jornada de Flandes, y de la venida que hizo el Gran Turco con poderoso exérçito contra Vngría, y de los lugares y pueblos que tomó en aquella provinçia, y de la benida asimesmo de Barbarroja, con harmada de mar a Françia, y de otras cossas tocantes a estas materias [1].

Abierta la guerra entre los dos prínçiper christianos, y no solo abierta, pero començada ya por muchas partes, determinó el Emperador de pasar a Fflandes, dándole pena el casso y desobediençia del duque de Cleues, Guillermo; y para allanarlo y proseguir por allí la guerra con Françia (matando de vn tiro a dos páxaros, como los mató), acordó lo que he dicho. Y para ello se enbarcó en Barçelona, porque le paresçió hazer el viaje por Ytalia para çiertos effectos, que no son d'este propósito; y por otra parte el rrey Ffrançisco (que ya se sabia esto) estaua conçertado con el/turco, y no solamente, como las gentes piensan, para que enbiase el armada con Baruarroja a la Proençia, sino que [2] también para que por otra parte, el mesmo turco en persona con grandíssimn exérçito (como él suele) viniese contra la christiandad. Y así vino contra Vngría y ganó dos plaças en ella harto importantes, y d'estas dos jnrnadas turquescas por mar y tierra, y de la partida de el Emperador de España, y jornada que hizn asta llegar donde estauan sus enemigos, ocupa el Jouio todo su libro quarenta y tres, que su trasladador rrepartió en diez y seis capítulos, en todos los quales ay poco qué tratar ni qué enmendar, y eso poco que huuiere, se hará con toda breuedad, porque ya no rrequiere el tiempo más dilaçión.

Y quanto a la venida de Baruarroja, que es lo primero, con çiento y diez galeras y çinquenta ffustas, y partió de Constantinopla la primauera del año de quarenta e tres, y estuuo / haziendo daño en la christiandad, abrigándose en puertos ffrançeses, hasta la primauera del año siguiente de quarenta e quatro, ay poco que dezir, hasta dexar al mesmo Baruarroja de asiento en Tolón y en Marsella, adonde fue algunas vezes a prouer lo que conuenía. De manera que en lo que toca a la toma de Rrojoles en Calabria y al sosiego con que pasó el cosario por la mar rromana, no ay que tratar agora, si no es (porque no se me oluide) dar a entender a las gentes quán engañado bibe este [3] Jouio, y lo mesmo en seguirle en ello Biçente Rroca, cauallero halençiano que escriuió la |Hisroria de los turcos, en dezir que de lo que se conçertó el año pasado con Polino y de qu'éste [4] vernía el armada del turco, avía nouedad y que se arrepentían d'ello los baxás; porque tal arrepentimiento no vbo, ni jamás pasó por pensamiento que huviese mudança en venir Baruarroxa aquel berano a poniente. Lo que se dudaua y disputaua / hera el no parar en Françia, sino trauajar de tomar por fuerça algún puerto donde ynuernar y si no hazello en Argel y Sargel. Y en aquella costa y'avía y se dauan tan buenas rrazones por esta opinión, y las beremos en los |Anales, que la hazían mui provable y a este propósito fueron las palabras que dixo el baxá Solimano, que rrefiere nuestro autor.

Y boluamos la proa a otras cossas del mesmo libro. Y es lo que tras lo dicho viene [5] la partida del Enperador de España y cómo allegado a Jénoua, le enbió el Papa a offresçer su vista y cómo, después de algunas cossas que sobre esto pasaron, en fin se huvieron de | conçertar de vcrse las dos caueças de lo temporal y espiritual en BuXeto, lugar pequeño de Lombardía, donde en effecto se bieron y estuvieron çinco días juntos. Y rrehusaua el Emperador esta junta por quatro causas, que le pareçían bastantes (aunque el Jouio no lo dize) para estar desgustoso y dessabrido del Summo Pontífiçe; las quales no es rrazón / desencaxallas de su lugar, por componer y adereçar ediliçio ageno. Baste saber agora, en el proposito que lleuamos, que todauía estos dos prínçipes se vieron y en los pocos días que estuuieron juntos se trataron algunas cossas sustançiales, que agora no ai para qué parar más de en la vna, que es la de la paz que el Papa propuso y lo mismo el consistorio de los cardenales. Y tanbién [6] en todo esto no ay que dezir, porque está dicho muchas vezes atrás, el punto en que consistía la dificultad d'este negoçio, y si se bee la plática que hizo el cardenal Grimano sobr'ello, se berá la ynvtilidad y poca fuerça d'ella, aunque Paulo Jouio alabe mucho de eloquente al que la hizo. Pues no da otra rrazón al Emperador para asegurarse de sus enemigos (después de muchas offertas que le haze de parte de Françia), sino que no tema que la paz le será quebrantada, y es muy gentil rrazón y muy sustançial confiança y seguridad el dezillo sin más / aseguramiento, aviéndole sido al çésar quebrantada ya por el mesmo [7] françés otras quatro vezes, y pidiendo cada vez ffrescas nouedades. Y así a este propósito el Emperador rrespondió lo que hazia al caso, que hera lo mesmo en sustançia que otras vezes avía rrespondido, y que no asegurándose no avia que tratar de paz, aunque supiese que los |turcos, confederados de Françia, les destruiesen a toda su Austria y que avía de quedar ffuera d'esta paz (que esto no trata el Jouio) el duque de Cleves rrebelado. Y aquella junta se dissoluió y el Emperador se partió su camino. Y dize Paulo que el Papa prometió al Emperador de embiar gente a Vngría en socorro de su hermano el rrey don Heruando, y que así lo hizo y cumplió, embiándole çiertas compañias de ymfanteria para ayuda de su trauajo. Lo qual quenta el avtor como cossa de grande agradesçimiento del Papa a las cossas del Emperador, sin embargo de sus azedías, como si dende que se pegaron lurcos a la christiandad, aya abido ningún Summo Pontífiçe que no hiziese lo mesmo, / embiando socorro a sus christianos y obejas, y hera a ello obligado [8] y es qualquiera que esté en aquella silla apostólica [9].

De manera que en hazello el buen Pontífiçe Paulo hizo lo que conuenía a su offiçio y a la vicaría de Jesuchristo de que en la tierra tenía cargo.

Y pues tratamos d'este propósito, no se nos baja el mesmo de las manos, ya que nos hallamos con él asidos. Digo pues que es así que el turco vino en la misma coyuntura a que todo esto pasaua, a lleuarse en las vñas lo que le quedaua de Vngría por llevar. Aviendo ya embiado a Baruarroja a la otra jornada de la mar, que está tratada, partiendo aquel su general de la mar a veinte y ocho de abril y él para su jornada de Vngría, a veinte y quatro del mesmo mes de aquel quarenta y tres años, y allegado a Vuda (aviéndosele primero la gente que auía proueído juntado en el camino), començó la guerra de la manera que nuestro autor y otros de su mesmo offiçio escriven, y así la continuó y acabó, hasta que las aguas le boluieron a su Traçia. Y porque esta jornada está bien escripta por hartos, / y nuestro autor es vno d'ellos, no se dirá [10] más çerca dellos sino [11] vnas adiçiones breues (ya que no les [12] queramos llamar enmiendas).

Y lo primero sea en el sitio y toma d'Estrigonia, en la qual, contando nuestro autor el número de la gente de guarniçión, y hallando que heran dos mill soldados ytalianos y alemanes, dize que auia también algunos españoles; y avn nuestra |Ystoria Pontificallo trata de la mesma manera, porque quenta que los dos mill soldados heran españoles, ytalianos y alemanes, y para que se entienda la poca rrazón que tuvieron de dezillo [13] es bien que agora se quente lo que pasa. En Estrigonia avía [14] dos mili soldados, pocos más a menos, quinientos d'ellos alemanes, y mili y quatroçientos y çinquenta ytalianos, y solos ochenta y siete españoles, para que se bea y entienda quién puso este número, entre número de gente de guerra, si no fue el Jouio, y esto para que nos alcançase parte de la ymfamia, y el |Pontifical, para que no caiendo en el engaño jouiano (ni que hera su intento), le siguiese. Y estos ochenta y / siete soldados, no por vía de compañía, sino çiertas camaradas d'ellos que andauan baldíos en Austria y por vía de amistad, se quisieron |yr con los capitanes Lezcano y Salamanca, españoles, en su acompañamiento; de los quales dos capitanes trata el Jouio ymfamemente, sin estar muy bien en el hecho de lo que pasó, porque el pueblo se defendió rrazonablemente y no estaua [15] tan fuerte entonçes que se pudiese dezir muy [16] mal defendido. Y [17] porque esto se a de rrefferir en otro lugar no ay para qué gastar en ello más palabras, aunque confieso [18] que se pudieran defender mejor y más tiempo, que esto no se puede negar [19] Pero, ¡pese al diablo!, ¿por qué no pone [20] la mesma culpa a otros quatro capitanes que auía dentro, dos ytallianos y dos alemanes, sino Solo a los dos españoles? Si es por dezir que tenían ellos a cargo el pueblo, es falso; porque el vno d'ellos no tenía más cargo que de aquella parte de la çiudad que llaman el castillo, a donde después se rretruxieron todos, aunque conozco que el/otro tenía vna poca de superioridad, pero no se le avía dado tanta por el rrey de rromanos ni por Felipo Tornielo, su general, como el Jouio piensa y escriue.

Y así después quando el rrey prendió al Lezcano y Salamanca, prendió también a todos los ottros capitanes ytallianos y alemanes como yguales en el delito cometido. Pero no se rrendieran ni capitanes españoles, ni ytalianos, ni los alemanes tampoco [21], si no acontesçiera la traiçión de dos malos hombres ytallianos, el vno artillero de Calabria y el otro de Mastonio, que hera vn alférez de Juan Bautista de Masa, que [22] hechándose por el número [23] vna noche, se fue a los enemigos y se boluió después a hablar [24] al Salamanca para andar allá en sus tratos y en sus tacañerías, hasta que el pueblo ffue rrendido. Y con todo esso a solos Salamanca y Lezcano (pobres capitanes que harto lo fueron ellos de seso) hada en la pérdida de Estrigonia culpados. Y es lo bueno que hallándolos a ellos así, halla casi desculpado al calabrés que hizo la / traiçión y se pasó a los enemigos, deziendo que el rrey don Fernando le devía mucho dinero de su paga y que esto dava por su desculpa, como si semejante disculpa hera para escreuir, avnque fuera rrefferiendo palabras del mesmo traidor, o como si vbiera bastante descargo en los humanos para semejante maldad Y demás d'esto, el Jouio o yo nos engañamos en el número y quenta de los días, porque según este autor allegó [25] sobre esta plaça en los postreros de jullio, y según mi quenta allegó [26] a veinte y tres de aquel mes, y según el mesmo Jouio se rrindió a diez de agosto, día de San Lorenço, y según mi paresçer, fue dos días más adelante a doze de agosto. Pero en esto de mi hierro o el del Jouio [27] ba poco, y mucho en lo que dize más adelante que fue rrezio castigo el que hizo Ffelipo Tornielo en cortar la cabeça a Anibal Taso, boloñés (que en ser de aquella nasçión consistió el ser agrauiada la pena) [28], porque avía rrendido a los turcos el lugar de Tato que estaua a su cargo, y no de alemán ninguno (como quiere sentir / el obispo, del qual estoi espantado que diga semejante cossa), pues se avía proferido [29] a defendello. Y porque lo sepa el Jouio si no lo save [30], a su rruego e importunaçión se le dio aquel cuidado y él prometió que no traiendo artillería el turco se defendería de todo el exérçito contrario. Y después yendo el artillería sobre Alva Rreal por otro camino, fue avisado de todo particularmente el Anibal, que en esto no lo fue ni avn Çipión, para que se defendiese y supiese que yva por otra vía el artillería [31]. Y sin hazer ninguna defensa luégo, no bien vistos los enemigos, se rrendió y se bistió de su rropa de brocado que le fue dada, que no fue sino de saial para su honrra y avn para su vida, pues con ella vestida le cortaron la caveça. Y con todo esto dize nuestro apologista [32] que fue demasiado rrigor; y acavado lo de Tato, el turco fue sobre Alba Rreal y se defendió, y [33] en fin se tomó. Y acabadas estas dos enpressas, el turco, biendo ya la señal de las aguas en la mano, que fue la prinçipal caussa d'ello, se bolvió (como el Jouio lo escriue) a Constantinopla.

1 Add.: con más los apuntamientos necesarios sobre la Historia del Jovio.

2 Del.: que.

3 Mut.: el.

4 Add.: año.

5 Del.: lo que tras lo dicho viene.

6 Mut.: y tanbién: Aunque.

7 Del.: mesmo.

8 Del.: y hera a ello obligado.

9 Add.: obligado a ello.

10 Mut.: se dirá: haré.

11 Mut.: çerca d'ellos sino: de.

12 Mut.: las.

13 Del.: de dezillo.

14 Transp.: ava en Estrigonia.

15 Mut.: estando.

16 Del.: muy.

17 Mut.: Mas.

18 Mut.: aunque confieso: bien veo.

19 Del.: que esto no se puede negar.

20 Mut.: pese al diablo, por qué no pone: qué razón ay para que no ponga.

21 Mut.: el delito cometido. Pero..: todo. Pero ni capitanes españoles, ni ytalianos, ni alemanes se rindieron.

22 Mut.: el qual.

23 Mut.: muro.

24 Mut.: y le boluió después: después bolvió.

25 Mut.: llegó.

26 Mut.: llegó.

27 Del.: de mi hierro o el del Jouio.

28 Del.: (que en ser de aquella injasçión...).

29 Mut.: ofrecido.

30 Del.: porque lo sepa el Jouio si no lo save.

31 Del.: que en esto no lo fue...

32 Mut.: Jovio.

33 Mut.: mas.

Capítulo Çinquenta y Tres

De la guerra qu'el Enperador hizo en los ducados de Clebes y Güeldres, y de la toma de Dura, y del rrendimiento del duque Guillermo de Clebes, y de cómo el rrey françés vino a socorrer a Landresi, y de cómo el Enperador le presentó la batalla, y de cómo, no osándola esperar, se rretiró y huyó, y de cómo Barbarroxa enbió muchas galeras de Françia que hizieron daño en la costa de Cataluña, y de la manera que pasó el rrenquentro de la Serrezola en el Piamonte [1].

Entra el libro quarenta y quatrn del Jouin, y los primeros capítulos d'él son sobre la guerra que el Emperador hizo al duque de Cleues, fasta que el rrebelado Guillermo [2] se le rrendió. Y comiença por lo de Duira, que fue lo primero (fortíssima plaça) que el Emperador tomó en el primer asalto, obrandn en eco balentíssimamente el exérçito ymperial. Pero la guerra toda hecha entre Cleues y Brauançones, antes que el Emperador viniese a la empresa d'ella, no la escriue el Jouio, pero escreuirla an los coronistas del Carlos [3] y los que más huuieren tomado este trabajo, porque des- / pués que el duque, comfederado del françés, començó aviertamente a hazer guerra a los Estados Baxos del Emperador, suçedieron cossas no yndignas de la ystoria. Y [4] boluiendo a

Dura, digo que [5] dize Paulo Jouio que el cuidado del asalto se dio a españoles e ytalianos, todos juntos mezclados; y dize la verdad, porque lo quiso el que ordenava las cossas de aquella guerra, que hera el ytalliano don Hernando de Gonzaga, y no perdieron en esto nada los españoles en lleuar tan buenos compañeros consigo y tan valientes soldados, y nación por muchas maneras meresçedora de ser alabada. Pero en Rroma, en Millán, en la Goleta, Y en otras casi [6] ynfinitas plaças, siempre los españoles, sin otra mezcla ninguna, davan el asalto por donde les señalavan y las otras nasçiones lo mesmo. Y de la / manera que ayan peleado españoles en la toma de plaças y fuertes, no ay aquí para qué tratallo, sino que quien no quisiere creer a la olla, que bea a los cascos quebrados de los españoles [7].

Y esta ymbençión de mezclar vna nasçión con otra en el asalto, que aquella vez de Dura y otras algunas se a platicado y puesto en obra, paresçiéndoles a los capitanes que arremetiendo así mezcladamente, la ynbidia [8] de la honrra de vnos y otros los haze yr más adelante y pelear más calientemente, no es tan verdadera rregla como algunos piensan, y tiene hartas dificultades que el rreferirlas no es d'este propósito; quando huviere coyuntura en otro lugar más propio suio se contarán. Vaste saber que esta vez suçedió bien y el pueblo de Dura fue tomado a fuerça de las armas. Y dize nuestro obispo / que se dio el cargo de arremeter y del asalto a los españoles e ytalianos, embueltos vnos con otros po' la ligereza de sus personas, y dize (que ésta y otras muchas vezes lo a dicho) que los alemanes, como son pesado, no balen tanto para arremeter a la batería. Y rrefiero este su dicho, no porque no diga verdad, sino porque me rría [9] quán diferentes potajes haze de nosotros en esta su |Hisroria; que si bien se a mirado en ello, se hallará que con los ytalianos nos halla la ligereza, con los alemanes nos da la crueldad, con los moros la liviandad y poca constançia, y con las otras naçiones estrañas nos da la baruarería, y así lindamente nos guisa a su plazer, pero siempre con agro, si no es quando somos vn mesmo guisado con ytalianos, que entonçes nos hecha vn sabor de dulçe, pero siempre haze vna gentil chimera / de nosotros; y quánto mejor se podría hazerde su |Ysroria, otros d'este mesmo nombre y que con rrazón puedan tenello lo dirán [10]. Y, pasando más adelante, digo que también [11] es cossa graçiosa que los capitanes que nombra, que fueron muertos en la toma y asalto de Dura, dize que fueron dos ytalianos, Façio de Pisa y San Seueríno de Nápoles, como si teniendo el nombre de historiador [12] no fuera obligado a dezir verdad y decir [13] los demás capitanes españoles que allí murieron, ya que nombraua los de su nasçión y la avía mezclado con la nuéstra para aquel asalto. Y así digo que murieron también dos o tres capitanes de la nasçión española peleando valerosamente, que fueron los capitanes Palma, y otro que, si no me acuerdo mal, hera don Françisco de Castelví, valençiano, avnque no estoy çierto si me acuerdo bien d'éste; y [14] salió / juntamente con esto muy mal herido el capitán Monsalue, y de españoles sin cargo sé que murieron quatroçientos y tantos.

Y en lo que más dize el obispo Paulo [15], que después de la toma de Dura todas las fuerças de Cleues y Güeldres (hasta que el mesmo duque vino en persona a rrendírsele, y se le rrindió) se le rrindieron, dize en todo muy gran verdad, pero pone entre las condiçiones (con que el Carlos lo tomó en su buena graçia al duque) vna, y es que le mandó que no se llamase más duque de Güeldres. Y no save en çierta manera lo que se dize, porque las condiçiones y la [ca]pitulaçión de entre Cleues y el Emperador están por escrito, y quien quiera las puede ver, y berá asímesmo [16] la parte de engaño que en esto le cupo al Jouio. Y diçe más (porque salgamos presto de las cossas de Cleves) [17], que se espantaron todos de quán presto se le abaxó / la cólera al Guillermo, biniendo a rrendirse con tanta presteza, y que él no halla sino dos causas d'esto, y pónelas en el fin de su capítulo terçero; y dio en ellas tan [18] lejos del hito, quanto si fuera cossa contra españoles, que es quando él suele dar más lexos del blanco [19]. Y es lo bueno [20] que nota en esto al duque de hombre para poco, aviéndole de notar de persona para mucho en averse sabido apartar del mal camino que lleuaua y de la deslealtad en que avía caído; pero lo que le mouió al duque a su reduzimiento es el meollo d'esta materia, y así no será rrazón que yo la empreste a ystoria agena para desaprouechar la mía; verse ha [21] eu los lugares que tengo tantas bezes alegados.

Y [22] biniendo a lo demás d'estelibro quarenta y quatro, digo que tras lo contado quenta [23] nuestro autor [24] el yr el exérçito del Emperador, y después tras él su persona [25], a sitiar a Landresi, y venir [26] el rrey de Ffrançia a socorrello [27] / y bastezello como lo hizo, y cómo le presentó el Emperador la batalla y cómo el françés se rretiró; en todas las quales cossas y en cada una d'ellas dize dozientos sin propósitos. Rreferiré solamente los que más presto se me binieren a la memoria, porque ya yo [28] no boy (con la priessa que lleuo) [29] para más que para correr a rrienda suelta. Dize pues vn testimonio falso [30] contra el capitán Salazar por desculpar a su italiano [31] don Hernando, general de aquel exérçito, o | si donde está la persona del prínçipe que haze la guerra puede aver este nonbre. Quenta pues [32] que quando el Emperador se açercó [33] con su campo al del françés, tan çercanamente [34] que no auía más que milla y media de vno a otro [35], con vn pequeño rrío en medio de ambos exérçitos, para dar el Emperador [36] al rrey [37] la batalla, y que avía [38] dos días que estaua allí y se la avía presentado y no la avía querido açeptar ni rresçevir, que enbió don Hernando [39] aquella noche que [40] se rretiró (o huió por dezir mejor) el françés / a rreconosçer al [41] Salazar [42] el campo de los enemigos, y que vino a decir [43] a su general que el campo estaua sosegado, en el mesmo lugar donde aquel día avía estado; y quelos esguíçaros estauan haziendo guardia y tenían plantada alguna hartillería. Y que benido el día se descubrió su herror, porque el campo de Françia se auía rretirado y huído, y que lo que pensó Salazar que heran soldados del rrei, heran los alemanes del campo del Emperador; y que lo que pensóque heran pieças de artillería heran troncos de árboles; por lo qual el Salazar dize que fue tenido del Emperador por hombre de poca sustançia, y yo sé que si Su Majestad vendita [44] vido esto antes que muriese, que la poca sustançia la atribuió más a la historia [45] que no al soldado, ya qu'ésta es vna fábula compuesta en las chimeneas de Como o de Nochera, y por hablar más claro, vn leuantamiento / grande que se haze contra el Salazar, al qual enbiándole a rreconosçer aquella noche, voluió [46] a la tienda del Gonzaga y le dixo estas palabras: Señor, el rrey se rretira; y le preguntó cómo lo bauía entendido, y le dixo las rrazones que tenía para ello y el mouimiento del campo, y le mandó [47] boluer segunda vez y boluió [48] a que lo rreconosçiese mejor, y se çertíficase más de propósito, y tornó segunda vez al don Hernando, y le dixo lo mesmo y se lo çertíficó de todo punto, y él le dixo que hera ymposible y que no lo creiese, y con tanto se salió de su aposento, tomando testigos de lo que auía dicho, y así el Emperador dixo otro día al mesmo Gonzaga: vos me avéis quitado oy mi enemigo de las ma nos. Y escusándose él con el Salazar, qlliso aberiguar el negoçio, y todo paró en palabras y en algunas bozes y rréplicas con el Salazar, el qual no osando estar más en el campo, de miedo que no lo / mandara [49] matar el prínçipe don Hernando (como lo mandara sin ninguna duda), se vino a España deziendo lo que le paresçía sobre este casso del general Gonçaga; y fue preso, no se sabe por cúio mandado [50], por el alcalde Rronquillo en Corte [51], donde estuuo detenido algunos días, y quedó líquidamente por prouança sabido lo d'esta jornada, y a él le soltaron después mandándole así berhalmente [52] que no dixiese mal del don Hernando de Gonçaga. Y ésta | es historia verdadera y no la que el Jouio dize çerca d'esto, ni lo que después dize en otro capítulo, que el rrey de Ffrançia le pareçió que avía cumplido en presentar la vatalla a los ymperiales; lo qual no sé a qué propósito lo trata, porque después de benido el Emperador al campo se la presentó, y se la tuuo presentada dos días, sin querrella el otro rresçeuir hasta que escondidamente se huyó y rretiró, como está bisto, y [53] como [54] el mismo Jouio lo quenta. Y si llama / cumplir y presentar la batalla, antes que el Carlos [55] biniese al campo dende [56] a donde se quedó enfermo, quando don Hernando gobernaua el exérçito, no me paresçe a mí que es cumplir, pues sin acavarse aquella guerra, ni lleuantarse los exérçitos de aquella comarca, ni la pendençia del negoçio de Landresi, le presentan a él la batalla, y la rrehuie y se rretira, y el campo del Emperador como bitorioso no osando esperalle su enemigo [57] se aposenta en el mismo alojamiento (çirimonia antigua de la honrra de la guerra) donde su contrario auía estado aposentado quando huió abscondidamente [58]. Y si antes que el Emperador allegase a su campo, el don Hernando no quiso pelear, paresçiéndole que no tenía lugar ni ocasión buena para ello, no fue por esto, como el Jobio y la |Pontifical dizen, sino que rrealmente (porque lo sepa el obispo de Nochera) [59], sabido por el Emperador, que estaua en su dolençia curándose, lo que pasaua, le enbió a / mandar que no diese la batalla en ninguna manera hasta que él llega, e, y avn huuo más neçesidad que ésta (porqu'el Jobio tanbién la sepa) [60] que sin embargo d'este primer mandato, con çiertas escusas que suelen tener los capitanes deseosos de pelear, la quería abenturar el mismo Gonzaga, y segunda vez se le embió a mandar con musiur de Granvela, que por ninguna manera ni por ninguna obra diese la batalla hasta que él fuese venido. Y así, en biniendo, lo primero que hizo fue presentalla a su enemigo y él huír y rretirarse [61] como está dicho; tanto como esto [62] temió el rrey a la sola [63] persona del Emperador, sabiendo que hera venido al campo.

Después de lo qual [64] salta Paulo Jobio en la tomada de Niça por Baruarroja y su armada, a pedimiento de los ffrançeses que yban con él a ello, y la defensa del castillo por Paulo Simeón, alcaide d'él, en todo lo qual no ay que poner la mano, ni tocar la menor cosa del mundo [65], / ni tanpoco en lo que después dize, cómo el mesmo Baruarroja embió çiertas [66] galeras de su armada a correr la costa de España con dos capitanes que enbió con aquellas galeras, que heran ellas veinte y çinco [67], sin çiertas de françeses que yban, si no me engaño, a cargo de Lcón Estroçi; y cómo rrobaron y saquearon muchos pueblos en Cataluña; y cómo, entrando ya las aguas, se fueron a ymbernar a Argel y la primauera bolvieron a Tolón de la Proençia donde estaua su capitán cosario con el más golpe de su armada. Y la terçera materia en que tanpoco ay que tratar ni tocar es en lo que escribe nuestro autor de las cossas suçedidas en Túnez al rrey Mulei-Hazén con sus hijos y con otros rrebelados, hasta que se bino el rrey viejo en busca del Emperador su amo [68], en lo qual gasta el Jobio siete o ocho capítulos, porque todo está escrípto comforme a la verdad acontesçida y confforme a la sinçeridad y verdad de la ystoria [69]./

Solo nos queda en este capítulo tratar vn poco de la que llama el Jobio la vatalla de la çerezola, la qual quenta con tanto sabor y gusto como si aquel día huuiera ydo mal a españoles en aquel negoçio [70], y como si ellos solos no fueran los que se podían dezir bitoriosos [71] aquella hora, con quedar rrendidos seis çientos d'ellos, de mill y quinientos que entraron en la contienda; pero házelo este buen [72] hombre, con aver peleado desdichadamente los ytallianos en aquella baraja, porque en fin heran ymperiales, y quiso que vn moço como musiur de Anguien hiziese con él la rrazón, pero no la tuuo en llamar hatalla a ésta que el marqués perdió, sino vn rrenquentro bueno y de calidad y de golpe de gente. Porque ay tres maneras [73] de hecho de armas, a que se rreduzen todos los otros muchos que ay en aquel exerçiçio, que son: escaramuça' rrenquentro y hatalla. Y del rrenquentro (que es lo de / nllestro propósito) lo que ay que dezir es que [74] difiere de la vatalla en muchas cossas, pero en vna muy prinçipalmente [75], que la batalla se dize (y no trato agora del rrigor del bocablo) [76] quando se pelea de exérçito entero a exérçito entero, y el rrequentro quando se biene al hecho de armas no con toda, sino con parte de la gente | avnque sea con la mayor parte. Y aquí no se conhatió sino d'esta postrera manera, porque parte de la gente de guerra | que el marqués tenía, y no solamente parte, sino buena parte d'ella, estaban rrepartidos [77] en diuersas partes por orden del marqués [78], no digo en guarniçiones (que éstas no quitan el nombre de la generalidad de la batalla), ni por eso dexará de tener este nonbre; y por esto, aunque auía tres mili hombres dentro en Cariñán, españoles y alemanes, los mejores del exérçito (que hera el pueblo que estaua sitiado y a quien yba a socorrer y avituallar el marqués), no lo quento por parte del campo, sino por guarniçión solamente. Pero estaba rrepartido el campo ymperial en Ybrea, / con el maese de campo Christóual de Morales, con el qual hazía guerra en aquella comarca, alliende de guardar aquel lugar. Y en Quier estauan con Ludubico Vistariano otro pedaço de la gente allende de su guarniçión, y en otras comarcas en guarda d'ellas avía otro golpe de gente, hablo sin las guarniçiones ordinarias. De manera que el marqués tomó la parte de gente con que se halló más a propósito, y ffue a socorrer a Cariñán y fue rroto en aquel rrequentro en el camino, en el qual rrenquentro pelearon mal [79] solamente los ytalianos, así ymfantes como cavallos, confesando como confieso [80] aver otras muchas vezes peleado muy bicn y aventajadamente. Pero aqucl día los alemanes murieron como buenos, los españoles pelearon como ballientes, ganando la vitoria del esquadrón y esquadrones con quien pelear; solos los italianos huieron gentilmente. Y porque se sabe ya la / orden d'este negoçio como pasó, no ay aquí para qué rreferirlo, porque ya está sabido cómo arremetieron los españoles con vn esquadrón de gascones y françeses, y cómo yendo la caualleria ytalliana a encontrar con la françesa, antes del rrequentro y del rromper las lanças, dieron buelta huiendo y desbarataron a sus alcmanes y los rrompieron, ellos y los françeses, que entraron a las bueltas todos juntos. Y el esquadrón de los ytallianos ynfantes que yva par'arriba, en [81] viendo esto y trauados vnos con otros, se boluieron sin entrar en la batalla (porque hablemos ympropiamente como el Jouio) [82], y así se bolvieron a Haste, con sus armas tan sanas como las truveron cuando binieron al rrenquentro; de manera que quando boluieron los españoles bictoriosos, aviendo vençido a sus contrarios, hallan hecho este otro mal rrecaudo y a los alemanes muertos y a los ytalianos huidos, y así [83], çercados de los enemigos, se huvieron de rrendír seisçientos / o ochoçientos d'ellos, siendo todos los d'esta nasçión mili e quinientos solos. Pero no se le quite su loor a dozientos caualleros ytalianos eçelentes y que exçelentemente pelearon en aquel día con su capitán Rrodolfo Vallón que en este hecho se huvo valentíssimamente. Pero lo que es de considerar y rreir no poco es de lo que dize nuestro Paulo çerca de las desculpas que pone a los cavallos, y quando dieron la buelta huiendo y desbarataron su mesmo esquadrón de ynfantería alemana. Y çiertamente que son bien sustançiales tres que pone, vna que porque no estauan tan bien armados como los françaeses y que por eso huieron, o porque vn capitán dio vna boz diziendo que acometiesen por vn lado y no por donde yuan cara a cara, o dize también que devieron de hazer aquello para dar vna buelta (y diéronla buena) para sacar a sus enemigos los cauallos ligeros françeses de entre sus hombres / de armas. Y después que ha dexado tan bien disculpados a sus [84] ytalianos de su [85] bergonçosa huida, y avn oxalá huyeran aun [86] no más y no desbarataran a sus mesmos alemanes, pasa luégo a abonar de la misma manera al esquadrón de los ymfantes de la mesma su nasçión [87]. y dize que boluieron enteros a Aste, y bolvieron tan enteros (que en esto dize la verdad), que ninguno dexó de benir de aquella manera. Y por hazer grande negoçio íntitulala batalla, poniendo todas las çircunstançias del día en que acontesçió y de los muertos [88] que murieron, y halla que fueron de ambas partes por todos doze mili, no siendo ni aun ocho. Pero vna cossa le çertifico yo, que de los que murieron de vna banda y otra, que hartos más ffueron del campo ffrançés que del ymperial, que todos [89] o los más de amvas bandas murieron a manos de ymperiales, porque dexado los que mataron a enemigos ellos mesmos, digo los cauallos, ellos / con su huida entrando desbaratados por el esquadrón, mataron a los alemanes que en él yban; y çierto, muy ínfeliçemente pelearon aquel día por todas partes los ytalianos, eçepto los que he dicho [90].

Pero quisiera que me diziera el Jouio (y con esto concluiremos esta cossa), qué prouecho se les siguió d'esta vatalla [91] (llamémosla así por el gusto del Jouio) [92], a los françeses, qué pueblos ganaron por ello, o qué prouinçia sujetaron mediante esta bitoria, o qué guerra concluieron y acabaron [93] con ella, y hallarse a [94] que uinguna cossa de todas |estas al[can]çaron, ni [95] a los hambrientos çitiados de Cariñán no pudieron rrendír en muchos días después, sin tener qué comer sino doze havas de rraçión cada día y dos puñados de saluado, hasta que bençieron los ymperiales ottra batalla, o rrenquentro o como le quisiere llamar el Jouio [96], quando deshizieron y dieron la rrota a Pedro Estroçi, que paresçió cossa yncreíble / en tan breue tiempo y a sus doze mill hombres de guerra, los quales el obispo haze solos siete o ocho mill, y lo que más es que el mismo Cariñán no se les rrendió, como he dicho [97], hasta el proster día de las rraçiones, no auiendo Otro día ya rraçión ninguna que dar a los soldados, que también paresçe [98] constançia yncreíble, y entonçes tanpoco se rrindieron sino con condiçiones honrrosas, según el tiempo y lugar de los rrendidos [99].

1 Add.: con los apuntamientos necesarios sobre la Historia del Jovio.
2 Del.: el rrebelado Guillermo.
3 Mut.: Emperador.
4 Mut.: mas.
5 Del.: digo que.
6 Del.: casi.
7 Del.: quebrados de los es-pañoles.
8 Mut.: emulación.
9 Mut.: me rría: se vea.
10 Del.: si no es quando somos...
11 Del.: digo que también.
12 Mut.: tcniendo el nombre de ystoriador: escriviendo historia.
13 Mut.: nonbrar. - Volver
14 Del.: avnque no estoy...
15 Mut.: Obispo Paulo: Jovio.
16 Mut.: y quien quiera.. : donde se puede ver.
17 Del.: (porque salgamos presto de las cossas de Cleves).
18 Mut.: muy.
19 Del.: quanto si fuera cossa...
20 Transp.: Lo bueno es que.
21 Mut.: y así no será rrazón ...: lo qual se verá.
22 Mut.: Pues.
23 Mut.: digo que tras lo contado quenta: escrive.
24 Add.: como.
25 Add.: fueron.
26 Mut.: y venir: y la venida de.

27 [Falta en el original el folio 411, recto y vuelto, sin que se altere el sentido, lo que indica solamente un error de paginación].

28 Del.: yo.

29 Del.: (con la priessa que lleuo).

30 Transp.: vn falso testimonio dize.

31 Del.: su ytaliano.

32 Mut.: si donde está la persona...: y es.

33 Add.: tanto.

34 Del.: tan cercana-mente.

35 Mut.: de v no a otro: del uno al otro.

36 Del.: el Empera-dor.

37 Add.: de Francia.

38 Mut.: y que avía: aviendo.

39 Del.: ni que enbió don Hemando.

40 Add.: el francés.

41 Mut.: (o huió por mejor dezir) el franr;és a reconor;er al: enbió don Hemando al capitán.

42 Add.: a reconocer.

43 Mut.: vino a dezir: tornando de lo hazer, dixo.

44 Mut.: imperial.

45 Add.: del Jovio.

46 Mut.: con-tra el Salazar ...: contra Salazar, el qual bolvió aquella noche, habien-do reconocido el campo del francés.

47 Mut.: le mandó: mandóle. - Volver

48 Del.: y boluió.

49 Mut.: lo mandara: le mandase.

50 Del.: no se sabe por cúio mandado.

51 Add.: no sé a cúya instancia.

52 Mut.: así berbalmente: de palabra.

53 Del.: y rretiró como está bisto y.

54 Add.: aun.

55 Mut.: Emperador.

56 Mut.: desde.

57 Del.: no osan-do esperalle su enemigo.

58 Del.: abscondidamente.

59 Del.: (porquelo sepa el obispo de Nochera).

60 Del.: (porqu'el Jobio tanbién lo sepa).

61 Del.: y rretirarse.

62 Del.: como esto.

63 Del.: sola.

64 Mut.: lo qual: esto.

65 Del.: ni tocar la menor cosa del mundo.

66 Mut.: çiertas: veinte y cinco.

67 Del.: que enbió con aquellas galeras, que heran ellas veinte y çinco.

68 Mut.: señor.

69 Del.: y confforme a la sinçeridad y verdad de la ystoria.

70 Del.: en aquel negoçio.

71 Add.: en.

72 Muto: gentil.

73 Muto: Porque ay tres maneras: Tres maneras ay.

74 Del.: lo que ay que dezir es que.

75 Mut.: principal. - Volver

76 Del.: (y no trato agora del rrigor del bocablo).

77 Mut.: y no So-lamente parte...: estaba repartida.

78 Mut.: del marqués: suya.

79 Mut.: fue rroto en aquel...: en el camino fue roto en aquel rrenquentro donde pelearon mal.

80 Mut.: confesando como confieso: con. - Volver

81 Del.: en.

82 Mut.: la batalla.. o: el rencuentro.

83 Add.: aun de.

84 Mut.: los.

85 Mut.: aquella.

86 Del.: aun.

87 Mut.: de la mesma su nasçión: italianos.

88 Del.: muertos. - Volver

89 Mut.: de los que murieron...: fueron muchos más los que murie-ron del Volver

90 Del.: por-que dexado los que mataron.., - Volver

91 Mut.: d'esta vatalla: de este ren-cuentro.

92 Del.: (llamémosla así por el gusto del Jouio).

93 Del.: y acabaron.

94 Mut.: y hallarse a: hallaráse.

95 Add.: aun.

96 Mut.: ottra batalla...: ottro rencuentro.

97 Del.: como he dicho.

98 Mut.: también paresçe: fue una.

99 Del.: de los rrendidos. - Volver

Capítulo Çincuenta y Quatro

De la rrota que dieron los ynperiales a Pedro Estroçi y a doçe mill honbres que llebaba en socorro de las cossas françesasas, y de otra segunda gente qu'este Estroçi después juntó, y de cómo tomó a Alba, y de otras cossas que d'éstas se siguieron, y de cómo el harmada turquesca se salió de Françia y se bolvió a Costantinopla [1].

Benidos somos al vltimo libro de nuestra |Ystoria jouiana donde lo que huuiere que emendar o apostillar [2] lo haremos con la priesa posible y como conbiene. Y biniendo a ello, digo que [3] por dexar la mano sabrosa en su |Ystoria este exçelente ystoriador, / contando la vatalla, o sea rrenquentro [4], en que doze mili hombres con su general Pedro Estroçi fueron desbaratados de [5] los ymperiales, entre los quales ymperiales no avía más de çient españoles, cauallos ligeros, dize que murieron pocos en esta batalla porque no se hallaron allí las crueles manos d'españoles y alemanes, abezados a matar. Y faltóle por dezir (pero entiéndese según su opinión así) [6] que las manos piadosas de los ytalyanos estorvaron las muertes de los bençidos. Y quám piadosas sean estas manos, y quánto desean más los pueblos de la mesma Ytalia caer en otras que en las de sus naturales italianos [7], sábelo todo el mundo. Pero bien fuera que así como los [8] halló a los españoles crueles para matar, los hallara en este rrenquentro vallientes para el pelear, pues aviendo començado a huír los de la primera escaramuça, estos solos [9] çient españoles çerraron, de / arte que acudiéndoles luégo los demás se ganó la vitoria. Y porque acavemos con Pedro Estroçi, dize más nuestro autor, que después de rroto escapó por çierta yndustria que tuuo para ello en Plazençia, y que tomó a hazer gente, aunque no tanta como la primera, pero que en fin hizo siete mili honbres, y que sinembargo de los pasos [10] que le fueron tomados, escapó y pasó con aquella gente en el Piamonte y tomó a Alua rrendida, que nuestro trasladador engañadamente llamó Lodi, parba semejanza del nombre que en latín el vno y el otro tienen, porque son ambas obras de Pompeio.

Pero en lo que más dize en el capítulo quinto, que los ginoveses dieron paso al Estroçi, porque huían profesión entonçes de neutrales, a cavsa que en aquel tiempo el senado de Génova (como Françia les fuese muy vtil para sus mercançías y contrataçiones) le tenían rrespecto y hazían buen tratamiento a los ffrançeses, digo que saue / Nochera poco del hondo que tiene este artículo, y así apuntaremos algo para que quede entendido, y lo demás rremito a los |Anales. Digo, pues, que cossa en esta vida al rrey Françisco no le hera más odiosa, ni le fue dende [11] el año de veinte y ocho hasta que murió, que ginobeses, tanto que así en tienpo de paz como de guerra mandó que los de aquella nasçión no pudiesen contratar en sus rreignos, y así los mercadantes d'ella hizieron en Besançón (çiudad en los comfines de Alemaña, cabe el condado de Borgoña) otra feria que correspondiese con las de León de su-la-Rrona, para entenderse vnos con nttros, por no poder ellos [12] rressidir en Françia. Todo esto duró así muchos años [13] hasta que, dos [14] antes que esto de Pedro Estroçi, mataron como está bisto, los çesarianos a Antonio Rrincón y a César Ffragoso, ginobés, capitán del rrey de Ffrançia, bien prinçipal persona; y muerto éste | toma el rrey a pregonar / en París y en León que todos los ginoueses pudiesen libremente tratar y contratar en su rreigno, alçándoles el ympedimento que les tenía puesto, cossa que espantó mucho, quando paresçía (con la mucrte del Fregoso) que se auía de ençender más la cólcra al françés contra Génoua; lo qual sauido en la mesma Génoua, embióle aquella señoría luégo quatro einbaxadores agradesçiéndole el entredicho que avía quitado a sus naturales. Peto no por eso boluieron los mercaderes ginoueses a León, sino siempre hazían sus emporios [15] en Besançón y no sé si todavía los [16] hazen. Y como tras este edito se començó luégo la guerra de allí a poco tiempo [17], que fue el año de quarenta e dos, y ésta corría todauía y no auía abido [18] tiempo para poder ginoueses [19] entender el yntento del rrei de Françia y qué hera la causa de [20] averles dado la livertad que antes les avía quitado [21], quando más paresçía que les auía de apretar con la muerte del Çésar que algunas vezes interçedía con el rrey, / y por algunos particulares d'ellos que por bía de preuillegio habitavan en Francia [22], estaua la señoría genouesa metida en vna ambigúedad que no sabía determinar de sí, hasta ver en qué parauan los negoçios. Y durante esta duda, qu'el Jobio llama nevtralidad', acontesçió lo de Pedro Estroçi y paresçíales a los ginoueses que no hera rrazón negar su hospedaje y pasaje a la gente de vn rreigno que no les negaua el suio y que poco antes les auía alçado el bando rreal que en sus tierras les tenía puesto. Pero no por esto no amavan [23] la confederaçión con el Emperador que [24] solían, y [25] la guardauan y freuerençiaban, no solo con lo que heran obligados sino con su coraçón y entrañas; de todo lo qual se saca quán sin propósito está dicho por el Jovio que por razón de las mercadurías y contrataçiones querían los ginoueses no mostrarse contrarios a los françeses, porque no avía entonçes más causa ni más vtilidad de mercançías ni menos que en los años pasados, y en los de / después d'este tiempo, quando no heran los de Génoua amigos de Françia, ni lleuan [26] allá sus mercadurías, ni tenían aquel rreigno sus ínteligençias.

Demás d'esto, prosiguiendo nuestro autor su costunbre y su |Ystoria, dize de Juan de Vega, embaxador de [27] Rroma (que vino a Lombardía a ver las cossas d'ella en qué estado estauan después del rrenquentro de la Çerezola), que mató en la toma de vn lugar a los que se le rrindieron y que se tuvo por gran crueldad, como si mandara [28] de los rrendidos matar a otros [29] más que a los que heran basallos del Enperador, y andauan al sueldo y seruiçio del rrei de Françia como se suele hazer. Y hállale [30] otra falta, que en la toma de un pueblo, aviendo arremetido primero los ytallianos los hizo rretirar, para que los españoles que estauan descansados y enteros ganasen el lugar y la honrra y el despojo. Todas estas son ynvençiones jouianas, que [31] lo que acontesçió en Andesana (que ésta es la plaça de que trata) ffue de otra manera, y es lo que en todas las tomas / de lugares suele hazerse, que quando al primer asalto o a la primer arremetida (hablando a la castellana) no se entra en el pueblo, acuden otras esquadras de gente a lo mesmo de rrefresco En fin, el valeroso Juan de Vega tomó dos plaças rrazonablemente ymportantes en el poco tiempo que estubo avsente de su embaxada, y se voluió luégo a Rroma a la continuaçión de su ofíçio, en lo qual no le hizo Dios pequeña merçed para que le dexase [32] el Jouio de hallalle [33] más faltas en su |Historia.

Y luégo en el capítulo sétimo adelante dize que Cariñano se rrindió después de todas estas cossas, a cabo de quarenta días que se dio el rrenquentro en la Çerezola; y esto dicho adrede, porque no se dé tanta gloria a los españoles y alemanes, que con saluado se tuuieron tanto tiempo: Porque [34] cada día de los que se detuuieron después del hecho de armas fue grande negoçio [35] para las cossas ymperiales, porque de otra manera la guerra estuuiera a las puertas de Millán, y / quiçá dentro en ella; porque [36] como se quedaron las cossas tan [37] enteras como [38] antes se [39] estauan y los çercados con el mismo bigor y corage de defenderse, fue gran cossa para que el marqués se tomase a rrehazer de más gente, fasta poner las cossas çessarianas en el punto que primero. |Tomo al propósito, y los [40] sitiados de Cariñán se detuvieron en su porfía sin rrendirse hasta veinte y dos de junio que sallieron de Cariñán, aviéndoles dado el día de antes rrazión, la prostrera [41], sin hauer otro día ya más saluados qué comer, sino vnos pocos de caballos que avn les quedaban bibos (aviendo comido hasta allí seisçientos y siete cauallos), pern no género de pan ninguno, y el rrenquentro de la Çerezola fue a catorze de abril, de manera [42] que a esta quenta, no [43] quarenta días (como el Jouio diçe) sino vn mes más, que son por todos dos meses y ocho días, se detuvieron [44] sin rrendirse.

Y en este medio tiempo, a quatro de junio, por tener ellos ocupado al general Anguiano con el otro exérçito françés / que los tenía sitiados, se dio la rrota al otro general Pedro Estroçi, y a sus doze mill hombres de guerra que tenía consigo. Y en [45] quanto a las condiçiones con que se rrendieron aquellos valerosos soldados de ambas nasçiones, y su superior Pirro Colona, también las hierra Nochera, por herrallo todo [46]. Los pactos, pues [47], que musiur de Anguiano otorgó a los de Cariñán, ffirmados de su nombre, son éstos, trasladados de la escruptura que aquí ba a la letra, la qual es ésta que se sigue: Yo, Françisco de Borbón y conde de Anguien, somos contentos de que el yllustre señor Pirro, y los señores coronel de alemanes y maese de campo de españoles, y capitanes y soldados, ayan de salir de la villa de Cariñán dexando el artillería y muniçiones; y qu'ellos lleuen todas sus armas y vanderas, y atambores, y píffaros, y cavallos e vagaje, y rropa y dineros, con que salgan con las vanderas cogidas y atambores callados hasta ser pasada la puente, y serán acompañados hasta Santa Ana por musiur de San Jullián y por / musiur de Avsum, y que para los heridos y emfermos daremos barcas que los lleuen seguros hasta Casar de Monferrat, y que ayan de pasar el rrío Tesín, y estar entre Tesín y Hada por dos meses, y pasado este término que los españoles se aian de yr en España o en Nápoles sin seruir a Su Magestad ni hazer guerra contra el christianíssimo por término de ocho meses, y que el señor conde Pirro ha de estar los dichos dos meses en Ytalia o do fuere su voluntad, y que después pase en la corte del rrey de Ffrançia, y que no salga d'ella por ocho meses, con los dos que a de estar en Ytalia, sin liçençia del Christianísimo Rrey. Esta es a la letra, como he dicho, la escriptura del conçierto. Y después d'esto, que fue viernes, el sáuado el Pirro Colona dixo que antes saldría a dar la vatalla y morir todos, si los españoles y tudescos huuiesen de salir de Ytalia. La qual obstinaçión viendo el Angiano, y temiendo aquellos desesperados allí metidos, les añadió a la escriptura que se pudiesen los españoles y tudescos quedar / en Ytallia, cnn que por tiempo de çiertos meses no pudiesen hazer guerra al rrey de Françia; y luégo el domingo veinte y dos de junio salieron de Cariñán.

Lám. [10]

Título de un capítulo caligrafiado por Quesada (fol. 45 V.)

Pueden verse además en esta página algunas correcciones hechas por Quesada.

Dígolo a propósito de que este obispo quenta en aquel capítulo sétimo ffalsamente las condiçiones con que los de Cariñán se rrindieron, las quales dize que fueron con que los alemanes se boluiesen luégo en Alemaña y con que los españoles se ffuesen donde quisiesen, con que se salliesen de los antiguos términos del Piamonte y no sirviesen al Emperador dentro de quatro meses y con que Pirro, sobre su palabra, se partiese luégo al rrey Ffrançisco y se pusiesc en sus manos y procurase que vsando de clemençia le diese libertad, y que todo el aparato de la guerra que avía en Cariñán quedase en poder de los ffrançeses. Todas las quales [48] condiçiones, como éllas quenta son falsas y ffalsamente contadas, como está visto y se acaba agora de' dezir [49]. Lo qual también se a contado a propósito de lo que, en el mismo capítulo más abaxo [50] se dize, qu'el maestre de campo San Miguel, que salió de Cariñán / no paresçió que cumplió enteramente el coçierto, porque diziendo que los françeses le avían quebrantado a él algunas cossas, fuese [51] en nauios con su gente por el Po abaxo y hechó los españoles çerca de Bersel (que el trasladador llamó Breielo), lugar del ducado de Ferrara, y que, batiéndolo con hartillería, lo tomó, y prendiendo al capitán Bellagamba, le auía dado grandes tormentos y hecho a los vezinos que diesen muy largo de comer y bever a sus soldados. Y porque se bea eómo en todo habla viçiosamente, ya por el conçierto de arriha está visto, que el San Miguel no quebró su palabra en no salir de Ytallia. Y en quantn al hazer guerra por çiertos meses, prometieron de no hazella al rrey en aquel tiempo, pero no al duque de Ferrara, y si quisieren más sutilizar [52] algunos jouianos, deziendo que este Ferrara es sienpre conffederado y amigo de françeses, digo que pudo muy bien el capitán San Miguel hazer lo que hizo, porque él no fue a tomar aquel lugar, ni tal le pasó por ymaginaçión, y el Jouio / no haze hartas vezes sino hablar lo que no entiende ni [53] sabe. Lo que pasa es que con comisario fue San Miguel a ser alojado en Bersel y en su comarca, y no quisieron los de aquell lugar açetar la comisión, ni rresçebir en el alojamiento a los soldados, aunque se les rrequirió dos vezes; y entonçes se plantó el hartillería y se hatió el lugar y se tomó, y se prendió Bellagamba, que auía sido causa de aquella desbergüença, porque está claro que avían los españoles de alojarse en los lugares que les estauan señallados, y que no queriendo rresçebirlos, que se avían de hazer rresçebir por fuerça, como se suele hazer; y que esto no hera yr contra las condiçiones de Cariñán, saluo si allí no se capituló que los españoles no pudiesen comer ni beuer en Lombardía, avnque les diesen aloxamientos para ello, sino que se dejasen morir de hambre.

Y en fin, son cossas de Paulo Jouio, que con esto está dicho todo; lo qual se berá mejor en el capítulo siguiente, donde dize que venida / la primauera, que se entiende (avnque él no lo dize) del año de quarenta y quatro, el rrey despidió a Barvarroxa para que con su armada se boluiese a Constantinopla. Y dize más [54], que fue vna cossa virtuosa, y harto más lo fuera no aberle hecho venir. Pero el pobre Jouio no save la causa d'esta buelta, y cómo no pudo el rrey hazer menos, porque según común opinión de los que entienden estos negoçios, si el Christianísimo (que no a muy vuena coyuntura le llamamos este nombre) [55] como pagó vn año el armada turquesca, la pagara medio más, quedaua Françia la más perdida provinçia y el rrey el más perdidn prínçipe que avía en lo criado, y la sustançia françesa se ymcorporaua toda o la más en la de Turquía. Todo lo qual [56] viendo el [57] Fran Çisco y el daño que se le siguía (y sin provecho [58], que hera lo peor, llamo prouecho sustançioso) [59], determinó de largar el [60] armada y liçençióla y [61] boluióse a Constantinopla. Pero dize nuestro autor, y síguelo muy gentilmente la |Pontifical, que antes d'esto dixo / el bárbaro Barbarroja al rrey que si quería, que él destruiría toda la costa d'España y que el rrey, como de su natural hera clemente, no quiso dar oydos a tal cossa, porque no avía rrazón para que los christianos, por ser basallos de el Emperador, ffuesen destruídos de ynfieles, y que fuera aquello oluidar su nombre de Christianíssimo e ymfamar su persona y sus desçendientes, y no sé con qué paçiençia se puede oyr esto, ni con qué cara puede dezir el Jouio lo que dize, ni con qué descuido pudo seguille el doctísimo [62] Yllescas; pues no muchos tiempos antes, ni muchos años antes atrás, sino [63] solos çinco o seis meses [64], ya que el armada turquesca estaua en Françia, embió Baruarroja veinte y çinco galeras con sus capitanes Saleco y Asançelebín, y corrieron la mesma costa d'España y con ellos galeras ffrançesas, todos juntos [65] y danificaron gran parte de Catalunia, y tomaron grande [66] cantidad de cavtibos, comn arriba el mesmo Jouío lo a contado, saluo / si entonçes Catalunia no hera del Emperador, y no heran christianos los d'ella; pero siéndolo, no sé cómo pueden dezir estos autores lo que agora dizen, y avn lo que peor es (que esto en su lugar se dirá más por extenso), que los cautibos que tomauan los françescs los vendían y rrescatauan [67] a los turcos. Quánto más que, dexado esto, ¡qué pudiera hazer Baruarroxa en la costa de España que dañara al Carlos [68] en grueso, si no hera cautibar las gentes que pudiese y hallase en los campos y en los pueblos yndefensos [69] En fin, la conclusión es que Barvarroja y su armada se boluieron a Constantinopla, hartándose de cautibar ánimas por [70] todas las provinçias por donde pasaron, ora fuesen o no vasallos del Emperador. Y así se boluió el cosario a Greçia con quinze mili ánimas de que lleuava cargadas sus galeras y vna ánima más que lleuava la carga de todas.

1 Add.: con los apuntamientos necessarios sobre la Historia del Jovio.

2 Del.: o apostillar.

3 Mut.: y biniendo a ello digo que: pues.

4 Mut.: contando la va talla o sea rrenquentro.

5 Mut.: por.

6 Mut.: y faltóle...: esto es tanto como decir claramente.

7 Del.: ytalianos.

8 Del.: los.

9 Transp.: solos estos.

10 Mut.: passos.

11 Mut.: desde,

12 Del.: ellos.

13 Mut.: muchos años: mucho tiempo.

14 Add.: años.

15 Mut.: sus emporios: ferias.

16 Mut.: las.

17 Del.: de allí a poco tiempo.

18 Mut.: auido: auían los ginoveses tenido.

19 Del.: ginoueses.

20 Mut.: y qué hera la causa de: en.

21 Mut.: que antes les avía quitado: que tengo dicho.

22 Add.: De manera que.

23 Mut.: no amavan: dexavan de amar.

24 Mut.: como.

25 Mut.: antes.

26 Mut.: lleuavan.

27 Mut.: en.

28 Add.: matar.

29 Del.: matar a otros.

30 Mut.: y hállale: También le halla.

31 Del.: que.

32 Del.: le dexase...

33 Mut.: de hallalles: no le hallasse.

34 Mut.: Porque: importando mucho.

35 Del.: ffue grande negoçio.

36 Del.: porque.

37 Del.: tan.

38 Mut.: como: y de la suerte que.

39 Del.: se. 39()

40 Mut.: Torno al propósito y los: De manera que los.

41 Transp.: la postrera rración.

42 Mut.: de manera: as sí.

43 Add.: se detuvieron.

44 Del.: se detuvieron.

45 Mut.: ya sus doze mill...: como está dicho.

46 Mut.: por h(Jrrallo todo: por no acertar en nada.

47 Del.: pues.

48 Mut.: las quales: estas.

49 Mut.: y ffalsamente contadas...: como tengo demostrado.

50 Del.: más abaxo.

51 Mut.: fue.

52 Mut.: sotilizar.

53 Del.: entiende ni.

54 Del. : mas.

55 Del.: (que no es muy vuena...).

56 Mut.: Todo lo qual: pues.

57 Add.: rey

58 Add.: notable.

59 Del.: llamo prouecho sustançioso.

60 Mut.: de largar el: dar licencia al.

61 Del.: liçençióla y.

62 Mut.: dotor.

63 Del.: ni muchos años antes...

64 Add.: antes.

65 Mut.: y corrieron la mesma costa .: acompañándolos otras galeras francesas y todos juntos.

66 Mut.: mucha.

67 Del.: y rrescatauan.

68 Mut.: Emperador.

69 Mut.: sin defensa.

70 Mut.: en.

Capítulo Çinquenta y Çinco

De cómo el Enperador don Carlos entró poderosamente por Françia, y de cómo rrecobró lo que le estaba tomado en el estado de Luçenburg, y de cómo / hecho esto, tomó por fuerça de harmas a San Disir y otras plaças y pueblos de aquel rreyno, y de cómo, después d'esto, yendo camino de la çiudad de París, y estando no lejos d'ella se hizieron ynopinadamente pazes entr'el rrey y el Enperador, y de la manera qu'esta paz se concluyó y se dio fin a la guerra [1].

Fáltanos agora por dezir la guerra que nuestro autor escriue que [2] en este mesmo año de quarenta y quatro hizo el Carlos [3] en Françia, tomando primero lo que los françeses le avían a él ocupado en el prínçipio de la guerra en el ducado de LuÇenburg, y después entrando por Ffrançia tomó muchas villas y pueblos, espeçialmente a San Disier, plaça fortíssima, y caminó tras esto a [4] la buelta [5] de París, donde antes de llegar se hizieron las pazes entre él y el rrey su enemigo [6]. Y así, quedando amigos, se boluió el vn prínçipe a sus estados de Fflandes y el otro se quedó en su rreigno. En todo lo qual yremos discantando sobre el Jouio lo que conbiniere. Y quanto a lo primero, tratando este autor [7] / de cómo a este mesmo tiempo entrava el ynglés por otra parte de Ffrançia (comforme a la capitulaçión tomada [8] con el Emperador), dize que d'esto [9] se enojó mucho el Papa. Y porque a esto tenemos rrespondido atrás lo que conviene, no tenemos más en ello qué rresponder, añadiendo snlamente vna palabra [10]: que este enojo venía muy [11] a propósito en los mesmos [12] días que Barbarroxa, boluiéndose a Constantinopla [13], traído por el framçés a la christiandad, y aviéndole tenido casi vn año en Françia a su sueldo, se boluía y lleuava al mesmo dueñn del enojo [14] diez o quinze mili obejas de las [15] de su rrebaño, a las quales o a la maior parte d'ellas les [16] quitaron después el nomb, e de abejas de Jesuchristo y las almagraron con la señal de Mahoma. Pero el enojo del Papa, si lo tuuc, consistía en otras cosas que ygnoró el Jouio, y no las ygno, arán, creo yo, los/ |Anales [17] |.

Y contando el mesmo obispo [18] más espeçialmente esto de Ynglaterra, dize que los ffrançeses estauan congoxados en ber entrar al Emperador por vna parte y los yngleses por otra, a los quales dize que temen mucho, dende [19] los tiempos pasados de quando las [20] guerras nombradas de [21] entre Ffrançia e Ynglatierra; a lo qual rrespondiendo [22] digo que teme agora menos vn ffrançés a vn ynglés que a otro de ninguna nasçión que sea [23], y qu'el Jnbio en esto se ffue por antiguo, sin entender lo moderno [24]. Porque, [25] antiguamente es gran [26] verdad que solían dezir por rreffrán general, que vn ynglés para diez ffrançeses y vn español para diez moros, y vn vngaro para diez turcos; pero esto todo está ya [27] de otra manera, por las guerras continuas que los vnos con los otros an traído, que an / causado averse hecho [28] los vnos [29] tan buenos hombres como los ntros, y no sé si [30] diga [31], en algunas naciones [32] de las que he nombrado, que se an hecho [33] mejores hombres de guerra que sus contrarios. ¡O gran mal, y no entendido de los prinçipes (que el paso en que boi me haze haze, esta exclamaçión) [34], el hazer guerra ningún potentado o monarca a ottra gente fflaca y poco diestra en la miliçia, donde de neçescidad an de tnmar lns fflacos el ardor y destreza de los valientes por la continuaçión de la guerra, y los animosos y diestros por causa de pelear con los no tales, an de yr perdiendo de su bigor y ánimo, emprestándolo a sus contrarios de neçesidad por la que ellos padesçen para, por fuerça, rresçebir aquel empréstido, y amostrarse en lo que veen amostrados a sus enemigos! [35] No sin / causa lo digo, porque dende el tiempo de nuestros agüelos ffasta agora emos visto y sabemos, algunas nasçiones de las con quien tratamos de las [de] Europa, averse hecho hombres de guerra porque sus enemigos lo an querido con avérsela hecho a ellos. Lo qual, si quando se començó a beligerar, lo huvieran acauado de vn golpe, avnque dura, a este golpe algunos años, estuuiera acauado la guerra y la prouinçia sujeta para podelles después dar leyes. Pero [36] lleuar este negoçio por pazes y guerras, por guerras [37] y por entretenimientos, por entretenimientos [38] y pendençias, y después por sosicgos, a causado lo que he dicho. Y conforme a esto vn español (porque comiençe de mi naçión) tiene harto qué hazer con vn moro, y vn vngaro a quedado ya por nuestros pecados ynfferior de vn turco, y vn françés (porque / boluamos de [39] a donde partimos) tiene en muy poco ya al de Ynglaterra, porque los françeses anse hecho más diestros con las continuas guerras, y los yngleses paresçiéndoles que les bastaua aquella superioridad de destreza y ánimo, anse oluidado de lo de más, y an hecho a sus enemigos superiores d'ellos; alliende de que [40] el deshuso de la guerra les ha hecho [41] no aprender los géneros nueuos de armas (hablo en general) y las ottras artes, astuçias y destrezas que ay agora en la miliçia, con que queda hecho escarnio justamente de todo | lo antiguo çerca de [42] la gnerra. Y así los yngleses anse [43] quedado con sus arcos y fflechas y con sus rronças, paresçiéndoles que aquello y su antigüedad les basta, avnque también husan de los arcabuzes, pero de tal manera lo vno y lo otro, que si se viesen en esquadrón en canpaña, se rrey- / rían los que fuesen a encontrar con ellos.

Pero bolvamos a nuestro yntento y a nuestro Carlos [44], que entra haziendo maravillas por Ffrançia, en la qual [45] jornada llevaua [46] diez y seis mill alemanes, veinte mili borgoñones de todos sus Estados Baxos y çinco mill españoles, y no siete como dize el Jouio, porque solos dos mil avía de los que vinieron con el [47] Emperador quando [48] de Dura, y tres mili que vinieron entonçes poco abía [49] con su coronel Basca de Acuña. Y demás d'esto lleuava en su exérçito ocho mill cauallos, de manera que, a mi paresçer (que otros lo juzgarán mejor) [50], consistía el cuerpo del campo del Emperador de [51] çinquenta mili hombres, poco más o menos, y con este exérçito tomó los dos lugares que el Jouio dize, sin lleuar ytalyano ninguno, como el mesmo quenta, pero no por la causa que él rreffiere, que es que [52] / les pagaron mal en la guerra pasada, aviéndoles pagado tan bien que no se les quedó deviendo vn solo rreal. Y también dize que no binieron a esta guerra los de aquella nación a seruir al Emperador, porque [53] Camilo Colona, su capitán, les auía hecho muchas ynjurias y villanías [54]. Y todo es disparate notorio, porque aquello ni las crueldades de vn capitán, ni de dos, ni de tres, no avía d'estoruarles a níngún género de soldados (quánto más a los buenos) el venir a la guerra, espeçialmente que es falso lo que del capitán Camillo [55] dize. Y este obispo [56] no entiende [57] el misterio de no auer abido ytalianos entonçes en el campo del Enperador, que hera la disimulaçión que [58] pretendió todo aquel ynbierno el Carlos [59] para poder entrar en [60] el berano en Ffrançia, tomando más desaperçeuidos a sus enemigos, lo qual no se pudiera hazer si cabra gente / de Ytalia, y pasando los Alpes se biniera allegando hazia los estados de Fllandes y de Luzemburgue, y los que avían quedado de la guerra pasada, la avían dexado poco a poco e ydose a Ynglaterra. Ni entiende tampoco [61] la causa de dexar pocos meses antes el Emperador a Fflandes y quererse hallar en persona en las Cortes de Spira, estando tan metido en la guerra. Pero todo esto se quede en buen ora, hasta que yo dé la buelta con mis |Anales en la mano, sino que la fflaqueza de la vida y mi hedad de sesenta años, que me ayuda a este temor, me haze sospechar que no he de ver cossa de mí tan deseada. Lo qual me lo acreçienta pues [62] ha diez y siete años, avnque no continuados, que los començé y boi agora en el año de veinte y ocho solamente.

Y [63] tornando a [64] nuestro Paulo Jouio, digo que no [65] tubo rrazón en lo que dize, que entró el Emperador por Ffrançia muy temprano y muy en la primabera, / pues [66] que a seis de junio se rrimdió Luzenburg y a diez del mesmo partió él [67] de España para entrar por Françia, y vino a Mez de Lorena a diez y ocho del mesmo, y a quinze se tomó Camerçi, y a dos de jullio partió el Carlos de Metz, y Lini se rrindió a treinta de jullio, tras lo qual [68] se ffue a poner çerco sobre San Disier, que hera la plaza más ffuerte de todas, avnque las otras lo avían sido harto, y el qual pueblo [69] se entregó a diez y siete de agosto. De manera que ya auía panes hartos cogidos, y no todos por coger, como el Jouio dize, avnque en todo esto ha poco; pero ba mucho en ottras algunas cossas que quenta çerca de la toma d'estos lugares y de otros suçesos d'esta jornada de Françia. Pero yo ya no puedo yr más adelante, que la alegría de verme ya entrar por cl pllerto me haze no acordarme de cossa ninguna. Mas no se me a de pasar entre rrenglones, con todo mi contento, lo que [70] / este obispo [71] dize en la toma de San Disir: que fue grande cossa para que se rrindiese vnas cartas falsas que contrahizo Granvela con el sello de musiur de Guisa, que quitó de vna carta vieja suia y la embió con vn aguador dísímuladamente al pueblo, en que el Guísa, en nombre de los otros, le deçía a Sansarreno, capitán de San Disir, que se rrindiese, que el rrey no le podía socorrer. Y rríome de cómo el pobre hombre halla estas ynvençiones para ponellas por historia, avnque en ésta estuuo más torpe que en otra ninguna, porque se avía de acordar que halló otro sello de otra carta vieja para contrahazer otra carta (como si en las Cartas también no fuesen menester ffirmas) para que se diese otro pueblo a los imperiales, de lo qual hizo minçión en otro capítulo de los pasados, sin acordarse d'ello, para ponello aquí otra vez [72]. De manera que cada vez / que los çesarianos [73] tomaren vn pueblo es menester que se halle el Jouio vna carta vieja y vn sello en su mano.

La nuéstra está ya cansada, bengamos al fin d'estos negoçios, y dígo que [74] yendo Carlos [75] a encontrarse con París, se trató de medios de paz, pero no por la orden y manera [76] que el Jouio lo quenta, porque es menester tener grande advertençia con este hombre, para que no engañe su |Ystoria y quente [77] lo contrario de lo que pasa. Y así dize que a Vertouila, françés, que fue pleso en Líni, quando fue suelto le dixieron el marqués Jacobo de Médicis [78] y Françísco de la Somalla, millanés, que el Emperador andaua ya enfadado de aquella guerra y que si el rrey le pidiese paz, se la daría con honestas condiçiones y por eso [79] que se tratasen con los frangeses d'ello, y que éste fue el comienzo de la tratanza de [80] paz en tiempo de tanta guerra [81] y que se concluió la paz [82] más fáçilmente / porque la rreina de Françia embió a frai Grabiel de Guzmán, estudiante en París, con cartas a su hermano suplicándole por la paz para su marido. Y pasa todo al contrario: que primero vino el ffrai Graviel que acontesçíese lo de Vertobilla y a éste no sé yo si le dixieron el Médiçis y el Somalla las palabras que él dize, pero sauemos [83] que ningún rrumor hubo de paz hasta que el ffraile vino y se boluió sin rrespuesta, y tornó segunda vez al campo y habló con ffrai Pedro de Soto, comfesor del Emperador, ffraile de su mesma orden, y después vino vn secretario del rrei de Ffrançia con otrn rrecaudn, que no me acuerdo si se llamaua Rroberto o Bayart. Y después començaron los tratos, biéndose Gonçaga y Diáquez y Granvela con Anibao y con otrns comisarios françeses, espantándose todos viendn tan ençcndida la guerra de aquellos coloquios, no atinando avn a la paz (aunque algunos a [84] / tinaban), hasta que ya en otras juntas bieron y entendieron de qué hera la materia de que tratauan. Pero el doctor Yllescas, en su |Hisroria Pontifical, ba por otro camino y atribuye todo este benefiçio dc la paz a solo la buena maña y eficaçes persuasiones de aquell rreligioso frai Grauiel, del qual dize que hera a la sazón confesor dela rreina doña Leonor de Françia, y que hera gran matemático, y le compone de otras partes harto prinçipales, y entre ellas vna mejor que todas, que hera cauallero hijodalgo, y dize en esto la verdad, porque lo hera tal, natural de Valdemorn, çerca de Madrid, de unos hijosdalgo que allí en aquella comarca ay de este apellido. Y hera, juntamente con esto, rrazonable theólngo, pero matemático no era ni entendía ninguna parte de las que tocan aquella sçiençia. De tal ma nera que ni vna theórica de planetas entendía ni ningunos otros prinçipios matemáticos [85], |y deviólo según esto escreuirlo [86] el doctíssimo / doctor [87] por rrelación de otros. Y lo qu'él entendía, |y esto no por thcórica, sino por plática, |y por çiertas rreçeptas que para ello tenía, sin saber las causas naturales de aquella cosa, hera un poco de alquimia, |y çierto [88] hizo plata, e |yo la vide [89] hecha de su mano, a cuio prnpósito, tratando d'esta materia, hize mençión d'este rreligioso en el libro que intitulé |Los rratos de Suesca, y con rrazón, por ser tan señalada persona. Ni [90] tanpoco hera comfesor de la rreigna, como la mesma |Pontifical dize, ni en toda su vida la avía confesado, sino acaso la rreina [91], offresçiéndosele [92] aquella neçesidad, embió a buscar vn fraile español para llevar [93] aquellas cartas |y aquel rrecaudo, por paresçerle que el hábito de rreligioso |y la nasçión hera a propósito para la demanda |y suplicaçión que llevava; |y no aviendo huído de París al prinçipio de la guerra (como los demás españoles legos), ffuelleuado ante la rreina, |y lleuó su embaxada |y boluió, |y anduvo en ello hasta [94] / concluillo |y hasta que entraron otros en el negoçio. Y en lo demás que se le lleuantó en la siguiente guerra del dar avisos secretos al Emperador, por donde le fue quitado [95] el abadía que se le auía dado en Françia, ffue lleuantamiento, |y la Ponti/icaltiene rrazón en lo que dize, |y yo creo en esto lo mesmo qu'él dijo que cree [96] |.

Y en fin, la paz se concluió |y se firmó a diez |y siete del mes de setienbre de aquel año de quarenta |y quatrn, |y el Emperador desde Aspernai, que el trasladador acordó de llamar Asperneto, hechas las pazes con su enemigo, |y tomada la capitulaçión que se beerá en las corónicas çesarianas, |y los rrehenes que se le dieron para la seguridad de la mesma [97] paz, se boluió a Flandes por el ottro camino de San Quíntín y Cambray. Y en |este artículo pone el obispo de Nochera algunas causas que mouieron al Carlos [98], estando tan pujante en Françia, dar paz sus enemigos. Y [99] ninguna de las causas que da, la da en el clauo |y / oxalá la diera en la herradura [100]. Quatro o çinco son las verdaderas, |y [101] | no pienso rreferillas en este lugar, sino guardallas para el mío. Pero así rreboçadamente [102] quiero que se sepa, de pasada, que el Emperador lleuaua en aquella jornada la más rruin abanguardia, llamo abanguardia al terçio de los españoles (que siempre suelen servir d'esto) con [103] que jamás auíapeleado [104]; porque quitados algunos soldados de los qu estauan en Flandes desde el año pasado, |y [105] | d'éstos auían muerto hartos en San Disier, todo el demás [106] terçio que truxo Basco de Acuña, hablo en general |y no en particular, hera la más desastrada gente y más ynvtil que de aquesta naçión se avía visto hartos años avía, |y esto hera [107] en muy grande grado.

Pero no hera esta sola la causa que bastara (aunque bastaua mucho) para dexar de verse en París el Carlos [108], sino otras que llegan al número que he dicho, tan bastantes quanto se berán en las partes que tengo alegadas, si Dios ffuere seruido que salgan / a luz- Con esto |y con que antes d'ello trata [109] de cómo en este medio tiempo el ynglés ganó a Bolonia (porque no quiso entrar en la paz con el Emperador), hemos allegado [110] hasta el prinçipio del postrer capítulo de las |Hisrorias del Jouio. Con el qual ¡quién pensara que en este final paso auía |yo de tener paz, aviendo tanto barajado con él! Porque çierto yn le quedo grandemente devdor viendo su buen conoçimiento, |y lo tengo por grandemente avisado, pues que escriuiendo en el dicho capítulo vltimo la guerra que hizo el feliçíssimo Carlos [111] el año de quarenta |y seis |y quarenta y siete a los herejes de Alemania, que fue hazella a casi toda aquella prouinçia, y así a casi toda ella bençió y sujetó (lo que los rromanos lo desearon harto), la escriue por sumario y no historialmente, porque aviéndola escripto y debuxado el que la escriuió en su comentario, que es el muy yllustre don Luis de Auilla y de Çúñiga, comendador mayor de Alcántara, de la manera que la eseriuió, que fue de arte que çerró la puerta a que nadie la / pudiese escreuir sino trasladar su escriptura, lo açertó muy bien el obispo de Nochera en no hazer más de rrecapitulalla.

Al qual Paulo Jouio pido perdón humillíssimamente, pues bee que el boluer por mi naçión me hizo tomar el coraje que he tomado para atreverme a querer yo pendençias con quien podía yo tomar, con gran hoorra mía, nombre de su desçípulo. Y çiertamente esto se me deue: que he dexado muchos más passos y más doblados en número de los que he acotado. Mas esto no lo hize (que así lo confieso) por rreguardo del Jouio, sino porque mi priesa hera tanta, porque en estos navíos ffuese este libro (si acaso se pudiere yntitular d'este apellido), que no pude dexar de correr sin rrepararme en muchas cossas, ottras que casi heran sin número [112].

Fin

El Adelantado,

Don Gonçalo Jimenes de Quesada.

[Hay tres rúbricas].

1 Add.: con los apuntamientos necessarios sobre la Historia del Jovio.

2 Del.: Fáltanosagora...

3 Add.: guerra.

4 Mut.: caminó tras esto a: pasando adelante... [ilegible].

5 Del.: la buelta.

6 Mut.: su enemigo: Francisco.

7 Mut.: En todo lo qual: escribiendo el Jouio esta guerra dice que.

8 Mut.: hecha.

9 Mut.: dize que d'esto: y quc d'esta entrada.

10 Mut.: no tenemos...: no ay para qué repetillo, solamente se añade.

11 Mut.: venía muy: viniera más.

12 Del.: mesmos.

13 Del.: boluiéndose a Constantinopla.

14 Mut.: se boluía ...: robó al Padre Santo.

15 Del.: dc las.

16 Mut.: las.

17 Del.: Pero el enojo del Papa...

18 Mut.: el mesmo obispo: Jovio.

19 Mut.: desde.

20 Mut.: quando las: las famosas.

21 Del.: nombradas de.

22 Del.: rrespondiendo.

23 Del.: que sea.

24 Del.: sin entender lo moderno.

25 Del.: Porque.

26 Del.: gran.

27 Transp.: todo ya está.

28 Mut.: averse hecho: que infundiéndose en los vencidos la disciplina de los vencedores.

29 Add.: sean.

30 Del.: y no sé si.

31 Add.: quc.

32 Del.: naçiones.

33 Del.: que se an hecho.

34 Del.: (que el paso en que boi me haze hazer esta exclamaçión).

35 Del.: emprestándolo a sus contrarios...

36 Mut.: lo gran mal y no entendido... (fol. anterior) : Lo que se deviera hazer, aunque el consejo viene tardc, mas servirá para otros tiempos, era que quando se començó a pelear con nación enemiga y flaca la deshizieran y acabaran de vn golpe sin le dexar rrayz ninguna, aunque la guerra durara muchos años. Esta es la forma de acabar la guerra, y de sugetar las provincias enemigas para darles leyes, cuando están desarmadas y domadas.

37 Del.: por guerras.

38 Del.: por entretenimientos.

39 Del.: de.

40 Mut.: y an hecho...: júntase a esto quc.

41 Mut.: causado.

42 Mut.: çerca de: cuanto a.

43 Mut.: se an.

44 Mut.: Emperador.

45 Mut.: haziendo maravillas por Ffrançia en la qua!: lleno de valor y en esta.

46 Add.: el Emperador.

47 Mut.: vinieron con el: sirvieron al.

48 Mut.: quando lo: en la jornada.

49 Del.: poco bía.

50 Del.: (que otros lo juzgarán mejor).

51 Mut.: en.

52 Mut.: sin lleuar ...: y la causa de no llevar, como no llevó, el Emperador italianos cn esta jornada... [ilegible].

53 Mut.: aviéndolcs pagado...: ni por la otra que apunta.

54 [Nota marginal del corrector, ilegible en su mayor parte].

55 huvo, y la verdadera causa.

56 Del.: y este obispo.

57 Add.: Paulo llvio.

58 Mut.: Porque ésta.

59 Mut.: Emperador.

60 Del.: en.

61 Mut.: Ni entiende tampoco: tampoco entiende.

62 Mut.: Lo qual me lo acreçienta pues: Acreciéntascme este miedo con ver que.

63 Mut.: Pues.

64 Mut.: tornando a: tampoco.

65 Del.: digo que no.

66 Mut.: por.

67 Del.: él.

68 Mut.: tras lo qual: y luégo.

69 Mut.: y el qual pueblo: y ésta.

70 Del.: De manera que ya...

71 Mut.: este obispo: El mayor ierro del lovio es decir cómo.

72 Mut.: y rríome de cómo...: Esto es todorisa y cosa que no pudo ser, porque aunque se hallava el sello, avía de faltar la firma que era en lo que consistía el principal crédito de la carta, y como si fuese imposible ganar los españoles vna fuerza sin esta industria, auía dicho en otro capítulo que con la misma que se ganó otra.

73 Mut.: imperiales.

74 Del.: La nuéstra está ya cansada...

75 Mut.: el Emperador.

76 Del.: y manera.

77 Mut.: y quente: contando.

78 Mut.: Jacobo de Médizis: de Mariñán.

79 Del.: y por eso.

80 Mut.: comienzo de la tratanza de: principio de proponerse la.

81 Del.: en tiempo de tanta guerra.

82 Del.: la paz.

83 es hacer principio de las paces en el ánimo del Emperador, y que quando llegó la diligencia de la Reyna por medio del relegado ya estaba el Emperador movido a dejar la guerra, cosa cierto que por sí misma, sin otro testimonio, fuera increíble, pues el estado en que el Emperador tenía al rey no solo le desobligaba a tratar de paz, pero aun ofrecida por el rey la rehusava si pudiera resistir la clemencia y... [ilegible] y así lo que sabemos y realmente pasa es.

84 Mut.: espantándose todos...: con los quales valió mucho para el buen suceso la entrada y diligencia del dicho frai Gabriel de quien la Reyna hizo elección para asentar las pazes, porque como español y religioso pareció el sujeto más a propósito para ganar la gracia del Emperador.

85 Del.: De tal manera que ni vna theórica...

86 Mut.: escribir.

87 Mut.: doctíssimo doctor: dicho autor.

88 Add.: dezían que.

89 Mut.: la vide: vi la que afirmavan ser.

90 Del.: Ni.

91 Mut.: sino acaso la reina: mas.

92 Add.: a la reina.

93 Mut.: para llevar: que llevase.

94 [Además de las correcciones indicadas, todo el folio está tachado por el corrector].

95 Mut.: quitada.

96 Del.: y yo creo en esto...

97 Del.: mesma.

98 Mut.: Emperador.

99 Add.: con.

100 Mut.: que da, la da en el clauo...: acierta en la herradura, cuánto más en el clavo.

101 Mut.: mas.

102 Del.: Pero así rreboçadamente.

103 Del.: con.

104 Mut.: peleado: llevado para ninguna de sus jornadas.

105 Add.: aun.

106 Mut.: el demás: lo demás de aquel.

107 Del.: hera.

108 Mut.: Emperador.

109 Mut.: que antes d'ello çrata: tratar antes.

110 Mut.: llegado.

111 Mut.: Emperador.

112 Mut.: Al qual Paulo Jouio pido perdón humillíssimamente...: Este trabajo he tomado por defender mi nación como soy obligado conforme a naturaleza, ya las leyes de cavallería, principalmente diziendo siempre verdad. Todo esto me relieva de culpa si no he guardado la templança y mesura que se deve a las letras y dignidad del obispo Paulo Jovio, en quien veo bien que avía mui buenas partes, si hiziera diligencia en averiguar la verdad de los negocios. Si los lugares que en la Historia del Jovio tengo reprehendidos, y reformados parecieren muchos, [yo] certifico que he dexado más de otros tantos que pudiera reprehender, y esto no por contemplación del Jovio, sino porfaltarme tiempo, estando los navíos a pique con los quales avía de embiar este libro a España.

Libros a la carta

A la carta es un servicio especializado para

empresas,
librerías,
bibliotecas,
editoriales
y centros de enseñanza;

y permite confeccionar libros que, por su formato y concepción, sirven a los propósitos más específicos de estas instituciones.

Las empresas nos encargan ediciones personalizadas para marketing editorial o para regalos institucionales. Y los interesados solicitan, a título personal, ediciones antiguas, o no disponibles en el mercado; y las acompañan con notas y comentarios críticos.

Las ediciones tienen como apoyo un libro de estilo con todo tipo de referencias sobre los criterios de tratamiento tipográfico aplicados a nuestros libros que puede ser consultado en Linkgua-ediciones.com .

Linkgua edita por encargo diferentes versiones de una misma obra con distintos tratamientos ortotipográficos (actualizaciones de carácter divulgativo de un clásico, o versiones estrictamente fieles a la edición original de referencia).

Este servicio de ediciones a la carta le permitirá, si usted se dedica a la enseñanza, tener una forma de hacer pública su interpretación de un texto y, sobre una versión digitalizada «base», usted podrá introducir interpretaciones del texto fuente. Es un tópico que los profesores denuncien en clase los desmanes de una edición, o vayan comentando errores de interpretación de un texto y esta es una solución útil a esa necesidad del mundo académico.

Asimismo publicamos de manera sistemática, en un mismo catálogo, tesis doctorales y actas de congresos académicos, que son distribuidas a través de nuestra Web.

El servicio de «libros a la carta» funciona de dos formas.

1. Tenemos un fondo de libros digitalizados que usted puede personalizar en tiradas de al menos cinco ejemplares. Estas personalizaciones pueden ser de todo tipo: añadir notas de clase para uso de un grupo de estudiantes,

introducir logos corporativos para uso con fines de marketing empresarial, etc. etc.

2. Buscamos libros descatalogados de otras editoriales y los reeditamos en tiradas cortas a petición de un cliente.

www.ingramcontent.com/pod-product-compliance
Lightning Source LLC
LaVergne TN
LVHW041054080826
845145LV00007B/1570

* 9 7 8 8 4 9 8 1 6 5 9 4 4 *